开国将领丛书

贺敏学的风雨人生

钟兆云 著

山西出版传媒集团
山西人民出版社

图书在版编目（CIP）数据

贺敏学的风雨人生 / 钟兆云著 . —太原：山西人民出版社，2015.10
ISBN 978-7-203-09238-4

Ⅰ. ①贺… Ⅱ. ①钟… Ⅲ. ①贺敏学（1904~1988）—传记 Ⅳ. ①K827=7

中国版本图书馆 CIP 数据核字（2015）第 208916 号

贺敏学的风雨人生

著　　者：钟兆云
策　　划：吕绘元
责任编辑：吕绘元
特约编辑：陈　洋
装帧设计：谢　成
出　版　者：山西出版传媒集团・山西人民出版社
地　　址：太原市建设南路 21 号
邮　　编：030012
发行营销：0351-4922220　4955996　4956039　4922127（传真）
天猫官网：http：//sxrmcbs.tmall.com　电话：0351-4922159
E-mail：sxskcb@163.com　发行部
　　　　sxskcb@126.com　总编室
网　　址：www.sxskcb.com
经 销 者：山西出版传媒集团・山西人民出版社
承 印 厂：山西出版传媒集团・山西人民印刷有限责任公司
开　　本：720mm×1010mm　1/16
印　　张：21.25
字　　数：344 千字
印　　数：1—5000 册
版　　次：2015 年 10 月　第 1 版
印　　次：2015 年 10 月　第 1 次印刷
书　　号：ISBN 978-7-203-09238-4
定　　价：45.00 元

如有印装质量问题请与本社联系调换

第一章　赣水苍茫　/001

恰同学少年 / 001

"惹是生非"的"二金仔" / 006

十头牛也拉不回 / 011

被毛泽东称道的永新暴动 / 015

第二章　井冈帜赤　/021

井冈山的"山大王" / 021

为毛泽东穿针引线 / 024

奉命改造袁文才、王佐部队 / 033

打垮"两只羊" / 039

保卫黄洋界 / 051

亲痛仇快的边界恩怨 / 056

第三章　沙场驰骋　/067

一年中三次负伤 / 067

猝然爆发的富田事变 / 072

血与火淬炼出的劲旅 / 080

受毛泽东牵累被释兵权 / 086

第四章　留守苏区　/092

突围舍命蹚血路 / 092

长岭会议吃了定心丸 / 098

临危受命稳人心 / 102

生死关头识奸计 / 107

智脱敌手恢复清白 / 112

第五章　抗战烽火　/118

愿做革命的螺丝钉 / 118

收获迟到的爱情 / 128

两手都硬的联抗参谋长 / 130

不辱使命的铁汉 / 138

被翻开的陈年旧账 / 145

天目山打出了威名 / 150

远征山东出谋划策 / 158

第六章　解放战场　/173

不痛快的消耗战 / 173

豫东战役扭转局势 / 186

淮海战役创下战斗范例 / 192

导演一出"渡江侦察记" / 200

电影《战上海》的台前幕后 / 206

兄妹相聚亦喜亦忧 / 213

第七章　新的使命　/221

投身华东防空　　　　　　　　　　　　　　　/ 221
开创上海建筑业的元老　　　　　　　　　　　/ 226
被毛泽东赞为"三个第一"　　　　　　　　　 / 232
率十万"杂牌军"奔赴大西北　　　　　　　　 / 237
深入基层的"国舅"　　　　　　　　　　　　 / 244
赴京履新转任闽省　　　　　　　　　　　　　/ 247

第八章　建设福建　/256

为福建解燃眉之急　　　　　　　　　　　　　/ 256
搞基本建设不能近视眼　　　　　　　　　　　/ 263
省长的心中装着百姓　　　　　　　　　　　　/ 267

第九章　坦荡人生　/274

坐在了政治的风口浪尖　　　　　　　　　　　/ 274
舍命保叶飞　　　　　　　　　　　　　　　　/ 283
守得云开见月明　　　　　　　　　　　　　　/ 290

第十章　烈士高风　/302

迎来政治生命的春天　　　　　　　　　　　　/ 302
与赖少其的不解之缘　　　　　　　　　　　　/ 313
泪别胞妹贺子珍　　　　　　　　　　　　　　/ 316
剪不断的故园路慈母情　　　　　　　　　　　/ 318
魂归井冈山　　　　　　　　　　　　　　　　/ 324

后　记　　　　　　　　　　　　　　　　　　　　/ 330

第一章 赣水苍茫

恰同学少年

江西多水,大大小小的江河湖潭星罗棋布。名者自彰,无名者自落寞无人识,小小的忠义潭却似乎注定不会寂寞。

忠义潭位于永新县城西五里皂旗山与双乳峰之间,何时成潭已无从考究。南宋末年,元军南犯,永新失陷,黎民惨遭荼毒。彭震龙愤而聚集抗元义军数千人攻克永新城,但复遭元军重兵围剿,义军寡不敌众,退至城西皂旗山至陂下渡口一带峡谷中。义军死战不得脱,忠义不降敌,众皆抱石沉潭。彭震龙是文天祥的妹夫,及其身死,文天祥作《挽彭司令震龙》诗以祭:

堂上会亲戚,可怜马上郎。

呻吟更流血,干戈浩茫茫。

为悼念这些忠烈殉国的忠义之士,当地人将他们殉节之潭称为忠义潭,并在潭边建一忠义祠,于祠堂壁书上文天祥的那首挽诗。到明朝,永新籍大学士、诗人解缙就此事吟出另一首悲凉壮烈的七言绝句:

宛宛禾川绿绕城，东风吹得晚云腥。
休将铁笛吹山月，怕有蛟龙听得惊。

几百年来，四乡百姓逢年过节都要盛备香烛，携带供品，纷纷前来忠义潭致祭。20世纪20年代初的一个夏天，两位青年香客又一次结伴来到忠义潭边。他们来此，既缅怀忠魂，又游泳解暑。及金乌西坠，他们才肩披红霞而归。年长的说："文天祥说得真对，'人生自古谁无死，留取丹心照汗青'。敏学弟，人生苦短，死后能受人香火，倒也不枉来世一遭。"年纪小的说："选三大哥，那我们就去当水泊梁山的英雄。"年长的沉吟片刻，才缓缓道："当英雄固然是好，只不过都要付出惨烈的代价，忠义潭的英雄如此，梁山泊的英雄亦如此！"

两人中，年纪小的叫贺敏学，年长者为后来被称为井冈山"山大王"的袁文才，选三为其另名。他们是永新禾川中学的同班同学，但年龄相差六岁，袁文才生于1898年，贺敏学则生于1904年。

两人能成为朋友，有件不得不说的事。有次县城舞龙，几个富家子弟故意将烟花爆竹扔到一群女孩子中间炸开，吓得女孩子们花容失色，这些富家子弟却开心大笑。贺敏学看在眼里，怒从心起，喝令他们住手。这帮人仍嘻嘻哈哈，照扔不误，为首的一个还威胁贺敏学少管闲事。贺敏学虽只有十六七岁，却长得人高马大，更兼秉性豪爽，爱打抱不平，哪容得下他们胡作非为。他一时热血上涌，抓住为首者的前襟，一拳猛揍过去。对方仗着人多势众，欲行逞凶。贺敏学以一敌众，丝毫不惧。正好也在现场的袁文才担心贺敏学吃亏，急忙上前相助，直打得这帮人落荒而逃。

贺敏学这一拳，让袁文才刮目相看，称之为"拳打镇关西"。这一称谓让从小爱看《水浒传》的贺敏学惊问道："你也看过《水浒传》？"袁文才哈哈一笑："岂止看过，有些篇章还能背呢！"

袁文才家住永新邻县宁冈茅坪乡，因系客籍人，深受当地土籍豪绅地主的欺压，袁文才的新婚妻子就是遭豪强凌辱后自尽的。袁文才在妻亡后勤奋苦读，考取永新禾川中学，他求知心切，用功读书，渴望学有所成。在他眼里，贺敏学不甚喜欢读书，又是富裕人家的子弟，与他不是同一阶层的人，所以课外并无甚来往。而在贺敏学眼里,袁文才是班上年龄较大的同学,平时少言寡语,只是埋头读书。真所谓不打不相识,这一场打抱不平下来,两人成了无话不谈的好朋友。

永新县位于罗霄山脉中段的井冈山北麓,春秋属吴越,战国为楚疆,故自古就有"吴头楚尾"之称,至三国吴时正式设县。永新县城内几条街道纵横交错,路面全由大小相仿的鹅卵石铺就,街上各式各样的店面鳞次栉比,大都有个突出街面的骑楼,形成典型的南国城镇特色。

贺敏学和袁文才走在窄窄的石子路上,径直往海天春店铺走去。海天春在这一带颇有些名气,店面虽有些破旧,店里却收拾得窗明几净。因得地利之便,海天春的生意倒也过得去。

海天春为贺敏学父母所开,家也安在茶馆里。一进家门,母亲温吐秀便关切地问儿子有没有惹事。温吐秀祖籍广东梅县,家境也还殷实,小时便由父亲教她识文断字,后来还进了学堂。她长得端庄秀丽,可谓大家闺秀,却能在贺焕文丧偶后甘当填房,足见其开明。像传统的客家妇女一样,为人妇后的她,相夫教子,把贺焕文与前妻欧阳氏所生儿子贺敏萱视为己出。贺敏学曾这样评价母亲:"当我与弟妹小的时候,完全由她教认单字,性情颇温和,治理家务井井有条,人皆称其为贤妻良母。"

在贺敏学之前,贺焕文、温吐秀夫妇还有个儿子,但一出世便过继给了人家。贺敏学因此成了家中的长子、长孙,特别受到祖父和父母的宠爱,甚至到了"娇生惯养,吃好的穿好的,非鱼即肉否则就不吃、不能受委屈的地步"。贺敏学出生时先天不足,经常患病,祖父和父母为此请来医生专门在家看护。为贺敏学,家中花费何止万金,由此得了个"二金仔"的绰号。

贺敏学从小就养成了少爷脾气,唯我独尊,任性顽皮。在兵荒马乱的年月,温吐秀最怕的就是儿子在外面惹是生非。贺敏学进入学校后的一系列叛逆行为,让母亲担忧不已。

贺敏学十岁那年,离开私塾四教书院进入县城福音堂小学就读,这是一所由教士担任教员的基督教学校。贺敏学不满教会学校的清规戒律,又经常抗议学校所施行的神化与奴化教育,被校方视为大逆不道,宣布他违反了天意,得罪

了上帝,勒令他下跪祷告。贺敏学不理睬这套,宁愿离校回家也不忏悔。为使他不致荒废学业,父亲只好把他转到秀水小学念完初小。贺敏学十二岁考入高小,一次因校长无故处罚学生而打抱不平,发动全班同学起来反抗,由此被记小过一次。他心中不服,乃于翌年离校,转投邻县吉安的阳明甲种商业中学就读。身在异地,但他拔刀相助、敢于反抗的性格依然故我。学校学监经常探听学生们的情况,向当局告发,学生们恨透了他。有次贺敏学想了个办法,约了数名同学,趁学监出来巡视时,从背后用一条床单把他的头罩住,你一拳我一脚地把他狠揍一通后,一哄而散。校方无法查出肇事者,那个学监在床上躺了几十天后,再也不敢在学校待下去了。后来,为了抗议反动的北洋政府卖国求荣,贺敏学还组织学生自治会,领导爱国学生签名,与学校当局据理力争,走上街头抵制洋货,呼吁民众不当亡国奴。为此,校方扬言要开除带头闹学潮的贺敏学。于是,在这所中学读了不到两年,贺敏学便又回到永新,转到禾川中学。

这天回家,贺敏学还未及回答母亲的问话,大妹妹贺子珍却抢先说开了:"哥哥的性格就是看不惯那些仗势欺人、胡作非为的家伙,他在外面打坏蛋做英雄才好哩!"

得知哥哥去了忠义潭,贺子珍和妹妹贺怡便责怪哥哥不带她们同去。贺敏学倒很有兄长样,对底下几个弟妹一向呵护有加。贺家兄妹在课余或假日里也曾结伴到忠义潭边踏青。

袁文才这段时间常到海天春,贺敏学父母对他多有照应,经常留他吃饭,还给他浆洗衣物铺盖。久而久之,连贺子珍、贺怡也同他以兄妹相称。温吐秀认为袁文才是过来人,比贺敏学见识多,也懂事,因此希望他能替自己说说话。谁知袁文才说:"现在皇帝都倒台了,婶母你也莫太封建了,你和大叔不是还送两个妹子上学,打破了'只有男子中状元,哪有妇女中秀才'的鬼话嘛。"

说起送姐妹上学,除了母亲的开明、姐妹的力争,还与贺敏学的支持分不开。贺敏学七岁时,父亲就请了一位同宗老夫子到黄竹岭教私塾。当时的永新重男轻女思想尤其严重,从民谚"十个插花女,当不得一个瘸子仔"就可知妇女的社会地位,女孩子不能和男孩子同桌吃饭,更甭说同窗读书了。因此,贺焕文虽然请来了私塾先生,却不愿意女儿跟着受教育。淘气是男孩子的天性,况且贺敏学觉得读四书五经没劲,于是总要找借口溜出门找村里的小伙伴玩耍。父亲又气又急,打骂了几次也无济于事。考虑到私塾先生的学识水平有限,也为了给淘气的儿子换个新环境,贺焕文举家迁往永新县城。此时的永新,已开始兴办新学。贺敏学自己不爱读书,却再三鼓动父亲送妹妹们上学,这才让她们插班进了教会开办的福音堂小学,后转到秀水小学。

平时言语不多的袁文才,也只有与贺家兄妹在一起时,才无拘无束海阔天空聊个没完。每每这时,温吐秀便下厨去了。等忙完杂务的贺焕文也到了厅堂,晚饭便开始了。

贺焕文年逾四旬,家境殷实。贺家本是书香门第,因避世乱,才迁徙到黄竹岭这个与山外相隔的深山沟。由于祖父辈持家有方,家业逐渐兴盛。到贺焕文的父亲时,手头已积攒了一些钱,更可贵的是仍有一身书香。他对贺焕文、贺郁文兄弟俩,严字当头。由于父亲的严格,贺焕文自小就打下了国学根基,除吟诗作对之外,还写得一手好字,后来还捐了个举人,并被作为候选县丞,但走出黄竹岭到县衙后,所任却是刑门师爷。他为人正直、厚道,不仅看不惯官场中尔虞我诈、贪赃枉法的污秽场面,还不时帮人写写状子,成了远近闻名的讼师。在开罪上司之后,不为五斗米折腰的贺焕文一掼乌纱,连夜租了匹马带着妻子回到黄竹岭老家,自此躬耕陇亩,再无仕进之心。

贺焕文与温吐秀婚后,贺家人丁兴旺,育有长子敏学、次子敏仁、长女桂圆、次女银圆、小女仙圆。桂圆天生男儿志,读小学后,嫌名字太过娇嫩,自作主张改名自珍。也许是因为谐音所误及书写方便之故,桂圆却以子珍之名为世人所知。银圆改名贺懿,后又写作贺怡。这三姐妹的人生之路充满了艰险、动荡:仙圆十来岁即被反动派剜眼而诛,银圆不满四十岁抱憾西去,桂圆虽得以高寿善终,而其一生所遭波折却最苦最烈。

1913年前后,贺焕文全家离开黄竹岭,再次来到县城。到县城开销大,温吐秀便考虑该如何维持今后的生计。在她的建议下,贺焕文和族伯兄弟在县城合伙开办了铁厂,温吐秀又在县城开了一间杂货店,生活渐见富裕。

但好景不长,一家人平静悠闲的生活没持续多久,就被一场意外的官司给搅乱了。贺敏学读高小那年,一农民拿着贺焕文帮写的状子,和无理与其争夺水

利的地主打起了官司。明明在理,却因地主贿赂官府而告输,这个农民被打入牢狱。贺焕文为该农民立保画押,把他保了出来。谁知这农民出狱后,因无法付清诉讼费,更害怕地主寻机报复,没几天就不辞而别远走他乡。该地主和县乡一帮豪绅借此机会打通衙门关节,把贺焕文抓进大牢顶罪,一关就是数月。

温吐秀为营救丈夫,只好变卖家产,付清了一笔数目不菲的赎金后才算了结。这场意外的牵连使贺家家道渐趋中落。接下来,随着南北军阀间的混战加剧,永新日见动荡。贺焕文担心家业做大更成劫掠目标,乃将自家开设的各店完全停办或退移。一年过后眼见无甚大事,为了不失去大家庭的场面,贺焕文在县城南门买了座三进的两层建筑,开了海天春这家茶馆,兼营饭馆和旅馆,并卖些日用小杂货。因经营有方,日子过得慢慢又滋润起来。贺敏学十六岁那年,祖父病逝,丧事办得过于铺张。接下来,贺家兄妹的教育负担日重,社会上的苛捐杂税以及大小军阀的敲诈掳掠也一日紧过一日,家境无法阻止地一步步趋于没落。家庭的变故,使贺敏学收起了顽劣的少爷作风,每逢寒暑假,少不得要带着弟妹们帮父母招揽料理生意。

袁文才和贺敏学成朋友后,便常往来于贺家。有次在贺家喝了点酒,谈及家庭遭土豪劣绅欺凌压榨尤其是妻子受辱自尽的种种悲惨往事,禁不住满腔愤慨,双眼噙泪,末了还借着酒意说:"天要绝人,人不能自绝,听说井冈山有几路马刀队,专干劫富济贫的活儿,等哪天真无路走了,我们大不了也上山当个绿林响马!"

贺焕文虽视袁文才为子侄,却觉得他的不少谈论离经叛道。袁文才告辞后,一声不吭的贺焕文便说起儿子来:"我看袁文才这人呀,虽是书生样,却也重情重义,但心有城府,眉宇间常隐杀气,总怕有朝一日要落草为寇,这点你可切莫相随,凡事只能择善而从。"贺敏学心不在焉地答应着。

"惹是生非"的"二金仔"

虽有父亲忠告,贺敏学却一点也没疏远袁文才,两人依旧打得火热。针对永新黑暗的社会现实,两人还计划一同组织学生游行示威,此事因袁文才的父亲病重不治而作罢。

袁文才是在1921年底接到父亲病危口信的。他回宁冈前特地和贺敏学告别,神色黯然:"敏学弟,家父半年前就报过危,这次恐怕是撑不下去了。父亲真要是死了,我也没法再读书了。你努力完成学业,日后自有大用。"

贺敏学安慰着袁文才,并送他上路。袁文才最后喟然长叹道:"眼下社会黑暗,豺狼当道,民不聊生,我这次回去,若不堪豪绅欺压,也只有走逼上梁山这条路了,我们后会有期。"

袁文才这一去,果然再没回学校。不久,他托人给贺敏学捎来书信,言父病亡后,家中经济拮据,不得不中途辍学,最后道了声珍重。贺敏学本来就不太喜欢读书,袁文才一走,更觉无趣味。社会就像樊笼,他不甘受其束缚,更不想压抑自己,一心想打破它。这期间,校园内突发的一件事,深深触动了他的反抗神经。

一天,贺敏学和几位师生正在打球,突然闯进数名兵痞,气势汹汹地叫嚷着让师生们滚蛋,把球场让给他们。师生们不答应,他们就动手打人,还破坏了一些设施。贺敏学哪咽得下这口恶气,立即回头组织起一群血气方刚的青年学生,和兵痞们对打起来。打斗中双方互有受伤,但最终还是兵痞们不敌,丢下"等着瞧"几个字落荒而逃。

很快,这帮兵痞就又纠集人马前来报复,贺敏学集合了部分进步学生前往应战。双方各占据一块地盘,摆开阵势搞械斗。后来,经校方与其他相关人物出面谈判,驻军也自知理亏,担心激起民愤,事情才告结束。

谁知,贺敏学并不满意这样的结局,认为军阀无理,私闯校园已是不对,还先动手打人,破坏学校教学设施,理应道歉赔偿才是。不久,贺敏学在县城又点起了一把火。事情缘于一位同学无端受诬告。原告虽没理由,但他贿赂了县官,口气狂妄得很,弄得该同学不敢前去县衙参加开庭审判。已被视为禾川中学学生领袖的贺敏学闻讯,立即给他打气,并组织三十多位同学护送他一同到县衙。贺敏学还事先做了布置,他自己参加旁听,而让同来的同学分布在审堂外,等候县长处理结果,见机行事。不出所料,吃了贿赂的县长喝令将该同学扣押。贺敏学见状,急忙按预定方案喊了声口号,门外的三十多位同学立时冲入审堂,高呼"打倒贪官"的口号,阻止衙门关押该同学。县长被弄得目瞪口呆,最后见无法阻止,只好宣布该同学无罪释放。接着,贺敏学又率大伙儿欢天喜地护送该

同学回家。

贺焕文、温吐秀夫妇原指望贺敏学为贺家延续书香,光耀门庭,岂料他生来顽皮好动,读书长进不大。一天晚上,贺敏学从禾川中学放学回来,把两个妹妹拉到一边,悄悄地说:"告诉你们,我的同学袁文才进了马刀队,在井冈山落草了。"

马刀队是前几年在井冈山兴起的农民武装,打着劫富济贫的旗号,专找土豪劣绅开刀。贺敏学对马刀队一时充满了幻想,觉得连袁文才都参加马刀队,看来这该是支不错的队伍。

就在贺敏学对读书越发觉得没意思之时,偶发的一件事使他有了正当理由违背父母夙愿,放弃学业。

那天是个假日,贺家像往常一样,招揽八方来客。响午时分,来了两个兵痞,点了酒菜后猛喝起来。他们瞧见温吐秀颇有姿色,其中一个竟动起手脚来。在旁边做事的贺敏学感到受了莫大的侮辱,怒火勃起,二话没说,伸手操起茶炉上一根烧得通红的火钳子,猛地朝兵痞的屁股捅去,痛得兵痞抱头鼠窜出了店门。

贺焕文、温吐秀知道兵痞们绝不会善罢甘休,忙劝儿子速速离家,免染祸端。贺敏学也感到事情有点不可收拾了,胡乱地拎了两件换洗衣服,连夜到黄竹岭老家避祸。果然不出所料,贺敏学离开不久,那两个兵痞就带着几个人荷枪实弹气势汹汹地找上门来。见贺敏学跑了,兵痞们便把店里的东西砸了个稀巴烂,还扬言:"抓到小杂种,要打断他的手足!"后来,贺焕文夫妇通过熟人求情,给两个兵痞赔了医药费,说了许多好话,并送去一百个袁大头,这件事才算平息了。

贺敏学赖在叔父家,不想回学校读书了,表示要学一门手艺。父亲和叔父拗不过他,只好让他跟老家的一位篾匠师傅学织篾。但不过个把月,新鲜感一过,贺敏学就又厌烦起来,觉得织篾这活计太枯燥无味,也太没出息,七尺男儿应在年轻时干一番事业。

贺焕文得悉此事,心里着急,特地赶到老家劝说:"你学业无成,又不想学手艺,这样下去,将一事无成!"贺敏学也不做争辩,任父亲说教完毕,才说:"学非所思,故而倦怠。"贺焕文便问:"你究竟想干什么?"贺敏学这才道出想拜师习武的愿望,并陈述理由:"眼下世道无宁,恶人横行,学点武艺,小可强身健体,中可防身护家,大可保国卫民。"还说自己已物色到了一位老武林。

叫儿子整日与篾刀为伴,实在也有违贺焕文的初衷。咀嚼着儿子掷地有声的话,他最终首肯了。

贺敏学物色到的武师姓龙,四十开外,出身武林世家。贺敏学起早贪黑潜心苦练,读书无甚长进的他,对练武却有股灵性和悟性。不出一年,贺敏学就出师了,但空怀一身武艺,却找不到施展的地方。父亲怕他闲下来要闹事,便将他送到自家参股的钱庄(兼铁矿公司)当学徒,以学习管理经验。贺敏学对这份工作不感兴趣,在"好男不打铁"的思想作怪下,他越干越觉得委屈。在钱庄待了不到一年,他就开小差撒手不干了。

在家待了一段时间,贺敏学吃惊地发现,一段时间没上街,街上宣传革命的标语多了,妇女剪发放足的也多了。直到有一天,当他知道,这些不少是妹妹贺子珍和贺怡一同倡导的结果,不禁大吃一惊。以前,他见妹妹们剪发,还以为是跟潮流赶时髦呢,哪知这却是她们的主张,而且她们还是永新第一批剪发的姑娘。很快,妹妹们的行为被父母视为出格,对她们采取了严格管制,母亲还生气地对贺敏学说:"你得管管你这两个妹妹,你难道想看她们闹翻天?"

贺敏学便煞有介事地问妹妹们为何鼓动人家剪发。贺子珍回答:"剪发既省时间又卫生,有钱人的脑壳上佩金戴银,穷人没有金银戴,有的连发网子都买不起,何不剪了?"听贺子珍一口气说了那么多理由,贺敏学觉得有理,很快就站在了妹妹们这一边,同情并支持她们。有哥哥的支持,贺子珍、贺怡的胆子更大了,她们手擎小纸旗,号召妇女剪发、放脚,抵制包办婚姻,反对虐待妇女等。在贺家姐妹的带动下,永新妇女的解放运动迅猛兴起。各种闲言碎语也像风一般飞来荡去,贺焕文、温吐秀可受不了了。一次,姐妹俩从学校回来,夫妇俩先盘问后劝说,但没有效果,贺敏学还在一旁帮助妹妹们说话。联想到儿子抗拒包办婚姻一事,贺焕文忍不住骂了儿子几句。

也许话说重了些,无意中伤害了贺敏学那与生俱来敏感而强烈的自尊心。越想越气,越想越觉得压抑,激愤之下,十八岁的贺敏学迈出了离家远走的第一步。

怀着一颗要闯荡大世界的雄心,贺敏学最后跑到了省城南昌。一路下来,他听到了永新城以外的许多国家大事。在这些消息中,最使他感兴趣的莫过于国共合作和创办黄埔军校。他想投军,但实在不情愿再踏进学校的门槛。他在南昌彷徨之中,兼做些零星短工,以养活自己。为使父母亲不至于挂念,他还给家里写了信。

正处于苦闷中的贺敏学,很快收到了父亲的回信,让他在南昌找其挚友龙裕海帮忙。经龙裕海介绍,1925年7月,贺敏学投考了南昌军官子弟学校,成了该校的一名新生。在南昌军官子弟学校,他竟然碰到了前来秘密搞学生运动的旧日同学和校友刘作述、欧阳洛。同是永新人,他们对贺敏学当然是了解的,向贺敏学宣传起国民党反帝反封建的纲领来。这时贺敏学才知,欧阳洛前几年就已来南昌,在省立第一师范求学,刘作述则由吉安省立第七师范转来南昌,两人都已是国民党党员了。在他们的影响下,贺敏学抱着火热的爱国激情毅然加入了国民党。

这时正处北伐的前夜,欧阳洛、刘作述不久就离开省城回永新、吉安一带策应北伐战争。1926年暑假,贺敏学也回到了永新。他经常与欧阳洛、刘作述接触,参加他们组织的各种活动,成为革命积极分子。使他意想不到的是,贺子珍、贺怡姐妹俩的思想比以前更活跃,也更激进了。她们不仅提倡男女平等、婚姻自由,还公开喊"打倒军阀"的口号。

国民革命军誓师北伐后进展顺利,8月抵达与永新毗邻的湖南省境。看到时局要变,贺敏学也不再回南昌军官子弟学校了,留下来协助欧阳洛、刘作述工作。他们很快就与北伐军取得联系,请求发兵永新。北伐军慨然应诺,于9月中旬(中秋前夕)由茶陵经莲花进入永新境内。贺敏学跟随欧阳洛等人相迎,并引导北伐军直冲军阀控制的县衙,赶走了盘踞永新的军阀孙传芳所部。伪县长见大势已去,带着搜括来的钱财和一群土豪劣绅随同潜逃吉安。

永新百姓热烈欢迎革命军的到来,第二天还召开了军民联欢大会。贺敏学登上了主席台,贺子珍还代表永新妇女讲了话,并呼起了"打倒列强"的口号。

永新光复后,成立了国民党县党部,县党部设常务委员会,主席周继颐,副主席欧阳洛。贺敏学由于表现突出,被选为县党部常务委员、商民部部长。为了维护革命秩序,严防土豪劣绅破坏,中共永新秘密支部又组织了工农武装,成立了农民自卫军和工人纠察队,贺敏学担任农民自卫军副总指挥。农民自卫军用缴获县衙的数十支枪和一批大刀、梭镖武装自己。县党部还设立了妇女部,由贺子珍任妇女部部长,贺怡任副部长。姐妹俩和哥哥一样,积极领导工农开展政治、经济上的斗争,并进行了一系列移风易俗、改革社会陋习的工作。贺家兄妹们在永新一时传为美谈,被称为"永新三贺"、"贺家三兄妹"。

这下贺焕文、温吐秀夫妇可就急坏了!他们见北伐军在永新停留三天后,即向安福、吉安开拔,不免担心军阀复辟,劝说儿女们不要过多抛头露面,更不要参加革命党。见劝说无效,他们一气之下便将三兄妹反锁在楼上,免得出去惹事闯祸。然而,区区一把锁怎锁得住他们向往革命的心呢!有一身功夫的贺敏学打开屋顶的天窗,从里面爬了出去,接着,又帮助两个妹妹逃出来。兄妹三人联合起来和父母斗争,终于争取到了参加革命活动的自由。

在国民党县党部工作后,贺敏学因处处与邪恶势力作对,在群众中的影响越来越大。而在国民党阵营里出现了不同声音,他的所作所为已明显引起以周继颐为首的县党部右派的强烈不满。

十头牛也拉不回

贺敏学感到在国民党内没有政治前途,一次忍不住向县党部副书记兼行政临时委员会委员长欧阳洛和县党部另一位主要负责人刘作述发起了牢骚:"这样下去,倒不如去参加马刀队来得痛快,劫富济贫,除恶扬善!"欧阳洛、刘作述不失时机地劝导他:"马刀队也只能痛快一时,来时确能震慑一下地主老财,但走后,穷人们还来不及扬眉吐气,却又要遭殃了,靠马刀队是救不了穷人的。而且,不少马刀队打的还是自己的算盘,劫富不济贫,自扫门前雪,哪管他人瓦上霜。"贺敏学觉得他们讲得有道理。

欧阳洛、刘作述在时机成熟后,与贺敏学谈起了共产主义主张,并不时借一些马列书籍给他看。贺敏学在他们的引导下,思想觉悟不断提高,并知道了他们的另一重身份:早在两年前就已是共产党员了,而且,欧阳洛在南昌时还与方志敏等发起成立了列宁主义研究会。他们受党指示加入国民党,先介绍贺敏学加

入国民党,在斗争中考验贺敏学,介绍他加入青年团,再把他当成共产党的发展对象。

1927年3月,经欧阳洛介绍,贺敏学加入了中国共产党。对入党前后的思想,贺敏学后来有个回忆:

> ……我走上革命道路正是革命处于低潮时期,白色恐怖正在全国蔓延,在蒋介石宁可错杀一千也不放过一个共产党的口号下,每一个共产党员都在经受最严峻的考验,在这关键时刻我从一个国民党变成一个共产党,是需要极大的勇气和魄力,我接受了考验并积极参加了这一伟大的革命历程。

贺敏学入党后第一天开会,竟然发现贺子珍和贺怡也在场。这才知道,当他还在南昌读书时,两个妹妹就已参加了欧阳洛、刘作述等人在县城开办的平民夜校,并先于他这个当哥哥的加入共产党(尔后再被党指派加入国民党),他回到家里后的言行举止,平时还受到妹妹们的监听,并被及时报告中共永新支部呢。贺敏学真没想到,妹妹们比他还积极,还有觉悟,他忍不住责怪她们不早告知真相,贺子珍半认真半开玩笑地说:"谁知你会不会出卖我们呢。"贺怡却向哥哥竖起大拇指说:"哥哥是家里的宝贝蛋子,也能和我们一起走革命道路,真不容易呀!"

贺敏学入党后,仍和欧阳洛他们一样,参加国民党县党部的领导工作。随后,中共永新支部留欧阳洛、贺子珍、贺怡在县里,其他党员大多被派去下面发展党的组织。贺敏学和贺灿珠、张云锦负责南乡,很快就建立起了七个党小组。不久,传来一条震惊江西的消息:共产党员、江西省赣州总工会委员长陈赞贤遭反动军阀何键杀害。眼看统一战

贺敏学读过的书

线面临解体,国共两党的裂痕难以弥补,贺焕文、温吐秀觉得随时有杀头的可能,劝说儿女们就此罢手。可兄妹三人铁了心要跟共产党干革命,无论父母怎么劝说,都不能使他们再回头。

所谓冰炭不同盆,随着外面的风吹草动,国民党永新县党部内的思想分歧也日益公开,时常发生争执和冲突。沉寂一时的豪绅地主则纷纷从外潜回,并趁机作乱。龙田乡花汀村豪绅贺寿和公开阻挠农民协会成立,压制农民运动。县农民协会即派刘作述、贺敏学、刘元国率农民自卫军开到花汀村,实行武装打土豪,没收了贺寿和的全部财产,并放火烧了其私家书院。贺寿和的威风被打灭了,刘元国却在这次事件中被暗枪打中,成为永新光复后牺牲的第一人。

不出两天,又传来消息:地主吴弼廷不顾禁令开设烟馆,还大耍威风,抗拒农民自卫军一个小分队入馆收缴烟土。贺敏学接到队员报告后,亲自率队行动。在烟馆大门口遭到吴家所聘几名打手的阻拦,贺敏学也不答话,推开打手们,率自卫军队员勇闯厅堂。见吴廷弼还是拒不交出烟土,贺敏学不由得怒火中烧,下令队员严加搜索,并将搜出的十多箱烟土和几十副烟具点火焚烧。

北乡土豪劣绅曾辉光组织起一支拥有二十多支枪的私家武装。当乡农民协会要他实行减租时,他一口回绝,还下令开火,当场杀害了一名农民协会干部。贺敏学受命带几名县自卫军队员到北乡拔钉子。他听了乡农民协会的情况介绍后,又翻看了会员名册,看到密密麻麻的名字底下都按上了红手印,心里有了底。在乡农民协会召开的骨干会议上,贺敏学拿着花名册点名提问。他先问:"曾辉光该不该除?"有人答:"曾辉光罪大恶极,不早除掉,祸害只会越来越大。"贺敏学又点一人提问:"曾辉光势力大,还有一帮看家狗,你们怕不怕?"答:"我们把全乡的老表都发动起来,大家一条心,还怕他那几支破枪不成!"贺敏学望着台下苦大仇深的农民协会会员们,大声说:"这话说得好呀,人心齐泰山移,我们今晚就把曾辉光这活阎王给端了!"他叮嘱大家回去多组织些可靠力量,注意保密,拿上家伙,于凌晨3时集合。

数百名农民协会会员按时来到乡农民协会所在地,贺敏学集合队伍,特别强调曾辉光住处易守难攻,只有靠夜袭智取,路上不可喧嚣。

东方刚泛鱼肚白,贺敏学便领着大队人马悄然包围了曾家老巢。他亲自出

马,翻越院墙,神不知鬼不觉地以匕首解决了门口岗哨,将大门打开,命两个小分队解决驻前院两处的武装,自己带一部分人马直闯后院,捉拿曾辉光。因为行动迅速,战斗很快就结束了。天亮后,贺敏学和乡农民协会没收了曾家财产,把囤积的粮食全部发给穷苦大众,曾辉光则被押往县城枪决。

1927年4月,中共永新党组织已扩充为四个党支部,贺敏学还担任了南乡支部书记一职。为统一党的领导,4月初,中共永新党组织在县城左家祠成立了以欧阳洛为书记的临时县委。贺家三兄妹当选为县委委员,并分别担任青年部部长、妇女部部长、妇女部副部长职务。

数天后,蒋介石骤然发动四一二反革命政变,国共两党联盟宣告解体,白色恐怖笼罩全国。消息传到永新,国民党右派弹冠相庆,公然叫嚣在县党部和行政委员会中任职的共产党员统统滚蛋,下令农民自卫军、工人纠察队交出武装。革命处于低潮,贺敏学等人主张不能退让,要用革命力量打击反动气焰。不久,国民党县党部右派头目周继颐、陈子绍伙同豪绅龙镜泉等人,秘密在县城东门的穆如堂集会,密谋反共事宜。贺敏学奉临时县委书记欧阳洛命令,率农民自卫军抄小路冲进穆如堂,将这些反革命分子拘押。龙镜泉和刘枚皋在混乱中逃脱。

虽然永新共产党先发制人,抢先逮捕了一些国民党右派首领,保住了革命武装政权,但不利的消息还是接踵而来,其中5月21日发生在长沙的马日事变最是令人震惊。漏网的永新国民党右派和土豪劣绅加紧勾结,在禾山召开反共会议,用重金、权位为饵,收买土匪李乙燃、尹寿嵩等反动武装,扬言要铲除共产党和国民党左派。一时间,永新黑云压城,国共两派势力形成尖锐对立。

6月9日晚,在国民党右派和豪绅地主驱使下,李乙燃、尹寿嵩率匪徒百余人,自北乡怀忠向县城悄然摸进,把正在农民协会开会的骨干分子全部抓了起来,接着包围工人纠察队驻地。由于工人纠察队教官肖金然被暗中收买,因此,纠察队来不及组织抵抗就被股匪缴了械。10日凌晨,股匪突袭了农民自卫军驻地,释放了被关押的周继颐、陈子绍等,旋即进攻县党部,捣毁各个革命团体机关,逮捕了未及时走脱的县委委员胡波(胡国槐)、颜勇、贺灿珠等人和部分革命群众,史称永新六一〇反革命事变。

周继颐、陈子绍等右派头子在被抓的人群中不见贺敏学,内心惶恐不安,说此人不除，后患无穷，急令多方打探他的行踪。永新反革命政变的那天清晨，贺敏学在乡下检查农民自卫军工作未归。闻知反革命政变，贺敏学遂隐蔽在离县城不到十公里的紫雾村，准备重新组织武装力量进攻县城。可消息不慎走漏，匪首李乙燃率几十名悍匪向紫雾村扑来，待贺敏学察觉时，已来不及转移，在奋力毙伤多名匪徒后，不慎身陷水田，落入敌手。

国民党右派早就把贺家视为眼中钉肉中刺，必欲斩尽杀绝而后快。却不料，贺子珍已受派到吉安工作。而机敏的贺怡得知城内发生反革命政变，马上领父母躲在邻居的柴房里，尔后在晚间摸到城墙上，把几匹布接在一起，系于墙垛，轮流从城墙滑下来。出城后，贺怡领着父母直奔吉安附近的清源山，在于此出家的同父异母兄长处潜伏下来，贺怡当了尼姑，父母则做了斋公斋婆。匪徒找不到人，为了解气，便把海天春茶馆给砸了，占为营房。尔后，反动政权宣布将贺家的财产全部没收，除贺家三兄妹外，还将贺焕文、温吐秀列入通缉名单。

被毛泽东称道的永新暴动

贺敏学被捕后，反动派逼他投降并要他说出县委其他负责人的去向和永新党组织的情况，得到的却是贺敏学的严词痛斥。面对酷刑威胁，贺敏学任皮开肉绽也坚不松口。反动派对他恨之入骨，拟将他和几位县委委员作为要犯先行处决。后来国民党内有人提出，贺敏学等人在民众中影响大，宜报请上峰批准，当众宣判为好，也可起到杀鸡儆猴之效。也有同情共产党的开明人士责问："未经审问，怎么能随便枪毙人？岂不违反法律程序？"这样，贺敏学等人才被从枪毙的名单上划去，而作为重犯投入大牢。

身陷狱中的永新共产党人，还有胡波、贺灿珠、张荣锦、颜勇、龙忠贵等。贺敏学利用放风的机会与他们取得联系，见他们中有人不免唉声叹气，便鼓劲说："革命只是暂时失败了，但共产党还在，我们共产党员在一天，就要顶天立地活一天，不要悲伤，党组织和革命同志一定会想办法援救我们的。"他还神色自若地说："真要杀头，也没什么好怕的，谭嗣同不是说过'我自横刀向天笑，去留肝胆两昆仑'嘛，何况我们死了还有无数后来人前仆后继！"

贺敏学的话鼓起了大家的斗争勇气。在他的提议下，成立了狱中党支部，他

被推举为书记。狱中党支部通过从牢墙缝隙递条子的办法,各牢房都建立了联系,积极领导全体被囚禁的革命群众开展斗争,相互砥砺。他们还设法与城内原工会会员、进步学生和群众取得联系。在他们的秘密发动下,铁业工人打造了特制的活动镣铐,以便为狱中人员越狱暴动做准备,此外还制造了梭镖、鸟枪、马刀等武器,并派人到李乙燃的队伍当兵。

同时,在反革命事变后撤到吉安避难的永新共产党人积极开展营救工作,要求李乙燃释放狱中的同志。但已出任伪保安队队长的李乙燃,不仅不答应,还扬言要将他们也逮捕下狱。在这种情况下,中共永新临时县委驻吉安办事处一面发表宣言,揭露国民党右派勾结豪绅土匪、破坏革命、屠杀各界民众的滔天罪行,一面派欧阳洛、刘真等赴南昌请愿。请愿未果后,乃决定采取军事行动。在商议对策的会上,贺子珍提出,临近的宁冈县农民自卫军头领袁文才曾是哥哥贺敏学的同窗好友,听说还是共产党员;茨坪又有王佐的农民自卫军,他们的力量都不小;另外,安福、莲花两县的工农运动尚处高涨时期,当地武装仍在继续革命。如果和他们取得联络,邀请他们共同攻打永新县城,一定能攻进城内,救出被捕的同志。大家都认为这个办法可行,当即做了布置,分头行动。

7月的一天上午,仙圆跟着舅妈来探监。临走,舅妈有意拍了拍手中那把有些破烂的竹柄油纸扇,给贺敏学递了个眼色,说:"天气热,有把扇子既可扇风,又可赶蚊子。"舅妈和仙圆走后,贺敏学翻来覆去把扇子看了个遍。这是把普通而粗糙的竹纸扇,左寻右找,他终于从扇把里抽出一张小纸片来,是贺子珍的笔迹,要他给袁文才去函求助,并告狱中同志,做好准备响应暴动。贺子珍让哥哥出面,主要是担心袁文才、王佐的农民自卫军不肯轻易出山,贺敏学亲自写信则不同,袁文才一定不会坐视不管,与袁文才有八拜之交的王佐也肯定会鼎力相助。

正有此想法的贺敏学见之大喜。他偷偷写了封短札,请袁文才出兵相助。他将这小纸片同样塞在扇把的密缝里,在下一个探监日,神不知鬼不觉地和舅妈调换了各自手中的扇子。随后,贺敏学领导狱中党支部积极做好配合劫狱的准备工作,关在狱中的非党群众刘矮牯等人也积极响应。

7月26日,永新县城还笼罩在黎明前的夜色中,忽地响起了激烈的枪声,永新暴动开始了。先前已秘密开到县城附近乡村的安福、宁冈、莲花三县农民自卫军,在永新农民自卫军的引导下,分头向县城发起了进攻。四县农民自卫军联合作战,起主要作用的是宁冈的袁文才和安福的王新亚。而王新亚原是北伐军的一个营长,是湖南浏阳人,北伐军撤离赣西时,他被留了下来,协助这一带的革命政府组织工农武装。他有实战经验,故担任暴动的组织指挥。

根据既定部署,王新亚率部(三百多人,近二百支枪)取道北乡行动。李乙燃自恃有五六百支枪,又有一条深不可测的禾水河在东南面作屏障,只留下两个排和南乡柳安的保安队守城,自率大队人马出城抵挡。岂料,李乙燃的保安队不出半天就被王新亚部打得落花流水。而袁文才、王佐部(二百多人,一百多支枪)在永新南乡革命群众配合下,趁机向县城南门(又叫禾川门)发起进攻。翌日晨,农民自卫军攻破永新城。

在这次暴动前,身在吉安的贺子珍已设法与贺敏学取得联系,告诉了攻打永新城的消息和日期,以便里应外合。因此,城外枪声一响,贺敏学立即率八十多名狱友暴动。狱卒见势不妙,丢下他们抱头鼠窜,没来得及跑的还被逮住。

在监狱门口,贺敏学与袁文才碰了个正着,两人紧紧相拥在一起。贺敏学点了一把火,把监狱烧了个精光,接着又领袁文才的农民自卫军杀向县党部,活捉了一些来不及逃遁的反动头目。

四县农民自卫军会攻永新县城,有力地打击了反革命气焰,也为以后井冈山革命根据地的建立打下了坚实的群众基础。毛泽东曾在《井冈山的斗争》一文中说"暴动队始于永新",指的就是这次暴动。1954年,毛泽东在中南海菊香书屋与贺敏学的长谈中,再次称贺敏学他们是"暴动第一",足以说明永新暴动在毛泽东心目中的地位。

永新暴动前,欧阳洛、刘真赴南昌未回。中共永新临时县委另外几位主要领导也未参加指挥工作,王怀生病在乡下,刘作述虽已潜回永新,但到枧田领导农民暴动了,而贺子珍、贺怡等另外几位县委委员也不在永新,实际上原临时县委已难发挥领导作用。经历了一年来艰难复杂革命斗争的贺敏学体会到,革命斗争没有一个坚强的党的领导核心,就像一个人没有主心骨。在县城左家祠召集原临时县委部分委员及区、乡党的一些领导开会时,贺敏学就提出了重建县委的建议,获得一致赞同。新的县委以监狱党支部为基础,推举贺敏学为书记,胡

波、刘作述、尹铎、贺灿珠、张锦荣等为县委委员。贺敏学还兼任永新农民自卫军指挥。

新县委成立后,他们马上在县城召开万人群众大会,宣布处决几个被活捉的反动头目,并宣告成立永新县革命委员会,以贺敏学为主席,王新亚、王佐、袁文才为副主席。同时,将四县农民自卫军组建成赣西农民自卫军,以便统一指挥,王新亚任总指挥,袁文才、王佐、贺敏学任副总指挥,贺敏学还兼任党代表。不久,贺怡托人传来口信,告知父母平安无恙,贺敏学一颗悬着的心这才放了下来。接着,贺子珍从吉安回到永新工作,兄妹重逢,分外高兴。

大家分析,反动势力不甘失败,必行反扑。四县农民自卫军虽有八百来人,但大都是没有脱离生产的农民,真正经过军事训练能冲能打的只有袁文才和王佐的两支队伍。但即使他们,打仗也只凭勇敢和赏银,不讲求战术。农民自卫军会攻永新得法,还是靠了王新亚的部署和安排。贺敏学赞同王新亚的看法,认为新成立的赣西农民自卫军的战斗力不容乐观,因此对战前训练抓得很紧。他和王新亚、袁文才、王佐等人还在城外附近山地察看地形,在县城西郊看中了沙垒洲这个御敌战场。沙垒洲地形开阔,却沙坑累累,遍地长满了芦苇,其边上有一条路,是茶陵通往永新的必经之路。敌军攻打永新城或从县城撤退,必经此处。农民自卫军若在沙垒洲设伏,必可给敌人出其不意的打击。

在农民自卫军厉兵秣马、严阵以待时,狼果然来了。首先开来的是驻湖南茶陵的国民党第三军军部特务营。他们是永新土豪劣绅龙镜泉、刘枚皋搬来的救兵,妄图收复永新城。探知敌情后,贺敏学和王新亚等马上在县城肖家祠内召集各路农民自卫军首领开会。第一次参加制定御敌方案,贺敏学十分注意分析并博采大家的意见。他对王新亚的军事素养尤为佩服,并从中学到不少东西。

根据作战计划,贺敏学由贺子珍协助,率少数武装负责守城,杨良善率莲花农民自卫军埋伏于沙垒洲东面,袁文才、王佐部在城外禾川河西面埋伏,故意放敌兵进来攻城,而后在敌兵撤退时实施夹击,王新亚率安福农民自卫军于敌人出动后,绕道偷袭其驻地。

前来攻城的是敌营长王魁亲率的两连人马和刘枚皋的反动民团,他们根本不把这支农民队伍放在眼里,认为农民自卫军不过是群乌合之众,大炮一响,便要一溃千里。战斗打响后,城内并无反击枪声,直到十几架登城云梯搭到了南门城墙上,还不见动静,敌兵便以为农民自卫民军怯战或弃城而逃了。在当官的驱使下,他们大着胆儿往上爬。殊不知,这是贺敏学、贺子珍兄妹制定的以静制动战术,以便更多更好地消灭来犯之敌。看到敌人像蚂蚁般爬满了梯子,贺敏学这才下令动手。一仗下来,敌人损兵折将。待发动第二次攻城时,却听营地方向传来激烈的枪声。敌营长王魁情知老窝受袭,无心再战,仓皇撤退。贺敏学指挥精干队伍,出城追击逃敌。

敌人逃至沙垒洲时,遭到早已埋伏在上沙坑和芦苇丛里的农民自卫军痛击。在夹击下,敌人溃不成军,枪弹和辎重丢了一地。此战缴获敌人百余支枪。

初战告捷,没有冲淡不利的消息。先是汪精卫在武汉继南京的蒋介石之后公开撕下与共产党合作的假面具,宁汉合流,第一次国共合作全面破裂。接着,南昌起义部队撤出南昌前往广东。各地反革命势力更是猖獗,在永新反动民团的配合下,国民党驻吉安的第八师第二十四团团长祝侃率全团人马,向永新扑来。

打了一阵后,敌军见讨不到便宜,便撤下来休整。王新亚找到贺敏学商议:很明显,敌强我弱,光凭四县农民武装是无法守住永新城的,应在敌人形成合围前主动撤出。贺敏学也认为,暴动的队伍宜回各县坚持斗争为好。根据他们的设想,参战队伍分三路行动:莲花的农民武装仍由杨良善率领回原地活动,王新亚因对湖南较熟悉,则率安福的农民自卫军到浏阳一带打游击,袁文才、王佐的队伍仍回井冈山。永新局面最为险恶,共产党员和农民自卫军队员暂行回家隐蔽,贺家兄妹在永新目标太大,可暂避敌锋芒,率一部分永新党员和武装跟随袁文才、王佐上井冈山。在会议上,由贺敏学提出这个方案,还说,这样做一是为了保存力量,分开行动,不至于目标过大;二是如果一处革命遭到挫折,另一处的同志还可继续战斗。此时,莲花县已被敌人占领大部分地区,井冈山的茨坪也是连连告急,与袁文才、王佐有仇的永新反动民团头目尹道一和遂川县靖卫团团总肖家璧趁机作乱。大家身在异乡,都有点急着各自回县的想法,因此一致同意贺敏学所提方案。

在半个来月的并肩战斗中,王新亚与贺家兄妹结下了深厚的情谊,对贺子珍巾帼不让须眉的精神尤表敬佩。他率队临走时,特别给贺敏学留下一个包着

一百块银圆的布包,请他转交贺子珍,还说,子珍一个女孩子上山,困难一定不少,这钱请她收下,以应急需。

贺敏学布置完人员的去留后,率永新部分党员和有百余支枪的数百名农民自卫军,跟随袁文才、王佐踏上了上井冈山的征途。为防患重病的王怀落入敌手,贺敏学还指示用担架把他抬上山。

袁文才、王佐率部队连夜赶回井冈山时,不少地方已被尹道一和肖家璧的反动武装占领,重新夺回损失很大。身在井冈山的贺敏学,万分挂念其他几支部队的安危。后来才知,王新亚率安福农民自卫军到他家乡湖南浏阳打游击的途中,接到中共湖南省委通知,转赴安源参加毛泽东领导的秋收起义。起义中,王新亚向毛泽东详细汇报了井冈山地区的斗争现状,并介绍了贺敏学、贺子珍兄妹以及袁文才、王佐的情况,最终使毛泽东作出了进军井冈山的决定,而王新亚却在秋收起义时壮烈牺牲。莲花农民自卫军回撤后,遭敌打击全部溃散,只有农民自卫军中队长贺国庆保留了一支枪。

曾经赤色一时的永新,自然没有逃过敌人的血洗,真可谓县城内外刀光剑影,禾水两岸血雨腥风。反动派对贺敏学一家恨之入骨,无奈贺敏学三兄妹连同他们的父母已逃离永新,他们便迁怒于贺氏家族及亲属,施行惨无人道的报复。寄养在舅妈家不满十岁的小妹仙圆,惨遭剜眼致死。幸亏小弟贺敏仁跑得快,昼伏夜行上了井冈山。国民党江西省政府还悬赏五万银圆,缉拿贺敏学三兄妹和他们的父母,并称见尸首者可得二万银圆。这个悬赏告示贴遍了永新、宁冈一带的城乡。

贺敏学在山上闻知亲人噩耗,泣不成声。

第二章　井冈帜赤

井冈山的"山大王"

井冈山地处湘赣边界罗霄山脉中段，介于江西宁冈、遂川、永新和湖南酃县之间，山势险峻陡峭，但多盆地，农业经济尚发达。因为离中心城市较远，交通不便，官府统治力量薄弱，加上有黄洋界、八面山、双马石、桐木岭、朱沙冲五大哨口作天然关卡，进可攻退可守，是占山为王的理想场地。在袁文才、王佐两支武装上山前，就有大小股匪出没。

袁文才、王佐都是井冈山的子民，家境也都比较穷苦。袁文才是不得已投奔绿林马刀队，并很快拉起一支队伍。王佐原名云飞，绰号"南斗牯"，自幼丧父，全靠母亲做小生意维持生活。其母被土豪逼嫁后，王佐为报家仇而上山参加朱孔阳的绿林军，先是做水客（侦察），后因吊羊（绑票）得手，势力逐渐扩大，自封为首领。袁文才和王佐统领的队伍分别驻于井冈山下的茅坪和山上的茨坪，两地相距三十六公里，有事互相照应，互为配合。两人打的旗号都是"劫富济贫，除暴安良"，在各自地区的群众中有一定的威望。1926年，两人在宁冈茅坪结拜为老庚（即同庚兄弟）。中共宁冈县委成立后，经书记龙超清做工作，袁文才参加了共产党组织。随后，遂川县委也派人到井冈山做王佐的工作，王佐跟随袁文才打出了农民自卫军的招牌，并踊跃参加了永新暴动。

贺敏学与王佐虽然相识不久,因有袁文才的影响,加上彼此性格豪爽,勇武过人,两人相处融洽,很快成了至交好友。王佐在茅坪与贺家兄妹分手上山前,嘱咐贺敏学一定到茨坪来喝酒比武,还把一支心爱的小驳壳枪送给了贺子珍。

在茅坪安顿下来后,贺敏学和永新县委的几位负责同志住在攀龙书院的八角楼里(永新县委就设在了井冈山),其他人员则分散在深山老林或老百姓家中。

到井冈山后,贺敏学以赣西农民自卫军党代表、副总指挥的身份在茅坪和茨坪上下轮流走动,帮助两支农民自卫军练兵习武。通过一段时间的接触和相处,贺敏学却又为现状而忧虑。袁文才、王佐部队绿林习气很重,爱憎多从个人恩怨出发。有次,贺敏学和贺子珍上山到茨坪不久,王佐就率队下山找尹道一报仇,不料反中了尹道一的埋伏,连茨坪和大小五井都遭到尹道一保卫团的烧杀抢掠。幸亏贺敏学兄妹躲避及时,才逃过一劫。

看到王佐损兵折将,贺敏学经与王怀、胡波等永新县委领导人商量,主动向王佐提议将永新武装编进其部。但王佐担心自己的力量被削弱,只勉强编进了一小部分。

随着湘赣两省的国民党军进剿,尹道一和肖家璧等反动武装也趁机犯境。几仗下来,由于敌强我弱,农民自卫军又缺少作战经验,结果部队都给打散了,井冈山形势顿陷危急。为了应付这种局面,袁文才、王佐召集各县在山上避难的共产党员紧急磋商。他们认为,敌人来势凶猛,敌众我寡,不宜硬打硬拼,只有采取打埋伏的办法,把队伍化整为零,分散在老百姓当中才能保存力量。他们还提出,永新的农民自卫军目标过大,又对山上的情况不甚熟悉,隐蔽有一定的困难,最好的办法是潜回永新,分散埋伏。

永新农民自卫军上山不久,又要遭遣回家,今后何去何从,命运如何,都是一个谜团,大家为此都有一些埋怨和不满情绪。贺敏学反复做思想工作,动员大家把枪支埋藏起来,下山隐蔽,有条件的尽可能潜回永新转入地下工作,恢复当地组织,领导群众开展斗争。县委还给每人发了几块大洋用作路费和活动经费。考虑到袁文才、王佐部队分别已有一部分永新武装人员在内,贺敏学和一部分人员还得留下来工作。他叮嘱大家,天大的困难也要经得起考验,永不投敌,更不得出卖同志泄漏山上的情报,否则,一旦察觉绝不轻饶。他还乐观地表示,待时机好转、条件成熟时,他一定会回来重集力量,再和大家轰轰烈烈地革命。

永新武装多数分散下山后,贺敏学和贺子珍等人每天跟着袁文才数十人的精干队伍,在山头和丛林中运动。对敌人来说,井冈山只有那么几条路,可对土生土长的袁文才、王佐部队来说,到处有路可通。敌人搜索这个山头,他们早已转移到另一个山头了。袁文才告诉贺敏学:"不要会打仗,只要会兜圈子捉迷藏就能拖垮敌人。"贺敏学对袁文才、王佐实行的这种战术颇觉新鲜。

如此转圈,贺子珍吃得苦头比男人们就更多一些。贺敏学心疼之余,不忘和她开玩笑:"石灰佬,走苦了吧?"

"石灰佬"本是外乡人针对永新人喜欢造反而给的轻慢称呼,贺子珍却坦然以此为绰号,因为她素喜明朝爱国大臣于谦的《石灰吟》,立志要学石灰那"千锤百炼出深山,烈火焚烧若等闲。粉身碎骨全不怕,要留清白在人间"的品格。见哥哥以绰号相称自己,她也趁机没大没小地叫起哥哥的外号来:"二金仔,你这万金之躯都吃得苦,何况我们小草民呀!"

艰险岁月里,兄妹俩互相鼓励,天大的困苦都扛了过去。敌军撤围,战斗告一段落后,贺子珍却因辛劳过度身患疟疾。经过一段时间的调养,贺子珍的身体慢慢地好转起来。

敌人在一时难以剿灭袁文才、王佐武装的情况下,改用安抚和争取的对策,国民党宁冈县政府表示要委袁文才为保安团团总。袁文才、王佐与他们也时有接触。贺敏学为此忧心,找到袁文才摸底。袁文才表示自己与对方接触不过是虚与委蛇。贺敏学略觉放心,说:"尽管共产党眼下遭到了失败,但革命的火种是扑不灭的,只要咱们齐心协力,总有胜利的希望。"在山上避难的宁冈县委书记龙超清也说,我们以井冈山作依托,只要能保住人和枪,就不怕他官府如何追剿,也不愁日后没有出山的日子。虽然贺敏学自信和袁文才是同学,他的话袁文才还能听一听,而王佐是听袁文才的,有袁文才在,王佐绝不会干卖友求荣之事,但他总感到心里不够踏实,担心革命力量意外受损。况且,井冈山过于闭塞,永新县委在山上形同虚设,与党失去联系多时。他想掌握一下永新同志潜回家乡后的活动情况,并设法寻找上级党组织,了解一下外面的情况,同时请示下一步

的行动,寻机扭转包括井冈山在内的边界局面。贺敏学主意既定,叮嘱贺子珍,要她多注意袁文才的思想动向并加以引导,随后又分别与袁文才、王佐做了一番长谈,并将贺子珍托付给袁文才、谢梅香夫妇照料,就与胡波等人潜行下了山。

为毛泽东穿针引线

贺敏学下得井冈山来,打探到小江山和万年山(亦作万源山)仍有永新地下党的活动,还拥有一定数量的农民自卫军武装,心中自是欣喜万分。他在这两个地方分别停留了些时日,并检查、指导了工作。

闻讯湖南发生了秋收起义,贺敏学经与胡波商量,决定带一支小分队前去寻找起义部队。不料刚到湖南桂东,便与强敌遭遇,寡不敌众,牺牲很大,队伍也被打散。胡波便带贺敏学前往在湖南攸县开店的父亲胡尧山处避难。随着攸县的白色恐怖日趋严重,贺敏学和胡波先后换了四五次住地后,又潜回小江山。

10月初的一天,一个从永新三湾来的群众说,最近有一支千余人的部队驻扎在三湾村,队伍中有穿国民党军装的,也有穿老百姓衣服的,部队因长途跋涉,十分疲劳,伤病员也不少,一部分枪支还是用绳子捆好挑着走的。接到消息,贺敏学他们一时猜不透该部的来历。这也难怪,这里虽不像井冈山上那样偏远,但消息并不灵通。又值国共分裂不久,蒋介石掀起反共高潮,反动派到处缉拿屠杀共产党人和革命志士,白色恐怖之下党的活动显得零星,而且还得处于隐蔽状态。不久前,贺敏学虽听到外面发生了秋收起义,但不知到三湾村的就是毛泽东领导的这支部队。他一方面先派人去三湾村侦察、打听情况,设法弄清这支部队的性质,一方面又加强了防备。

对这段经历,贺敏学后来回忆说:

> 1927年9月29日,毛泽东率秋收起义部队来到永新三湾,并且对部队进行了改编。……开始时,我们不知道是毛泽东同志的队伍,还怀疑是国民党冒充的。小江山一带有我们的人,派出人去侦察,揭下部队贴的宣传标语,还看到这支部队刚来时,三湾没有一家商店开门,他们买不到米吃,还是不进群众的房子。我们的侦察被伍中豪(工

农革命军副营长)抓住了,但又立即放回来了。我们把揭来的标语一看,都是宣传我们党的主张,如"打土豪,分田地"、"拥护共产党"、"打倒土豪劣绅"等,落的款是"工农革命军",后来进一步打听到这是毛委员的队伍。我们便派人去和他们联系。这时毛泽东同志也派人来找到了我们……

毛泽东离开三湾到宁冈古城后,于10月6日带少数随从,至大仓村会见袁文才。此前贺敏学已派人将有关情况告知袁文才,使他心中有数。交谈中,毛泽东充分肯定袁文才在困难关头为党保存了一支革命武装,慷慨赠枪百余支,还表示也要送枪给王佐的农民自卫军。袁文才当场回赠近千银圆接济工农革命军。当日,毛泽东返回古城。

毛泽东、袁文才大仓会见及谈判,贺敏学虽不在场,但他对袁文才的影响是显而易见的,而且贺子珍此时也正在袁文才身边,毛泽东和工农革命军能够上井冈山并在此安家,贺敏学起了重要作用。香港《文汇报》记者在采访晚年赴京参加全国政协第六届五次会议的贺敏学后,说:"是贺家兄妹从中斡旋,使袁文才队伍与毛泽东的队伍合并共占井冈山。"金冲及《毛泽东传》中有段表述也蕴含此意:

> 担任中共永新县委书记的永新县农民自卫军总指挥贺敏学,是袁文才在永新禾川中学的同学。他和一批共产党员(其中有贺敏学的妹妹贺子珍),率领一部分农民自卫军携枪随同退到井冈山麓的茅坪。永新县委也到了山上。这是袁、王能够欢迎毛泽东率领的工农革命军上山的思想基础。

10月7日,工农革命军分两路从宁冈古城出发,一部往砻市一带开展群众工作,一部由毛泽东率领去茅坪。贺敏学这方与工农革命军的联系和接触,已从保持警惕性的半遮半掩到真正面对面,他所接触的是留在砻市这部分工农革命军。在确信这是毛泽东领导的秋收起义部队后,他急忙派人四处寻找坚持游击

活动的共产党员。

待贺敏学找回刘作述、王怀、刘家贤、尹铎等共产党员时,工农革命军却又开拔了。原来,工农革命军虽受到袁文才的欢迎,并被允许在茅坪设立留守处和后方医院,但能不能上山还要等袁文才做王佐的工作。毛泽东深知,要解决上山安家的大事,光靠一次会面解决不了问题。于是,他把留守部门和伤病员安置在茅坪后,于10月中旬亲率队伍沿井冈山麓向西游击,既扩大革命军的影响,筹措钱粮,熟悉周围环境,同时探听南昌起义军进入广东后的情况。贺敏学对此举不知其因、不解其为,因此也不急上井冈山,便前往追赶毛泽东。恰在这时,毛泽东得知湘敌两个团从茶陵袭来,便派前敌委员会(简称前委)委员、团政治部主任兼第一营党代表宛希先率第一营第二、第三连,绕过安仁攻打茶陵敌后。工农革命军这次分兵后,贺敏学追赶的是宛希先所部。10月21日,工农革命军攻占茶陵县城前后,贺敏学与宛希先接上了头,由此加入工农革命军,任宣教科科长。

毛泽东所率部队因在10月22日遭肖家璧靖卫团袭于遂川县大汾镇,至24日才重集失散人员,绕了个弯子转移到井冈山西面的荆竹山村宿营。已被袁文才做通工作的王佐派人迎接毛泽东部,把他们请进大井村。10月27日,毛泽东到达井冈山的中心——茨坪,随即写了一封信,派人送往茶陵,把贺敏学调至井冈山。原来,毛泽东在上井冈山前,就已通过王新亚知道了贺敏学,还知道他就是井冈山第一个女共产党员贺子珍的胞兄,上山大有可用。

毛泽东调贺敏学上山,首先是为了召开一次有永新、宁冈、莲花三县原党组织负责人参加的联席会议。而贺敏学在会前还有个任务,奉毛泽东命令通知莲花、宁冈、永新三县各地隐蔽的干部开会。也就在这时,贺敏学第一次见到了毛泽东。毛泽东给贺敏学留下了至深的印象。

1927年11月初,在贺敏学的联络下,分散隐蔽的三县党组织负责人来到象山庵。毛泽东先是一县一县分别谈话,待三县负责人基本到齐后,再聚在一起,开始联席会议。由于要负责穿针引线工作,贺敏学最后一天才到会。

与会者中,永新县委除贺敏学外,还有王怀、刘作述、朱昌偕、贺子珍、刘家贤、尹铎,宁冈县委有龙超清等人,莲花县委有朱亦岳等人。会上,贺敏学还意外见到了刘真。刘真和欧阳洛等在永新六一○事件后赴南昌请愿未果,时值南昌起义前夕,他们积极参加了起义的事前准备工作。起义军撤离后,刘真辗转于九江、上海地区寻找党组织,11月初回到永新,旋赴宁冈避难。至于欧阳洛,他历经险阻,远走武汉,后来担任湖北省委书记,1930年初被敌杀害于武昌。

毛泽东首先向大家详谈了大革命失败后的严峻形势、党的八七会议精神、秋收起义及革命军受挫的情况,委婉地批评了党内存在的一些急于求胜的情绪和悲观论调。他指出,在敌强我弱的形势下,城市及其周围的暴动势必难以成功,即使暂时取胜,也难坚持下去。为此,革命的重点必须做战略转移,从敌人力量集中的城市转到敌人统治力量薄弱的农村,开展武装斗争,创造工农武装割据,建立根据地。一番侃侃而谈后,毛泽东有的放矢地切入了正题:"这段时间,我走看了罗霄山脉,觉得井冈山正是建立根据地的好地方。这里地处湘赣两省边陲,山高皇帝远,地形险要,交通不便,敌人统治力量薄弱,是个三不管之地,而你们这几个县在大革命时期都建立了共产党组织和农民自卫军,群众基础好,周围各县的农业经济足可供部队筹措给养。我们在这里建立根据地,进可攻退可守,回旋余地大得很。这就像一个人,屁股坐在井冈山,一脚伸在湖南,一脚伸在江西,既稳当又自如,好得很哪。无数块小的根据地连成大的根据地,最后遍布整个中国,这就叫星星之火,可以燎原。"

毛泽东对中国革命的真知灼见,贺敏学和三县负责人听后都很振奋。接着,毛泽东结合这些天详细了解到的各县党组织状况,作出了开展武装斗争和土地革命等一系列指示。他叮嘱各县负责人,回去迅速行动起来,恢复、建立和发展党的组织,发动群众打土豪、分田地、筹款等,并要巩固和发展地方农民自卫军。鉴于永新党组织遭敌破坏严重,毛泽东指定刘真任永新县委书记,重建县委。

象山庵这次会议议题,除恢复县委外,还成立了调查研究会和三县暴动委员会,贺敏学担任县委委员和三县暴动委员等职。接着,贺敏学又参加了刘真主持召开的永新县委负责人会议。在商讨如何贯彻执行毛泽东的指示时,大家基本达成一致意见,认为应首先在九陇山建立革命根据地,然后以此为依托,沿禾山、铁境山、天龙山、桃花山、柳树山、万年山等地发展,逐渐扩大革命势力。贺敏学的主要任务是与刘作述回县组织暴动队(赤卫队),以九陇山为依托进行游击

活动,并恢复和发展党的组织,掀起打击土豪劣绅的工农暴动。

毛泽东对这一设想甚表赞同,他说:"以前王新亚同志向我提过九陇山,我们这次到三湾时恰好路过,地势果然险要,对井冈山地区来说,有着举足轻重的战略地位,你们一定要经营好这个根据地。"

蓝图定下后,县委负责人纷纷回原地领导斗争。贺敏学却被毛泽东暂时留了下来,以便咨询袁文才、王佐等人及井冈山的有关情况。

贺敏学对毛泽东讲了袁文才和王佐的情况。袁文才入党虽有一年了,手下也有党员(如其秘书陈慕平等),但农民自卫军里没有党组织,因此只能算是个挂名党员,或是特殊党员;他受党的教育比较少,长年居住深山,难以见到有关党的理论、政策的书刊,对党的认识比较肤浅,因此也就谈不上执行党的决议和任务。贺敏学还说,袁文才脑子里装的主要还是农民的平均主义思想和侠客的劫富济贫思想,对人对事往往只重感情、讲义气,爱憎多从个人恩怨出发。

贺敏学告诉毛泽东,王佐和袁文才一样,重义气、讲情面,但自尊心强、戒心重,和他们相处说话做事要讲策略,既要灵活又要坦率。

毛泽东一直都在认真倾听,不时微笑地点着头。贺敏学受到鼓励,他向毛泽东透露,王佐有两个死对头,一个是遂川县保卫团团总肖家璧,此人朝思暮想要把王佐吞掉;另一个是永新关背、拿山的尹道一,先前同王佐还有交情,当了五县联防总指挥后,曾花言巧语招安王佐的部队,却伺机清剿,后来反目追杀王佐。王佐损兵折将不说,连自己都几次差点成了断头鬼。这也是王佐对除袁文才之外的许多人抱有戒心的由来。尹道一就是王佐的一块心病,他曾立下血誓:"尹道一这个贼牯不除,我王佐死不瞑目!"贺敏学认为,如果工农革命军能把尹道一除掉,不要说是叫王佐参加革命,就是叫他上刀山下火海也愿意干。除掉尹道一、肖家璧这两个井冈山下的大恶霸,还可为民除害,并对工农革命军在井冈山长驻和发展有极大的帮助。

毛泽东认为贺敏学的分析对头,对他产生了高度的信任感。数月后,毛泽东指挥部队不仅打垮了肖家璧,还杀了尹道一,把所缴枪支全部留给了王佐。王佐极为高兴,表示要坚决与工农革命军合作,并主动提出让工农革命军开进他的司令部所在地茨坪。

针对毛泽东在井冈山建立根据地的宏图，贺敏学深思熟虑地说："袁文才、王佐在井冈山很有群众基础，工农革命军只有与袁文才、王佐坦诚合作，密切无欺，并与他们的部队融为一体，才能在井冈山站稳脚跟。"

贺敏学的话让毛泽东了解了袁文才、王佐部队的性质，如果能先改造袁文才部队的思想，将其训练成革命军的指战员，让他们都听党的话，带动对王佐部队的改造，那根据地的建设势必得到巩固，革命力量才能真正如虎添翼。毛泽东把探口风的事交给了贺敏学。

当贺敏学试探性地和袁文才谈及请工农革命军帮他训练队伍一事时，袁文才毫不迟疑地答应了。毛泽东接到回话后，马上从工农革命军中选了游雪程、徐彦刚、金蒙秀、陈伯钧等得力干部，以教官身份走进袁文才的绿林。

练兵场设在毛泽东居住的步云山（又名相山）。半山腰有一座创于明代的步云山寺（又名相山寺）。步云山寺可驻一营兵力，庙门前又有块大坪，正好用作练兵的操场。工农革命军帮袁文才训练一个连，训练内容一为政治，二为军事，这是毛泽东想要达到也最终达到了的目的。这个连后来在袁文才部队中起到了教导连的骨干作用。

贺敏学来回穿梭在毛泽东与袁文才两边，不经意间了解到一些使他颇感后怕的事。其一，工农革命军在当初讨论对袁文才、王佐部队的方针时，有人提议解除他们的武装，还说他们是土匪，只有几十支枪，一包围就缴械完了。毛泽东反对，说我们共产党不能采取大鱼吃小鱼的吞并政策，历史上有谁能把三山五岳的土匪消灭掉？三山五岳的朋友联合起来就是大队伍。不能只看到他们只有那么些人那么些枪，这是个政策问题，对他们只能用文，不能动武，要积极争取改造他们，使他们变成跟我们一道走的真正革命武装。其二，袁文才经龙超清、贺子珍等做工作，虽答应在大仓会见毛泽东，但仍抱高度戒心，暗中埋伏下武装，一旦发现毛泽东率大队人马前来谈判，便视为欲图侵吞而予以枪杀。幸好毛泽东只带了数位随从，博得袁文才的信任，并得以躲过此劫。

练兵开展后，袁文才心里万般欢喜。贺敏学在一次喝酒时，不失时机地对袁文才说，毛泽东率工农革命军既然诚心实意到井冈山来，我们就该真心与他们合作。一向少言寡语、感情不外露的袁文才对贺敏学说出了掏心窝子话。他说：

"原先枪少,先是担心被狗日的保安团吃掉,睡觉也得睁只眼,后来革命军上山,又担心被吞并,也是寝食不安。现在好了,毛委员不仅一下送我上百支好枪,还帮我训练部队,我对革命军放了心,再也不怕那保安团了。毛委员给我大礼,看得起我,我岂能不真心!"

谈话中,袁文才对毛泽东表现得甚为佩服:"毛委员住步云山,离茅坪步行只需半个小时,我想请他住到茅坪来,这样工作也方便些。"贺敏学对此提议十分赞同,并表示要把自己和永新等一些共产党员原来所住的八角楼腾出来,安排给毛泽东居住。

有贺敏学在两头穿针引线,毛泽东、袁文才之间的关系得以进一步升温。毛泽东很快就答应了袁文才的邀请,搬来八角楼居住。八角楼是幢砖木结构的两层楼房,原是地主豪绅教育本族子弟建造的学堂,为了上下楼梯光线明亮,在楼上用明瓦镶嵌了一个八角形天窗,故有此名。毛泽东在八角楼住的那间屋子,就是原先贺敏学住的。

八角楼离袁文才家只有百十来步路,毛泽东与袁文才之间来往也就方便了。贺子珍因疟疾未愈,未随永新的共产党员一起回去,此时仍住袁家。一来二往,毛泽东与生性活泼的贺子珍也便熟络起来。

贺敏学发现,每每听毛泽东谈话,贺子珍的眸子里总闪出明净而温柔的光芒,看得出,妹妹对毛泽东产生了敬慕。

有次,贺敏学等人陪同毛泽东到茨坪看望王佐。毛泽东无比坦率地告诉王佐:"井冈山比南京好,井冈山周围八百里,比南京大得多,何况有山有水,腾云驾雾,快活无边。蒋介石占京为王,我们占山为王。只要你们欢迎共产党的领导,我们今后还要在这个地方建起乡政府、区政府、县政府,在井冈山搞一个革命根据地,这个根据地扩大后,你这个地方就是大后方了,以后上前方打仗的事,由工农革命军去,你把这后方搞好了,比我们前方打胜仗还强呢。以后我们这样分工,我们上前线,你守后方。"

毛泽东的一席话,在王佐心头点燃起希望的火光。他由衷地说:"共产党的主张好得很,我早就仰慕多时了,那次打永新,我原想抢几个共产党员,可是刚从牢房里救出几个上山来,还没站稳脚跟,就遭尹道一那个贼牯穷追不放,敏学、子珍两兄妹也只好又下山到茅坪我袁老庚那儿避难了。这下好了,找到了你这个有大本事的共产党员!"

这段时间,贺敏学几乎每天都要和毛泽东见面谈事。他知道毛泽东有爱吃小竹笋的习惯,专程到山上拔了一点山笋给毛泽东尝鲜。

11月中旬,毛泽东定下二打茶陵的作战指令,由团长陈皓率第一营和特务连前往攻打,前委委员、团政治部主任兼第一营党代表宛希先随行指挥。贺敏学因为了解茶陵一带情况,又熟悉地方工作,也被派去参战。茶陵既克,在11月下旬成立茶陵工农兵政府,谭震林当选为井冈山根据地第一个红色政权的主席。茶陵战事稍息,贺敏学立即快马加鞭赶到九陇山,参与筹建永新县委、组织工农暴动队、发展地方武装等工作,不久就又接到进工农革命军军官教导队受训的命令。

军官教导队不久前在砻市龙江书院创办,负责培训军政人才和地方负责人及赤卫队干部。贺敏学倒也愿意去教导队学习,但想到自己刚回县里,县委筹建工作尚未完成,还有许多艰巨的工作要做,不禁有些踌躇。刘作述认为去军官教导队学习机会难得,何况毕业后要分配回地方,掌握地方武装和开展地方党的工作,他要贺敏学放心前往。由前委派来帮助地方工作的连党代表蔡会文(1936年初春,蔡会文在战斗中牺牲,年仅二十八岁)也说,永新的工作由他和刘真、王怀、刘作述等挑起来。

军官教导队的学员,有部队连级以上军官,也有边区各县管军事的干部。与贺敏学一起参加首期培训的有三十多人,包括后来成为国务院副总理的谭震林,授衔上将的陈伯钧、陈士榘等人。

学校极为简陋,不要说坐的凳子、吃饭的桌子、睡觉的床铺,就连黑板和粉笔也都没有。上课时,学员们或席地而坐,或在屁股下垫一块砖头,黑板是砌墙的大石板,教官搞来一些小木炭条子权当是粉笔。晚上,学员们都睡在祠堂楼板上。学员们穿的衣服真可谓五花八门,军衣便衣、长衫短衫、棉袄夹衣都有。

政治课讲授马克思主义理论,文化课也是结合政治内容来进行教学的。因为许多学员此前没进过校门,有人甚至一字不识,所以,识字对他们显得特别重要。贺敏学在学员中算是文化程度较高的了,因此他把更多的时间用来学习理

论。军事课是最主要的课,也是贺敏学最感兴趣的课。军事课抓得最紧,主要学习军事理论和军事知识,还进行野外演习。每天凌晨4时起床,哨声一响就得集合,依例是三个来小时的跑步、爬山,早饭后马上进行军事训练(包括练习枪法)。军官教导队还提出官兵平等、反对官长打骂士兵等口号,以此作为改造旧军队作风的一项重要内容。毛泽东很关心军官教导队的成长,不时抽空来看一看、讲讲话,了解学员们的学习生活等情况。他曾风趣地说:"《封神榜》里有个哪吒,还有个土行孙,他们腾云驾雾上天入地,本事大得很,你们也要有这样的本事呀。"

毛泽东亲自为军官教导队的学员们讲课,深入浅出地阐明马克思主义的普遍真理,启迪大家的思想。他说:"革命要依靠广大群众,群众怎么知道革命的道理呢?就是要靠我们共产党员去给他们讲,所以你们到哪一个地方,都要注意这个问题。"

在毛泽东的指导下,军官教导队重视理论学习和社会实践相结合。贺敏学同其他学员一道,先后深入附近农村调查研究,发动群众。

贺敏学收获最多的是学会了很多军事战术,在以后的战斗实践中起了很大的作用。在这期间,发生了两件让贺敏学难忘的大事。其中之一便是陈浩叛变。陈浩毕业于黄埔军校第一期,对革命早就悲观失望,利用工农革命军面对强敌猛攻而撤离茶陵的不利时机,伙同副团长韩昌剑、参谋长徐庶等人,不顾宛希先、张子清等人的反对,妄图把部队拉向湘南投靠国民党第十三军军长方鼎英。毛泽东得知茶陵危急军情后,率陈伯钧等少数随员和袁文才派来护送的一班战士,从步云山赶至茶陵湖口,追上部队,不顾危险,坚决制止了陈浩等人的叛乱,把部队带回井冈山附近。12月底,工农革命军在砻市枪毙了陈浩这伙叛徒,张子清被任命为团长。第二件事情是,陈伯钧重回军官教导队后,在一次擦枪时不慎走火,打死了军官教导队队长吕赤。许多人认为应该给他治罪,毛泽东了解了事情的真相后,说事出偶然,人死不能复活,再枪毙一个坚定的革命同志,于革命不利。毛泽东实事求是、具体问题具体分析的态度,给贺敏学很大的教益。

严冬来临,积雪覆盖着连绵的群山,工农革命军的吃穿面临着一定困难。前委决定攻打井冈山南大门遂川,以解决给养,并扩大红色区域。在贺敏学看来,攻打遂川还有一个好处,那就是可以为王佐出一口恶气,因为盘踞在遂川的正是王佐的死对头肖家璧。因此,还在军官教导队学习的他积极要求参战。

1928年1月初,贺敏学同工农革命军的官兵,在前委书记毛泽东的亲自率领下,冒着严寒,从砻市出发,翻山越岭,在遂川大坑镇一举打垮肖家璧四百多人的武装靖卫团,随后乘胜攻占了县城,成立了以陈正人为书记的中共遂川县委。

2月初,国民党朱培德部五个团向井冈山进犯,贺敏学所在的军官教导队受命转移,随即于当月中旬参加了毛泽东亲自指挥的攻打宁冈新城之战。战斗开始后,贺敏学和军官教导队一百五十多名学员协同刚成立的第二团(即袁文才、王佐部)第一营作战,在西门外的土坎上埋伏。由于城高墙厚,敌人防守严密,光凭猛打猛冲难以奏效。毛泽东立即指示部队改变打法,采取佯攻南北门,实攻东门,放开西门,逼敌进瓮的战术。果然,敌人主力被吸引到了南北门,东门空虚。工农革命军以凌厉攻势拿下东门后,顺势攻克南北门。溃散之敌纷纷往西门逃窜,正好落入贺敏学所在的军官教导队和第二团第一营的伏击圈,敌人的有生力量被大量歼灭。新城之战,击毙敌营长,活捉敌县长,粉碎了赣敌对井冈山根据地的第一次进剿。贺敏学在实战锻炼中,深深领会了毛泽东用兵打仗的军事指挥艺术,为他日后的军事指挥开了一个好头。使他痛心的是,有两名学员在战斗中牺牲。

军官教导队的培训在这次战斗后也就结束了,贺敏学打点行装正准备回永新工作,忽接毛泽东派人送来的条子,让他速来前委,另行安排工作。

奉命改造袁文才、王佐部队

贺敏学不知前委要安排自己什么新的工作,带着一肚子疑问匆匆策马赶到茅坪前委所在地,帮助毛泽东誊抄文稿的贺子珍和他亲热地打起了招呼。兄妹俩有段时间未见,彼此都很想念。贺子珍虽知哥哥在军官教导队培训太紧张,嘴里却还是埋怨哥哥不抽空来看她。她见哥哥一路跑得额头直冒汗,便拿毛巾给哥哥擦汗,又倒了杯开水递给他。

毛泽东见到贺敏学,握着他的手,第一句话就是:"敏学同志,你来得好快

哟!"贺敏学说:"毛委员下了命令,我哪敢不快?"寒暄几句后,毛泽东言归正传,向贺敏学宣布前委决定:到第二团担任党委书记,协助党代表何长工工作。

2月上旬,前委根据革命形势需要,在宁冈大陇决定将袁文才、王佐两支部队和永新部分武装升编为工农革命军第一军第一师第二团,袁文才任团长兼第一营营长,王佐任副团长兼第二营营长,何长工任团党代表。还在1月上旬,有过在洞庭湖收服水上绿林经验的何长工就被毛泽东派去担任王佐部队的党代表,具体开展对这支部队的团结、改造工作。

相比于袁文才,毛泽东感到对王佐的改造要棘手。在此前,宁冈县委书记龙超清已做了不少工作。虽感棘手,但毛泽东还是觉得宜早不宜迟,派出何长工犹觉力量不够,苦思冥想一番后,想到了贺敏学这个特殊人物。

虽然已知第二团的这些情况,但听完对自己的任命,贺敏学还是愣了愣。他自然清楚毛泽东重视对袁文才、王佐部队的改造,但第二团为什么要单独设党委书记呢?毛泽东仿佛看出了他的心思,拉他坐下,详加解释:"袁文才、王佐部队虽已正式升编为工农革命军,但因其原系绿林出身,离坚强的革命队伍标准还有一定距离,还须抓紧改造,当务之急是加强党的领导。二团党员少,党的战斗力不强,因此,前委考虑二团党委书记由专人担任,更有利于发展二团党的组织,加强党的政治工作。你是当地人,和袁文才是同窗,与王佐的交情也甚好,和袁文才、王佐一同当过赣西农民自卫军副总指挥,袁文才、王佐部下对你很敬重,派你去二团工作,相信你定能胜任。"

贺子珍在一旁也说:"前委已派了何长工等同志去,但王佐对何长工他们似乎不太信任。"

毛泽东点点头,继而又面向贺敏学说:"王佐部队还存在浓厚的带有瞎胡闹的游民习气,阶级观念模糊,流寇思想严重。他的队伍中,打人骂人的、抽大烟赌钱嫖娼的都还不同程度地存在,这些工作都得靠你们去做,要有耐心。另外,你还要设法调解土客籍之间的纠纷。"

迎着毛泽东那期待中饱含无比信赖的目光,贺敏学点了点头。他当然明白,袁文才、王佐队伍离革命部队的要求甚远,不进行改造是不行的,但让自己承担这个使命,却是没想到的事,也让他感到了肩上的重担。

贺敏学到第二团后,受到袁文才、王佐和何长工的欢迎。他了解到,何长工初到王佐部队时,王佐确实对这位曾留学法国的红军将领怀有很深的戒心,还一度想反过来改造何长工。经过何长工耐心细致的工作,情况才有所好转。他还得知,第二团虽然也在连上建立了党代表制度,但每个连队的党员数量极少,有的连队还无法建立支部,党的影响不大,支部的堡垒作用无法很好地发挥。贺敏学和何长工一同分析了袁文才、王佐部队的特点,认为在第二团迅速发展党员,加强政治工作,用无产阶级思想教育士兵是当务之急。他们很快研究制订出了具体的工作计划,在部队中建立了政治课、文化课制度,给士兵灌输无产阶级思想。贺敏学还利用与王佐母亲熟悉的条件,带何长工到王佐家看望,使王佐母亲了解共产党的主张,并对王佐施加影响。

党代表与后来的政治委员一样,要服从党委集体领导,但在当时,党委书记行政上要服从党代表领导。何长工在与贺敏学谈话中,认为该团工作重心在班长,贺敏学愉快地接受了任务,以党委书记之职,从班长干起,直到排长、连长,在战场上发扬敢打敢拼的精神。他还叮嘱已在第二团当号兵的弟弟贺敏仁,要严于律己,事事争先,不能因哥哥、姐姐的身份而有高人一等的思想。

贺敏学利用当班长、排长、连长之机,经常和士兵促膝谈心,给他们上课,讲革命军队的性质和任务,有针对性地做思想工作。他还向袁文才、王佐建议连队的制度和建设应以第一团为榜样,并组织下级军官和士兵前往第一团参观。轻易不下山的王佐虽然没去参观,但听到手下人交口称赞第一团,便对贺敏学说,咱们就向第一团学习,他们怎么做,我们就怎么做。贺敏学及时把信息反馈给何长工。在何长工、贺敏学等共产党员的发动下,第二团也像第一团那样进行严格的军政训练,并很快组织起了士兵委员会。士兵们剃去长发,换上新军装,学唱歌和演戏,连那些老兵油子也换了模样。让贺敏学感到欣慰的是,袁文才、王佐似乎也真想脱胎换骨,特别要求从第一团再派些干部帮助他们进行军政训练。

军阀残余的习气并不是一天两天就可改造并一劳永逸的,关键是要坚持不懈,并抓住机会下猛药。一次,王佐部队的一位副连长用连里的伙食钱买了一对手镯捎回家,当连士兵委员会要跟他算伙食账时,他大发雷霆,不仅打了为首的士兵几记耳光,还拿绳子绑人。连党代表批评他,他还嘴硬:"鸟是养出来的,兵是打出来的,不打不骂哪成!"贺敏学接到报告后,严厉批评了这个副连长,并建议团部给其处分。随后,贺敏学协助何长工抓住这个典型事例,在全团军官与士兵中进行纠正军阀残余作风、雇佣思想等各种非无产阶级思想的教育,收到很好的效果,降服了一群没有套上笼头的野马。

通过推心置腹的交谈,贺敏学对"山大王"袁文才的思想轨迹,也有了更清晰的认识。可以说,处身半匪半红时的袁文才当初决定和毛泽东在宁冈大仓村会见时,心里还是压着块石头,直到感觉毛泽东毫无吞并之念,一颗忐忑不安的心始得松弛。读过几年书的袁文才是个聪明人,他见毛泽东虽是难中之人,但气度和谈吐都卓尔不群,不免肃然起敬。毛泽东麾下这支工农革命军虽然刚在芦溪吃过败仗,但正应了"瘦死的骆驼比马大"这句话,靠着国民革命军警卫团的底子,军威仍在。这响当当的正规军行头,让一直在马刀队厮混的袁文才既仰慕又心痒。一番磨合,袁文才认定毛泽东是个人物,说服王佐向工农革命军打开了井冈山的大门。在和一些心腹交谈的私语中,袁文才说,毛委员的话中央都听,只要好好保护他,革命就有前途,我这个赣西农民自卫军的总指挥也还能当下去。袁文才心里虽藏有小九九,但他对毛泽东的敬佩却是由衷的。贺敏学认为,只要再加一些火候,袁文才跟毛泽东和共产党走的思想就基本成熟了。

随着党的政治工作在袁文才、王佐部队扎根,战士们的阶级觉悟和思想素质有了明显提高。在此基础上,贺敏学着手培养一些好苗子入党。通过贺敏学等共产党人的辛勤工作,第二团的党组织发展很快,各连都建立了支部,有了明确的政治方向。

党的发展、士兵的进步,对王佐本身也是一种影响。考虑到毛泽东和袁文才接触多,与王佐接触少些,贺敏学认为应该在王佐身上下些真功夫。他不失时机地告诉王佐,自古以来,绿林好汉鲜有善终的。这话点中了王佐的要害,贺敏学见王佐心有所思,沉默不语,似有难言之隐,便开导他:"不过,这些绿林武装只要在共产党的领导下,用革命的理论加以武装,还是大有希望的。"王佐同意这个说法,说自己当初聚义树旗,固然有逼上梁山的一面,但也有为贫苦百姓谋求出头的希望。贺敏学进一步点拨他:"毛委员是个有大本事的共产党员,只要你能真心与他合作,接受共产党的领导,井冈山革命根据地势必大有可为,并逐步扩大根据地范围,将胜利推向全国,这可是一番功载千秋的事业!"王佐由衷地表露了对毛泽东的钦佩之情,说:"老毛是最有学问的人,不愧是中央人才,跟他谈一次,胜读十年书啊,今后再大的困难,我王佐跟他走都不怕。"

这样的谈话颇为见效。王佐的生活作风原本较为随便,"山大王"的脾气也有些暴戾,但此后却大有节制和改进。他强令部队戒烟,还专门关了大烟鬼哥哥的禁闭,指出不彻底戒烟不得出来。对何长工,王佐刚开始不甚信任,但后来两人关系也慢慢地融洽了。王佐在经历一番思想变化后,尤其看到部队中的旧习气、旧作风逐渐得到纠正,部队的政治面貌焕然一新,对党的认识也更全面了,不仅更相信贺敏学,而且对何长工及随后派来帮助第二团工作的艾成斌、张国华、宋任穷等共产党员也颇加信任。

3月中旬,受湘南特别委员会(简称湘南特委)代表周鲁的命令,工农革命军分三路离开井冈山根据地,前往支援湘南起义,第二团也踏上了征途。王佐此前几乎未出过远门,不免担心部队会被打垮,回不了井冈山。贺敏学和何长工英雄所见略同,认为这次远征,对袁文才、王佐和第二团来说,既是一次大规模的作战,也是在政治上进一步改造的良好时机,因此不仅给王佐和袁文才鼓劲,还帮他们打消顾虑。

3月下旬,第二团和毛泽东所率第一团在酃县中村集结,得知湘南起义已告失败,立即兵分两路赶往湘南,接应和掩护起义部队向井冈山转移。第二团被定作右翼,向资兴、郴州方向开进。打开郴州后,贺敏学受命带一部攻打耒阳,一举拿下。

4月初,第二团经彭公庙到达资兴附近,欲与邓允庭、蔡协民率领的湘南农民自卫军第七师会合。此时,农民自卫军陷于敌范石生部包围之中,敌军并已做好打援准备。贺敏学认为,硬攻必中敌计,不仅无法解救被围农民自卫军,第二团也有遭敌伏击的危险,他建议采取"围魏救赵"战术,避开正面之敌,而前去攻打敌兵空虚的资兴城。这一建议得到通过。敌唯恐资兴城有失,急令包围农民自卫军之敌回援。第二团却趁机和农民自卫军前后夹攻,在滁口镇一举打垮敌人两个团,缴获不少枪支。在胜仗面前,袁文才和王佐的信心一下子提高了。没见

过大世面的王佐，看到工农革命军出山后沿途都有群众拥护，进一步坚定了革命信心。

一天晚饭后闲谈，王佐突然问贺敏学："你说，像我这样的人，有没有资格入党？"贺敏学听后心中先是一愣，接着为他的进步感到高兴。以前，王佐想也没想过要加入共产党，曾公开讲："做婊子还挂什么招牌，我就是听老毛的。"但看到部属中共产党员越来越多，他便想向党组织提出入党要求，又担心自己不够格，倘若组织上不批准，岂不是更难堪。贺敏学见王佐主动申请入党，已知党的政治工作对他产生了深刻影响。为尊重何长工起见，贺敏学鼓励王佐亲自和党代表谈一次。

接到贺敏学的情况反映和王佐的当面申请后，何长工马上召集党委会加以讨论。关于王佐入党问题，前委还在井冈山时就已提出，这番到中村后，毛泽东又曾向何长工、贺敏学亲作交代，只要王佐有突出表现又有要求，就应及时吸收他到党内来。党委会认为，王佐协助创造井冈山革命根据地有突出贡献，这段时间思想又确有长进，在这次远征湘南中表现了先锋模范作用，他的入党条件基本成熟，可以吸收他为中共正式党员，并委托何长工、贺敏学做其入党介绍人。

王佐是在资兴城郊城隍庙（第二团团部）宣誓入党的。入党后他极为高兴，咧开嘴对贺敏学说："这下子我成了挂牌子的人（指成为共产党员）了。"当贺敏学和何长工鼓励他无条件服从党时，他连连点头，说："我加入共产党，是王八吃了秤砣——铁了心！"

第二团出征湘南，为掩护朱德、陈毅所率南昌起义一部及湘南起义部队到井冈山会师，立下了汗马功劳。第二团与陈毅所率一部湘南农民自卫军及湘南特委会合后，由陈毅主持召开联席会议，研究下一步行动路线。深受左倾路线影响的湘南特委负责人杨福涛和席克思拒不上井冈山，自率湘南特委机关八十余人往安仁方向前进（后几乎全体覆没）。4月22日，第二团为筹备朱德、毛泽东两军会师事宜，先行从酃县沔渡回到宁冈砻市。因为毛泽东尚在桂东一带，计划从八面山一带回井冈山，贺敏学受命率部分人马，前往桂东一带策应。刚完成为毛泽东殿后的任务，贺敏学又奉命留在桂东接应湘南起义后撤向井冈山的群众。到4月底朱德、毛泽东会师时，贺敏学仍未回到井冈山。

5月4日,朱德、毛泽东两部整编成工农红军第四军,朱德任军长,毛泽东任党代表,王尔琢任军参谋长,陈毅任政治部主任。贺敏学所在的第二团有了新的番号:第三十二团。贺敏学回到井冈山后,继续投身第三十二团的思想政治工作。

打垮"两只羊"

贺敏学未解鞍马劳顿,一项新的使命又在召唤他。毛泽东告诉他:"前委为加强地方武装的领导,决定抽调一批军队干部到各县帮助发展地方武装,你是永新人,回永新去,发动群众,开展游击暴动。"

毛泽东有此旨意,一是袁文才、王佐部队的改造已基本成功(这从何长工转任第二十八团党代表即可看出);二是永新的地理条件很重要,工作开展得好坏,直接影响到整个井冈山根据地建设,因此需要多几个像贺敏学这样的本地强将来领导;三是发动群众,壮大地方武装,是根据地革命建设的一项重要内容,既可随时和正规部队相互呼应,还能补充兵源。当然还有永新党组织的请求,他们在此前甚至请求把贺子珍也调回永新工作。

贺敏学对此安排欣表同意。他和贺子珍互道珍重后,又和袁文才、王佐及第三十二团将士们做了道别,便带着几位永新籍战士,背着毛泽东特别拨给的七支枪,夤夜下了井冈山。

贺敏学回到永新南乡,在七溪岭山下的明心寺会合了县委委员尹铎,接着又联络了龙建田等人,工作很快就有声有色地开展起来。先是在辛田一带组织游击队和暴动队,指挥部就设在龙建田的辛田老家,由贺敏学担任总指挥。他带领队员们外出游击侦察,确定敌情,并伺机偷袭零星弱小之敌,短短几天时间就从敌人手中夺得九支枪。

红四军粉碎赣敌对井冈山的第二次进剿后,向永新追击溃逃之敌。贺敏学等领导永新游击队和暴动队,并发动全县的农民武装接应红军。红军一打永新获得全胜后,贺敏学和县委领导人组织四乡群众,慰劳红军。接着,永新县委于校场坪召开欢庆红军胜利、永新解放的群众大会。永新游击队、暴动队员们在贺敏学领导下,列队进城参加大会。会上,毛泽东号召永新人民起来打土豪、分田

地,军民合作,消灭豪绅地主武装。会上还宣告成立了永新县工农兵政府,贺敏学当选为主席。

毛泽东在永新进行土地革命试点工作之余,还和朱德等人一同总结了红军历次对敌作战的经验,提出了"敌进我退,敌驻我扰,敌疲我打,敌退我追"的十六字方针。毛泽东还经常指点贺敏学等军事干部:"战斗是无常法的,山地作战和平地作战情况有所不同,战术思想也该转变,面临敌强我弱的形势,我们每个指挥员都要多想想办法,要把打仗当成做买卖,赚钱的就来,蚀本的不干。"贺敏学深受启发和教益。

5月中旬,赣敌杨如轩率其第二十七师从吉安向永新挺进,对井冈山革命根据地实行第三次进剿。大敌当前,贺敏学参加了毛泽东主持召开的军事会议。毛泽东的制敌策略是:敌强我弱,红军宜保存实力,主动退出永新城,积极备战,伺机歼敌。具体部署是:朱德率第二十八团往宁冈大本营转移,毛泽东率第三十一团移师九陇山东北麓的塘边,第二十九团则留在永新东乡牵制敌人。永新县委书记刘真因工作需要,调第三十一团工作,其职由王怀接任。贺敏学领受的任务是:率永新地方武装配合红军行动,待敌进占永新城后,对其不停地袭击和骚扰,使其分散兵力,迫敌就范。

毛泽东的游击战术果然见效,赣敌四处受制,疲于应付。在配合红军作战中,贺敏学所率游击队甚为得力,在5月19日的草市坳战斗中更是大显身手。战役中,他们配合朱德、陈毅指挥的第二十八团和毛泽东派来的第三十一团第一营,一举全歼赣敌第七十九团,接着乘胜直捣永新城,打垮敌第二十七师师部和直属队。敌师长杨如轩的胳膊也挂了彩,要不是他死抱住马头不放,是难以溜掉的。向龙源口方向运动的赣敌另两个团闻讯,仓皇窜回吉安。在二打永新中,贺敏学深刻领会了毛泽东游击战术的精妙,永新地方武装在战斗中得到了很好的锻炼。他们中不少人虽然连梭镖都没有,但拿着菜刀、木棒,照样勇敢地同红军一起冲锋,追击敌人。

5月下旬,湘赣边党的第一次代表大会在宁冈茅坪谢氏慎公祠召开。贺敏学参加了会议,对毛泽东在报告中就"红旗到底打得多久"疑问所做回答甚有感触,赞同毛泽东所提加强党的领导、深入土地革命、巩固和扩大革命根据地等主张。鉴于贺敏学是改造袁文才、王佐部队和整个井冈山斗争有突出贡献的人物，他在会上被选进了以毛泽东为书记的中共湘赣边第一届特别委员会（简称湘赣边特委）。在紧接湘赣边特委成立的边界工农兵政府（湘赣边红色政权的最高行政机关）里，贺敏学短时间内还兼任过粮食部或后勤部的副部长，负责井冈山根据地的筹粮及运粮事务，以解决井冈山军马增多后粮秣供应难的燃眉之急。当时整个井冈山，要凭他和杨至成的条子运粮。

但因种种原因，粮食问题终未得到缓解。考虑到部队给养发生困难，红四军乃取消师的番号，缩编为四个团，即第二十八、第二十九、第三十一和第三十二团，共五千余人，其余五个团原系湘南农民自卫军，除留少数干部外，均返回湘南就地坚持斗争。随后，贺敏学重又奉命回永新。

袁文才设简单的家宴，邀了王佐一同为贺敏学饯行。席间，身兼湘赣边特委委员、边界工农兵政府主席的袁文才忽然说："通过这大半年的接触，我感到老毛是诚心待我们的，我们也该将心比心，与老毛赤诚相见，不当外人看。我还是那句话，老毛是个人物，跟着他，革命是会有前途的。"贺敏学为袁文才坚定的革命信念感到欣慰，趁机也介绍说毛泽东有雄才大略，有他领头，革命肯定会有奔头。袁文才转眼却又忧心起来，说自己现在担心的是老毛要离开我们。

袁文才的担心也是王佐的心病。王佐是条血性汉子，原先的疑虑打消后，对毛泽东不仅忠心还近乎膜拜。如今听袁文才说出担忧，王佐似也急了。袁文才想让毛泽东做井冈山的女婿，却又生顾虑："听说老毛在湖南已有妻小，这事使得吗？"王佐快人快语："有什么使不得，这年头出门在外，多讨一两个婆娘有啥子关系？"

当时在井冈山一带，男女关系普遍较为随便，青年男女一对歌，中意了，就可以结为夫妻同居。身为"山大王"的王佐，家中就不止一个妻子。王佐接着又问："我说老庚，你说叫谁嫁给老毛才好？"袁文才瞅瞅贺敏学："你这个当哥哥的就没有察觉，老毛和子珍妹子是不是……"贺敏学一怔，口讷道："有这回事吗？"王佐却在一旁又嚷开了："我们都看出来了。老毛不是等闲人物，子珍妹子要才有才，要貌有貌，英雄爱美人，美人配英雄，让他们结成一对，顶般配的嘛！干脆我去挑明这件事，给他们做个大媒！"袁文才建议还是先让贺敏学去探探贺子

珍的口风。

贺敏学觉得事关重大，于是在饭后找到了贺子珍。

还在永新时，贺子珍便读过毛泽东指点江山的雄文，对他崇敬已久。当毛泽东率工农革命军来茅坪时，她也在欢迎的人群之列，袁文才还特意向毛泽东介绍了永新县委这位不满十八岁的妇女部部长。毛泽东看着贺子珍惊讶而笑："我还以为是哪位首领的千金或是哪个大王的压寨夫人呢，想不到在这深山里还有这么年轻俊俏的女共产党员，不简单！穆柯寨出了个女中豪杰穆桂英，井冈山这藏龙卧虎之地，也该出个革命的巾帼英雄嘛。"一番话说得她满脸绯红。后来她意外地被选为前委秘书，与毛泽东相处久了，对毛泽东的抱负、品行、性情都有了更深的了解。少女特有的敏感告诉她，毛泽东也喜欢上了她。但她起初并无此情，因为她的心里等着另一个人，是启发她革命的永新共产党领导人，只是他已外出工作，一直没有音讯，听说已牺牲了。

在兄长面前，贺子珍没有隐瞒自己的情感。贺敏学沉吟良久，问："你知道毛委员在湖南有家小吗？"贺子珍的回答再次出乎贺敏学的意料："毛委员把这个情况都告诉我了，他为了革命事业，抛妻别子，孑然一身来到我们井冈山，肩上挑着千斤重担，生活上难道不该有个体贴的人来照顾、料理吗？"

妹妹确实是和毛泽东好上了，她是个追求妇女解放、有主见的人，认定的事九头牛也拉不回来。贺敏学想想男婚女嫁，自己也不好反对，这件婚事对革命也有好处，乃无他话，只是关切地提醒妹妹："毛委员才高八斗，志存高远，非常人可比，但事业上的事向来难以一帆风顺，做他的妻子自是不容易，这点你要想清楚。"

父母不在身边，哥哥的态度就显得特别重要，贺子珍没想到哥哥会这么爽快地表示由她自主婚姻。

贺敏学只身从茨坪翻过一座山，便来到九陇山区万年山下的黄竹岭老家。大革命时，他和贺子珍、贺怡曾先后回乡宣传革命，建立农民协会，点燃革命火种。大革命失败后，不少亲友和同乡惨遭杀害。贺敏学的叔叔贺郁文一家受害最惨。贺郁文是在贺敏学、贺子珍的影响下参加革命的，当过农民协会秘书长，其长子贺敏良是村里的支部书记，次子贺敏克也做了农民协会的干部。1928年4

月前后,敌人血洗黄竹岭,叫嚷"石头要过刀,茅草要过火,人要换种"。贺郁文为掩护群众转移,不幸落入魔掌。敌人认出他是"永新三贺"的叔叔,对他软硬兼施,要他说出党组织的活动情况和党员名单。贺郁文面对酷刑,宁死不屈。敌人没法,把他押往县城东门的龙潭洲杀害,悬首示众。

这番见他回来,立时便有几位年轻人提出要跟他一起干革命。贺敏学祭奠过叔叔等亲属后,召集村里的农民协会会员,布置了工作,随后便直奔永新县委所在地九陇山。

在九陇山,贺敏学协同王怀、刘作述等人宣传红军宗旨。九陇山一带的乡村红潮涌动,赤旗飘扬。一天,贺敏学带着几名干部来到了中乡斜陂村,召集乡亲到祠堂里开会。贺敏学说:"毛委员领导的红军在井冈山扎了营、安了寨,红军是我们穷人的队伍,是专门同官僚地主反动派作对的。有了红军,我们穷人就可以不再怕地主老财的欺侮压迫,我们要拥护红军,投身革命,只有彻底打败了一切反动派,才能自己当家做主人。"台下老乡们议论纷起,说,红军既然是穷人的队伍,咱也是穷人,也要参加红军打土豪。当得知台上讲话的青年就是远近闻名的"永新三贺"中的贺敏学,报名参军的群众就更多了。贺敏学他们经过问话、调查,从中挑选了一批人带走,而把另外一部分人组成暴动队,暂留原地革命。

离开斜陂时,有位少年忽地挤到贺敏学面前,踮脚仰头说:"长官,我也要参加红军!"

贺敏学伸手摸了摸孩子的头,笑着问:"伢子,你几岁了?"得知少年才十三岁,贺敏学又是温和一笑,说:"伢子,你年纪太小了,当红军可不是闹着玩的。"

少年一昂头,说:"你别小看人,我早就参加革命了!我哥哥龙元宝(龙腾云)跟着你革命,我跟着我哥哥革命!"

原来是龙元宝的弟弟,怪不得有点面熟。龙元宝出身于贫苦农家,少年丧父,为维持生计,帮人放过牛,后来跑到永新县城学剃头,经贺敏学发动参加革命后,斗争坚决,参加了共产党,上了井冈山。贺敏学顺着少年的话问:"说说,你是怎样跟你哥革命的?"

少年直说得眉飞色舞:"去年夏天我哥不是回来过一次吗,他在家开秘密会,做地下工作,让我给看门。你知道吗,我家门前有个大鱼塘,一旦有生人来,

我就往鱼塘里扔石头,喊一声鱼翻起来了,我哥他们就知道怎么回事了。"

贺敏学哈哈大笑起来,接着又打量了一下少年,说:"这样吧,你们村马上要成立少先队,你先去参加少先队吧,表现好了,再来当红军。"

"你说话可要算数!我知道你叫贺敏学,你也要记住我的名字——龙水宝!"说罢一溜烟地跑远了。

贺敏学等人走村串户地开展工作,很见成效,不久就拉起了一支有上千人的游击队、暴动队。游击队在性质上基本等同于红军,脱离生产,全副武装,专门打击来犯之敌,并经常辗转永新四乡作战,有时也配合红军到外县作战。暴动队则不脱离生产,不论年龄、不分男女都可参加,武器主要是梭镖、鸟枪、土炮,平时打土豪、分田地,组织暴动,战斗时则配合红军和游击队作战。革命力量的蓬勃发展,使九陇山(含万年山)不仅成为永新县巩固的革命根据地,还成为闻名全省的红色山头。作为永新地方武装力量的总指挥(或叫大队长),贺敏学的能力和魄力得到大家的公认。后来,他在1965年底的福建省委常委会整风会议上,少有地做夫子自道:"我这个人不是没有魄力,也不是没有政治头脑的人,刘培善和皮定均同志会知道的,我过去在江西工作,两个山头,邵大哥(邵式平)一个,我一个。"这里说的邵大哥邵式平,新中国成立后曾任江西省省长,当年曾与方志敏一同领导弋(阳)横(峰)起义,创建了赣东北苏区。

为了巩固以万年山为核心的九陇山革命根据地,湘赣边前线委员会(简称湘赣边前委)还先后派萧克、王首道、朱良才等人指导黄竹岭军民的革命斗争,在黄竹岭修碉堡、挖战壕,有段时间曾驻扎了一营红军。敌人对黄竹岭一次又一次进行惨无人道的摧残和屠杀,党员干部、革命群众牺牲者达五十多人,其中光贺氏亲属就有十多人。敌人的血洗,并没有吓倒黄竹岭的人民,屡屡给来犯之敌予以重创。毛泽东当年在《井冈山的斗争》一文中曾如是写道:

> 然而山区是敌人始终无法夺取的。这在宁冈有西北两区,在永新有北乡的天龙区、南乡的万年山区……敌人企图以军事进攻和经济封锁消灭我们的根据地,我们正在准备打破敌人的进攻。

九陇山是井冈山根据地的西北大门,是湖南军阀进攻井冈山首先必须夺取的阵地。作为井冈山革命根据地的重要组成部分,毛泽东对九陇山根据地的创建和发展极为关注,专门委托贺子珍前来实地了解情况。见到哥哥后,贺子珍介绍了井冈山上的情况,特别讲到袁文才、王佐对毛泽东已是言听计从。

一个星期后,毛泽东骑着马,亲率警卫班到九陇山检查工作。他为九陇山根据地的迅速发展而高兴,对永新县委领导人做了一番夸奖。不久,他在给中央的报告中,称九陇山是井冈山的斗争的"第二个根据地",是"四围白色政权中间的红色割据"。可以说,毛泽东初上井冈山,主要依靠贺敏学等当地人打开局面,朱德、陈毅上山受倚重后,毛泽东便把贺敏学等人分散派往井冈山周边,从外围巩固井冈山。

这次,贺敏学、贺子珍兄妹及永新县委领导人陪同毛泽东到九陇山附近的几个村落看了看,毛泽东还在黄竹岭住下来,同他们一道总结了前一段时间的工作,并对今后的大计做了部署。毛泽东的伙食十分简单,但辣椒不可缺。贺敏学虽也吃辣,却不像毛泽东那般嗜辣。一天午饭,他见毛泽东就着一盘牛角辣椒,吃得张口哑嘴,分外有味,便问起他吃辣椒的历史来。

毛泽东一边嚼着辣椒,撮起嘴唇直抽气,一边呵呵笑着说:"我打小就喜欢辣椒,看见辣椒口辣心也辣,浑身热乎乎的。一有寒疾,只消吃上一两个辣椒,发一身汗,出一把鼻水,就没事了。"

毛泽东见大家纷纷把眼光集中过来,抹了一把汗,继而风趣地说下去:"外地人叫我们湖南辣子,除了我们湖南人爱吃辣椒,还因为做事情也有一股辣劲。辣味辣劲一来,什么伤风感冒、邪念劣迹、恶魔凶煞,都可以驱掉了,可真叫敌人感到辣手呀!"

贺敏学和大家都会意地笑了,觉得这是一顿以辣椒为题,听毛泽东谈见解、谈工作的特殊午餐。

临别之际,毛泽东再次郑重地叮嘱永新县委领导人:"敌人几次失败,肯定不会善罢甘休,你们要做好迎敌准备,并随时策应红军作战。"毛泽东率警卫班回茅坪,贺子珍也跟着一起走了。望着妹妹和毛泽东策马并辔的背影,贺敏学心里涌出一种说不清的思绪。

不出毛泽东所料,湘南农民自卫军离开井冈山后,国民党湘赣两省政府认为有机可乘,调动十个团的兵力汇集湘赣边界,克日会剿朱德、毛泽东两部红军。其中,赣敌杨池生第九师三个团和杨如轩第二十七师两个团共五个团的兵力,由吉安向永新进犯;湘敌吴尚第八军五个团则由茶陵向宁冈推进。一时间,井冈山根据地狼烟滚滚。红四军军委会议根据湘赣两敌利害不一的矛盾,决定对力量较强的湘敌采取守势,对力量较弱的赣敌采取攻势,先破坏两省之敌的联合,尔后伺机狠揍"两只羊"(即杨池生、杨如轩)。毛泽东命令在永新活动的红军主力主动撤回宁冈,尔后派第三十一团佯攻湖南酃县。此举出敌意料,湘敌吓得龟缩不前,而赣敌两师却误以为红军主力到湖南去了,马上作出了进犯宁冈的决定。第三十一团在酃县打了一仗后,主力随即隐蔽撤回宁冈大陇,红军全力对付赣敌。

赣敌五个团进占永新后,马上向宁冈推进。永新通往宁冈新城必经龙源口及七溪岭。七溪岭紧靠龙源口,由大小多个山头组成,地势险峻。其两座主峰,叫新老七溪岭,海拔均在千米以上,有上七(里)下八(里)之称。两座主峰各有一条崎岖小路蜿蜒而上,直达宁冈新城,是永新、宁冈两县间的要道和交界处。杨池生和杨如轩原是滇军中朱德的老部下,自以为熟悉朱德的战法,梦想讨个便宜。尤其是杨如轩,上次与红军交战,丢了一个团,还险些把自己的命赔了进去。一心要报一箭之仇的他,恨不得将井冈山根据地一口吞掉。他率所剩两个团的兵力,从白口村沿老七溪岭进攻,并在此设立前线指挥部。杨池生则率两个团盘踞永新县城,令李文彬一个团配合杨如轩行动,由龙源口沿新七溪岭进犯。赣敌分两路进击,气焰甚为嚣张。

6月22日下午,根据毛泽东从永新送来的情报和来信建议,红四军军委书记陈毅在宁冈新城主持召开营以上干部会。此时,红四军军部和湘赣边特委一些机关就设在这里。

贺敏学和永新、宁冈党的负责人列席会议。敌人大军压境,新城笼罩着紧张的战争气氛。会上,大家围绕粉碎湘赣之敌会剿,尤其是打"两只羊"的问题展开讨论,认识到此战胜负影响到井冈山根据地的存亡,一定要认真对待。红四军参谋长王尔琢谈了军部初拟的作战方案和兵力部署:朱德和陈毅率第二十九团和第三十一团第一营迎击新七溪岭之敌,王尔琢、何长工率第二十八团迎击老七溪岭之敌,毛泽东率第三十二团一部和部分地方武装间道绕到敌军侧后牵制其行动,第三十二团一部作机动部队,先做后勤保障,待关键时刻再出击御敌。永新、宁冈两县的赤卫队和暴动队,大部配合红军作战,一部继续袭扰永新守敌。

贺敏学临战肯用脑筋。当王尔琢征求意见时,他陈述了一个兵以奇胜的大胆设想:敌前线指挥部设于龙源口附近的白口村,如我军在白口村后的武功潭一带山岭埋伏一支小分队,待敌我双方激战之时,突袭并打掉敌指挥部,势必造成敌指挥失灵,为我军的胜利创造条件。贺敏学的建议引起了大家强烈的反响,王尔琢以赞赏的目光看着他,说:"军委也曾考虑过这一点,但白口村后武功潭一带是高山深壑,无路可通,部队很难进入,所以最后放弃了这一设想。"贺敏学却胸有成竹地说:"我是本地人,熟悉武功潭一带的地形,虽说山势险峻,人迹罕至,但仍有兽路可攀缘行走,军委如同意这个方案,我愿意承担任务。"

经贺敏学这一说,袁文才想起去年7月和王佐率领农民自卫军参加会攻永新战斗的情景。那次,他们的进攻路线并没有经过新老七溪岭,而是从老七溪岭西麓绕向秋溪附近的武功潭。他接过贺敏学的话说:"我对武功潭一带的地形也熟悉,就让我带一个连和贺敏学一起去吧。"

会议经过磋商,采纳了贺敏学的意见,由他和袁文才率第三十二团一个连及永新部分农民自卫军,于武功潭山上埋伏,配合作战,并相机袭击敌前线指挥部。

会后已是傍晚时分,贺敏学、袁文才和小分队用过餐后,带上些干粮,从新城朝武功潭进发。至凌晨时分,部队神不知鬼不觉地埋伏在距白口村两三里远的武功潭山上的茅草、树林中。

23日是农历五月初五,赣敌想趁群众过端午节时,打红军一个措手不及。天刚放亮,敌军即向新老七溪岭发起猛烈进攻。激烈的枪声在山谷间此起彼伏,贺敏学和袁文才按兵不动。一个小时过去了,有的战士按捺不住请求开战。贺敏学望着莽莽大山,仔细辨听了新老七溪岭传来的枪声,沉着地说:"敌人的阵脚未乱,打早了,前线敌军会派兵增援,我们将处于腹背受敌的不利之境。"袁文才也说再等等。

中午时分,密集的枪声从七溪岭山上响到山下,其中夹着呐喊声,在龙源口愈发凌厉。贺敏学从枪声中断定红军已向敌人发起反击,立即和袁文才交换了意见,下令向白口村敌前线指挥部发起突袭。

第三十二团战士从武功潭出发,势如猛虎下山,直扑白口村。他们走了约莫两公里路,就隐隐听见山坳里有说话声。贺敏学知道已抵白口村,和袁文才一商量,令部队就地散开隐蔽,自己领着几个人悄然摸上山冈。只见山坳里人来人往,远远听得嘀嘀嗒嗒的电台声。这里就是敌人的前线指挥部,必须尽快摧毁它!贺敏学果断地向远处的袁文才一挥手,袁文才会意,立即率部队分两路迂回包抄,占领山头,并迅速截断敌电话线,封锁住白口村通往龙源口的通道。随着手榴弹、土雷在敌指挥部内炸响,敌人顿时惊慌失措。守卫指挥部的敌警卫连奉命出村反击,却在红军猛烈进攻下很快退回村里。敌师长杨如轩自以为前线指挥部设在这前有大道后有高山的白口村很安全,万没料到红军如神兵天降,从背后杀出,急叫龙源口之敌救援,却联络不上。杨如轩情知不好,忙爬上马,带上贴身警卫数十人,扔下指挥部向龙源口仓皇逃窜,在突围时再次被红军击伤。留在村内的敌军,非死即降。

后来才知,贺敏学和袁文才率兵奇袭白口村收到了救急奇效。新老七溪岭的战斗都打得惨烈,战斗中红军虽然多次重创敌军,但直到中午仍未能攻占敌军先行所占山头,双方形成僵持局面。与红军对峙之敌与指挥部电话联络不上,派人去,道路又被封锁,方知指挥部受袭被端,始才乱成一团,全线崩溃。敌几个团长怕被全歼,带上残兵败将夺路往永新逃跑,红军和地方武装密切配合,乘胜追击,在山脚下的龙源口围歼了敌人的大量有生力量。此战计歼敌一个团,击溃两个团,缴枪千余支。战后,"不费红军三分力,打垮江西两只羊(杨)"之说遍传赣西。

战斗在龙源口拱桥边结束后,贺敏学正指挥战士们搬运战利品,忽地跑来一位少年,向他行了一个并不标准的立正敬礼后,问:"报告长官,还认识我吗?"

贺敏学定睛一看,认出了是不久前找自己要求当兵的龙水宝,便笑了,问:"小鬼,你来干什么?"

龙水宝指着身后的一帮少年,得意地说:"我是区少先队队长,这次既是带少先队来帮助打扫战场,又是来要求参军的,你可不能赖账。"

贺敏学稍一沉吟,把他拉到袁文才身旁,介绍了龙元宝的情况后,说:"这小家伙够机灵,腿脚也勤,先让他到青训班培训一下,然后到三十二团当通信兵如何?"袁文才满口答应,由此,这位后来改叫龙飞虎的开国少将,踏上了军旅第一步。

贺敏学还未喘过气来,又收到了毛泽东派人送来的亲笔信。毛泽东在信中明确给贺敏学交代了一项任务:当夜即动员七八千名群众,于明晨派一千人搜山,其余配合进城。

显然,毛泽东已作出了三打永新的决策。

龙源口之战是红四军成立以来打的第一个大仗、恶仗,是井冈山斗争中前所未有的一场大战。龙源口大捷并三打永新,打垮了江西军阀朱培德的主力,国民党其他军队就不敢轻举妄动了。井冈山根据地扩大到永新、宁冈、莲花全县,吉安、安福县各一小部分,以及遂川县北部、酃县东南部,红色割据面积达七千二百多平方公里,区域人口有五十多万。用毛泽东在《井冈山的斗争》里的话来说,"是为边界全盛时期"。

6月26日,贺敏学参加了毛泽东在永新县城禾川中学礼堂召集的红四军连以上干部、地方党和地方武装负责人会议。会上,毛泽东分析形势,主张乘胜造成的声势,全力开展地方工作,号召红军贯彻"打仗,做群众工作,筹集给养"三大任务。会后,部队即开始分兵,第二十八团往安福,第二十九团到莲花,第三十一团一部留永新、一部去吉安边界,第三十二团驻宁冈。

6月30日,贺敏学又参加了毛泽东在永新县城商会馆主持召开湘赣边特委、红四军军委和永新县委的联席会议。会议历时一天一夜。白天在讨论巩固根据地的各项工作时,气氛活跃而融洽,晚上转入讨论湖南省委6月26日的来信指示时,因为来边界巡视工作的湖南省委特派员袁德生和省委代表杜修经也到了会,会议氛围显得有些紧张。在这封信中,湖南省委对政治形势做了盲目乐观的错误估计,命令红四军立即向湘南发展,仅由第二十八团拨枪二百支给地方,会同第三十二团袁文才部和各县赤卫队保卫边界,并要毛泽东随军出发,另派杨开明同志为特委书记。贺敏学和永新县委坚决不同意毛泽东去湘南。经过激

烈争辩,会议决定不执行湖南省委要红四军分兵向湘南冒进的错误意见,主张全部红军留在湘赣边界,坚持工农武装割据。

在井冈山地区诸县中,永新人口多,有兵源,经济也最为发达,粮食和给养充裕,又有宁冈作为后方。毛泽东决心抢在敌人下次会剿前,力争以个把月时间经营建设好永新根据地。为此,他在红四军及边界各县抽调出一批得力干部集中帮助永新工作,还提出"我们看永新一县,要比一国还重要"。这使贺敏学和永新同志兴奋、自豪之余,也感到了巨大压力。他们以满腔热情首先投身于发展地方党和武装力量等工作中,一时间工农暴动队遍地而起。

毛泽东倡导的土地革命,让永新广大贫苦农民分得了祖祖辈辈求之不得的土地,连一些出家多年的僧尼也纷纷走出寺庵下山分地。贺敏学同父异母的兄长贺敏萱也在这时还了俗。当贺敏学下到乡村领导分田工作时,那些分到了土地的农民兄弟感激地告诉他,共产党和红军确实是为我们穷苦人民的利益奋斗的,我们没有理由不支持红军和根据地的发展。

为了指导和推动永新工作,毛泽东曾多次与贺敏学等永新领导人交换意见,并做实地调查研究。7月上旬,他率第三十一团团部来到永新西乡一个叫塘边的山村,随同的有贺子珍及贺敏学等永新县委一帮人。塘边村归属夏幽区,区委书记胡波在1927年永新的反革命事变后曾和贺敏学一起坐过牢。他工作踏实肯干,在区乡村都建立了各种组织。因此,塘边虽地处偏僻,但党和赤卫队的组织却也齐全。

毛泽东来塘边时,正是稻谷成熟的季节。看到每家每户都在自家分得的田里割禾,毛泽东便带贺子珍、贺敏学他们下田,帮助那些孤寡老人和劳力缺少的群众。毛泽东与老百姓打成一片的作风,对贺敏学一生都不脱离群众,新中国成立后身居高位更是心系黎庶,有着重要的影响。

毛泽东对地方武装的发展予以高度关切,一次在接见塘边赤卫队负责人时,还要贺敏学当场给他们布置任务。贺敏学知道这是毛泽东在考验自己,他当然熟悉这份工作,给赤卫队归纳了几项任务:打土豪,镇压反革命;带路做向导,配合红军作战;做好红军的助手,保卫赤色政权;白天参加生产劳动,晚上打击敌人。贺敏学讲话中心突出,有条有理,毛泽东颇为满意。

毛泽东在塘边还要做一段时间的调查，贺敏学等永新领导人便分头到别地指导开展工作，县委乃委托贺子珍给毛泽东当翻译。毛泽东总结了塘边的分田经验，制定了分田临时纲领十七条。他在塘边调查的基础上写出了《永新调查》，可惜这个调查后来和《宁冈调查》都在战斗中丢失了。

　　毛泽东在塘边的另一收获，是和贺子珍喜结连理。据当时在毛泽东身边工作、后来的开国大将谭政回忆："毛泽东同志与贺子珍结婚就是在夏幽，是1928年四五月，热起来了，穿件单衣，结婚很简单，没有仪式，没有证婚人，从夏幽退出以后，两人就是夫妻关系了。"

　　正如前文已然交代的一样，袁文才、王佐曾为毛泽东、贺子珍结合做过大媒。因此，毛泽东、贺子珍回到井冈山后，补办了一个简单的婚礼，也算是向袁文才、王佐等人谢媒或作交代（一说是袁文才为他们办了两桌酒席）。婚后，毛泽东还专门随贺子珍拜见过岳父母。

　　贺敏学没有参加毛泽东和贺子珍的婚礼。

　　贺子珍与毛泽东结合后，在一些人的眼里，贺敏学也随之成了特殊人物，但他不以为然，平淡地说："子珍和谁结婚，那是她的婚姻自由，我还是我，一个普普通通的人，普普通通的党员。"

保卫黄洋界

　　1928年7月上旬，湘敌吴尚第八军应赣敌会剿之约，趁红四军分散边界各县开展地方工作之际，派两个师从湖南茶陵经酃县侵入井冈山地区。湘敌在宁冈受挫后，旋即逃向永新，意图与赣敌会合。7月12日，毛泽东亲率第三十一团咬着敌人的尾巴追到永新。根据毛泽东的指示，贺敏学和刘作述等人组织起了三万多人的地方武装（有七八百支枪）和革命群众，编成二十来个团队，配合红军不分昼夜地袭扰敌人。湘敌对会剿本就不甚积极，宁冈受挫后，士气不振，如今又是一日数惊，不得安宁，哪愿在永新多待，也不通知赣敌，便于14日经莲花仓皇退回茶陵。

　　由此，像上回那样，根据地又得以全力面对赣敌。贺敏学用"红军不费三分力，打垮江西两只羊（杨）"的事例来激励群众的斗志，并发动大家多准备刀枪及

鞭炮，严阵以待赣敌。

7月15日，赣敌十一个团从吉安、安福赶到永新，而此时湘敌已溜去十多个小时。在毛泽东的成功导演下，湘赣两敌如一对急欲会晤的相好，却终未能见上一面。会合的计划已然打破，赣敌为之颓丧，在红军和地方武装的不断袭扰下，很快陷入了进退维谷的境地。但此时，在湖南省委代表杜修经的胁迫下，红军第二十八、第二十九团向湘南郴州冒进，根据地兵力空虚，使得赣敌又张狂起来，对根据地展开了疯狂进攻。情况突变，面对敌军十一个团的压力，而身边仅有第三十一团的毛泽东不敢大意，立即在永新西乡召集干部会议，首先命令坚壁清野，避实击虚，主动撤离永新城，接着将第三十一团分为东、北、中三路，每路由红军指挥员和永新县委负责人组成行动委员会（简称行委）负责指挥，发动群众，用游击战术对付敌人的进剿。具体部署是：东路行委由第一营营长陈毅安、营党代表毛泽覃和永新县委刘真、王怀等组成，率第一营第二、第三连以永新东乡石桥为基点，毛泽东随东路行委行动；中路行委由团长朱云卿、团党代表何挺颖和永新县委贺敏学、刘作述组成，指挥团部特务连和第三营第九连，以永新城郊为游击重点，指挥部则设在白口村一带；北路由第三营营长伍中豪、党代表宛希先和永新县委刘家贤等组成，率第三营第七、第八连在永新北乡虚皇山一带游击。

此外，毛泽东还借助贺敏学等人组织起的三万多人的地方武装，配属各路。

根据具体分工，贺敏学负责永新南乡、东乡两个方向的对敌斗争。此时，不少土豪劣绅蠢蠢欲动，贺敏学警戒在心，预先布置革命群众予以监视。泮中的土豪劣绅以前曾数次组织反动武装，在当地横行霸道，作威作福，压迫群众，但都被贺敏学率领的游击队缴了械。如今见赣敌五个团驻扎泮中一带，他们遂又神气起来，搞到了十余支枪，还暗地里招兵买马，欲响应赣敌。贺敏学得知消息，立即组织起一支精干的游击队，悄然从赣敌的中间插进去，再次解除了这支保安队，对周围的土豪劣绅起到了震慑作用。

贺敏学指挥游击队并发动群众配合红军，对敌人进行各种骚扰。五个团的敌人摸不清游击队的虚实，出动小股人马则遭痛击，而派出大股部队出击或搜索，游击队却又立即躲到山里去了。敌人追至途中不见人影，只好撤回原地，不料背后又响起了游击队的枪声和号声，在沿途暗处埋伏的游击队也会突然向敌开枪。

　　敌人虽多,却像落入人民游击战争的大海,疲劳不堪,防不胜防,终日提心吊胆,龟缩在据点中不敢轻举妄动。可红军和游击队却又摸上门来骚扰,敌人一日数惊,只得往县城方向撤退。在战争实践中,贺敏学对毛泽东经过战斗实践提炼出来的十六字游击战术,已运用得得心应手。

　　和南乡、东乡一样,西乡、北乡的游击战也狠挫了敌人的锐气。红军第三十一团在贺敏学等人领导的永新地方武装的密切配合下,与十一倍于己的强敌周旋了二十五天,不但未受大的损伤,反而缴枪三百多支。8月中旬,永新的局势得以缓解。后来,中共党史、军史将这次成功的行动称为永新困敌。

　　赣敌刚行撤逃,贺敏学接到通知,到永新西乡九陂村参加有湘赣边特委委员、第三十一团连以上干部、永新县委及暴动队负责人参加的紧急会议。他见湖南省委特派员袁德生也在会场,心里一个咯噔,预感一场争论又要开始了。自从上次会议领教这些教条主义者的高论后,贺敏学对这些左倾盲动、下车伊始就哇啦乱叫的"钦差大臣"十分反感。果然,会议开始后,袁德生就宣读了湖南省委的最新指示信,信中除对边界工作胡说一通外,命令红四军向湘东发展,说这是"绝对正确"的方针,要"毫不犹豫"地执行。就指示信展开讨论时,毛泽东列举事实,严厉驳斥了湖南省委的错误主张。会议期间,得知第二十八、第二十九团湘南失败的消息,毛泽东悲愤异常,当即拒绝湖南省委要红四军再向湘东发展的错误意见,并决定亲率第三十一团第三营从永新九陂村向桂东疾进,去湘南迎接朱德、陈毅所率第二十八团。他还和大家商量了保卫根据地的战斗,并做了具体的安排。贺敏学和绝大多数与会者都支持毛泽东的主张。

　　毛泽东率第三营急走湘南,贺子珍留在永新,在黄竹岭、九陇山一带工作。

　　有一天贺子珍向贺敏学发起了对秘书工作不满的牢骚:"伍若兰、曾志、彭儒等一批随朱德军长上井冈山的女同志,都独立工作,干得很有成绩,而我却整日和文件打交道,抄抄写写的,真没劲!"

　　贺敏学深知,让贺子珍去参加斗争锻炼肯定会有魄力,并能打开局面,但前委兼红四军秘书工作何其重要,岂能放手!他想了想,和妹妹探讨起来:"我当然知道你能胜任别的工作,但秘书工作就不重要?你想,记录会议内容,整理、保

管、分发文件，上传下达上级和特委、军委的指示，这一摊子工作哪项不重要，总不能都推给首长们去做吧？何况你也有责任照顾毛委员，使他没有后顾之忧地为革命工作。你把这些事情做好了，就是对特委、军委，也是对毛委员的极大支持，就是为革命作出了大成绩。"

贺子珍原本不过触景生情，在哥哥面前发发牢骚而已，却不料引来如此一顿教诲，不禁撅起了嘴，说："你跟老毛讲的一个样，看来老毛对你影响不小。"

说罢，两人不约而同地哈哈大笑起来，自认识毛泽东以来，兄妹俩哪个不受毛泽东潜移默化的影响呢！

8月下旬，湘赣两省敌人探得红军大队远在湘南未回，根据地空虚，遂纠合四个团的兵力，分两路再次会剿。守卫井冈山的只有第三十二团和第三十一团团部，势单力薄。驻永新的第三十一团第一营除留下一个连在原地牵制敌人外，其余部队风尘仆仆连夜从永新火速赶回井冈山，贺敏学率永新部分地方武装也随同上山参战，王佐见了极为振奋。8月29日，第三十一团党代表何挺颖主持召开了战斗动员会，团长朱云卿做了战事部署。会后，各支部队立即分赴各自岗位。王佐率第三十二团官兵分赴八面山、双马石、朱砂冲、桐木岭等哨口据守，贺敏学率永新地方武装和第三十二团第一营同守黄洋界。贺敏学向永新赤卫队指明保存井冈山革命根据地的重大政治意义，号召大家誓死保卫井冈山。

黄洋界位于茨坪北面，是井冈山的五大哨口之一，是宁冈通往大小五井的唯一通道。此时，敌我力量悬殊，守卫黄洋界的红军，加上赤卫队员不足三百人，而且敌军装备优良，红军武器简陋，赤卫队员不少人用的还是土枪，人手不过三五颗子弹，要守住黄洋界实属不易。但黄洋界和其他哨口一样，早已壁垒森严，并事先设下数道防线：第一道，在坑坑洼洼的山坳里、草丛中遍插有毒竹钉；第二道，在哨口前沿，围上一道丈把高的竹篱笆；第三道，挖了一条四五尺宽的壕沟，沟壁和沟底皆安置竹钉和鹿砦；第四道，筑有坚固的掩体，并堆置诸多滚木礌石。

敌军一口气占领井冈山北麓的永新、莲花、宁冈三座县城后，妄图一鼓作气摧毁井冈山根据地，端掉红军老窝。8月30日天刚破晓，黄洋界骤然响起了枪炮声。在猛烈的火力掩护下，两千多敌军向黄洋界冲来，妄图从北大门打进井冈山。

因有前面几道防线的迟滞,临近中午,敌军在付出一定代价后,好不容易才接近哨口第四道防线。

随着第三十一团团长朱云卿一声喊打,贺敏学和红军、赤卫队指战员们众枪齐发,滚木礌石像飞瀑直泻,声震云霄。贺子珍和伍若兰、曾志等女将,则带领一些机关人员打着红旗,分布在黄洋界后面的山上,吹军号,在铁桶里放鞭炮,以壮声威。敌人摸不清山上究竟有多少红军,暂停进攻,以迫击炮向红军阵地轰击。一时间,黄洋界上硝烟弥漫,尘土飞扬。红四军仅有的几门炮已被第二十八团带去湘南了。为躲避敌人猛烈的炮火,红军和赤卫队员们只得隐蔽在工事的掩体里干着急。炮声一停,敌人又往山上冲来。

朱云卿看着这阵势,感叹地说:"要是我们也有炮就好了。"在他身旁的贺敏学突然记起了龙源口战斗时,第三十二团缴了敌人的一门迫击炮,坏了一个地方,送到茨坪军械所修理,不知修好了没有。

朱云卿喜出望外,就要派人到茨坪去看。贺敏学考虑自己熟门熟路,现在又是战斗小憩间,表示亲自前往。朱云卿让连长谭希林和班长刘荣辉同去。

从黄洋界到茨坪抄小路不下十公里。贺敏学和谭希林、刘荣辉头顶骄阳,跑步疾进,一口气跑到茨坪军械处。迫击炮虽勉强修好了,但没有炮弹,只小井军械所仓库有几颗。三人轮流抬炮上山,到了去小井的岔路上,贺敏学吩咐刘荣辉在此等候歇息,自己和谭希林则前往小井,在破破烂烂的军械所仓库里好歹找到了仅有的三颗炮弹。迫击炮有百十来公斤,三颗炮弹也不下三十公斤,而从小井到黄洋界都是狭窄陡峭、荆棘丛生的羊肠小道,平时空手走路也觉吃力,身负重物攀行,艰难可想而知。赤日炎炎,又近一日没有吃东西,饥肠辘辘,走不多久,谭希林、刘荣辉就呼哧呼哧直喘粗气,但为了早点把炮抬上黄洋界,他们也不敢多休息。多亏贺敏学练过武,力大气壮,谭希林、刘荣辉轮流换肩,三人拼着劲,连攀带爬三个来小时,到下午 4 时左右,终于把炮抬上了黄洋界。

此时,战斗进行得正酣。敌人的攻势虽没有当初猛烈,红军和赤卫队的抗击却越来越弱,这门姗姗来迟的迫击炮,让大家眼前一亮。炮很快就架好了,朱云卿找来两个会使用迫击炮的战士,下令向敌军放炮。

第一炮出去后,只听嘭的一声轻响,掉在近处,根本没有炸开。第二炮亦

如此！大家面面相觑，连朱云卿的脸色也铁青起来，狠狠骂道："怎么都是些臭弹！"

第三颗炮弹又上膛了，朱云卿从望远镜里看到山下一个叫腰子坑的地方，林木掩映中有一茅棚，似有人影不断往来出没，断定有名堂，遂令朝那儿打炮。只听一声巨响，炮弹飞出炮膛，正好命中目标，林子里烟火弥漫，山下敌军一片慌乱。

夕阳西下，苍茫暮色漫上了黄洋界，一天激烈的战斗结束了。翌日，轮流休息了一宿的红军和赤卫队准备迎击敌人的再度进攻。却不料，山下没有一点动静。大家都感觉蹊跷，派人下山搜索，方知敌人连夜撤逃了。后来才弄清，昨天的第三颗炮弹不偏不倚，恰好击中敌军前线指挥部。这一炮迷惑了敌人，敌军原以为只有主力红军才配备有炮，于是误以为红军主力回来了。湘敌生怕吃亏，连夜逃回老巢酃县，赣敌亦不战自退。

黄洋界保卫战胜利了，井冈山根据地保住了！毛泽东在迎还红军大队途中，闻讯大悦，欣然写下《西江月·井冈山》的华彩篇章，内有"黄洋界上炮声隆，报道敌军宵遁"一句，就是对这关键一炮颇富浪漫色彩的描绘。可以说，这一炮对保卫黄洋界乃至井冈山根据地都起到了非同寻常的作用。

亲痛仇快的边界恩怨

湘赣边界的秋天是美丽的，但 1928 年 9 月，白色恐怖却扼杀了这里原本怡人的气象。国民党湘赣当局重新部署了兵力，向包括永新在内的井冈山革命根据地发动全面攻势。永新除小江区、万年区和天龙区还保持革命割据外，其余的广大平原与乡村，几皆沦入敌手。敌人与地主武装沆瀣一气，在县境内大肆捕杀革命者。永新各级红色政权，分别迁入割据地区，赤卫队、暴动队由公开斗争转向游击活动。

黄洋界保卫战胜利后，贺敏学很快就潜回永新，与县委其他负责人制定应变事宜，并首先参与领导了洗党工作。

洗党是湘赣边特委的紧急指示。还在 6 月，在军队党的帮助下，边界各县党组织获得很大发展，整个根据地的党员人数激增至万人。由于缺乏经验，基层一些党组织不适当地采取拉夫式公开征收党员的办法,使许多投机分子趁机混入党内,光永新一县六个区就有党员四千余名。边界拉锯战厉害,敌来我去,敌走我来,加上边界8月失败,混入党内的一些不良之徒经不起考验,纷纷反水、倒戈,既给党组织造成损失,还影响了党在群众中的威信。民众刚刚迸发的革命热情被浇上了凉水,许多人在拭目以待!值此白色恐怖的当头,为了加强党的战斗力和凝聚力,湘赣边特委指示边界各县采取紧急措施,在组织上厉行洗党。具体做法是,把全县的党组织悉行解散,重新登记,由公开转为秘密活动。

当时洗党的对象有以下几种:不起党员作用,不服从指挥,不愿革命的;投敌叛变或被敌人抓去,问题没有搞清楚的;出身不好,革命又不积极的。而重点是放在开除叛变投敌分子上,轻的清算罪行,重的予以处决。洗党的方法是:秘密召开支部会议,凡属以上三种人,不通知本人开会,也不公开宣布,只是开会不叫他们参加,这样就算清洗出去;对没有清洗的党员,则予以重新填表登记,逐级上报。

在湘赣边党组织中,永新、宁冈是问题比较多的。贺敏学告诫周围同志,眼下斗争复杂,组织决定的事千万不能随便跟人乱说。洗党运动开展后,永新的党组织全部解散,重新登记,坚决、果断地处理了一大批混入党内的不纯分子和反革命分子,清除了一些腐败分子。

永新这次整党,在湘赣边特委的要求下,虽然也有面积过大之嫌,但对纯洁党组织意义重大,提高了党员素质,为从组织上、思想上、作风上加强党的建设积累了宝贵的经验。而且,在清洗不良分子出党的同时,照样培养发展新生力量。后来颇有名声的"小谭"谭启龙,便是这时被秘密吸收进来的。与此同时,还派遣党员混入白区,白天为敌人挨户团清查户口,晚间通风报信,并做发动与组织群众工作。

为了粉碎反动派的白色恐怖,贺敏学等人在军事上进一步巩固和发展县、区赤卫队,并遵照毛泽东积极防御、适当进攻的游击战争基本原则,开展游击战争。为了加强对各区党委的领导,永新县已成立东南、西北两个特别区委。为了更好地领导东南特别区委工作,特命贺敏学、尹铎为主负责,领导第七、第八区及万年区三个区党委,下辖三十余个党支部,以辛田、下泮田、小江山、万年山、

新源山为主要活动地点。

贺敏学又一次回到黄竹岭，把村里的男女老少都组织起来。其中，十五岁以下的少年儿童参加儿童团，负责站岗放哨、查路条；十六到三十岁的青年组成赤卫队；三十岁以上的壮年组成暴动队，他们平时把枪支、梭镖放在地头，干庄稼活，有了敌情，马上投入战斗。妇女则组织洗衣队，帮助赤卫队、暴动队洗衣服。黄竹岭很快成了东南特别区委的大本营，特别区委就设在贺家的祖屋。

敌人对黄竹岭恨得要命，屡派重兵前来清剿，并实行经济封锁。在残酷的斗争中，贺敏学领导东南特别区委和革命群众跟敌人进行不屈不挠的斗争，他把从毛泽东那里学到的一套对敌办法，也搬到这里来了。小股的保安队来，他估计有打胜把握，就率赤卫队与他们干上一仗，缴获一些枪支弹药武装自己。如果来的是国民党正规军，而且人数较多，他就率赤卫队迅速转移到山上，不同敌人硬拼，以保存力量。这段非常岁月的工作卓有成效，但在执行政策上，受当时整个领导层的影响，不免有过左表现，如实行杀尽反动土豪劣绅、斩草除根的政策。

10月初，毛泽东率部收复宁冈全县后，湘赣边紧张的局势得以缓解。10月14日，贺敏学在宁冈步云山参加了毛泽东主持召开的湘赣边第二次代表大会。毛泽东在政治报告中，批判了左倾盲动主义和右倾悲观论调，再次回答了"红旗到底打得多久"的问题。会议开了三天，因军情突发，贺敏学先行赶回永新，指挥打仗。

11月10日，毛泽东指挥红军在龙源口击溃赣敌周浑元旅一个团，在贺敏学率领的赤卫队配合下，乘胜四进永新城。由于大批援敌赶到，红军旋即退回宁冈，贺敏学和永新赤卫队也分别退守东南、西北特别区委。12月中旬，彭德怀、滕代远率红五军冲破敌人重重阻截，到达井冈山与红四军会师，这是井冈山第二次大会师。就在贺敏学和大伙为此欢欣鼓舞之际，湘赣鄂三省敌人开始了对井冈山的第三次会剿。为粉碎敌人新的攻势，身为永新县赤卫队大队长的贺敏学拼命工作，因疲劳过度，患上急性黄疸病，寄住黄竹岭养病。

1929年1月4日至7日，毛泽东在宁冈柏露村主持红四军前委、湘赣边特委、湘赣边各县县委和红四、红五军军委联席会议，史称柏露会议。贺敏学因病重未能与会。会议决定采取"围魏救赵"战术，毛泽东、朱德率红四军主力三千六百余人出击赣南,到外线打击敌人,以解井冈山之围,同时寻找经济出路,红五军和红四军第三十二团及各县地方武装留守井冈山。

贺子珍随红四军下山前夕,前往黄竹岭看望贺敏学,并向哥哥透露了柏露会议的内容。贺敏学拥护这一决策,认为把袁文才受调下山担任红四军副参谋长这个做法好,可以缓解宁冈土客籍之争,他甚至为自己无法成行而遗憾。

贺子珍还给哥哥带来了一些书籍和一个装有许多重要文件的铁皮箱,说这是毛泽东的东西,毛泽东考虑到向外线出击环境恶劣,途中艰险,不便带走,交给贺敏学保管。

要离开故乡离开亲人了,不满二十岁从未出过远门的贺子珍心中不免升起强烈的留恋之情,尤其看到哥哥由于缺医少药还在苦苦煎熬,她既着急又依依不舍。贺敏学安慰贺子珍:"我的病会好的,你放心去吧,要照顾好毛委员。"看到妹妹已有身孕,他还特别叮嘱贺子珍也要照顾好自己。贺子珍望着哥哥蜡黄的脸,默默地点了点头,热泪顺颊而下。

红四军下山后,湘赣两敌八个旅六路并进,围攻井冈山。当时贺敏学病体已有好转,由刘作述等率永新、茶陵等县赤卫队坚守九陇山根据地,他自率永新部分赤卫队上山,协同彭德怀、滕代远、王佐保卫井冈山。王佐对老朋友的救急十分高兴,说我们一定不能辜负老毛的重托。毛泽东几番率部出击,每次都要留下王佐守家,还让他担任湘赣边政府防务委员会主任,负责整个根据地的防务。在毛泽东看来,王佐勇敢善战,对井冈山又有着极深厚的感情,是守卫根据地的最佳人选,而王佐也欣然接受。但这次,终因敌强我弱,激战多日后,井冈山失守,彭德怀、滕代远率红五军突围。贺敏学和永新赤卫队先随王佐所率第三十二团转入深山作战,稍后潜回永新。此时,九陇山根据地已大面积失守,黄竹岭贺氏家族和革命群众又有新亡。贺敏学悲愤之中,鼓励大家化痛为仇,向敌人讨还血债。他一面寻找刘作述等人的行踪,一面率赤卫队另开辟游击区,扰敌后方,袭敌驻地,破坏其运输线。随着失散人员的陆续回归,队伍又慢慢地壮大起来了。

3月间,驻守湘赣边的国民党军队陆续外调,参加蒋介石集团对广西李宗仁集团的军阀战争。何长工趁机联系王佐、李灿等几股部队向敌突袭,收复了井冈山的大部分失地。不久,湘赣边特委集中边界的红军和一部分赤卫队,组成湘赣

边红军独立第一团,下辖两个营,第一营由王佐部队组成,第二营由永新、宁冈、莲花、茶陵赤卫队和原红五军留下的一部分人员组成。贺敏学站在大局角度,不仅主张派出得力的赤卫队队员,还拿出了六十支好枪。井冈山军民坚持不懈的斗争,为彭德怀、滕代远4月底率红五军重返井冈山重建根据地创造了有利条件。

7月,彭德怀率红五军攻打安福县城。贺敏学闻讯,率队前往助战。路经桃花山,听群众说山上有股土匪,有二三十支枪,为首者叫侯挺义,桃花山人,极讲义气,平时也不怎么扰民,所干多是劫富济贫之事。贺敏学听了多人介绍后,详加分析,认定这是支绿林队伍,顿时萌生了收编的想法。所谓不入虎穴焉得虎子,他只率数名随从叩山。匪首侯挺义早闻"永新三贺"的声名,见贺敏学侠肝义胆,既讲理论又有政策,于心拜服,遂答应收编,参加革命。贺敏学特地安排他当了游击队第二大队的副队长。贺敏学率部与红五军会合时,攻城之战已停止。彭德怀对贺敏学不费一枪一弹收编绿林的壮举,大加赞扬。

随着湘赣边革命形势的好转,10月下旬,永新县委根据湘赣边特委指示,召开永新、莲花、宁冈三县地方武装会攻永新县城的紧急会议,确定军事部署。其中,由贺敏学等率东南特别区委赤卫队和暴动队,埋伏在沿县城东门的东华岭一带,以堵住和牵制敌军增援部队的活动;由贺曙光等率西北特别区委赤卫队和暴动队埋伏于虚皇山和月岭一带,以堵住从安福、吉安的增援敌军和接应攻城战斗;由刘作述等率领赤卫队和暴动队五百余人,从江畔、城都直扑县城。

战斗于11月11日晨打响后,三路密切配合。激战两小时后,守城保安队除小股残匪脱逃,大部均缴械投降。赤卫队、暴动队浩浩荡荡开进县城,原来退守在山头活动的各级政权,也陆续迁回原地工作。湘赣边特委机关也迁到了永新。12月,永新县第一次工农兵代表大会在县城万寿宫召开,改选政府,选举湘赣边特委委员、永新县赤卫队党代表朱昌偕为苏维埃政府主席,贺敏学当选为副主席兼农民自卫军总指挥及游击队大队长,刘作述任党代表。

年底,永新游击队扩大到万余人,在湘赣边武装中番号为第十四纵队,贺敏学任司令员,刘作述任党代表。纵队下分四个支队,每个支队下属三个大队,每个大队下设三个中队。除游击队外,全县还有赤卫总队,由贺敏学兼任总指挥。贺敏学为日新月异的革命气象而高兴,也为湘赣边突然出现的错综复杂的关系而忧心。

这一切,源于宛希先的被杀。

宛希先是湖北人,是毛泽东器重的政工干部,红四军下山后,留在湘赣边开展革命斗争。贺敏学参加工农革命军,还是宛希先批准的。宛希先小贺敏学两岁,他欣赏贺敏学骁勇善战、对党赤胆忠心,贺敏学则敬佩宛希先才华横溢、理论水平高人一筹。上井冈山后,宛希先与袁文才也是惺惺相惜,过从甚密。宛希先认清井冈山一带土客籍矛盾的危害后,曾想法消弭,但收效不大。

金无足赤,人无完人,宛希先在井冈山斗争中也存在一些失策的地方。1929年春夏之交,永新县委书记刘真娶永新大土豪龙庆楼的妹妹龙庆衡为妻,结婚时恰逢龙庆楼率靖卫团向九陇山根据地进攻,有人便说是新娘向土豪哥哥报的信,她是龙庆楼派来的奸细,想通过刘真里应外合破坏革命。在大敌压境的战争岁月里,前委、湘赣边特委常委、巡视员宛希先原本反对这桩婚事,得悉此事后也未加查明,便借机派人处死新娘。刘真闻此噩耗,如五雷轰顶,昏倒在地,从此对宛希先恨之入骨。不久,刘真赴南昌向江西省委汇报工作,不幸途中遇害。接任县委书记的王怀对宛希先原本就不满,趁机说刘真牺牲是因妻子被杀引起的,由此激起永新人对宛希先的愤慨。此时传来毛泽东在闽西落选红四军前委书记、赋闲养病的消息,被毛泽东所倚重的宛希先,在湘赣边的地位也自然下降。11月永新光复后,寻机报仇的王怀等人,串通县委及湘赣边特委主要负责人,以宛希先未参加攻打永新为由,将在茶陵一带主持党的工作的宛希先逮捕入狱。贺敏学反对这个做法,但无济于事。宛希先从狱中逃脱躲进山中,湘赣边特委竟动员两千名赤卫队队员,连搜两日,将其抓住,先挑断其脚筋,而后未加审讯即予枪杀。

贺敏学得知此事,大动肝火:"搞乱套了,你们还讲不讲法!"

贺敏学与刘真关系一向不错,对他的牺牲深感悲痛。对宛希先处决刘真妻子的做法,他也认为确实过火。龙庆衡是贺子珍极为要好的同学,思想进步。宛希先把这么个进步青年作为内奸处决,无疑犯了错。但王怀他们以此逮捕并加害宛希先,则纯粹是公报私仇,错上加错。

见贺敏学要去找王怀理论,党代表刘作述担心再出什么意外,急忙拦住他,

说:"人都死了,你找王怀有什么用,听说这事还是特委书记朱昌偕点的头。"

贺敏学一瞪眼:"难道这事就这么罢了?"

刘作述苦笑:"谁不知道你和宛麻子(因宛希先长了一脸麻子,故井冈山一带以此相称)的关系好,你去只会加剧矛盾,还是等毛委员回来处理吧。"

贺敏学想想有理,老同学也是为自己好,乃气哼哼地驻足。他真希望毛泽东能早日回来,收拾湘赣边这混乱的局面,可又听说毛泽东离开了红四军岗位,他去哪里了,妹妹还好吗?他不免牵挂起来。

让贺敏学始料未及的是,朱昌偕、王怀他们根据预定的方案,又悄悄地向袁文才、王佐开刀了。

身为红四军副参谋长的袁文才是在跟随毛泽东到东固后私自跑回井冈山的。当初欣然下山的他之所以半途折返,乃因意外得知从莫斯科秘密转来的中共六大文件《苏维埃政府问题决议案》中有处置土匪的内容,心底惊慌,却不知道毛泽东、朱德、陈毅等人都反对此议案。再加上他地方观念太强,害怕此去难回,乃不辞而别。袁文才走了这不该走的一步,但他终究是一名党员,回井冈山后,在王佐的帮助下,找到了时任宁冈县委书记的何长工,承认了错误。何长工对他进行了教育,给其党内警告处分,让他继续担任宁冈县委常委。

贺敏学得知此事后,在责备袁文才不该擅自离队回山的同时,也为何长工不失公正、合乎政策的处理表示欣慰。他认为事情可以就此平息了。谁知,袁文才这次不光彩的逃兵经历,却被一些政治观念强的湘赣边特委和地方领导作为把柄攥在手心里。湘赣边特委机关设在永新,贺敏学陆陆续续听到了一些议论,他担忧土客籍之间再起风云。

毛泽东率红四军主力下山后,前委也随之而去,以土籍人为主要领导的湘赣边特委成了井冈山地区的最高领导机构,土客籍之间的矛盾重新挑起,并迅速成为多种矛盾的焦点。

井冈山失守后,湘赣边特委被冲散,虽不久即恢复,并做了多次改组,但原先的湘赣边特委委员袁文才和王佐均无缘再入特委。而资历和能力都高人一等的贺敏学,因帮袁文才、王佐说话而遭湘赣边特委主要领导人的猜忌,因而也未再进特委。

当土客籍同志间的积怨加深时,一些有身份的人却还在推波助澜,而且几乎都把箭镞对准袁文才、王佐。继曾任湘赣边特委书记的杨开明之后,1929年8月,即将离任的湘赣边特委书记邓乾元,把问题看得更加严重,并向中央建议了解决袁文才、王佐的详细办法:一是调开,此为上策;二是敷衍以图安,此为中策;三是照六大的指示解决之,此为下策。中策行之最久,上策亦行之,而土匪不再上当,下策则须依现时之情形,而中策不能再行,上策能行固好,不能行则请问是否执行下策或想办法?对这些,袁文才、王佐浑然不觉,贺敏学也无从知晓。但好友宛希先的死,使袁文才震怒之余,隐隐觉察到这是湘赣边特委对他的警告。他和王佐对湘赣边特委多了一份戒心和敌意。

1930年初,袁文才和王佐开始实施酝酿已久的办兵工厂计划,并派人赴茶陵捕捉了在湘赣边素有军火土豪之称的罗克绍,要他听命合作。此事传到湘赣边特委,不啻扔了一颗炸弹,湘赣边特委个别人认为袁文才、王佐有意勾结土豪。永新县委书记王怀也在这件事上大做文章,在县委会议上还旧事重提:"袁文才、王佐一向投机革命,永新暴动我们上井冈山,本来是壮大革命力量的大好机会,可他们就是不同意把我们永新农民自卫军编进去,还要我们分散下山,这件事贺敏学同志也是知道的。"

袁文才、王佐当初出于自己的考虑,只收编了一部分永新农民自卫军,并非王怀所说的完全不同意,何况永新的党员和农民自卫军分散下山,也是永新县委同意的,怎么能把账挂在袁文才、王佐头上呢?贺敏学没想到王怀如此不顾事实,立即予以反驳,并说:"要是袁文才、王佐投机革命,为何还要不顾性命来打永新救我们,王怀同志当时生病,袁文才同志可没拒绝抬你上山。"

贺敏学和永新县委、湘赣边特委另外一些人,不希望矛盾加剧,于是为调和双方的矛盾尽自己最大的努力。但贺敏学很快就被排斥了,以至于湘赣边特委为加强对袁文才、王佐部队的领导而在永新九陇山召开会议时,没有扩大到他身上。

九陇山会议,由于湘赣边特委态度生硬,措辞严厉,处事不当,袁文才、王佐认为他们不配代替毛泽东、谭震林来领导湘赣边的工作。会议以激烈争吵而告终,彼此间的矛盾进一步加剧。湘赣边特委一些领导视袁文才、王佐为水火不容

的对立派别,随后向中央巡视员彭清泉告黑状,蓄意陷害,要求使用武力解决袁文才、王佐。

彭清泉本来就认定要贯彻中央处置土匪的指示,获此口实后更是气恼,在遂川于田专门召开会议,断然定下解决袁文才、王佐的方案。湘赣边特委为此制造了一个骗局,要袁文才、王佐带队伍到永新整编为红六军第三纵队,袁文才为司令员,王佐任副司令员,然后配合红五军攻打吉安。朱昌偕、王怀等人唯恐袁文才、王佐不会再轻易下山,为了取信于他们,乃冒用贺敏学的笔迹给他们写了一封以证此事的信函。

袁文才、王佐对湘赣边特委主要领导人虽不大相信,对贺敏学却是深信不疑的,他们留少数人马驻防井冈山,率部队如期赶至永新城。

23日下午,湘赣边特委在永新城召开联席会议。与会人员除袁文才、王佐外,还有永新、茶陵、莲花等县的地方武装负责人及湘赣边各县的党委负责人。贺敏学临时有意被委以他事,未得参加此会。中央巡视员彭清泉在会上直奔主题,给袁文才、王佐罗列了受编不受调、破坏分田、背着湘赣边特委勾结茶陵土豪罗克绍、破坏苏维埃政权等罪名。朱昌偕、王怀、龙超清等人群起而攻之。袁文才和王佐据理力争,逐一辩驳。双方在激烈的争论中,彼此都掏出了手枪。

为了缓和僵局,蒙蔽袁文才、王佐,湘赣边特委在会后特地杀猪烹羊,大摆宴席,盛情款待袁文才、王佐及其部队,还请来了戏班子,颇有同志加兄弟的氛围。随后,湘赣边特委书记朱昌偕和王怀等人,赶至离县城二十多公里的安福县洲湖红五军驻地,向彭德怀作了袁文才、王佐要反水的报告,如红五军不立即解围,则湘赣边党有被一网打尽的危险。红五军驻扎在湘赣边特委管辖区内,根据中央规定,原本要受当地党组织的调遣,如今又听说情况严重,疾恶如仇的彭德怀未加进一步调查了解,即派第四纵队随他们连夜赶到永新城。

袁文才、王佐下山后,一直没见到贺敏学,甚为警惕,睡觉时把枪放在枕头下,但所谓明枪易躲暗箭难防。

24日拂晓时分,红五军第四纵队悄然包围了袁文才、王佐及其部队驻地。杀掉哨兵后,朱昌偕第一个闯进尹家巷22号院袁文才的住处,袁文才在睡梦中听见动静,急忙伸手摸枕头下的手枪,但没来得及拿出,就被朱昌偕击毙于床上。

枪声惊动了住在尹家祠堂内的王佐,他立即冲出房门,带着两名亲随欲趁夜色冲过县城东门浮桥回井冈山。但浮桥已被事先拆除,他们只好涉水过河,一人中弹,王佐和另一人被激流冲倒,淹没在禾水河中。三天后,东关潭下游浮起了王佐苍白肿胀的尸体,脸朝青天,目眦尽裂。这一对生死老庚,在三十二岁那年真正做到了同年生同年死的盟誓。国民党方面为此欢天喜地,在《大公报》等报刊上做了"彭德怀枪毙袁、王两匪,原因疑袁、王有反动行为,捕获守望队长不杀"的报道。

贺敏学得知袁文才、王佐的死讯,悲愤难忍,找到朱昌偕、王怀等人质问。他们言语甚为淡漠,只说这是中央的决定,并向贺敏学亮出了他们的尚方宝剑——中共六大文件。果然,白纸黑字,党的六大决议案中关于对投诚的土匪部队的政策有"要杀戮其领袖,教育收编其士兵"的内容。

贺敏学怔了半天后,气愤地扔掉手中的烟蒂,指出:"中央虽有此文件,但并没有明确袁文才、王佐就是土匪,这三年来的共同战斗,他们为党的事业,为根据地的巩固,为红军的壮大所做的工作,难道就可以视而不见?!"

王怀不为所动,阴沉着脸,提醒他要注意阶级立场。朱昌偕考虑到贺敏学的特殊身份,为防止把事情弄僵,赶快息事宁人,告诉他:"红六军的番号已下来了,其中第三纵队由永新、宁冈、莲花赤卫队组成,上级任命你为纵队长,刘作述同志为政治委员。现在一纵队、二纵队已到位,你赶紧做准备,尽快率三纵队前去会合。"

贺敏学实在弄不明白,袁文才、王佐有恩于王怀,如果王怀病中不上井冈山,在永新的白色恐怖下,必死无疑,可为什么王怀却要把他们往死里逼呢?龙超清曾是袁文才走上革命道路的领路人,为何最后也要主张将袁文才、王佐送上断头台?回到住所,贺敏学还在苦苦思索,袁文才、王佐之所以有此悲剧,除了当时党的左倾路线、湘赣边的土客籍矛盾恶性发展之外,与他们自身的问题也有关系。早年的绿林生涯导致了他们的致命弱点,那就是唯我独尊,只服天管。井冈山根据地建立后,他们眼里也只有毛泽东、朱德等少数几人,不大瞧得起别人。袁文才擅自离开红四军后的一些做法,特别是对湘赣边特委和各县委领导人不够尊重,也为这场悲剧埋下了祸根。平心而论,美玉尚有瑕疵,袁文才、王佐

他们有缺点有错误,但比起他们对革命尤其是对井冈山根据地的建立所作贡献来说,罪不至死呀!

在整训部队时,通过一个意外契机,贺敏学得知朱昌偕、王怀等人冒用自己的笔迹骗袁文才、王佐下山之情,更是气愤。刘作述素知贺敏学的急性子脾气,担心再出意外,晓以利害极力劝阻。贺敏学以大局为重,虽然咽下了这口气,但想到袁文才、王佐当初因自己的信冒险来永新相救自己,这次却因那封假信而送命,想到他们没有战死疆场却倒在自己人的枪口之下,不禁悲从中来。

这些天,贺敏学思考了许多问题,并深有感触地向刘作述等人道出自己的一个发现:上级的特派员或巡视员每每前来指导工作,井冈山往往就会遭受损失。1928年3月,湘南特委代表周鲁来,取消了毛泽东为书记的前委,胡乱指挥,遂有3月失败;同年6月,湖南省委巡视员杜修经等人来,又有8月失败;如今,历次最高级别的巡视员彭清泉来了,酿成了湘赣边的悲剧和浩劫。

他们希望不要再发生这样的事了,但这只是个良好的愿望,许多亲痛仇快的事在随后的革命岁月中有增无减。其中,最富戏剧性和悲剧性的是:朱昌偕在1931年8月被误指为AB团(AB团全称AB反赤团,是北伐战争时期在江西建立的国民党右派组织,其目的是打击共产党和国民党左派)分子遭通缉,和宛希先一样也未能躲过搜山之劫,在惶惑中举枪自杀;龙超清在1931年底被错杀于赣南广昌县;王怀在1932年5月被错杀。

袁文才、王佐之死,给井冈山革命根据地造成了极大的损失。在袁文才、王佐被诛杀的当天,他们的部下也遭到打击,除少部分逃回井冈山外,其余的或被击毙或被遣散或被改编。原第三十二团连长谢角铭(袁文才妻兄)、第二营副营长王云龙(王佐胞兄)率部盘踞在井冈山五大哨口内,于1930年3月初在报上联合通电,声明反共,分别被编为宁冈、遂川两县反动武装靖卫团,经营了多年的井冈山革命根据地从此失守。袁文才、王佐旧部的倒戈,给宁冈、遂川两县的党和革命群众带来了严重的危害。此后,宁冈、遂川和永新党组织指挥地方武装几次想打进井冈山,红军也曾派部队前往攻打,但均未获成功。有次,萧克率红军甚至攻到了黄洋界的山脚下,然而最终也只能半途而返。直至1949年夏,井冈山上才重新插上红旗。

第三章 沙场驰骋

一年中三次负伤

萍乡芦溪的春天是一幅恬静素雅的山水画,然而美往往隐藏着凶险。三年前毛泽东率秋收起义余部向井冈山而来时,就是在此处遭遇赣敌伏击。时值秋季,工农革命军打从这无边胜景走过,山谷里却突如其来一阵弹雨,两千三百人的队伍损失过半,毛泽东正是在这里痛失股肱大将——总指挥卢德铭。

1930年3月初,贺敏学所在的红六军又走在了这条华容小道上。红六军是这年1月下旬组建的,由湘赣边特委和赣西特别委员会(简称赣西特委)的地方武装编成,军长黄公略,政治委员刘士奇(后陈毅)。下辖三个纵队(始设第一、第二旅),每纵平均有八九百支枪,下辖两个支队。贺敏学任第三纵队纵队长,老搭档刘作述任政治委员。贺敏学和他领导的永新赤卫队,从分散的游击武装正式转变到集团的正规红军行列。

第三纵队和第一纵队、军直属队会合后,即由黄公略率领,由永新、莲花北上作战。黄公略原是红五军副军长,受命带这支新部队。既然非得借道芦溪,有毛泽东所率秋收起义部队在此失利的前车之鉴,使黄公略的军事部署相当缜密。

芦溪还是芦溪,行进的人马却是新的,伏击的敌人还想故技重演,战况可想

而知。在黄公略卓有成效的指挥下，于此埋伏的敌军偷鸡不着，反蚀了一把米，被歼灭一个团。战斗一打响，贺敏学即身先士卒，冲锋在前，不料被飞弹击中，扑地后血流如注，幸被几位勇敢的战士拼力救下。芦溪之战缴获甚多，但第一、第三纵队所得人枪不均。第一纵队原由江西红军独立第二、第三团编成，原本就枪多，这次缴获更丰，人手一枪不说，还有不少余枪。第三纵队人员多于第一纵队，虽经此战补充，尚有不少徒手兵。黄公略在整顿队伍时，看到了这个情形，决定第一、第三纵队互拨人枪。谁料，第一纵队首先不干，理由是有枪就可以扩兵。第三纵队也不太愿拨到第一纵队，并回敬第一纵队："你们神气什么，我们有人还怕缴不到枪？"黄公略讲究策略，没有向这两支原本不相干的部队硬下命令，而是分别找两个纵队的领导谈话，希望他们做支队干部和士兵的工作，克服本位思想和小团体主义，纵队之间、支队之间要互相帮助，精诚团结。贺敏学和刘作述请黄公略放心，表示一定会做通第三纵队指战员的思想，坚决执行军部命令。有了第三纵队的姿态，第一纵队也提高了认识。人枪的调整顺利完成后，两个纵队的战斗力都得以提高，随即乘胜攻下萍乡安源。在安源做短暂休整期间，贺敏学根据黄公略的指示，要第三纵队主动让出一部分缴获武器，帮助地方建立武装。

部队又要开拔，贺敏学的伤口却还隐隐作痛。考虑到部队是流动作战，医治不便，黄公略乃决定让贺敏学返永新疗伤，并在本县创建部队，其职由徐彦刚接任。徐彦刚是四川人，毕业于武汉中央军事政治学校，随毛泽东上井冈山后，先是受派到步云山帮助袁文才练兵，后又被派去加强地方武装的领导，先后任过宁冈、莲花等县的游击队（赤卫队）队长，期间曾率宁冈游击队并到永新游击队来。贺敏学见枪伤添乱，不愿拖累部队，就回到黄竹岭老家。在当地一个老郎中的精心医治下，贺敏学伤口渐愈。他是个闲不住的人，走村串户，发动青少年参加红军。由于贺敏学是当地有影响的人物，很快他就拉起了一支数百人的队伍，并受命带队参加整编。他原以为自己能率部队上战场，孰料，上级命令下来，红二十军组建在即，他这支队伍只好先行贡献给红二十军，而他仍回永新县工作，担任赤卫队总指挥。显然，上级看中了贺敏学组建部队的才能，并在扩红方面倚重。看到自己几次拉起来的地方部队都被上级收编掉，急于率队在前线冲锋陷阵的贺敏学，情绪和牢骚难免，甚至产生了"老开荒田，自己生儿子让旁人来享福"的本位观念。

人马都收编走了,贺敏学这个赤卫队总指挥成了光杆司令。他只好另起炉灶,重整河山。

6月底,黄公略率红六军第一、第三纵队回到莲花。贺敏学病体尚未痊愈,却按捺不住回部队的情绪,带着一批新兵赶往莲花。黄公略紧紧握住他的手,高兴地说:"敏学同志回来了,太好了,我曾几次打听你的消息,现在病全好了吗?"毛泽东胞弟、已担任政治部主任并代政治委员的毛泽覃也嘘寒问暖。贺敏学被他们的热情和真诚感动了,谈了自己治病、招兵的情况后,要求早日安排工作。他还主动表示,为不影响部队正常工作,还是请徐彦刚继续担任第三纵队纵队长,第三纵队哪个职位有空缺,自己就补哪个。

贺敏学革命不为做官的思想,受到黄公略的赞赏。毛泽覃也正为贺敏学的安排发愁,见贺敏学主动让贤,还真解了他和军部的难题。几天后,贺敏学被任命为第三纵队第九支队参谋长(支队长李聚奎)。从纵队长降为支队参谋长,免不了招致一些同乡的议论和打抱不平,贺敏学却一点也不在乎。当初毛泽东让他不当县委书记而做委员,他何曾闹过情绪?在受命改造袁文才、王佐部队时,他作为团的党委书记,却从班长、排长、连长干起,何曾想过掉份儿?

7月1日拂晓,红六军发起七打吉安之战。冲锋在前的贺敏学再次负伤,但他只做了简单包扎,坚决不下火线。因敌凭险据守,红六军缺乏攻坚手段,攻城未果。7月5日,红六军撤围转移休整,旋即受命改番号为红三军,以避免与湘鄂西的红六军混同。7月中旬,红三军在军长黄公略、新任政治委员蔡会文率领下,到达永丰,与毛泽东、朱德所率红四军及红十二军会师。根据中央既定指示,红三军和红四、红十二军正式整编为第一路军(后改称第一军团),朱德任总指挥,毛泽东任政治委员。对黄公略及其所率红三军在赣西南所作的贡献,毛泽东给予了高度评价,他在马背上哼就的《蝶恋花·从汀州向长沙》一词,即有"赣水那边红一角,偏师借重黄公略"之句。

8月初,红军在赣西南红红火火的革命气象鼓励下,攻打长沙。红三军将士秣马厉兵,贺敏学也希望能在战斗中大显身手,谁料,大军还未出发,贺敏学未愈的病体加上新伤,再也撑不住了。接到刘作述的报告后,黄公略命贺敏学重回

永新疗养,并说磨刀不误砍柴工,有了健康的身体,才有革命的本钱。蔡会文与贺敏学在九陇山根据地创建时期就已熟识,也力劝贺敏学回永新休养。

贺敏学无法改变上级决定,只得抱憾与战友们告别。在回永新之前,他专门到了一趟东固,看望了和妹妹贺怡一家住在一起的父母。

东固位于吉安县城东南六十余公里处,为五县交界之地,系罗霄山脉的一段,故有"上有井冈,下有东固"之说。大革命失败后,共产党人于此发起暴动,先后建立赣西工农革命军第七、第九纵队。1928年9月,两个纵队合编为江西红军独立第二团,李文林任团长兼政治委员。东固革命根据地蓬勃发展,成为赣西南革命的中心,毛泽东称其为李文林式的赤色割据,与朱德毛泽东式、方志敏式、贺龙式并列。

一段时间未见哥哥,贺怡很是亲热。看到父母也在为革命工作,贺敏学兴奋有加。抱着小外甥,贺敏学听妹妹谈起了她的婚事。

1928年7月,赣西特委恢复,合并了吉安县委,赣西特委机关设于吉安县城郊外。10月,贺怡调到赣西特委工作,随同她到吉安的父母也到赣西特委机关帮忙做事。贺焕文有文化,担任赣西特委机关的文书,负责刻钢板、印材料和誊抄文稿,温吐秀则做些后勤方面的工作。1929年4月,贺怡与赣西南特委秘书长刘士奇结为夫妻。翌年初,赣西特委和湘赣边特委(后又加上赣南特委)合并为赣西南特别委员会(简称赣西南特委),刘士奇任赣西南特委书记兼红六军军长,贺怡也当选为赣西南特委委员,并任妇女部部长。

这次见面不久,在赣西南特委召开的第二次全会上,毛泽东受到错误批评,赞同毛泽东主张的刘士奇还被李立三左倾路线的执行者撤销赣西南特委书记、红二十军政治委员之职,停止政治活动,随后被中共中央召去上海。贺怡受此牵连,也被停止了工作和组织生活。贺敏学在永新听说后,感到莫名的吃惊。

9月,贺敏学的病情有了明显好转,他的第一个想法就是回部队去。他在宜春县(今宜春市)找到红三军时,才知长沙一战伤了元气,老搭档刘作述在8月底第二次攻打长沙时不幸牺牲,年仅二十五岁。

红三军受损颇大,归队后的贺敏学被委以重职似是情理之中的事,结果却出人意料。考虑到红二十军组建不久,战斗力较弱,赣西南特委决定从红六军抽调一批得力干部,到红二十军加强领导力量。作为得力干部的贺敏学,就这样到了红二十军,担任第一七四团参谋长。职务之所以这么低,有说因为他在红三军时就是任团(支队)参谋长的,有说缘于他是刘士奇的大舅子而受牵连。至于他在红三军时也当过纵队长(相当于师),并且也还是毛泽东的大舅子等事,因为他不事声张而被军部忽略。对这种种议论,贺敏学一笑而过。第一七四团由永新、莲花、宁冈、安福、茶陵、攸县等县地方武装组成,其中永新这部分武装,恰是当初贺敏学在家养病期间组织起来的,他自有一份亲切感。针对部队多系新兵、农民和游击习气较浓、装备较差、战斗力也较弱等特点,贺敏学协助团长李学俊从强化军事训练入手,使第一七四团的战斗作风大有改观。

9月底,根据红一方面军总前委的指示,红二十军在刘铁超、曾炳春的率领下,配合红三军,从宜春出发,经分宜、安福,向赣西南的中心城市吉安展开第九次进攻。第一七四团的任务是攻破城西南敌军防线,并与兄弟部队一道攻克城南门。

经侦察,贺敏学得知,守敌在城外布防了数道防线,每道防线都挖有壕沟,壕沟外设有铁丝网。欲攻城门,必先破这些防线,而第一七四团缺乏重武器,如强攻,伤亡大不说,还不一定奏效。贺敏学认为,只能出奇制胜。他从春秋时齐将田单用火牛大破燕军的故事受到启发,生就火牛破敌之计。贺敏学即行做了布置,和指战员们想方设法从附近村庄买到了近百头壮牛,并备好棉絮、煤油、爆竹、柴草等什物。

10月4日拂晓,总前委一声号令,各路红军与数万赤卫队队员,发起了九打吉安之战。贺敏学让战士们同时点燃牛背上淋上煤油的棉絮和捆在牛尾巴上的鞭炮。牛又惊又痛,发疯似的向前猛冲,踏破铁丝网,跨越壕沟,向敌阵猛蹿。红军和赤卫队队员们尾随牛后,用禾草填壕沟,横扫敌阵。一时间,火光冲天,枪炮声、爆竹声、呐喊声呈排山倒海之势,吓得守敌狼狈逃窜。一举攻破敌数道防线后,贺敏学乘势挥师勇猛攻城。一颗子弹嵌入了贺敏学的躯体,他捂住流血的伤口继续冲锋。经数小时激战,南门终于得手。至5日晨,吉安全城解放。

在此前,红军曾八次攻打吉安,因种种原因均未奏效,此次终获成功,意义非凡,既给了持先打吉安后打九江是断送中国革命高潮之观点的立三路线者一

个响亮的回答,又使赣西南红区真正连成一片。战后,第一七四团受到总前委的通令嘉奖,贺敏学的火牛破敌之计也被传为奇谈。

贺敏学在指挥作战上有魄力,有创造性,身先士卒,在战场上凡是危险的事,只要上级有命令,就尽量想方设法完成任务。红二十军军长刘铁超、曾炳春为得到这员虎将而高兴,闻讯他在战斗中负伤,指示安排他到吉安医疗条件最好的法国医院医治。

不容贺敏学安心静养,战事很快又爆发了。

猝然爆发的富田事变

1930年10月下旬,蒋介石在结束与冯玉祥、阎锡山之间的军阀混战后,立即调集十万兵力,向中央革命根据地发动第一次"围剿"。

大敌当前,决战在即,但在中央左倾思想的指导下,全国各苏区从地方到红军的肃反运动进入了高潮。10月26日,红一方面军总前委与江西省行动委员会(简称江西省行委)发出指示,必须"改造全部党的组织,重新建立,不使有一个富农反革命分子留在赣西南的党内团内"。此后,打击AB团的活动全面展开。

为严肃纪律、战胜敌人,红二十军当然得"奉旨"肃反打击AB团。贺敏学当然也坚决与反革命分子作斗争,但他对肃反委员会像布置扩大红军那样规定肃反数字感到忧虑。使他日益反感的是,一些肃反人员捕风捉影,大搞逼供信,不少红军指战员被屈打成招。

11月,敌军由北向南,分进合击,企图将红一方面军消灭于袁水流域。根据总前委指示,红二十军分散在富田、东固、龙冈地区活动,迷惑敌人,以策应主力红军秘密转移至黄陂、小布、洛口地区隐蔽集结。贺敏学枪伤未愈,部队又要急行军,加上他对愈演愈烈的打击AB团活动时有不满议论,上级便安排他到东固休养。

在东固与父母、妹妹住在一起,贺敏学有了久违的家的感觉。贺怡不久前已重获组织信任,江西省行委已明确表示要把她与刘士奇区别开来,给予恢复职务。而刘士奇离开赣西南后,再无音讯,与贺怡的婚姻无形解体。贺怡积极工作,父亲也得以再出来为革命做事,母亲则负责抚养孩子,一家人其乐融融。逗弄咿呀学语、蹒跚学步的小孩,是贺敏学病中最大的乐趣。看到他如此喜爱小孩,父母便关心起他的婚事来。贺敏学也只一句话:"匈奴未灭,何以家为!"

贺怡又有了新的苦恼。因为,在江西省行委的领导下,各级红色政权都围绕肃反开展工作,身为省行委书记的李文林还是抓 AB 团的带头人,甚至喊出了"实行赤色恐怖"的口号。不多久,贺怡满脸愁容回来,说她又被停止工作了,因为宣布恢复她职务的李文林已被怀疑是 AB 团的首要人物。李文林可是曾被毛泽东亲口赞誉过的革命者呀!时刻牵挂第一次反"围剿"进展的贺敏学,少不得要关注打击 AB 团的情况。当他得知担任肃反委员会主任的是红一方面军总政治部秘书长李韶九时,心里不禁一个咯噔。对李韶九,贺敏学并不陌生,当初他任红六军第三纵队队长时,李韶九是第一纵队的政治委员,与该纵纵队长柯武东、前任政治委员李文林等人关系不睦,整个给人的感觉是无产阶级意识不纯,私心重,善钻营,作风恶劣,爱制造纠纷,手段毒辣。

12 月 7 日,李韶九带红十二军一个连来到江西省行委、江西省苏维埃政府所在地富田帮助肃反。他怀着报复之心,先抓了李文林,旋又逮捕江西省行委秘书长李白芳、江西省行委常委段良弼及红二十军政治部主任谢汉昌等一批军政干部,严刑逼供,生杀由之。12 月 9 日,李韶九押着谢汉昌等人前往红二十军军部所在地东固,要在红二十军掀起一场肃反运动。

李韶九初来乍到,便肃出了一批 AB 团分子,东固顿时人人自危。事情传开后,贺焕文、温吐秀担心儿女的安危,劝他们设法躲避。此时能躲到哪里去呢,躲起来岂不真成了怀疑对象?贺敏学病体未愈,他走不动也不想走。12 月 10 日傍晚时分,贺敏学正在屋门外锻炼,忽听由远及近传来马蹄声,李韶九带着几名武装人员摸上门来。

因为在红六军时有过短暂交往,贺敏学出于礼貌,和李韶九打了招呼。李韶九坚持不进屋,先貌似关切地询问了贺敏学的病情,尔后话锋一转,单刀直入:"敏学同志,你知不知道你很危险?"

贺敏学爽朗一笑:"有什么危险呀?"

李韶九眼睛直直地盯着贺敏学:"哼,有不少人供了你咧!"

贺敏学镇定自若："莫名其妙,供我什么?"

李韶九阴沉着脸回答："AB 团哪!"

贺敏学仍旧面带笑容："噢,那你看我,像不像 AB 团?"

李韶九眼里闪着诡谲的波光："我也不信,但现在有人供你呀!他们为什么要供你呢?"

贺敏学看着眼前这位大权在握的肃反大员："那你把我抓起来呀!"

李韶九摆了摆手,嘿嘿一笑："你是毛泽东同志的亲戚,怎么会是 AB 团呢,定是他们乱咬的阴谋。敏学同志,请放心,肃反是毛泽东同志和总前委定下的,我对你还会怀疑?"

贺敏学听出了弦外之音,为了尽早结束这场不愉快的谈话,他说："你不怀疑毛泽东同志是 AB 团就可以了。"

李韶九神情颇为尴尬,短暂的沉默后,又问："你知道还有谁是 AB 团吗?"

贺敏学绵里藏针回答："你既然说我不是 AB 团的人,我又哪里知道谁是 AB 团呢?"

李韶九再无他话,拍拍贺敏学的肩,叮嘱他安心养病不要多想什么便道了别。

听到马蹄声远去,躲在屋里的父母才走出来,埋怨贺敏学不该如此说话。贺敏学安慰父母不必恐慌,并说,是福不必躲,是祸躲不过。

贺敏学好生纳闷李韶九找自己的目的。后来才悟到,李韶九此行对自己先打后拉,无非是想让自己对他感恩戴德,进而追随他,他也好借机进一步窃取毛泽东的信任。

正如贺敏学所担心的那样,李韶九很快就在东固弄出个大乱子。

12 月 11 日,贺敏学所在第一七四团的政治委员刘敌被李韶九勒令从兴国前线返回东固,接受审问。刘敌是李韶九的同乡和老部下,深知其为人,为求脱身免刑,态度诚恳,并用同乡和老部下的关系取得李韶九的信任。李韶九不仅当场释放了刘敌,还表示今后要由刘敌掌握红二十军。刘敌虽脱险,却对红军和党的前途担忧,认为李韶九是借抓 AB 团搞阴谋。12 月 12 日,随刘敌从前线回来的第一营领导在军部被李韶九和军长刘铁超扣留,刘敌趁机在部队中加以鼓动,说李韶九是反革命,把我们的政治部主任谢汉昌抓起来了,李文林书记、曾炳春政治委员也都被诬为AB团,以后还要抓我们。在官兵们的响应下,刘敌带第一营包围了军部,释放了谢汉昌,捆绑了李韶九和刘铁超等人,要他们交代阴谋。李韶九说服看守逃走后,刘敌唯恐他回到富田杀害那些AB团分子,于是和谢汉昌连夜率部队赶往富田,公开劫狱,释放了扣押的被视为AB团的人员。同时包围江西省行委,缴了警卫连的枪械。此时,被毛泽东派来解决肃反扩大化问题的前委秘书长古柏和江西省苏维埃政府主席曾山等人由于躲藏迅速,趁夜脱险。

翌日,刘敌等人召开大会,指责总前委的错误,特别是揭露李韶九指名问供、严刑拷打、滥捕滥杀的罪恶行径。对肃反深怀愤恨的与会者纷纷控诉,因为李韶九是总前委派来的,他们由此视毛派为AB团,并提出"打倒毛泽东,拥护朱(德)彭(德怀)黄(公略)"的口号。

这一起被称作富田事变的事情发生后,以为自己才是真正的布尔什维克的李白芳、谢汉昌、刘敌等带领江西省行委及红二十军,撤到赣江以西的永阳镇,脱离总前委领导。那些从监狱里解救出来的众多假AB团分子,立即成了无惧生死的骨干,武装对抗肃反,并与赶来制止他们行动的红军部队展开激战,血染赣水。

激烈的枪声震惊了贺敏学!虽然事情猝发,事情原委还未弄清楚,但对红军打红军,他却是一百个反对,无比的痛心!

江西省苏维埃政府委员段起凤(又名段月泉)带人闯进贺敏学居住的房间,立即把黑洞洞的枪口对准了贺敏学,说:"你们是AB团,是毛派,现在毛泽东已叛变,故今天特来抓你们。跟我们走!"话毕,旁边的几个人马上拥上前,摘下贺敏学挂在墙上的枪,并用绳子把他捆绑起来,前推后搡地往门外赶。贺怡和父母也被一同押走。

段起凤出身绿林,走上革命道路后任红军团长(政治委员李文林)、红二十军政治部主任(谢汉昌之前)。他得悉李文林、谢汉昌等先后获罪,自己也名列AB团分子,大为震惊,认为李韶九等人才是真正的AB团分子,是他们在搞鬼。他认为贺敏学是李韶九的人,因此带了一支部队前来抓人。贺敏学一时搞不懂究竟怎么回事,他问段起凤凭什么说毛泽东叛变,段起凤反问:"毛泽东指使李韶九杀害我们革命者,不是叛变又是什么?"贺敏学一时语塞,李韶九是毛泽东

派来肃反的不假,难道他滥捕滥杀也是毛泽东的旨意?

经过一堵断墙边,大字标语映入贺敏学眼帘,上面赫然写道:"打倒毛泽东,拥护朱彭黄!""毛泽东勾引白军反水!"他感到事态严重,但对毛泽东的高度信任,却使他不容置疑地说:"毛泽东叛变我不信,谁是 AB 团、谁是叛徒,将来定有水落石出之日!"面对押解人员的辱骂、恫吓,贺敏学做好了最坏的打算,毫不畏惧:"今天被你们抓来侮辱,就是死也没关系,大丈夫视死如归,何惧之有!"

贺敏学被移交给某部后,单独押进了东固某处一所房子。他后来称这是第一次为毛泽东坐牢。在狱中,他意外发现,看守的战士竟是自己在游击队时的旧部下。该战士见四周无人,问他因何被抓。贺敏学告知详情,并做起对方的工作来,要他不要受那帮人的欺骗。对他的遭遇甚为同情的战士最终被说服,主动说这支部队里有不少原来永新游击队里的士兵,他可以告诉他们真相。贺敏学甚为高兴,嘱咐他要注意隐蔽,偷听段起凤他们准备对付自己的办法。

如何处理贺敏学,段起凤与这支部队的实际领导人高克燕、刘敌产生了分歧。高克燕主张,贺敏学既然是毛泽东线上的人,干脆把他于当地当夜秘密杀掉。段起凤不同意,认为随便杀人会被组织追究,而且,贺敏学在东固有群众基础,在此杀他,一旦有群众问及,不好应对,弄不好还会造成被动。经商议,决定把贺敏学押到河西,与红二十军会合,召开群众大会,用重刑逼供要他主动承认是 AB 团分子,然后再行杀掉,以达一举两得之效。

次日,贺敏学从前来接哨的那位战士口中得知此情后,大吃一惊,想不到他们的手段竟然如此阴毒。他告诉该战士:"你回去跟我们自己的战士说明,这次是 AB 团暴动,他们是要破坏革命,屠杀共产党员,你们不能跟他们走,是掉转枪口打自己人。"贺敏学还要他们就自己行将罹难的问题商量,看看作何打算。贺敏学毕竟是个有影响的人物,永新籍战士们都不认为他是 AB 团分子,商议后一致表示:高克燕他们若杀贺敏学,则暴露了他们才是真正 AB 团分子的面目,我们就先将高克燕他们除掉。贺敏学接报后,心里稍定,对策动部分战士暴动有了一定的把握。得知队长是非党员,他多了个心眼,要战士们保守秘密待机行动,眼下先团结队长,鼓动他向上面闹经济问题,以便转移矛盾,见机行事。

不日,段起凤、高克燕、刘敌等派人送信到邻县兴国,而这个送信的战士过去也曾在贺敏学手下当过兵，把信先拿给贺敏学看。贺敏学看后更为吃惊，原来这是封伪造信，抬头是写给黄公略、彭德怀的，内容说朱德是AB团主犯，企图叛变，要黄公略、彭德怀计划捕杀朱德，具名是毛泽东。这明显是坏分子挑拨离间，试图制造红军高层动乱。贺敏学神色凝重地对送信的战士说："现在到了革命的紧要关头，你得赶紧把此信送交给毛泽东，以防变故。"贺敏学唯恐毛泽东不了解情况，又给毛泽东写了一张条子说明此事。1969年党的九大会上，毛泽东突然重提富田事变，专门提到有人给他送信和写条子的事，还点了曾山的名，说："曾山你当时也在。"毛泽东讲话中却没有提到贺敏学的名字，大概因为党内斗争复杂，他觉得没有必要再把已处逆境的贺敏学牵扯进来。

贺敏学一家人被押解上路后，经贺敏学秘密做工作的一帮战士（其中有几位是共产党员）知道高克燕一伙要按预定计划对他下手，便抢先行动。部队来到泰和县桃花洞时，他们鼓动队长要求高克燕下拨生活费及所欠的伙食尾子、草鞋费等。遭高克燕一通大骂后，队长甚为气愤，次日又带了队伍上门来闹。高克燕和刘敌还没起床，便躺在床上大骂。队长一吹哨子，立刻冲进一群战士。高克燕见势不对，急欲拿桌上的枪，却被一枪击毙。战士们接着又将刘敌捆住（段起凤去向不明，后被误作AB团分子扣押、杀害）。

贺敏学被松绑后，向部队简略讲清事实真相，既明确表示反对肃反扩大化，也反对以兵变方式解决内部问题，大敌当前更不容许有任何分裂党和红军的行为。战士们纷纷表示愿跟贺敏学走。

贺敏学深感责任重大，一番沉思后，他安排父母和贺怡母子暂住桃花洞群众家，自己则率队伍改道向万安方向行进。刚走不远，几名偷溜出去的反革命分子领着一支国民党军队叫喊着追来。贺敏学在前头指挥部队转移，刘敌趁机唆使后头的队长放走了他。

部队在贺敏学率领下，很快摆脱了追敌，到达万安县苏维埃政府驻地休息。贺敏学从县委、县苏维埃政府负责人那里得知，还在12月17日，朱德、彭德怀、黄公略就联名发表了《为富田事件宣言》，旗帜鲜明地反对分裂党和红军的行为，表现了朱毛彭黄团结到底的态度；12月18日他们又联名发表《给曾炳春等一封公开信》，从事实出发，热情称赞了毛泽东的正确路线，对富田事变的恶果

及错误口号给予有力的批驳,对红二十军领导及有关人进行了诚挚的劝导,强调大敌当前,一致团结消灭敌人的强烈愿望。贺敏学如释重负,如此看来,朱德、彭德怀、黄公略都已识破了坏分子们的奸计,红军可以避免一次大分裂了。经过贺敏学的工作,万安县委同意负责把这支队伍送到兴国。

贺敏学回到部队,即有党员向他密报,在他前去县委、县苏维埃政府商谈时,队长召集班长、排长训话,要求大家不要去兴国,就在这一带活动,白军、红军来了都不打,打土豪弄笔钱吃吃算了。贺敏学思谋着队长的种种作为,对其左摇右摆的立场深感忧虑。为使这支部队能不出意外地回到党的怀抱,贺敏学经与党支书商量,当机立断,处决了该队长。

这支队伍在万安县委负责人带领前往前线后,贺敏学心里牵挂着父母和贺怡母子,带了留下来的几名战士返回桃花洞山上。考虑到自己是受命带病休养之人,如今红二十军又回不去,该去哪里还是要听从上级安排。于是,他一面派人与总前委接头,一面带着父母和妹妹母子先行前往已趋安定的江西省苏维埃政府等消息。

1931年,上级安排贺敏学到江西省苏维埃政府警卫团工作,团长、政治委员、党委书记、政治处主任四大要职一肩挑。江西省苏维埃政府主席曾山前次险遭不测,认识到保卫力量亟待加强。曾山亲自出面迎接贺敏学,让刚历劫难的贺敏学心里涌起一股暖流,真正感受到回到了党的怀抱。

贺敏学安顿下来不久,就传来红军抓获敌军前线指挥官张辉瓒、粉碎敌人第一次"围剿"的捷报。紧接着,又听说富田事变主要领导人刘敌在1月中旬向中央和红军总部报告了富田事变经过,检讨了自己的错误,说要把部队带回来,接受党的教育和处分。贺敏学长吁了一口气,他对刘敌是有所了解的。刘敌是湖南人,在革命低潮时加入中国共产党,1928年7月上井冈山,1930年红六军初建时任第三支队政治委员,在第七次攻打吉安时负伤,伤愈后被赣西南特委派到红二十军工作,初任军委秘书长,10月4日攻克吉安后,任第一七四团政治委员。富田事变既发,贺敏学还不了解事实真相,对刘敌的过激行为虽持谴责、否定、批判态度,但还有所保留,不相信出生入死、忠心耿耿为革命工作的刘敌会叛变投敌。贺敏学为刘敌,更为红二十军指战员们重回党的怀抱而高兴。他希望事情能尽早平息,但没想到,刘敌把在永新一带坚持与敌斗争的部队带回来后,由于中央和红军总前委对富田事变的审理反复甚大,竟把他当作 AB 团地方军中的总团长予以处决。

最为遗憾的是,由于王明把持的中央把富田事变定性为反革命暴乱,富田事变未能正确解决,事变的领导人以及红二十军军长刘铁军、后任军长肖大鹏,均被冠以 AB 团要犯的罪名先后成了刀下之鬼,连未参与事变、被派去河西做说服、动员工作的红二十军政治委员,在年初新当选为六大中央委员的曾炳春也未能幸免,甚至还祸及红二十军许多无辜的基层干部。红二十军由此解体,剩下的战士被编入红七军。

王明为首的中央把富田事变的处理决议发到全国各苏区后,一度稍微缓和的肃反扩大化及酷刑逼供又如火上添油,被供为 AB 团者几乎难逃灭顶之灾。贺敏学不解、焦虑、悲愤,感到巨大的压力,有段时间甚至在接到上级开会通知后油然产生一去不返的感觉,因为他毕竟曾担任过发动富田事变的第一七四团的参谋长,而此时,身兼重职的朱昌偕、王怀等前永新县委领导人,几乎一个不剩地身首异处,自己又如何能够独活?他后来曾心有余悸地说:"掉脑壳并不可怕,要是掉在敌人屠刀下,我连哼都不哼一声,可要是被作为 AB 团、反党分子给处决了,那才是天大的冤枉!"毋庸讳言,贺敏学在富田事变后能幸免于难,与毛泽东的关系不容忽视,当毛泽东遭王明左倾路线打击、排挤而失势时,幸亏周恩来到中共苏区中央局(简称苏区中央局)任职,对肃反扩大化来了个急刹车,使得贺敏学在政策上有了一顶保护伞。紧接着,苏区中央局于 1932 年 1 月 25 日作出了《关于处罚李韶九同志过去错误的决议》,使肃反中的严重左倾错误得到遏制。

参加革命以来,对党内的矛盾和派别之争、存在的所谓"党外有党"的事实,贺敏学已深有觉察。不说别的,南昌起义(含湘南起义)部队和红五军上山之后,虽然高举团结的旗帜,但与秋收起义部队、井冈山地方武装之间还是难免产生矛盾和摩擦,这足以说明中国革命成功的不易。党内许多革命战士不是牺牲在敌人的枪弹下,却倒在自己阵营里的路线斗争中,正是现实的悲剧!富田事变以及前后发生的一连串纷繁复杂的政治斗争,使贺敏学在党内斗争中经受了折磨

和考验,并在慎独中掌握了一定的斗争技巧,那就是埋头多干实事,少发议论,尽量不留文字依据,一旦被冤枉,以待时机成熟再行申雪。在特殊情况下的政治斗争,只要能为党工作,委屈再大,也要忍辱负重。

血与火淬炼出的劲旅

江西省苏维埃政府警卫团成立之际,只有贺敏学和勤务两人。但他有的是组建部队的本事,何况已有番号在手。经他多方奔走和筹措,警卫团的架子很快就搭起来了:先从江西省肃反委员会拨来二十余人的保卫队,成立警卫排,尔后和泰和县警卫团合编为一个连;再把从吉安出来到泰和参加革命的上百名工人和纠察队转要过来,编为一个连,半月后从万安又调来一个连。不过把月时间,警卫团便拥有了四个整连。

1931年2月底,国民党实施第二次"围剿"。在一切为了前线、一切为了胜利的号召下,警卫团受命编入红十二军第三十五师第一〇五团参加作战。贺敏学率部立即前往。

红十二军的军长罗炳辉、政治委员谭震林、政治部主任谭政,与贺敏学都算是老相识,谭震林、谭政和他还是井冈山时期的战友。贺敏学率部编入后,第三十五师增至两千来人。不久,红十二军第三十五师根据上级指示,同红三军第七师合编为西路军,由第七师师长周子昆统一指挥,进至兴国高兴圩一带开展工作。3月上旬,西路军改由第三十五师师长龙普霖指挥,仍在原地活动,负责阻击蒋光鼐、蔡廷锴的第十九路军。当时,在敌人向中央苏区发起的四路进攻中,从广东开来的第十九路军最强。该部由蔡廷锴代理总指挥,其所率第六十、第六十一师占据兴国后,寻机向龙岗头、宁都进攻,另外在吉安拼凑了第七十八师,留第十二师第三十四旅和第六十一师一个团守赣州后方。

第三十五师师长龙普霖在井冈山也曾参与袁文才、王佐第二团的改编并任连长,贺敏学作为第二团党委书记还是上级。对贺敏学这样的人物反而到手下当团长,他和师政治委员欧阳健起初担心难以驾驭。但贺敏学顾大局识大体,慢慢消除了他们的顾虑。由于贺敏学在红三军工作过,在他有效的调和下,红三军第七师指战员对龙普霖担任西路军总指挥统一领导他们也积极拥护。此时井冈山老战友粟裕、宋任穷也在第三十五师,分别担任兄弟团的团长、政治委员,贺敏学与他们,还有自己的新搭档、第一〇五团政治委员赖际发,相处甚为融洽。

第二次"围剿"之敌虽有二十万之众,但前车之覆,使他们色厉内荏,在从江西吉安到福建建宁七百里战线上,每到一地就修工事、筑碉堡,等待时机攻打出击的红军。因为他们据守碉堡观望不前,群众戏称这些碉堡是乌龟壳。第十九路军也在城外筑起了相互呼应的堡垒。贺敏学所率第一〇五团受命阻击进犯之敌,可等了十来天后,还不见兴国敌军出动。对第二次反"围剿"之战从何处打起,曾有人主张先打蔡廷锴的第十九路军,因为其两个师孤立驻在兴国,距离其他各路敌军较远。但毛泽东坚决否决了这一主张,力主先打富田地区弱敌王金钰第五路军。于是,红军主力大胆逼近作战目标,在毗邻富田的东固地区隐蔽集结。西路军仍受命牵制盘踞兴国城的蔡廷锴部,使其无法增援东固。

5月16日,第二次反"围剿"的第一场大仗在东固打响。兴国之敌接到东固求援电后,试图北犯援手,但与担负阻击任务的西路军稍一接触,便又退缩回去。不到半天工夫,东固首战告捷,歼灭敌第二十八师全部(师长公秉藩化装成书记员夹在俘虏中逃脱)和第四十七师一个旅。

贺敏学所在的西路军虽未直接参加东固之战,但有效地牵制住了蔡廷锴部。在贺敏学的言传身教下,第一〇五团这支新组建起来的部队越战越勇,成为一支劲旅。

5月31日,红十二军配合红三军团突袭闽西建宁。在此行动之际,贺敏学所率第一〇五团作为西路军一部,依旧在兴国附近牵制第十九路军,以使红军东线作战无后顾之忧。随着建宁城被一举攻破,守敌三个多团几遭全歼,第二次"围剿"落下帷幕。步步为营的二十万敌军在红军"横扫千军如卷席"的攻势下,土崩瓦解,不得不缩短战线,变进攻为防御。

只隔了一个来月,第三次"围剿"又接踵而至,国民党投入兵力三十多万。此时,贺敏学奉命又回到红三军,任红九师(即原来的第三纵队)参谋长,师长徐彦刚、政治委员朱良才。

中央红军在以毛泽东为首的总前委领导下,英勇奋战,把敌军"肥的拖瘦,瘦的拖死",并接连取得莲塘、良村、黄陂三次大捷。敌军不仅损失惨重,而且经

过东奔西突,折腾得疲惫不堪,军无斗志。到9月初,蒋介石见其"剿匪"部队已无力向红军进攻,而自己与军阀间的矛盾又有新发展,只得下令各路军队实行总退却。红军总部掌握此情后,决定乘胜追歼敌军,扩大战果,命令要求红三军急速开到高兴圩参加攻打行经此地之敌。由于红三军驻扎地与红军总部距离过远,电话未架通,无线电也未架设,加上天黑无法送上宿营报告,总部派来寻找的人也茫然无着。于是,9月7日晨,高兴圩激战打响时,总部与红三军还没能联络上。而此时,红三军正在老营盘与敌猛烈厮杀。

还在6日晚,红三军得到报告,敌蒋鼎文第九师要经兴国北撤去吉安。军长黄公略和政治委员蔡会文在与红军总部中断联络的情况下,为了不放走敌人,自动率部向敌必经之咽喉通道老营盘疾进,以阻击北撤敌军。7日凌晨5时许赶到老营盘,还未见一个敌兵,黄公略、蔡会文立即做出部署,其中,红九师和萧克独立第五师由黄公略亲自率领,扼守高明山,担任正面阻击。

为了更好地打赢这一仗,在部队预伏后,贺敏学带几名参谋争分夺秒地察看地形,科学配置兵力和火器。两个来小时后,敌第九师独立旅率先出现在老营盘。红三军实际兵力不过五千四百来人,在人数上并不占优,且装备无法与敌相比。当红三军从正面、左面和右面同时开火时,敌独立旅虽遭痛击犹不畏缩,凭借优良装备拼命反击。战斗进行得甚为激烈,红三军政治委员蔡会文火线负伤。

红九师防御之地有一处地势较为平坦,敌军瞅准了这一点,集中一个整团向此处发起猛攻。红九师(留李聚奎之第二十七团作全军的预备队)虽顽强奋战,仍难抵挡。敌突入阵地后,趁机向棋子山高地攻击。

情形突变。贺敏学一面派人报告师长速调预备队袭敌于退途,一面指挥所部大胆放敌进来。待敌兵爬到半山腰时,一直按兵不动的贺敏学命令部队坚决不给敌人夺路北撤之机。敌接连冲锋几次,均被打退。不多久,红九师预备队如猛虎般扑来。敌军腹背受敌,根本无法组织有效抵抗,非死即降。

红九师吃掉敌一个团的消息传出,极大地鼓舞了全军将士。到下午2时许,敌三个整团和旅部都伤亡惨重,跟在其后的敌第二十五旅与红三军稍作一番交火,即就地防御,双方相持到天黑。至翌日,敌见北撤无望,乃仓皇退去,与其他部队会合。战斗结束后,黄公略听了红九师的简略汇报,称赞贺敏学功劳不小,是位出色的参谋长。

9月8日下午,红三军才接到红军总部急令,急向高兴圩开进,但此处战斗已落下帷幕。红三军虽在老营盘取得歼敌一旅的大捷,却影响了红军集中兵力解决高兴圩之蔡廷锴两个师,胜利中不免也有遗憾。

9月15日,在得悉蔡廷锴部向赣州逃跑后,红三军和红四军、红三军团分三路由西向东,把蒋鼎文、韩德群两师大部人马分割包围在方石岭一带。战斗打响后,敌军除少数部队逃脱外,大部被歼。贺敏学在战斗中腿部再次负伤,使他痛惜的是,红三军军长黄公略指挥部队隐蔽防空时,不幸被敌机射出的枪弹击中,光荣牺牲。

贺敏学伤势不轻,只好遵令住进医院,红九师参谋长由耿飚接任。因为腿伤严重,医院起初打算锯掉贺敏学的腿。贺敏学一听急了,吼道:"我可说清楚了,我不能截肢,否则不客气,准把你们医院打个稀巴烂!"

医院经过慎重考虑,决定采取保守疗法,终于保住了贺敏学的腿。

养伤期间,贺怡带着毛泽覃来看望贺敏学。贺怡主动告诉哥哥自己与毛泽覃认识和结婚的经过。1929年1月,红四军下井冈山之初,在大余县遭敌袭击,第三十一团营党代表毛泽覃腿部负伤,无法随部队行动,乃留东固一面疗伤,一面领导地方工作。贺怡受赣西特委指派,负责照料和护理毛泽覃,两人互生好感。1931年6月,毛泽覃调任永(丰)吉(安)泰(和)特别委员会(简称永吉泰特委)书记,贺怡时任永吉泰特委委员兼保卫局局长,不久又负责妇女部工作。两人于同年7月下旬结为伴侣。

贺敏学出院后,没有再返红三军,而是担任江西省苏维埃政府(机关已迁至兴国)军事部开设的随营学校校长一职。

随营学校刚开办不久,各方面的条件都极不完善。贺敏学上任伊始,教育和管理两手抓,因为缺乏军政教员,他还得亲执教鞭。随营学校的学员,除了江西省苏维埃政府下辖几个独立师的战士,大部分是从各根据地选拔来的赤卫队队员。他们中有不少还是从绿林武装中改编过来的,虽然作战勇敢,却难免残留着种种与革命军队格格不入的东西。自接受这项艰巨的任务后,贺敏学难得有休息日。在随营学校期间,贺敏学可以说是鞠躬尽瘁。

1931年9月下旬，红一方面军主力开往闽西汀州集中，在福建分兵发动群众，扩大红色区域，解决部队给养。赣西苏区的反动武装日趋猖獗，以地主武装土围子为主的白色据点频繁作乱。肃清地主武装土围子，成了根据地建设的一项重要内容。但这些土围子往往易守难攻，江西红军独立第三师师长邓毅刚即在指挥攻打于都土围时牺牲，部队伤亡惨重。随营学校第一期学员毕业后，贺敏学奉调特务团任政治委员。此时土匪猖獗，特务团在打土围时伤亡大半，处于无人指挥、电台无人管理的局面，中共江西临时省委书记任弼时既要管省委又要管部队工作，顾不过来，乃调贺敏学过去。任弼时点名要贺敏学带特务团。

在贺敏学的精心带领下，三个月后，特务团重新焕发了活力。贺敏学率特务团整训补充期间，一道急令把他叫到了江西军区司令部。江西军区司令部于1932年1月成立，其前身是江西省苏维埃政府所辖军事部，陈毅任司令员兼政治委员，蔡会文任政治部主任，统一领导独立第二、第三、第四、第五、第六师及各县地方武装。

一跨入司令部门槛，陈毅一通话就火爆爆地迎面扑来："贺敏学，给你一块硬骨头，你敢不敢啃？"

"什么好吃的骨头，你陈司令员肯让给我吃？"

陈毅笑了，拉贺敏学坐下，告诉他，江西军区独立第六师第四团在攻打赖村土围时，部队损失近半，团长也负了伤，得易将，让贺敏学这老将出马。

蔡会文在一旁也说："听说你把特务团整得不错，但究竟是骡子是马，也该出去遛遛才见分晓。"

贺敏学从他们的语气中听出了他们的激将法，说："承蒙高看，我这老马敢不从命？"

贺敏学立下军令状，一星期之内保证完成任务。

贺敏学率特务团奔赴前线后，也不急于攻打，而是先听介绍，并亲自侦察土围子的情况。赖村土围子易守难攻，守敌凭借地形险要，粮弹充足，使之成为安在苏区内部的钉子。仓促发起硬攻，只能徒增红军将士的伤亡。贺敏学在精心准备中等待时机。三天后忽然下了一整天的滂沱大雨，贺敏学在望远镜中看到，土围子有处地方遭雨淋湿一大片，他想该处城墙肯定比别处来得稀松，乃决定在此打开缺口。晚上雨停,随着贺敏学一声令下,憋了三天的指战员们向土围子发起了进攻。根据贺敏学的命令,特务团将火力集中于那处淋湿面最大的墙,终于打开一个缺口。指战员们一拥而上,将赖村土围子一举拿下。

继打下赖村土围子后,贺敏学率特务团又打下几个寨子,声名大噪。这时,江西军区独立团数攻赤石寨不克,上级命贺敏学率特务团配合作战。在动员会上,贺敏学发表了一番简短讲话:"我们攻土围子、寨子的经验是丰富的,这次配合独立团我们一定要打开它,誓死为革命除害,要坚决、勇敢,不怕牺牲。"

贺敏学和特务团全体指战员甘居配角,服从独立团团长统一指挥。唯因独立团团长指挥能力较弱,赤石寨还是没有拔除。这事牵动了苏区中央局的关注,来电命令限期攻克赤石寨,并令留在赣西根据地与江西军区共同作战的红三军军长周子昆督战。周子昆了解到贺敏学是从红三军出来的,即任命他为攻寨总指挥,赋予他指挥独立团的大权,并说如若兵力不够,亦可从红三军调兵协同攻寨。

却不料,贺敏学不仅谢绝从红三军借兵,还表示只要由他指挥本部人马即可。周子昆将信将疑,说:"独立团有你团配合都没攻下寨子,你团不要独立团配合就能破敌?"贺敏学淡淡一笑,说:"情况不一样,前者是独立团指挥我特务团,现在是我特务团自己指挥自己。"为了让周子昆放心,贺敏学还立下军令状,在中央限期内攻不下赤石寨,就请上级撤职查办。

贺敏学敢立军令状,缘于他在率特务团配合独立团攻寨时,就摸清了赤石寨的情况。根据他细心制定的作战方案,特务团在没有独立团配合的情况下,独立攻击,结果按期攻克赤石寨。此事传出,人们议论纷纷,对贺敏学和特务团自是刮目相看。

贺敏学在战斗中注意扩红,在打下赤石寨后,特务团已扩充到一千余人。贺敏学率特务团按令开往江西军区后,就任第五分区参谋长,军分区司令员左权(后杨宁)、政治委员杨岳彬(后由会昌中心县委书记刘晓兼任),配合主力红军进行第四次反"围剿"战斗。

受毛泽东牵累被释兵权

1933年3月中下旬,江西军区第五分区所辖会昌、寻乌、安远等县独立团和游击队,根据中央革命军事委员会(简称中革军委)指示,集中扩编,成立红二十三军,设指挥部于会昌。贺敏学受命兼任红二十三军参谋长。

红二十三军归东南战线总指挥兼政治委员叶剑英直接指挥,负责赣南方向的作战任务。3月27日,贺敏学率红二十三军一部渡河至赣城与南康之间活动,给赣县沙石埠敌人以很大打击,迫使赣城之敌死守城内,不敢出击。此后,红二十三军转战于粤赣和闽西大地,积极配合中央红军主力作战,打了不少好仗,为第四次反"围剿"的胜利作出了贡献。

4月20日,中革军委下令将江西军区的第三、第五军分区划出,合并改设粤赣军区,统一指挥南方战线的军事。红二十三军由粤赣军区临时指挥,身为参谋长的贺敏学,除了行军布阵、练兵作战事必躬亲,扩红工作也不离左右。他积极在于都等地发起扩红运动,一个月内竟吸收了两千余人参军,使红二十三军成为赣南战线最有力的主力军。

6月7日,红一方面军根据中革军委命令,取消军一级建制和番号,由军团直辖师,红二十三军改编为红军独立第二十二师,担负中央革命根据地南线的作战任务。贺敏学代理了一阵子师长,在第五分区形势紧张时,又回到分区工作。此后,红军独立第二十二师高层变动频繁,师长先后由龚楚、程子华、魏协安、周子昆担任,政治委员先后由方强、黄开湘担任,参谋长由孙毅担任,长征中编入红九军团。

贺敏学回第五分区后,积极领导本辖区做好第五次反"围剿"准备。由于失去了毛泽东的正确领导,主持临时中央的博古在军事上又胡乱指挥,战争局势陷入糟糕之境。恰在此时(9月底),共产国际代表、德国人奥托·布劳恩(中国名李德、华夫)受邀来到瑞金,以中革军委顾问的身份行使"太上皇"极权,积极推行左倾教条主义军事路线,使得战争形势愈发严峻。看到红军连战皆北,成千上万的指战员在毫无胜利的消耗战中倒在同强敌死拼硬打的前沿阵地上,贺敏学忍不住对李德的短促突击战术发表了不同看法。谁知,他的这些话马上被上报,随即，一场政治斗争无可躲避地降临到了他的身上。他受批斗的理由是，支持过"罗明路线在江西的创造者"邓小平、毛泽覃、谢唯俊、古柏。

罗明是中共福建省委（又称闽粤赣省委）代书记，在本年2月中旬被临时中央错误撤职。4月中旬以后，在临时中央的旨意下，江西也开展了反江西罗明路线的斗争，把江西党内以邓、毛、谢、古为代表的坚持毛泽东正确主张、抵制王明左倾错误的干部，打成反党的派别和小组织的领袖。他们四人均被撤销领导职务，派到县区基层担任巡视员或工作队工作。在邓、毛、谢、古四人中，除了毛泽覃，贺敏学只与担任江西会（昌）寻（乌）安（远）中心县委书记的邓小平有所接触。这是因为邓小平在去年秋曾兼任过会寻安军分区（后改为江西省军区第五分区）的政治委员。

组织批判会的人具体罗列了贺敏学的种种罪名，无非是对革命悲观失望、在第四次反"围剿"作战中实行单纯防御路线、临事动摇退缩畏怯。对一般的诬陷不实之词，贺敏学在情知辩白无望的非常时期，一般保持缄默，但在原则问题上，尤其在事关党和军队的路线、方针等问题上，却决不退让。他迎着咄咄逼人的责问，坚持正确主张，批驳错误指责。这就愈加激怒了那些人，宣布撤销他的职务，调往红军学校（简称红校）学习。他们还阴阳怪气地问他有什么意见，贺敏学处之泰然，说："个人服从组织，既然你们说这是组织的决定，我只有服从，但我相信，我的问题终有一天会弄清楚。"

贺敏学被释兵权，与王明路线的执行者意图进一步削弱毛泽东在军队的影响有关，只不过他们没有讲得露骨，而是把贺敏学隔开了一层，作为邓、毛、谢、古线上的人。在此之前，毛、贺两家的亲人都迭遭打击。已有身孕、时任瑞金县委组织部部长的贺怡由于拒绝揭发丈夫毛泽覃的"反党罪行"，继毛泽覃被解除职务、送往中央苏区北线偏远地区协助基层工作后，她也被免职送进了中央党校，当作重点斗争对象，险被博古开除党籍，幸得中央党校副校长董必武力保。贺敏学年迈的父母也在挨整之列，他们在子女影响下，不惜倾家荡产甘冒风险投身革命，可王明左倾路线的执行者嫌他们成分不好，连勤杂工作也不让他们干。由于贺敏学不在中央和总部，所担任职务也不显赫，平时又不显山露水，暂时被那些当权者忽略，直到这次发表"正义之声"才被收网。相比之下，对他的清算已算

较迟的了。

红校于1931年10月17日正式成立于瑞金西郊大槐树村,下设高级干部、上级指挥、上级政治、上级参谋等科,学员大部分是师团干部,每期二百余人。贺敏学结束红校的学习后,不让继续带兵,而被留在红校当普通教员。贺敏学先后教过指挥和参谋业务以及防空知识等课程。红校校长何长工是毛泽东信任的老部下,又与贺敏学共过事,因此虽知贺敏学是被上纲上线的人,但并没有把他打入另册,而是鼓励他在红校教学中发挥作用。

在红校担任军事教员的还有郭化若、周士第、韩振纪、宋时轮等人,因为黎川失守而被博古、李德撤职的萧劲光,也在红校担任政治教员。他们中不少人也是受到极左路线的打击,其中郭化若的命运最惨。原本担任红一方面军代参谋长的他,早在1932年7月就被免职,调来红校后,被宣布是托派(托派全称托洛茨基反对派,是极左或极右的象征,也是中伤诬陷异己的代名词),连党籍也没保住。

因为先后在毛泽东身边工作过,"同是天涯沦落人"的贺敏学和郭化若既有共同语言,又能彼此信任,敞怀议论,一吐胸中块垒。使贺敏学感动的是,郭化若虽自身有冤无处申,却时时为毛泽东的处境担忧,并不避嫌常到瑞金城郊东华山小庙里探望于此养病的毛泽东。有次,郭化若还把自己有感而作的一首诗给贺敏学看,诗云:

西风落叶总无情,谁夺燕军乐毅缨?
小寺却非楼百尺,更深听雨夜清新。

由这首诗谈起,郭化若慨然有声:"毛泽东同志的领导地位,关系红军的存亡,关系革命的前途命运。"这话出自一位曾经留学苏联的红军高参之口,使贺敏学更是坚信毛泽东能够领导红军打败蒋介石。两个意志坚定的共产党人,虽然泥菩萨过河自身难保,却对王明左倾冒险主义统治中央,对正在进行的第五次反"围剿"忧心忡忡。

红校的消息并不闭塞,因为前线的将领经常应邀来校作报告。曾亲自参加过第二、第三、第四次反"围剿"的贺敏学，现在只能站在旁边看第五次反"围剿"。所谓旁观者清，现实既让他更看清了王明、博古之流给革命带来的危害，也使他对毛泽东的正确理论深信不疑。

1934年2月，何长工调离红校后，贺敏学的日子就更不好过了。在那些人的影响下，有些教员和学员动辄挑他的刺。面对接二连三的打击，贺敏学知道抗争无用，索性埋头教学。上课之余，自己也补习文化，研究战术。但后来，那些人连让贺敏学当教员都不放心，害怕他在学员中散布不利言论，干脆什么工作都不让他干了。

此时，毛泽东一家已搬到瑞金城西的梅坑云石山上一座空旷的古庙居住，距红校不远，贺敏学便不时前去看望。毛泽东、贺子珍和他们的儿子小毛（毛岸红）以及警卫员，就容身于这冷落的古庙里。

自反罗明路线以来，整个中央苏区都笼罩上恐怖的气氛，人人自危，多说两句话，都有可能被扣上反党小集团帽子。大家心知肚明，所谓反罗明路线，实际上是反毛泽东的路线；所谓抓反党小集团，实际是把矛头对准比罗明更大的头头——毛泽东。路线斗争还是思想认识问题，可反党小集团却变成了敌我斗争，谁沾边谁就成了反党分子。这顶帽子不得了，谁被戴上都难以翻身。毛泽东暂时被孤立了，能同他往来的也就只有毛、贺两家人了。

毛泽东关切地问了贺敏学的近况，而后缓缓地说："他们整你，是因为我，你是受了我的连累呀！"

毛泽东这一说，贺敏学这段时间来所有的委屈和苦恼顿时烟消云散。

毛泽东在揭开贺敏学受自己牵连的话题后，接下来他又与贺敏学共勉："斗争总是有个迂回曲折的过程，遇到这种情况，就需要有耐心、韧劲和策略。浪头形成了，硬着头皮去顶不仅无济于事，反倒会加速不利因素的发展，损害革命事业。"

毛泽东忽然提高了声调："我在湖南时，年轻气盛，满脑子都是理想，说什么'自信人生二百年，会当水击三千里'，经过这么多年的实践，碰了这么多年的南墙，心里也并不曾自嘲，总还相信希望与理想同在！"

毛泽东目光温和地看着贺敏学："我了解你，你是个好人！"

这话使贺敏学心里再次流过一股暖流,这么些年来,他就是秉着"毛泽东知道我"的信条而忍辱负重、不计得失荣辱为革命工作的。"文化大革命"中,贺敏学被捕入狱,毛泽东接到李敏的报告后,再次说:"你舅舅是个好人!"

毛泽东脸色蜡黄,一半原因是身体不好,一半也是心情压抑。毛泽东被王明路线剥夺党权、军权已有两年,虽还挂着中华苏维埃共和国临时中央政府主席的头衔,但在政府内也没有多少发言权。贺敏学自是了解,毛泽东从上井冈山到现在,同左倾路线进行过多少回合的艰苦斗争呀,没有一次像现在这般漫长。看到毛泽东虽接二连三地遭受打击,但激情依旧不减,充满希望,贺敏学的心里一时又镇定了许多,坚信毛泽东终会复出,中国革命一定会取得胜利,自己的问题也定会水落石出。

令人沮丧的是第五次反"围剿"的消息。到七八月间,中央苏区的北部已大部丧失。国民党军队占领广昌、建宁后,加紧对中央苏区中心的兴国、长汀、石城一带逼近。可临时中央在博古、李德的把持下,却还采取多路分兵、全线抵御的方针。

9月初的一天,贺敏学又来到云石山,却听说毛泽东已前往赣南省省会于都县城指导工作去了。贺子珍向哥哥出示了她誊抄好的毛泽东的新词《清平乐·会昌》,词曰:

东方欲晓,莫道君行早。踏遍青山人未老,风景这边独好。
会昌城外高峰,颠连直接东溟。战士指看南粤,更加郁郁葱葱。

她告诉哥哥,这是毛泽东在不久前前往会昌、视察中央苏区南线粤赣省时所作。在细加品读中,贺敏学感觉词的主人虽有郁闷的心境,但更多的却洋溢着革命乐观主义精神。

根据由博古、周恩来、李德组成的中央三人团的部署,开展了红军主力退出中央苏区,实行战略大转移(长征)的紧张准备。中央各机关和各省委、省苏维埃政府与军区都分别确定了参加战略转移和留在中央苏区坚持游击战争的干部名单。红校机关与中共中央、中央政府等单位组成第二野战纵队,另外还和其他几个学校组成了干部团,陈赓任团长,宋任穷任政治委员。这两头参加战略大转移的名单里,都没有贺敏学。有关领导找他谈话,话语甚为婉转:"这次转移本来也曾考虑到你,但因为你是江西人,是党内军内的老同志,在根据地有名望,又能在群众中活动得开,把你留下来打游击,也是组织对你的信任。"贺敏学后来了解到,事情并不像该领导所说那样。不让他撤出,是宗派主义者怀疑、排挤的结果。贺敏学坦陈,为了坚持中央苏区的斗争,留下一部分同志是完全必要的,他对留下自己也绝无意见,革命本来就是艰险的事,何况自己对中央革命根据地确实也比较熟悉;但令他气愤的是,在革命处于危险境地时,有人还在搞宗派,这是何等的可悲!

贺敏学告别红校,便上了云石山,才知毛泽东、贺子珍都在转移人员之列,毛泽东在于都随先头部队出发,贺子珍同总卫生部休养连一起行动。毛泽东还从于都派警卫员回来通知,让贺子珍抓紧时间安顿小毛。小毛跟随部队行动肯定是不行的,兄妹俩商量后认为,只有托给妹妹贺怡了,因为她和毛泽覃也是留下来的人员。

兄妹俩来到瑞金下肖村,找贺怡商量小毛和父母的安置问题。得知姐姐的难处后,贺怡毫不犹豫地答应照看孩子。

想到即将到来的生离死别,一向坚强的贺子珍也控制不了自己的感情,任凭热泪潸潸而下。她与毛泽东结婚以来生了几个孩子,不是早夭,就是不到满月便寄养在百姓家,只有小毛带了三年多,可现在为了革命,又得舍他而去,做母亲的岂能不心酸!贺子珍这一哭,贺焕文和温吐秀才知,原来一家人的分离就在眼前。温吐秀忍不住紧抱贺子珍的肩头,语不成声地叮嘱她在路上要注意安全。

送贺子珍上路后,贺敏学马上到瑞金梅坑马道口,向新成立的中共中央分局(简称中央分局)报到。中央分局书记项英说:"你是军事干部,先参加中央军区的筹备工作吧。"

第四章 留守苏区

突围舍命蹚血路

1934年中央苏区的秋天,正如那首《十送红军》歌中所唱:"秋风细雨缠绵绵,山上野鹿声声哀号,树树梧桐叶落完……"

在这充塞着亡国之痛消沉忧伤的氛围中,贺敏学和一批高级参谋协助项英等中央分局领导调兵遣将,留守部队或分头接替红军主力防务,或积极有效地牵制敌人,以策应红军主力的战略转移。贺敏学对军事和参谋工作的熟稔,颇使项英满意。

红军主力顺利转移后,中央军区正式成立。在听了项英传达的有关部署后,一阵失望夹带着深深的忧虑袭上贺敏学的心头。

留在中央苏区的红军部队,除中央军区直接指挥的红二十四师及五个独立团外,还有江西军区、赣南军区、福建军区、闽赣军区的武装,约计一万六千人,另有伤病员两万来人。如此兵力,竟要保卫中央苏区和土地革命的胜利成果,以中央划定的瑞金、会昌、于都、宁都四县城之间的三角地区为基本游击区和最后坚守的阵地,使根据地及其周围之敌无法稳定统治,并在适当时机配合红军主力部队反击,恢复中央革命根据地。贺敏学对此决策深感匪夷所思。

对项英,贺敏学是敬仰的,这不仅因为他是党内大人物,还因为他经历并领导过许多风云突变的斗争。而贺敏学初到项英麾下，项英对贺敏学也充满了好感和信任。这些外在表象使贺敏学无形中受到鼓舞，于是他斗胆向项英直陈己见。贺敏学认为，中央革命根据地已无法死守，与强敌对峙只能增加伤亡，而现有的这点力量实在不能再消耗下去，当务之急是趁强敌还未形成铁桶般合围前，尽速布置红二十四师和各独立团分散到根据地各游击区去，于存在中发展，在发展中壮大，这样，星星之火终有燎原之时。

孰料，此举却引起了项英的反感。在此之前，重伤不起的中央政府办事处主任陈毅等一干人，也力劝项英采取分散游击，与敌长期周旋的战术，但项英不想轻易改变中央确定的斗争方针。

危难之际本可大用的贺敏学，被任命为中央军区六局一科科长。此后，他在项英手下始终难以升迁，到新四军后依然如故，直到项英在皖南事变中牺牲。

交谈中，陈毅得知毛泽东的儿子小毛虽已由毛泽覃托付给可靠百姓隐蔽抚养，但贺怡带着父母仍留在瑞金，便着急地说，瑞金是赤色首都，目标最大，敌人的搜剿也必定最严，亲属留在瑞金一带不合适，得尽快疏散转移出去，再迟就来不及了！他考虑到毛泽覃是中央分局委员、红军独立师师长，眼下正为战事而焦头烂额，而贺敏学百事缠身分身乏术不说，也不好为家事伤神动脑。为使他们后顾无忧，早已无法安心养病的陈毅便亲自安排贺怡和贺家父母转往赣州郊区隐蔽和工作。后来表明，当时较早疏散的人员，在三年游击战中大部分得以幸存。对陈毅的古道热肠和战友情怀，贺敏学默记于心。

11月间，随着国民党军近二十万大军的围攻，中央苏区的形势日趋紧张。以项英为首的苏区中央局执行"保卫苏区等待主力回头"、"寸土不让"等左倾错误方针，留在中央苏区的红军部队仍继续与敌人打硬仗拼消耗，作无谓的牺牲。红都瑞金沦陷后，趾高气扬的敌军继续向会昌推进。11月22日，根据项英打一个大胜仗、狠刹敌人嚣张气焰的指示，中央苏区红军主力红二十四师在谢坊设伏，歼灭敌东路第三师半个旅。

战后，对这个大胜仗，在部队和中央军区机关都有过一番不小的争议。贺敏学和一些参谋人员也加入了，焦点集中在该不该打、如何打得更好等问题上。不久，从奉调中央军区政治部工作的红二十四师政治部代主任袁血卒那里得知，

这场战斗既没有打好,也不该打。原来,在敌人尚未完全进入伏击圈内,战斗就仓促打响了,在军事上犯了过早突击的错误,因而未能全歼敌人,只消灭敌半个旅,而且红二十四师损失也挺大,伤亡五百余人。贺敏学据此认为,把歼灭战打成了击溃战,严格说来不能算是大胜利,与强敌硬拼,我们有限的力量只能越拼越小。他对此战的概括是战略和战术都有缺陷。

仗打的不仅不理想,还暴露了中央苏区红军主力红二十四师的目标,使得这场大胜仗蒙上了一层阴影。

谢坊战斗的负面影响很快就产生了。敌人发现中央苏区尚留有红军主力,便一改原来的长驱直入,转为加紧构筑堡垒封锁线,企图对中央苏区实行分割包围,同时寻找红二十四师决战。形势越来越紧张。12月底,苏区中央分局、办事处和军区机关与部队转移到三角地区中心地带的黄龙井塘村。

残酷的现实,使项英的头脑稍有清醒,他采纳了陈毅等人的一些主张,对这场关系生死存亡的斗争部署做了一定程度的调整,其中包括安置疏散伤病员、派出干部和部队到各地开展游击战争、加强地方军事建设。中央军区为此举办游击训练班,培训游击骨干。贺敏学受派给他们上课,教授游击知识。随着形势的恶化,少数意志薄弱分子开始叛变革命。贺敏学于是又奉命参与除奸,防止堡垒从内部攻破。贺敏学的工作有所调整,从一科到了四科,再转到二科,所任均为科长,原地转圈踏步。

这年冬天的寒风格外凛冽,一直到1935年初。在形势已严峻到极点之时,项英由于一直得不到中央新的指示,又没有审时度势的策略,于是只能在等待观望中坚持、硬撑。1月上旬,红二十四师奉命向宁都、瑞金两县边界洋陂的驻敌发动攻击,造成重大损失。下旬,红二十四师在独立第三、第十一团及赣南军区部队配合下,以五千之众进攻于都县牛岭一营粤敌(后增援至一个团另一个营),因指挥失当,损失惨重,师长周建屏也在战斗中负伤。牛岭战斗是不应有的惨败,而且是不应有的战斗,以五团兵力被一团之敌击败,是红军前所未有的败仗。牛岭战斗成为苏维埃共和国结束大兵团作战的最后一幕。

项英被牛岭战斗的惨败震怒,更为战后浓厚的失败情绪担忧。他连续致电中共中央和中革军委,请示下一步行动方向。在千呼万唤中,终于在2月5日接到遵义会议后新成立的中央书记处发来的电报,电报指出"要立即改变你们的组织方式与斗争方式,使与游击战争的环境相适合",决定"成立革命军事委员会中区(即中央苏区简称)分会,以项英、陈毅、贺昌及其他二人组织之"。

喜讯姗姗来迟,却也让贺敏学为之高兴。他坚信,毛泽东在遵义会议重新掌权,陈毅也获得了对中央苏区军事的参与决策权和指挥权,革命就绝不会坐以待毙。也许是因为陈毅的建议起了作用,贺敏学很快就离开了事务性的中央军区机关,下到红二十四师,担任第七十一团参谋长。上任伊始,他就接手了一项重要任务,被派至赣南到广东线进行侦察。

贺敏学经侦察后得出的意见被项英否决。项英为妥善仍主张分散走,一路去福建、一路向西、一路走中间至粤桂湘赣边区。项英这个决定是在2月中旬中央苏区党政军机关迁往于都禾丰后作出的。此前不久,中央的后续电示也已表明要施行突围游击的战略。项英所言三路突围只是红二十四师三个团的大部队大方向的突围,不包括大方向之内的分岔,更不包括小部队突围。其中一路是贺敏学和龚楚、石友生率领的第七十一团,由中路突击,目标是湘南。

由于突围已错过了良机,在数十倍之敌拉网围追堵截下,每路突围部队都损失惨重。

2月下旬,第七十一团(约九个连)一千二百余人,在中央军区参谋长兼团长龚楚、政治委员石友生、参谋长贺敏学的率领下,从于都、会昌边界山区出发。在各路突围人马中,该路不仅人数多,武器也精良,还专门配有无线电台。贺敏学率小分队在前头开路。井冈山时期即与毛泽东、朱德名列红四军前委常委的龚楚,缺的不是资历和聪明,而是勇气和信仰,此番突围有贺敏学这等勇猛之将打头阵,他自是庆幸。在信丰县铁石口镇、罗塘地区突破国民党粤军第二师叶肇部的防线后,继续向湘南进军。走了十来天,只是遭遇了一些零星的小仗。贺敏学提醒大家不能掉以轻心,有时平静中往往蕴藏着凶险。

到南雄边界,第七十一团与地方游击队和工作团取得联系后,即欲赶路。政治委员石友生见部队走得太累,主张休息,并就地烧水做饭。正值这时,广东军却来偷袭。贺敏学便主动率一排人留下抵抗,掩护大部队转移。

他指挥战士们迅速抢占制高点,施行阻击。由于贺敏学部署得当,偷袭之粤

军某部见红军已有准备,一时不敢造次猛进,只是远远地胡乱打枪。贺敏学指挥部队与敌人周旋一番后,料想大部队已脱离险情,遂率众撤出阵地,沿油山方向追赶大部队。

赶了一段路后,下起了倾盆大雨。到了某处山谷口,雨小了,却见一个有顶无壁的茅棚出现在前面,里面影影绰绰似乎有几个人。贺敏学低声下令分散隐蔽。见好一阵子都没有什么动静,贺敏学便让两名战士匍匐前进,摸到茅棚近处,忽地一跃而起,持枪对着人影,低声喝道:"不许动!"

那人影果然没动。战士们狐疑地走近一看,才知是几尊菩萨,身上还裹着几件衣服。这当头,贺敏学和大伙儿也来到了茅棚里,他摸了摸几名战士的身上,诙谐地说:"你们中怕冷的,就请大慈大悲的菩萨借几件衣服给你们穿吧!"听完,大家三下五除二就把菩萨身上的衣服剥光,穿到自己身上。

在茅棚稍事休息,队伍遂又开拔,远远望见点点星火,村庄到了。贺敏学指挥部队正待接近,隐约瞧见村口有棵还没长叶的树,树杈口似乎有个哨兵模样的人,抱着枪在打瞌睡。他低声叫过两名战士,让他们爬过去摸掉哨兵。

两战士爬过去,一看树不高,猛跳上去,一把抱住那个握枪的人。不料竟是具尸体,仔细一看,还是自己的同志。贺敏学上来摸了一下尸身,感觉并不冰凉,好像刚死不久。贺敏学心里悚然一惊,断定红军的警戒哨兵被敌人摸掉了,村里肯定驻扎有红军部队,敌人欲图偷袭。他马上命令部队往道路两旁散开,做好战斗准备。他担心龚楚所率大部队被敌咬住,急派几名战士先行进村侦察,自己则率众尾随隐蔽跟进。

骤然间,刚才还一片死寂的黑夜响起砰砰两声枪响,尔后村里头枪声大作。贺敏学辨听片刻,判断是两支部队在打遭遇战。

与敌接触的是第七十一团的后卫部队第三营。贺敏学确定情况后,立即率众从侧背阻击敌人,他自己端着一支冲锋枪,从斜刺里向敌人猛烈扫射。与第三营会合后,贺敏学见敌人凭借优势兵力,攻势很猛,持久下去,我军有被敌人全歼的危险。他不顾行军劳累,命第三营营长率所部人马撤退追赶大部队,由他带领自己的这排人掩护。

第三营安全撤离了,贺敏学所率一排人却被敌人紧紧咬住。他指挥队伍勇猛奋战,且战且退。他拿出了井冈山转圈圈的游击战法,领着战士们左转右挪。黄昏时分,他们瞅个空当,从敌人包围圈的空隙间一冲而过。清点人数,一路战斗下来已折损十来号人,尚存二十多人。贺敏学告诉大家:"目前的形势是险恶的,但革命的前途是光明的,红军战士都应该是革命的英雄,真正的英雄是从困难中锻炼出来的,现在正是考验我们的时候!"战士们纷纷表示,愿意跟着贺参谋长,杀开一条血路,突到敌人包围圈外去开展游击战争,争取新的胜利。

夜色很快浸漫上来,这支小队伍在满是泥浆、断枝、草刺和石块的深山老林摸索前进,艰难地追赶大部队。冬春之际气温低,林中空气又湿又冷,他们只有在山林岩洞中晾干衣服,裹着干茅草作被褥过夜。没有粮食,他们就挖竹笋、摘野果充饥。

因为后有强敌跟踪追击,前有反动靖卫军拦路,部队行军只能避实就虚,在草丛林海中翻山越岭,攀崖附壁,而且往往还得夜行晓宿。一天拂晓前进途中,忽听前方传来几声凄厉的枪响,贺敏学急率大家隐蔽观察。只见上百人的反动靖卫军,正在山坳口枪毙或活埋红军失散人员。贺敏学看在眼里,痛在心里,战士们也纷纷请战。贺敏学怎忍心让敌人任意对他们虐杀呢?贺敏学果断作出决定,留几个人在后头虚张声势做呼应,余者随他猛扑敌人。敌人被这迅雷不及掩耳之势打得晕头转向,又听身后骤响的枪声呐喊声,以为是红军大部队前来救援,便丢下枪械,仓皇逃窜。

贺敏学从敌人枪口下救起几位红军战士,并就地安葬好牺牲的同志。贺敏学从这些被救起的战士口中得知,第七十一团在前进途中又遭遇了数次战斗,不少人员被打散。他由此多了一个心眼,嘱咐战士们沿途注意收容落伍及失散人员。

走了五公里路的光景,却听见一支二十多人的队伍从后面叫喊着追赶而来。贺敏学不知是哪方部队,一面辨别,一面下令做好战斗准备以防不测。待后面队伍越跑越近时,贺敏学看出是自己人的部队,也急忙朝他们奔了过去,并一把抱住那个领头的人,原来是第七十团政治委员游士雄,他们的队伍也被打乱冲散了。

一路收容落伍和被打散人员,到油山后一清点,竟有二百余人。部队又壮大

起来了,贺敏学却又有了忧虑,因为据油山分区说,第七十一团已往广西、江西边界去了,与大部队失去了联系。

贺敏学成了这支部队的主心骨。

决不能让收容起来的失散人员再行散掉,可以一边与团部联系,一边组织他们坚持敌后斗争。贺敏学主意既定,当即召集几位主要干部开会商议。大家都同意他的提议,把部队编成三个连,番号为湘赣边游击司令部第二支队,由贺敏学任支队长,游士雄为政治委员。

部队顺利整编后,大家的情绪都变得高涨起来。贺敏学向大家阐明了今后的打算,并决定眼下先到油山休息几天。

长岭会议吃了定心丸

因为与上级失去了联系,经费没了来源,大家临时凑在一起的钱粮很快就见底了。窘境面前,贺敏学只好出面向油山分区求助,请他们借些钱粮济困度日。油山分区领导人却打起了小算盘,想趁机把这支部队兼并过来。贺敏学没有同意,说我们接受中央分局的任务是到广西、江西、湖南边界活动,建立游击根据地。

革命阵营间的求助变成了讲价钱的谈判,而且,谈判的火药味越来越重,会谈不欢而散。翌日,油山分区却主动派人来找贺敏学,对昨天的过激言辞表示歉意,并请他前去吃饭,再行相商。

贺敏学左思右想,觉得此行不善,但不去也不行,万一人家真是想尽释前嫌并诚意相帮呢。为防万一,他对部队做了必要的部署,尔后带上数名精干战士相随。不出所料,此宴确是油山分区领导人摆的鸿门宴。他们先是对昨天的过激言辞表示歉意,接着好言相劝,要贺敏学答应收编。

非常时期,不容贺敏学不警惕。贺敏学还是坚持昨天的态度,不接受收编。对方火了,朝他拍桌子说:"我要以革命的名义,下你们的枪!"贺敏学哪甘受胁迫,也一拳砸在桌面上,吼道:"有种的你就来!"对方一下子被唬住了,他们见贺敏学身边又有警卫相随,便不敢下手了。

油山一带的革命斗争历史虽也不短,但由于经常失去中央的领导,导致游击习气浓厚,甚至土匪倾向颇重,党组织间互相不发生关系。这也就难怪油山分区不仅不肯借钱粮,还想乘人之危缴枪械。从中央苏区突围出来的部队指战员们对此义愤填膺,贺敏学虽有气在胸,但考虑到应以革命大业为重。既然一山难容两虎,为避免不必要的摩擦乃至火拼,他认为还是三十六计走为上。

贺敏学率队下山后,得悉龚楚所部有到北山的迹象,遂沿南(雄)(大)庾公路朝北山方向前进。好不容易到了北山,有消息说,龚楚率部于此只做了短暂停留,几天前已前往湘南。贺敏学经和政治委员游士雄研究,决定不留北山,继续前进寻找大部队。

一日无粮兵马散,革命队伍虽然可以克服艰险困苦,但没有钱粮毕竟也不是长久之计。贺敏学正在愁肠百结之际,战士们押来一名自称要见他的"奸细"。一看,竟是身着便衣的原中央军区司令部二科(情报科)科长严重。使贺敏学更为欣喜的是,严重带来了项英、陈毅的亲笔信!

原来,项英和陈毅率队在贺敏学之后不久也到了油山,随后又前往北山。听说不久前这一带有红军的踪迹,推断很有可能是战斗中失散的红军,乃派严重化装成老百姓寻找。严重历经波折,终于找到了这支队伍,只是没想到竟是贺敏学的部队。

看了项英、陈毅的信,贺敏学放心了,"当即奉命停止前进",率队跟随严重折返来到北山,此时已是4月上旬末了。

在北山的一个茅棚里,贺敏学与陈毅见面了。自突围以来,他一直为项英、陈毅的安危担心,尤其是陈毅,腿伤未愈。如今见陈毅安然无恙,他喜出望外地三步并作两步跨上前,紧握住陈毅的手说:"陈主任,见到了你们,我们就有主心骨了。"由于过分激动,他讲话时嘴唇都有些颤抖。

陈毅没想到严重接回的竟是贺敏学率领的部队,也显得神采飞扬,紧紧地和贺敏学握手,拍着他的肩膀,那浓重的四川口音连声道好,说游击队又多了一员骁将。

贺敏学关切地问了项英、陈毅一路的突围情况,才知情形比自己这一路更为艰难凶险。陈毅说:"你我都是不死的鬼嘛,命大有福,就得多为革命工作哟,卷土重来未可知!"

陈毅随即带贺敏学去见项英,蔡会文等人也在那里。残酷的战火熏烤,使得

战友们为劫后重逢而备感高兴。得知这次突围损失惨重,中央军区政治部主任贺昌、赣南省委书记阮啸仙、赣南军区政治部主任刘伯坚等一批高级干部英勇殉国,贺敏学悲伤之余,也为另路突围去闽西的毛泽覃担心。

几天后,贺敏学在长岭参加了一次连以上军政干部参加的会议。项英和陈毅在会上总结了红军主力突围转移后中央苏区游击斗争的经验教训,分析了当前斗争的形势和困难,并准备制定下一步的行动方针。

长岭会议的主要内容是:在政治上,反对失败情绪,指出中央苏区虽已丧失,但"主力红军存在和游击战争的进行,必将推动新的形势到来","要坚决地进行游击战,为恢复苏区而斗争"。在军事上,以南岭山脉为依托,以北山、油山为主要根据地坚持游击战争,积极建立交通联络网,保持与各方面的联系。在战术上,以保存有生力量为主,反对与优势之敌决战。打击弱小之敌,反对硬打强攻。采用袭击战术,对敌人的清剿采用打圈子和挺进游击。

长岭会议的决策,是项英在一系列失败后痛定思痛,集中陈毅和大家的智慧提出的正确的行动方针,对以后所坚持的游击战具有重要意义。可以说,长岭会议是赣粤边游击区由正规战争进入游击战争的转折。

长岭会议,项英和陈毅由分歧到统一。贺敏学坚信,虽然项英、陈毅在突围时被迫埋掉了电台、烧掉了密码,与党中央失去了联系,但有他们的领导,依旧可以战胜困难,迎来胜利。

参加长岭会议的也有油山分区领导人。贺敏学在会上就事论事,毫不客气地控诉了油山分区对待他们的行为。项英、陈毅当即严厉批评了油山分区的错误做法,指出大敌当前,应当精诚团结。

根据统一指挥、分散行动的原则,长岭会议调整了游击队的部署,确定在赣粤边共建五块大的游击区。结合游击区和红军的具体情况,突围出来的部队和各区游击队合编为四个大队及若干小队,以互补长短。其中,贺敏学带来的湘赣边游击司令部第二支队一部编入苏区中央分局总部直属队,跟随项英、陈毅、李乐天、杨尚奎、陈丕显等领导人在北山和油山一带活动,一部则由贺敏学带领,跟随蔡会文下北山开展游击战争。

两天后,一支三百多人的部队(两个大队)在司令员蔡会文、参谋长贺敏学率领下,从长岭开拔。他们的目标是到崇义、大庾边境开展活动,向湘东南汝城、桂东一带发展建立游击区,并设法与龚楚带去的第七十一团及湘赣省委取得联系,争取与北山游击区连成一片。在找到龚楚所率红军主力后,贺敏学继续担任第七十一团参谋长,协助龚楚工作。部队辗转粤北,往江西崇义、上犹迂回,在逶迤崎岖的南岭山脉中昼夜兼程。下旬抵达湖南酃县,与当地领导人会合后,席不暇暖继续转移到湘赣交界的桂东县桂阳一带,目的是想找红军主力。路上突遇湘赣军区独立某团一个多连的队伍,原来该团领导叛变投敌,他们拒绝相随,冒死冲出,正为去向茫然。蔡会文和贺敏学经过一番工作,将这支部队争取回来,扩大了自己,并从他们那里得知,龚楚率部已去广东乐昌。

这支部队与湘赣省苏维埃政府部分人员会合后,成立了湘粤赣边特别委员会和红军游击大队。蔡会文任支队司令员兼政治委员,下辖六个中队,设支队总指挥部于赤水仙,以桂东县的东边山和西边山为活动中心,在湘粤赣三省边界广泛开展游击战争。蔡会文认为,这样部署也是为了牵制更多敌人,保卫项英、陈毅领导的总部机关,支援北山、油山和湘赣根据地的对敌斗争。他指示贺敏学也不要再往广东乐昌寻找龚楚主力了,前途艰险不说,能不能找到也是个大问题,而且龚楚的政治面貌有没有更改也无从知晓。蔡会文给贺敏学安排的任务是:回北山去,向项英、陈毅首长汇报寻找结果,也汇报支队这边的游击部署,之后就留在总部,由项英、陈毅安排工作。

贺敏学率领一支小分队告别蔡会文,踏上了回北山之路。不过十来天工夫,敌人在大余、信丰、南雄地区的公路沿线已筑起了碉堡和营寨,有的大村庄里也安插了据点,连山窝里也出现了戴钢盔的敌人。敌人布防设卡,日夜巡逻,贺敏学他们只好又做起了夜行人。到北山后,却见敌人也正在清剿。由于项英、陈毅率红军游击队完全栖居山林,进入与世隔绝般的艰苦生活,贺敏学率众转了几个山头,都未获半点音讯。一天在寻找途中,不巧与配合国民党军进山清剿的周文山匪部接触,幸亏走在队伍前头的贺敏学发现及时,指挥得当,转移迅速,除他自己负伤外,未有其他人员伤亡。此番脱险后,贺敏学感觉这样下去不行,活动不便,吃饭也成问题。为减小目标,他命队伍返湖南与蔡会文会合,自带一名战士留北山,一面治伤,一面寻找项英、陈毅。

找了数十天,不要说项英、陈毅,就是一般的同志也没能打上照面。为了解决生计,贺敏学忍着枪伤,带战士设法打土豪。在土豪家,竟与自家队伍不期而遇。他们将贺敏学抬到隐蔽在深山里的休养所医治,不久就安排他见了项英、陈毅。

项英听了贺敏学报告战斗经过后,为贺敏学未按他的旨意完成寻找龚楚的任务而微有不悦,说:"难道就这样断了联系,叫我们如何去指挥他?"项英走后,陈毅又问了一些情况,随后递给贺敏学一份报纸,是国民党《中央日报》。贺敏学的目光定格在"击毙伪师长毛泽覃,在尸身搜获匪首朱毛之照片"一行字上,这位泪不轻弹的汉子,眼眶里一时也噙满了泪水。陈毅安慰了贺敏学几句,叮嘱他继续疗伤,伤好后再行分配工作。

贺敏学很快就将休养所内伤愈和伤情不重的人员组织起来,成立了一支临时游击队,并带动大家学习游击战术。

贺敏学伤愈后,赣粤边特委任命他为游击大队长兼政治委员,在北山天井洞一带活动。项英和陈毅叮嘱他:"你是参加过井冈山斗争的老同志,要经受住任何严酷的斗争考验。斗争异常复杂,任何时候都不能放松警惕,要识破敌人的一切诡计。"

临危受命稳人心

听说贺敏学前来,游击队队员纷纷出来迎接,更有一身矮体胖之人,一把抱住他久久不放,甚是热情。贺敏学定睛一看,叫声刘矮牯,复抱起他转了一圈才放下。这刘矮牯在当年永新暴动前与贺敏学曾同坐一牢,还是受了贺敏学的指引参加革命的,现已是北山游击支队一小队队长。北山游击支队约有百十来号人,大多数人都对革命事业忠贞不贰。

此时的形势正日趋紧张。广东军阀余汉谋奉蒋介石之令,调集正规军和保安队三四万人,用赣粤边游击区周围的河流、公路、村庄构成三道封锁线,开始大规模清剿,狂言要在三个月内消灭境内的共产党和红军游击队。其手段是:实行经济封锁,严密保甲制度,进行政治欺骗,组织军事清剿。

非常时期,一切都得以保存有生力量为前提,贺敏学介绍了兜圈子、挺进游击和袭击动作等战术，给两个小队布置了大致的游击区域。他命其中一个小队相机配合总部警卫班，保卫项英、陈毅等首长安全。贺敏学叮嘱大家一定要注意采取灵活战术，他还就小队长刘矮牯那个"猛张飞"的外号有感而发，说："张飞虽猛，到底不如赵子龙，一个革命者，仅有张飞之勇是不够的，还要用革命思想武装自己，在战斗中采取灵活多变的战术，才能胜利。"

为了适应艰苦的游击生活，贺敏学特别要求以小队为单位，组织学习并严格遵守总部制定的《秘密工作原则》《活动方式》。

贺敏学认为，这些原则是总部首长根据众多切实可行的经验总结并提炼出来的，必须认真领会，灵活掌握，把它作为今后游击战术的一部分。大敌当前，要严格遵守一切秘密原则，谨慎行事，要根据情况的变化来转变和改进新的方法。只有这样，才能减少意外，避免不应有的损失，并在恶劣的环境中坚持下来。他特别指出，在敌人进攻日益猖獗，特别是有熟悉地形的周文山匪部配合之下，我们必须分散游击。

为了对付敌人的清剿，游击队在林密草茂且地形复杂的山上（土话叫塞山）搭起了棚子。即使这样，搭棚隐蔽后来也成了问题，因棚子目标大，不能常住，只好改用雨具。夏天多雨，他们就设法买些雨布，在四角钉上绊子，挂在树上，既可遮风挡雨，又携带方便。

在中央红军未到前，赣粤边尤其是油山、北山一带的根据地不同程度地存在大吃大喝的现象，领导层中的腐化现象更为严重。进入这深山老林开始游击生活后，红军游击队中的当地人为无酒无肉的清苦生活感到不满，外出打土豪难免有过头之举，有时还涉及群众利益。贺敏学对此当然不会姑息，但也避免生硬僵化的方式。他说，乱打土豪，弄得他们也没饭吃，结果会适得其反，土豪会勾结国民党来反对我们，今后要掌握限度，不能单纯打土豪，打土豪也要讲究策略，不要把他们逼上梁山，做起了第二、第三个周文山。拿群众的东西肯定是不对的，会引起他们对我们的仇视，但既已拿错了，把鸡鸭都开膛破肚了，再送回去也没必要，下次记得补些钱去。我只是想告诉你们，我们的经费有限，这样一补，势必影响今后的生活，为了大家长期都有饭吃，以后就不要再出这样的事了。

一次开饭时，队员们为贺敏学端上来一碗肉块，贺敏学却把肉分给了大家，

自己啃起了干菜（腌菜）和竹笋。他笑着说："你们多吃一点，多解点馋，我觉得这干菜味道很好，比苏区缺油少盐的伙食要好得多哩！"

这样几次下来，一些贪吃的队员们也自觉地给自己的嘴巴贴上了封条，说不能为了这张馋嘴而损害革命工作。面对这个可喜的变化，贺敏学不失时机地说："群众家里的鸡鸭多了，他们到时只怕会自愿送给我们，有了群众的支持，我们的革命事业才有希望。革命成功后，我们就拼命养猪养兔养鸡鸭，干脆办个畜牧场算了，让大家吃个痛快。岳飞当年不也说过要'直捣黄龙府，与诸君痛饮'吗？他没能实现诺言，是因为皇帝昏庸，又是奸臣秦桧当权。而我们呢，有马克思主义政党领导，只要大家齐心协力，胜利终究属于我们，那时生活肯定是芝麻开花节节高，届时我只要不死，一定请大家吃个三天三夜，一醉方休！"

贺敏学曾亲聆毛泽东的军事指导，又读过毛泽东留给他的一些兵书，深谙"兵无常势，水无常形"之道。因此，在开展反清剿时，他除了执行项英、陈毅的既定战术原则，还能加以创造性地灵活发挥。

当然，敌人的清剿手段也是多变而毒辣的。他们除了正常的军事进攻，还常常伪装成红军游击队，到山林中打伏击。一天，贺敏学率二十多人的小队从外面打游击返回驻地途中，忽见迎头走来一支游击队伍，两方的前哨亲热地打起了招呼。贺敏学却从对方人数和行军阵势看出了疑点，果断地命令队伍停止前进，迅速散开，并一个箭步冲上前，拖下前哨就近卧倒在一块岩石背后。突然，密集的枪声就在此时骤然响起！

敌人分布在两山之间，占据了有利地形，以密集的火力网堵住游击队的去路。贺敏学指挥部队也不硬拼，而是边打边撤。贺敏学亲自断后，指挥机枪猛烈地扫射敌人，掩护部队迅速上山。

脱离危险地带后，大家都为贺敏学的敏捷反应而庆幸，贺敏学却生出一计来，让十来名善跑的战士唱着山歌，故意向敌人泄露撤离转移的信息，而后迅速掉头，隐蔽折转回原来的路上。天近黄昏，敌人望见游击队走远了，便也懒洋洋地收兵，却不料在下一关口侧背遭到伏击。

敌人措手不及，立时被放倒几个。敌人打伏击不成，还损兵折将，而游击队变被动为主动，不仅从险处生还，还顺手捞到一场胜仗。

贺敏学借用毛泽东"叫花子打狗靠面墙"的生动比喻,来启发大家懂得进行游击战争,必须有根据地,坚实的群众基础正是铜墙铁壁。为了动员和组织群众参加反清剿斗争,贺敏学指示刘矮牯小分队,派出部分人员专门从事恢复群众的工作。群众发动起来后,为游击队当向导、做侦察、搞情报,还帮助购买食品和日用品,发挥了很大的作用。

在反清剿斗争中,项英、陈毅等带着侦察班、特务班及少数工作人员,在北山和油山一带活动,领导整个赣粤边的游击战争。由于秘密工作做得好,就连贺敏学也经常不知道他们身处何方。一天,贺敏学正和副政治委员刘燕富、副大队长刘甫念(刘甫源)在天井洞里研究工作,山下哨探请来了几个人,正是拄根树棍、拖着伤腿的陈毅和他的警卫员宋生发、潘益明(聋牯)。

看到陈毅亲临天井洞检查工作,贺敏学和游击队员们都十分欣喜。当时,国民党在报纸上对陈毅等大造谣言,许多游击队员弄不清真伪,感到迷惑不解。陈毅到来后,有人指着国民党前期报纸所言"陈毅股匪"问:"'陈毅股'是谁?"陈毅答:"就是鄙人,股者,一股两股,不成名堂之谓也。"也有人拿着新近的国民党报纸,指着上面所说"陈毅散匪"问:"那'陈毅散'又是谁?"陈毅答:"还是鄙人。"队员们感到奇怪了,问:"你怎么改名字了?"陈毅笑道:"'股'的资格不够了,是谓之'散'。这样更好,目标小,少麻烦。"陈毅还说:"国民党净吹牛,说把我们消灭了!嘿,我们今天不是在天井洞说话啦!"陈毅现身说法,教育那些对革命存有顾虑的同志,要他们坚定革命信念。

陈毅的到来,还终止了北山游击支队领导层中的一场争论。这场争论始于刘燕富任副政治委员不久。

刘燕富和副大队长刘甫念一样,都是雇农出身,对党忠心耿耿,就是没有文化,做思想工作简单生硬。由于斗争残酷,加上客观条件差,北山游击支队也出现了少数人动摇,甚至不辞而别的事件。刘燕富主张把中央革命根据地搞肃反的那一套办法搬过来,杀一儆百,以防止此类事件发生。贺敏学认为,对叛徒要坚决镇压,但对讲怪话的就斗争,把开小差的抓回来就杀,这样无法巩固队伍,何况肃反本来就是左倾机会主义者在中央苏区的错误做法,不能仿效,以此设防线,既无法防,也防不住,倒搞得人心惶惶,弄不好适得其反,自挖墙脚。刘燕

富见贺敏学否定自己的主张,便问他有何高招。贺敏学不假思索地回答:"关键是防微杜渐,启发指战员自觉自愿地从事革命斗争。"由于副大队刘甫念也站在刘燕富这一边,民主的方法一时无法解决,

官司打到陈毅那里,陈毅旗帜鲜明地支持贺敏学,说:"革命是自愿的,强迫和威逼,只能是国民党的做法,我们共产党不能采用,无论如何也不能绑着人家干革命。"刘燕富却尚存疑虑,担心不设一道防线,隐患难消,部队弄不好要散伙。陈毅说:"没那么严重吧,不要小看了我们的战士。"

为了解决这个问题,陈毅让贺敏学召集附近的游击队队员们开了一次会。他倡言:"革命的前途是光明的,但眼下的斗争很艰巨,能坚持的当然应当坚持到英特纳雄耐尔胜利的那一天,沧海横流方显英雄本色嘛;一定要走,我们也不勉强,还可以酌情发给路费。但即使要走,也不要不辞而别,要握手告别,咱们后会有期嘛。在外面待不住了,愿意回来的我们也欢迎再回来。但出去后切记要站稳立场,不要当叛徒为敌人反起革命来,要知道,自古叛徒都是没有好下场的!至于我个人,党交给我的任务是在这个地方坚持斗争,就剩下我光杆一人还是要干!"

陈毅讲后,贺敏学当即表态:"我只要还有一命,就要革命到底,决不变色!"

队员们也不甘示弱,纷纷立誓:"你们都能坚持,凭什么我们就不能?是英雄是狗熊日后见分晓!我们要和敌人拼到底!"

陈毅看着贺敏学:"贺大队长,那你就带领勇士们下山去拼吧!"

贺敏学答:"拼是对的,但不能死打硬拼,如果同敌人硬拼,拼掉一个少一个,拼完了也消灭不了敌人,倒中了敌人的下怀,让后人看我们的笑话。目前我们主要是保存力量,惹不起还躲得起嘛,待时机成熟再重拳出击!"

陈毅脸上尽展笑容:"你们的贺大队长说得对,敌强我弱,我们不能同敌人硬拼。我们现在留下的同志虽然数量不多,但这是革命的血本,是经过大风暴锻炼过的革命种子。保存下一个战士,将来局面打开了,可以当连长、营长;保存下一个县委书记,将来可以当省委书记,怎么能把我们的血本放在炮筒子里轰掉呢?今天在场的同志都是党的财富、革命的财富,只要我们在,红旗就不会倒,李大钊同志讲得好啊,'试看将来的天地,必是赤旗的世界'!我们一定要有这个信

心,懂得在斗争中求生存,在斗争中求发展,在斗争中求胜利!"

这场深刻、生动的教育,使原先有点动摇的人也坚定了信仰,游击队内部更加团结,也更为巩固了。

陈毅在赞扬游击队队员们坚持留下革命的决心后,重申了对今后的行动要严格保密的要求。当时,敌探常在路旁沟边察看有无游击队的足迹,到山顶上观察有无游击队做饭的烟火,在山林草丛里窃听有无游击队说话或咳嗽的声音,发现情况立即报告,调兵来"围剿"。针对这一情况,陈毅有的放矢地指出,游击时一般不走大路,专走小路、山路;对必经之路,留人在后面处理脚印;遇到雨天,为不留脚印,有时干脆在水沟里走;烧火做饭,尽量做到白天不冒烟,夜间不透光。陈毅还以打油诗的形式告诫行军中爱讲话、开玩笑的队员:"休玩笑,耳语声放低。林外难免有敌探,前回咳嗽泄军机。纠偏要心虚。"

陈毅与贺敏学等大队干部一起对今后斗争做出了新的部署。随后,贺敏学领导北山游击支队化整为零,多者十余人,少则三五人,把打游击同做群众工作相结合,成为武装工作队,改扮成农民装束,把枪托锯短,既缩小了目标,又便于隐蔽。他们与前来清剿的数十倍强敌捉迷藏,不打硬仗,更不盲目打仗,而是打能扩大政治影响、能发动群众、能得到物资补充的仗,一句话就是"赚钱就来,赔本不干",以零伤亡或最小的代价获取最大的战果。

为了更好地对付敌人的清剿,根据项英、陈毅所提干部群众化和职业化的指示,贺敏学发动干部战士把各自的专长和绝活展示出来交流,保证要使每个人至少学会一门手艺,便于在赤白交界地区和白区掩护开展工作,和群众广交朋友,既扩大政治影响,又可逐步发展组织。贺敏学当过铁厂学徒,对编篾器也略通一二,他手把手地给大家示范。当然,他也从大伙那里学到了补鞋的手艺。

生死关头识奸计

1935年10月中旬,贺敏学所率游击队转到了天井洞对面山上,驻天井洞的秘密交通员赖文泰向他转交了粤赣游击队后方办事处主任何长林的信。信上说,原中央军区参谋长龚楚已来北山,要召集红军游击队和北山区委干部、后方人员到天井洞开联欢会,并传达重要指示。因何长林也不知项英、陈毅的现驻

地,所以信上还要贺敏学"并转项、陈二同志"。

贺敏学为失踪多时的龚楚终于有了下落而高兴,但心头很快就掠过一丝疑云:眼下斗争形势恶劣,各游击队又分散活动,在此情况下集中主要干部开会,非同寻常。而且龚楚失去联系太久,革命信念是否发生了变化?随即,他又觉得自己多心了。他对龚楚和何长林都很熟,尤其是龚楚,在井冈山斗争中多有接触。他实在难以对1925年入党,先后参加过南昌起义和湘南起义,担任过红四军军委委员、中央军区参谋长的龚楚产生怀疑。秘密交通员赖文泰说,他在隐蔽场所曾对龚楚率领的这支队伍跟踪观察了两天,亲眼看见他们与前来清剿的周文山匪部打过仗,击溃了反动武装。赖文泰也是项英、陈毅信得过的人,他讲述的亲眼所见似乎也不容猜忌。

虽是这样,贺敏学心中的疑虑还是难以消解。送走赖文泰后,贺敏学作了一番思忖,决定还是派一人先去看看。派去的人回来报告说没有什么,而且游击队的指导员也来说没有问题,贺敏学最终决定前往,但还是考虑等见着龚楚切实摸清情况后,再斟酌是否给项英、陈毅转达开会通知,而且,他在走前还对部队部署了必要的应变措施,并把驳壳枪装满子弹。

爬上山头到了天井洞,何长林站在洞口招呼他:"贺大队长,快进来呀,不少同志都来了,龚参谋长正等着开会呢。"

两旁的守卫只放贺敏学进洞,而把警卫员拦在外头。这么一打照面,细心的贺敏学忽地一惊,这些守卫个个面色红润,衣服簇新,头发梳得油光铮亮,除少数几支长枪外,几乎都挎清一色的快枪和驳壳枪。北山游击队队员生活艰苦,人人面黄肌瘦,胡子拉碴,头发蓬乱,衣衫褴褛,哪会是这些人的模样?而且,游击队武器杂乱,以长枪为主,又哪会有如此整齐的装备?贺敏学感到情况不对,为什么这次开会戒备如此森严,如临大敌?而且树丛中和石头后也隐约埋伏着人,隐藏着一股杀气。联想中,他马上意识到,不好,有情况!但已不容他停住脚步,龚楚已在里头叫他了。

贺敏学硬着头皮不远不近地搭讪:"龚参谋长,自部队打散后,我在到处找你们呢!"

龚楚笑道:"我不是送上门来了吗,待会儿我给大家介绍湘南的大好形势。"

就在这一问一答中,贺敏学瞥见龚楚四周的人自己一个也不认识,而且他们怎么都讲广东话,肯定出现了叛徒!贺敏学转念间已作出肯定判断,并为自己没有把开会通知转达项英、陈毅而暗自庆幸,却又想,万一项英、陈毅从别的渠道得知此讯赶来,岂不坏事?事不宜迟,必须立即采取行动,也好阻止项英、陈毅和后续的同志们进洞。他飞快地给已先行来到的刘矮牯等人使了个眼色,然后面对龚楚,一语双关地说:"龚参谋长带了这么多陌生人来呀!"龚楚支吾着,忽说肚子疼,得出去方便一下。贺敏学知道这是龚楚欲要行动的暗号,遂当机立断地对刘矮牯等人说:"我走得也急了些,也想去小解一下,你们去吗?"说罢转身拔腿疾步向外冲出,但四个汉子挡在洞口,把黑洞洞的枪口对准了他。贺敏学镇静地笑笑,说:"自己人,干嘛这个样?"边说边瞅准机会,用力猛地推倒其中两人,随即抽出驳壳枪撂倒两个,拔腿往山下猛跑。身后枪声大作,夹杂着不能让他们跑了的狂喊。贺敏学以树木、险岩作掩护,东旋西转,在击中数敌后,自己也中了弹。他见情势危急,不假思索就地滚下山崖。

贺敏学跌落在齐腰深的茅草丛里,迅速从衣服上撕下几块布,包扎住流血的伤口。这时敌人紧追而来,他赶紧一瘸一拐地泅过一条河,忍着伤口进水的剧痛又走了一段路,钻进芦花密布的塘内。不一会儿,就听见敌人在不远处大喊大叫:"出来吧,我们都看见你了!再不出来,我们就开枪了!"贺敏学知道这是敌人的花招,毫不理睬。不久,又听得当头的敌人故意高喊集合口令,说:"土匪都跑了,我们待在这边干嘛,回去回去!"边喊边吹哨子,一时人马杂乱,脚步踢踏,真的开拔了。其实,他们只走了一部分人,另一部分人仍悄悄留在原地守株待兔。贺敏学长时间泡在水里,伤口发痛,但他忍住不出声。过了半个来小时,敌人沉不住气了,骂道:"土匪真够沉着,算了算了,我们这回真的回去吧。"随着哨子一吹,队伍果然全部开走了。不过一刻钟工夫,他们一个回马枪,又包围上来。这时,贺敏学还埋伏在塘内芦苇丛里,屏声息气。敌人火了,一边骂"妈的,有本事的就出来干",一边胡乱打枪。但任凭他们施尽诡计,还是什么也没得到,只好骂骂咧咧地撤走了。贺敏学断定敌人走远了,才从塘内抽身出来,慢慢地勉强走到休养所,通知部队立即转移,同时又派人通知项英、陈毅及后方特务队转移。

后来才知,龚楚率红二十四师第七十一团突围到达粤北乐昌、湖南宜章附

近后,经受不住艰苦斗争的考验,投降了广东军阀陈济棠。为排除障碍,他亲手打死了第七十一团政治委员石友生。龚楚带着几百人卖身投靠后,为了邀功,又向陈济棠献媚,说有办法捉住项英、陈毅。陈济堂为此封他为少将剿共游击司令,余汉谋为他配备了一支近四十人全新装备的卫队。龚楚酝酿了一个阴谋,将卫队伪装成红军游击队,前来北山,煞有介事地与周文山匪部交战,赶跑了对方,随即贴出标语,说湘南的红军回来了,以此骗取游击队的信任,再伺机捕获项英、陈毅,并借此一举端掉游击队的指挥中枢。何长林不知龚楚已叛变,又缺乏必要的警惕性,未经请示赣粤边特委就听信龚楚的话,擅自通知游击队干部和粤赣游击队后方办事处人员集中在天井洞开会。

贺敏学在生死关头识奸计,猝然搅乱了龚楚布下的迷局。龚楚见已无法隐瞒,也就撕下了面皮,说:"当共产党游击队没有奔头,你们已被包围,缴械投降才是出路。"刚才在贺敏学眼色下略有防备的刘矮牯,抑制不住满腔怒火,边打边招呼大家往外猛冲。在敌人预伏的火力封锁下,多数干部当场牺牲。只有刘矮牯等七八人带伤冲出会场,逃离虎口。何长林在这场变故中吓坏了,被逮住后,经不住威逼利诱,也跟着龚楚叛变了。

项英、陈毅在接到贺敏学、刘矮牯等人的报告后,立即布置指挥部转移。但龚楚、何长林率队已开始了搜捕,并挟持了途中偶然遇到的游击队侦察员吴小华。何长林认识吴小华,假惺惺地声称龚参谋长是刚从湘南来的,有重要事情要向周同志(项英化名)和刘同志(陈毅化名)汇报,企图诱骗他带路寻到项英、陈毅驻地。他们唯恐吴小华生疑反抗,把他的驳壳枪缴去,吴小华却抗议说,红军为什么还缴自己人的枪,你们恐怕是反动派吧。他们为了取信于吴小华并利用他达到目的,不得不还一支枪给他,可这枪偏偏是被打死的游击队一队长的枪,吴小华认得,保持高度警惕的他立即明白就里,并机敏地设法对付。快到营地时,他先是故意透露指挥部有重兵和数挺机枪把守,哨兵看见人多就要打枪,促使敌人暂停在近百米的步哨外,而让他先到哨位报告。吴小华一到哨位立即放声大喊"他们是反革命",哨兵鸣枪报警。项英、陈毅、李乐天、杨尚奎、陈丕显急率指挥机关和警卫战士离开棚子,转移到后面山上隐蔽,脱险后即向油山转移。

龚楚和何长林一伙为了抓住项英、陈毅,在北山天井洞、龙西石一带严密封锁,日夜搜查,并将与游击队有联系的群众抓去拷打、杀害。北山地区的游击队、交通站和党组织,先后遭受了严重破坏。此事被称作北山事件,因事件影响甚大,还被项英写进了向中共中央汇报的《三年来坚持的游击战争》,其中专门提到了贺敏学。

贺敏学因枪伤行动不便,留在北山秘密休养所疗伤。但他是个闲不住的人,在疗伤期间,竟又从伤势较轻的伤员里选了七人,组成了临时游击小分队,以便随时应对不测。半个月后的一天,因叛徒告密,休养所遭敌突袭。贺敏学一面命令小分队保护休养所隐蔽转移,一面自愿引开敌人。

在这苍茫无际的深山老林转圈圈,贺敏学虽然躲过了追捕,却也经历着最为艰苦的磨难。后精疲力竭的他昏死过去,幸得一位老人相救。新中国成立后,贺敏学曾多次派人寻找这位救命恩人,却未获任何消息。对人民的感恩之情,始终贯穿着贺敏学一生,这也是他特别喜爱陈毅《赣南游击词》的原因,直到晚年他仍能一字不漏地吟诵:

靠人民,支援永不忘。他是重生亲父母,我是斗争好儿郎。革命强中强。

在贺敏学寻找组织时,牵挂着他安危的陈毅也派人四处相寻。当贺敏学出现在信丰县西北边境山区潭塘坑指挥部新驻地时,项英、陈毅、李乐天、杨尚奎、陈丕显都显得十分意外,为他的平安归来表示祝贺。有位领导人冲口就说:"贺敏学同志大难不死,我们革命有福呀!晚上我们多加两个菜,祝贺祝贺!"

项英却说:"菜不能再加,否则岂不成了大吃大喝!我们的经费有限,发展党的事业,要靠这笔钱;发展部队,也要靠这笔钱,因此不能乱用一分钱。困难时期,领导机关人员要以身作则,绝忌腐化。"

虽然这话一出,让大家觉得有些扫兴,但项英说此话却是事出有因。项英初到赣粤边游击根据地,见赣粤边特委一些领导有大吃大喝的现象,开始还以为这只是个别现象,且是在大家劫后重逢应有的表示,不料到各县巡察时,发现讲吃喝的现象也相当盛行,大大出乎他的意料。这次到信丰后,县里每天都是鸡鸭

鱼肉招待,简直是无荤不下饭。项英认为借此拿公家钱大吃大喝不好,可县委领导人却说打游击应当吃好,有今日谁知还有没有明日。他们还动辄说身体不好,要吃补药和滋养品。

这场欢迎宴会不仅没有酒,膳食也无法再简单了,领导和战友们的深情厚谊却似醇酒之香,萦绕在贺敏学的心头。

智脱敌手恢复清白

鉴于北山事件的教训,赣粤边特委和游击队主要领导人进一步分散,特委书记项英留信丰,陈毅则到南雄县委直接指导县委工作,组织上也正在物色一批得力的党员干部开展地方工作。于是,贺敏学也跟着陈毅前往南雄,担任区(县)委副书记兼指挥当地游击队。一行人离开信丰后,避开大路,日夜在深山密林中穿行。陈毅的伤腿此时还没有根本好转,有时一下就滑到山下了,他还风趣地说这是免费坐飞机。

贺敏学到南雄上任后,针对项英所指斥的腐化现象和陈毅的指示,积极配合主要领导检察机关和游击队工作,发现情况虽不甚严重,但还是存在大大小小的问题。贺敏学知道,如果只抱独善其身之态,而不去旗帜鲜明地反对和纠正,任其自生自灭,这种现象势必进一步抬头,危害革命事业。刹住了吃喝风后,各种腐化现象也能进一步得到扼制。贺敏学虽掌管着一部分经费(一根小金条),但绝不乱花一分钱,他生活中的一切用品没有一件是新添的。不知怎的,贺敏学身上有金条的消息被人知道了,不免有些议论。贺敏学觉得把事情说清楚更好,于是他把那根小金条拿出,对周围的同志说:"这是党的经费,今后发展党的事业,要靠这笔钱;发展部队,也要靠这笔钱。党要我保管,我没敢多花一分钱。今后万一我牺牲了,尸首可以不要,钱无论如何要拿走,不能让它落在敌人手里。"

贺敏学把带钱的问题讲清楚了,消除了一个影响内部团结的因素,而他的节俭、吃苦精神,潜移默化地影响了南雄县委和游击队的同志。后来项英在给中央的报告中也特别指出:"南雄县委少数同志较艰苦。"

南雄是敌人疯狂清剿的一个重点区域。为了保存革命的有生力量,陈毅指示要随时改变组织形式,采取隐蔽措施,与国民党军周旋,把敌人拖疲拖垮。贺敏学兼有指挥当地游击队的工作,他要求游击队务必分散行动,分成三五人或七八人的武装工作组,一律改穿农民装束,白天上山隐蔽,夜间进村工作。为了更好地隐藏,他还要求队员们将枪托锯短,并以职业作掩护,或做裁缝、货郎,或做鞋匠、木匠、篾匠,不会手艺的就跟群众下地种田。在反清剿过程中,贺敏学重视党团组织的建立,发挥党团员斗争在前、吃苦在前的先锋模范作用,以鼓舞并带动群众并肩战斗。

南雄群众极大地支援了游击队的斗争。他们给游击队提供调查侦察来的情况,并带路打土豪筹款,消灭敌人武装。平时替游击队搭棚,情形紧张时则帮助拆棚以清除目标。敌人的进攻一来,群众除了给游击队通风报信,还提供粮食等物资。

为了让游击队失去群众的拥护,借以消灭,敌人采取了种种阴招,封坑即是一种。对凡是有游击队活动的山地,他们强令群众悉数迁出,如有不从即以通匪罪枪决。赶出境的群众被划地圈居,建立民团堡垒,由保甲长严加监视,不许坑内群众往来。为阻止群众外出,他们还派出军队在各坑口及要道处巡察埋伏,妄图以此断绝共产党游击队和群众的联系,从而使游击队陷于无人无粮的空山中,饥困瓦解并束手就擒。

游击队在敌人大规模的封坑中虽遭受了一些损失,但没有坐以待毙,而是积极寻机与敌斗争。1936年的春天转眼到了,贺敏学等领导人审时度势,布置游击队发动出坑群众掀起一场回坑春耕的运动。不久群众送来消息,敌人同意了回坑春耕的要求。贺敏学欣喜中也有考虑,敌人在农民回坑前一定会有一场新的进攻,否则绝不会轻易罢手。

果然,敌人答应农民回坑春耕的条件是,配合他们先来一次大的抄山搜剿。接到密报时,情形已处在万分紧急中。南雄县委领导人中,懂军事的当数贺敏学。他冷静地分析道,驻南雄的敌军属于不同建制,平时貌合神离,绝不会同时抄山搜剿,今后更无法协同动作,何况群众中蕴藏着巨大的智慧,他们即使受迫带路搜山,也肯定会相机援手。南雄县委和游击队根据这一分析,制定了对付敌人抄山的对策。

事实证明贺敏学的估计是对的。南雄群众在敌人的武力胁迫下,虽然不得不从其命编队带路,但在群众的阳奉阴违下,敌人连抄数天一无所获,几天后不得不将群众解散。

在敌人旷日持久的清剿中,党的基层组织被大量破坏。南雄县委为此决定领导干部分头下山,到各地去恢复组织。身为县委副书记的贺敏学亦肩负大门坑支部的恢复工作。考虑到带武器不方便,他便把驳壳枪留下,赤手空拳单人前往。

傍晚时分,贺敏学刚到山下,忽地从斜路边遭遇一群人,看他们的装束,初时还以为是游击队或是耕山晚归的当地群众,但当感觉不大对头并与敌人的便衣侦察挂上钩时,他已来不及躲避了。走在前头的两名便衣拦住了他,一边问他从哪里来,一边做取枪之势。贺敏学见势不妙,把两个家伙猛地推入道旁河内,随即一个飞步上山,欲借渐渐降临的夜幕逃遁林中。不料脚下的土块不牢,他失足从半坡上滑下。他急欲起身,却不料后面追敌已至,用快慢机枪扫射。他右腿中弹,掉入身旁的水田里。他自知无法再逃,乃趁半身跌倒水田之机,迅速将文件和钱插入泥田里。这时,敌人蜂拥而至,扑向水田,合力将他捉住。

贺敏学被敌人的便衣侦察排逮捕后,只说自己是过路人,误认是红军游击队,怕遭绑架,才舍命逃脱。敌人不信,将他就地扣留在大门坑村,第二天又带人来认。来人竟是何长林!贺敏学自知无法隐瞒下去,乃大声痛斥叛徒。

何长林问贺敏学,项英、陈毅在哪?贺敏学即说项、陈已去江西(其实就在附近),再问贺敏学东西在哪里?他说没钱,在山上仅有一床破被和几个碗。敌排长用香烧贺敏学来威胁,贺敏学还是这些话。第二天将他抬到南雄,这抬的两个人是当地的大门坑支部里的共产党员,走到半路休息时,敌人见贺敏学足部负伤不会走,他们就上街吃茶抽烟去了。这时,贺敏学即秘密嘱咐二人转告北山区委袁达效同志说他准备牺牲,决不牵连其他同志及组织,要他们大胆工作,如回江西时转告家里说他已牺牲。

担架抬到南雄敌第一师第一团团部,团长审问游击队在何处。贺敏学回答说,因为自己负伤在北山休养,他们居住不定,自己不知道。又问,你下山干什么?贺敏学答曰"下山找吃的,遇见你们便衣"。问,项、陈在何处?贺敏学答曰"已返江西"。敌团长问不出什么东西，就通知龚楚来跟贺敏学个别谈话。贺敏学不但始终不变，而且还反问龚楚为什么破坏党组织？党对你是不错的，自己要反省一下，将来没有好结果，我已被捕，就是死也没关系，不过你得清醒。话毕，龚楚就难为情地朝外走去。

不日，敌人又将贺敏学送到师部禁闭室。师部特务连通信排内关押的三分之二都是红军战士，有几个也认识贺敏学。关了几天贺敏学伤口生蛆，哨兵看到亦有怜悯之意，报告上面，副师长、龚楚及军法处法官三人同堂来审问，贺敏学仍照前供。退堂后第二天副师长和龚楚又来看，见贺敏学没有被褥，即派人送来被褥、香烟，以收买人心。

想到自己参加革命将有十年，想到敌人对自己家庭的迫害，自己对敌人的仇恨，贺敏学绝不投降敌人做叛徒，只要有机会就要逃出去，否则宁可牺牲自己，也不能出卖同志和组织，绝不被敌人的任何威逼利诱所迷惑。

翌日，贺敏学又被送到师军医处。院内的病号与工作人员当过红军的也有，可是敌处长很反动，看护长是赣州人，贺敏学就冒充兴国人与看护长把关系搞得很好。看护长私下告诉贺敏学医院用毒药杀俘虏，嘱他不可打针。贺敏学在军医处住了约两个星期，广东事变（应称两广事变，两广军阀为联合反蒋而于1936年6月发动的一次事变，粤军从赣粤边撤走）发生，部队开往广东打陈济棠，很紧张地把红军伤员送军医院去，看护长即来商量，是他护送，送花名册时可以依俘虏名义改为挑夫班长，同时经同房间的几个红军俘虏伤兵（已被广东军拉去当兵）的同意为贺敏学证明。后军医院又开到贵州，贺敏学因伤口深行动不便，若那时略好些，在韶关就有机会跑掉了。到广州后，敌军全力对付陈济棠，师部因战斗的关系很混乱。在这时，有许多认识贺敏学的红军俘虏兵秘密送钱给他，来看他，在院中已没有人监视（在师医务处有人监视），可以同他们出去走走谈谈。贺敏学要那小鬼（原红军小鬼，现给副师长当勤务兵）帮他搞一张路条。小鬼说只能搞到副师长的私章，要参谋处盖上公章。因此，贺敏学自己写了一个路条，盖上了这两个章。

小鬼设法替贺敏学弄到一套军装和一个旧臂章。贺敏学趁俘虏被放回去的时候，用自己写的路条，混在俘虏伤兵中一块儿跑出来搭火车到南雄去，和这些

人混得很熟,过韶关时在车站附近庙里和他们一起住。这时何长林在南雄,贺敏学下车刚好碰到他,他问贺敏学怎么到这里来?贺敏学说"放回来的",何长林不信,又将贺敏学逮住押送县府。至县府,问贺敏学有何证明文件,同时何长林向县长报告扣押情由。贺敏学即以盖有副师长、参谋处公章的路条给他看,县长欲放,何长林不允,并要求将贺敏学交他看管,不能放走。贺敏学即随何至塔前街30号郑仕椿寓所,何长林要贺敏学将北山、南雄组织告诉他,贺敏学说自己从没有担任过组织工作和下过山。何长林见贺敏学嘴硬,便写信给龚楚问贺敏学是否开小差,当时贺敏学想如被戳穿押回去必死无疑,因此准备万一被押回,至韶关过铁桥时就跳水。数日后,龚楚回信说是由医院放的,如已扣押可留南雄工作。于是何长林再度威胁说如允工作,可准贺敏学离开南雄,但贺敏学终不肯做事。住了半月余,吃用都是何长林的,贺敏学整天看看小说。何长林一方面在经济上也负担不了,同时,看见贺敏学脚也没有好,不怕跑掉。另外,何长林晓得贺敏学在南雄既无亲戚又无朋友,为了解决生活问题一定会求他,所以何长林要贺敏学在南雄另外住,不准离开。

贺敏学被何长林逐出后,也没其他地方可去,只好住在菜市场,吃饭是零买的(身上存些钱),睡在城楼上。有一天,贺敏学在街上遇到严重在讨饭,起先大家互相猜疑互不招呼,第二次又遇到,仍不交谈,互起狐疑。走到城墙无人处,严重招呼交谈才知,严重被俘,是从医院逃出来的。贺敏学也告知经过,并将何长林叛变行为告知严重(何长林不认识严重)。他们两个同住在北门外的庙里,还有一个锅匠。第二天在路上,何长林找到贺敏学问住何处,贺敏学即告住庙里。何长林三五天就来庙里看贺敏学。当时贺敏学和严重合做小孩玩具兜售,并商量进行下层工作,暂时埋伏并医治伤口。

贺敏学痊愈后,与严重商量,计划由南雄到山脚几十里路地区做工作,严重以写文章投稿为掩护,进行当地群众工作,贺敏学则以挑皮匠担子替人补皮鞋、胶鞋为掩护,进行兵运工作。

当他给士兵补鞋时,以便宜或不要钱,或冒充与他们是老乡,或以结拜兄弟拉关系,鼓动他们开小差。有想开小差者则买便衣让他们走。严重则利用地方关系带路做向导,引导他们开小差百余人。后来,县政府下令,若查到居留在县城的无职业者,一概驱逐出境。因此,他们两人就以替地主看守鱼塘为职业来掩护自己。

重获自由后的贺敏学,身无分文,除了和严重一起给地主看鱼塘,他还帮人家打过土坯,做过砖。这样勉强糊口之余,还攒了几个铜板。他们为怎样找到自己的队伍而感到困惑,要在方圆千里的大庾山区找寻项英、陈毅,即使没有生命危险,也是大海捞针;万一再被叛徒和敌人抓住,那就前功尽弃了。

与上级党和部队失去了联系,就好像漂泊在茫茫大海中的孤舟。贺敏学虽然苦恼,却不灰心,他和严重相约,无论怎样的艰难险阻,一定要活着找到组织。考虑到严重高度近视,行动不便,贺敏学便让他留在南雄,自己则四处打听游击队的消息。他装成鞋匠师傅,不料几天后,便被土匪抢劫一空,连工具都没收了。以前贺敏学在家乡学过篾匠,他便到山上斩了几根竹子,又弄来些红红绿绿的纸,做成风筝、风车、蟋蟀笼等玩具,身背一床破被,走村串户兜售,暗中打探游击队的下落。

贺敏学久寻无果,一天,不觉来到粤赣两省交界处。向东,可以回到江西老家;向西,大海捞针般继续寻找项英、陈毅。在这人生的岔路口上,贺敏学毅然选择了向西!

1936年12月西安事变爆发后,国民党正规军陆续从赣粤边调走,红军游击队的活动又渐有声息。贺敏学也已和一两支游击小分队接上了头,但他们都不知道项英、陈毅等领导人的去向。

贺敏学毫不灰心。1937年8月,贺敏学偶然在一张报纸上读到国共合作的消息,而且得知陈丕显正在南雄与国民党当局谈判,便扔下货郎担,跑到南雄找陈丕显,未遇,便和严重共赴池江,见着了正在负责组建新四军的项英,报告了被捕经过。项英让南雄党组织调查实情,于1937年9月由南雄特委、中共中央东南分局(简称东南分局)决定批准恢复贺敏学组织关系。

第五章　抗战烽火

愿做革命的螺丝钉

对一个视组织为自己精神家园的人来说,组织就是他的信仰、支柱乃至整个生命。一个失去了组织联系的人,重获组织的承认和信任,不啻获得了新生。1937年9月的贺敏学,正是这么一个人,担任抗日义勇军驻赣南(池江)办事处主任的他,浑身上下有使不完的劲。

他是在恢复组织关系初期新任的这个职务,负责与失去联络的各游击队组织联系及失散党员的登记工作。办事处9月11日在大余县池江圩挂牌后,赣南各县及湘南的桂东、桂阳等地过去失去联络的苏区干部和共产党员,不断来池江找他,要求分配工作,恢复党籍。作为深切体验过失去组织联系、尔后在严格审查中验明正身这双重滋味的过来人,贺敏学既能设身处地为寻找组织者考虑,又能认真细致地做好把关甄别工作,以免叛徒或不明身份者混进来。为了恢复和扩大党的组织,他还主动派人到各地秘密联络党员,审查合格后恢复他们的组织关系。没多久,赣南边十几个县都恢复了党的组织。

赣南办事处公开身份的有八人,对内是赣粤边特委的办事机关,特委书记杨尚奎,贺敏学等为特委委员。一天,贺敏学正在简陋的办公室里忙碌,陈毅忽然来到他的跟前,对他说:"瞧我给你带谁来了!"贺敏学定睛一看,是妹妹贺怡。

贺怡是陈毅在赣州与国民党江西省政府及第四十六师代表谈判协商合作抗日事宜时接上组织关系的,之后安顿好父母,随陈毅上油山集结游击队,到池江圩整训。兄妹俩三年来险象环生,如今相见,真有恍如隔世之感。贺怡抱着哥哥放声痛哭,贺敏学鼻子发酸,泪水在眼眶里直打转。这三年来,贺怡在经受了失去丈夫毛泽覃的巨大打击后,继续在白色恐怖下坚持地下工作,还要赡养年迈的父母,确实不易。

贺敏学见陈毅的腿已经好得差不多了,便关切地说:"找了什么偏方?"

陈毅也不答话,指着贺怡说:"问贺怡。"

后来才知,陈毅的腿伤能痊愈,还真多亏了贺怡。贺怡跟随陈毅上油山集结游击队时,陈毅原本脓肿的大腿,被山上的毒蚊叮咬,又红又肿,不几日就成了一个大痈,随着痈疮发脓,大腿肿得像小水桶。陈毅全身发烧,伤患处像刀剜一样剧痛。有些医学和护理知识的贺怡知道,这种痈疮很厉害,一旦痈毒流进血液,得了败血症,将有生命危险。她让陈毅躺下,用一把就火消毒的匕首割开他大腿上的痈疮。她想也没多想,端起身旁装盐开水的竹筒,用盐水漱了漱口,就用嘴对着痈疮吸起来,陈毅愣了,欲行阻止已来不及了。贺怡的举动感动了陈毅,在战火中摸爬滚打十余载、流血不流泪的硬汉,情不自禁地流下了眼泪。

兄妹俩小聚后,又匆匆分别了,在各自的岗位上为新四军的成立而奔波。10月下旬,赣粤边特委召开集中在大余县池江、杨柳坑、段屋整训的湘粤边红军游击队大会,宣布改编为江西抗日义勇军第一支队,任命贺敏学为支队长。支队下设三个中队,其中北山游击大队为第一中队,信康赣(以大龙地区为中心)、油山游击队为第二中队,南山游击队为第三中队。改编后,部队分别驻防,以防国民党军队的突然袭击,并进行政治教育和军事训练。贺敏学率第二中队到信丰县扩军。他带着队员下到乡村广泛宣传国共合作、共同抗日的方针政策,号召爱国青年参加新四军。不到半个月工夫,便超额完成了任务,受到特委的赞扬。与此同时,他还通过与国民党地方当局交涉和斗争,迫使湘粤赣边界十来个县撤销了铲共团,释放了被关押的红军游击队队员和苏区干部。

1937年12月25日新四军军部在汉口成立,1938年1月6日移驻南昌。2月初,各省游击队整编完毕,开往皖南岩寺集中。正盼着上抗日前线的贺敏

学,却接到父亲病逝的消息。贺敏学与父亲已分别四年,这次身在大余,却因军务缠身,一直未能抽空到邻近的赣州看望父母。想到父亲病逝前自己都未能在老人家床前尽孝,贺敏学愧疚不已,悲从中来。组织上了解这一情况后,关照他暂时留下料理父亲的丧事。

贺焕文是在赣州病故的,享年六十八岁。上级考虑到贺焕文夫妇为革命所作的无私奉献,特地批了一百块银圆,用作安葬费及温吐秀今后的生活费用。但贺敏学、贺怡兄妹却不事声张,只为父亲买了口棺木,把剩下的大多数钱交给了当地党组织。直到1941年清明节,当地党组织才了解到其中原委,乃为死者立红石碑,墓碑上镌刻着:

民国三十年(1941)清明日
永新县故处士贺焕文先生之墓
同仁共立

署名只刻"同仁共立"四字,是为了不暴露贺焕文身份。在此前一年,贺敏学母亲温吐秀已辗转到了延安。

贺敏学料理完父亲的丧事后,因组织需要留在赣南,继任办事处主任一职。此时,赣南办事处已改为新四军驻池江(大余)通信处(新四军驻各地办事机构,是新四军在南方各地主要是在国民党统治区建立的公开合法机关,其名称有的叫办事处,有的称留守处,还有的称通信处、采购处、联络站、兵站等)。贺怡则调任新四军驻吉安通信处统战部部长,后改任民运部部长。

三年艰苦卓绝的游击战争,使南方游击队的给养装备极度贫乏,枪支破旧不说,人均子弹不过几发。改编为新四军开赴前线抗日,经费、弹药问题理应由国民党政府解决。但几经谈判,国民党当局还是迟迟不肯解决。因此,自筹成了其中的一条途径。贺敏学在领导通信处工作期间,以新四军代表的公开合法身份,活动在湘粤赣边各县,采取有理有节的斗争方式,与各县国民党当局建立了联系,在广泛恢复组织及发展组织时,也解决了部分物资供应。他还广泛与各界人士交朋友,做好中间力量的工作,扩大抗日民族统一战线,使各县建立了群众抗日团体。

在国共合作初期,国民党地方当局虽不敢公开反对统一战线,却不断制造大大小小的事端来破坏。通信处的一个工作人员在龙南县开展工作时,竟被当地反共团体杀害。贺敏学为此连夜赶往龙南县,了解真相后,立即与国民党地方当局交涉,义正词严地指出,这是破坏国共合作、破坏抗日民族统一战线的严重事件,这个反共团体必须取缔,首要分子必须严惩。龙南县县长搪塞推诿,欲图不了了之。贺敏学立即指示当地党组织发动群众上街游行,并亲自与国民党龙南地方当局交涉。数千群众涌上街头,高呼口号,群情沸腾,学生们也纷纷掀起罢课运动。龙南当局迫于形势,只好接受了贺敏学代表通信处提出的要求,取缔该反共组织,处决其首要分子,抚恤死者家属,并保证不再发生类似事件。

贺敏学和通信处卓有成效的工作,遭到了国民党当局的忌恨敌视,刁难、破坏不够,还强行要取缔通信处。为了统战大计,东南分局(1937年12月14日,中共中央政治局决定撤销苏区中央分局,成立东南分局和中央军委新四军分会,项英任东南分局书记,曾山任副书记,项英兼任新四军分会主席,陈毅为副主席)同意作必要的让步。池江通信处撤销后,贺敏学奉命到南昌办事处,旋被调往赣北开展工作。一次,他从赣北返回南昌汇报工作,因九江大面积沦于日军之手,由南昌到九江的道路又全被国民党封锁,检查严格,难以通过。东南分局获悉此情,决定让贺敏学与涂振农(后叛变)、温仰春、谭启龙、贺怡转到赣东,在贵溪县城成立办事处。办事处是新四军驻上饶地区的公开合法办事机关,不久后对内称赣东北特别委员会(简称赣东北特委),一套班子两个机构。办事处有工作人员和武装人员二十余人,对外身份多数都为校级或尉级军官,贺敏学为中校参谋。根据赣东北特委分工,贺敏学负责万年、余江、贵溪三县的工作,发展组织,开展抗日救亡宣传,以公开合法身份,为新四军扩充兵员,培养、锻炼和输送干部,并募集物资和资金。

在赣东工作两月有余,东南分局又给贺敏学下了一道密令,要他和谭启龙带十余名干部到粤军第一六〇师工作。

原来,驻防在赣东北地区的九江至景德镇一线的第一六〇师,有共产党的工作基础,东南分局遂决定组织一个临时工作委员会,由贺敏学负责军事工作,

谭启龙负责政治工作。目的是加强党在这支部队中的作用，争取其投入抗日战争，一旦九江、南昌沦陷，党即以该部为基础，在赣东北地区开展游击战争。

到位后，贺敏学就任中校参谋，谭启龙任少校参谋。他们在工作中积极宣传抗日救国思想，在部队中树立国共合作、抗战必胜的信心。第一六〇师不乏抗战心切的将士，其中有位叫莫希德的旅长，闽西人，颇富爱国心。贺敏学与他相处甚好，彼此颇多共同语言。一次，莫旅长率兵在庐山伏击日军，专门邀请他同往，在军中运筹。在贺敏学的指点下，该旅将日军一个大队全部消灭，打了一个漂亮仗。

贺敏学欲趁此战对驻地附近群众的影响，发展地方抗日游击队，游说师部给群众发枪发子弹。师长被说得有些心动，可副师长及政治部主任坚决阻挠，且对贺敏学的敌意日渐加深，并限制、监视他的行动。此事流产后，贺敏学具报上级。不久，传出确切消息，因九江行将全面沦陷，第一六〇师即行奉命调防他处。项英乃亲自电告新四军南昌办事处，提出调贺敏学到皖南新四军另行分配工作，谭启龙仍留东南分局组织部当巡视员。

夏秋之交，贺敏学带十余名干部要撤走了。第一六〇师师长和莫旅长都极力挽留，要他加入粤军共同抗日，并以要职相待。贺敏学婉言谢绝。

贺敏学到皖南军部后，奉命到军教导总队担任军事教员。教导总队的学员都是军政干部，除了学习，平时还像正规军一样编队，以备随时投入战斗。教导总队下辖十三个队，其中第八队为女生队，第九队为高干队，第十三队为青年队。为加强对各队的军政领导，不久还增设第一、第二两个大队。第一大队为军事队，下辖第一、第二、第三队，大队长贺敏学，政治委员刘文学；第二大队为政治队，下辖第四、第五、第六队，大队长乔信明。

教导总队既无教室，又无桌椅，每个学员用稻草编织成一只圆形草垫，席地而坐。教导总队以延安的抗日军事政治大学（简称抗大）"团结、紧张、严肃、活泼"的校训为队训，同时也以毛泽东为抗大毕业证书的题词"勇敢、坚定、沉着，向斗争中学习，为民族解放事业，随时准备牺牲自己的一切"作为学员的座右铭，以加强学员的政治思想教育。总队长、政治委员分别由新四军副参谋长周子昆、军政治部主任袁国平兼任，教育长是冯达飞。

贺敏学讲授军事课,特别强调养成部队正规化的要求。

作为教官,贺敏学当然少不得言必称红军。但有一次,军部一领导却问他,你为什么还讲红军?贺敏学就感到奇怪,新四军是共产党领导的武装,是红军游击队改编的,谁人不知,为什么不能说红军?军部领导有些不高兴了,说:"有特务在听。"

这没头没脑的话,贺敏学后来才琢磨出是源于对方的一种顾虑,若公开承认共产党对新四军的领导权,将为国民党所不容,以致破坏统一战线的方针大计。贺敏学对此实在不敢苟同。幸好,他在教导总队只执教了半年多。第一期毕业后,1939年2月,军部首长决定,派他到作战部队去了。

虽然贺敏学是那种党叫我干啥就干啥的人,但相比之下,他还是更愿意到一线部队。军部首长告诉他:"组织上决定你去新四军挺进纵队(简称挺纵)担任参谋长,这支部队成分复杂,没有主力骨干,要把它彻底党化,使其成为一支在党绝对领导下的主力部队。你是井冈山下来的老同志,作战练兵经验丰富,又有改造部队的经验,相信你能完成这个任务。"

挺纵是大革命时期的中共党员管文蔚拉起来的一支队伍,前身是丹阳抗日自卫总团,统辖丹阳、武进、镇江、扬中四县八十多个乡的自卫团,共四个大队三千多人。为加强对管文蔚部的领导,新四军先后派出二十多名军政干部,并改其番号为新四军挺进纵队,对外称江南人民抗日义勇军挺进纵队(简称江抗)。贺敏学是第二批受命到挺纵帮助工作的新四军干部,与他同期来挺纵的还有惠浴宇、陈时夫、姬洛(姬鹏飞)、刘文学等人。

3月8日,贺敏学就任挺纵参谋长。新四军重视参谋工作,军部成立伊始,即明确提出要建设成正规化军队,首先是健全司令部机关,切实注意发挥司令部机关和参谋人员的作用。还特别规定参谋长是首长代理人,减少团以上副职首长,选调优秀干部长期做参谋工作,实行参谋人员和部队指挥员的经常交流。贺敏学深知参谋长一职的重要性,所以积极协助军政首长工作,并首先从部队训练抓起。在他的严格要求下,部队面貌焕然一新。

经过一段时间的整训和作战,挺纵的军政素质大为提高,走上了革命化、正规化的道路,并成为一支能征善战的主力部队。挺纵进驻长江以北的大桥、嘶马

地区后,广泛开展抗日游击和群众工作,巩固了扬中,架起了新四军北上江北的跳板。

陈毅对挺纵的建设十分关心,并数番亲临挺纵指导。贺敏学和挺纵司令员管文蔚等曾陪同陈毅视察长江北岸,研究向北发展的方针。

当时的苏北,除了日伪军,还有数支国民党系统的军队。这些国军名义上都归江苏省代理主席、鲁苏战区副总司令兼第二十四集团军总司令韩德勤(人称省韩、顽韩)指挥,但因地盘、税收、供应等问题而矛盾重重,又因兼有大鱼吃小鱼的争斗,两李(国民党鲁苏皖边区游击总指挥部总指挥李明扬、副总指挥李长江)、陈泰运(税警总团总指挥)和韩德勤之间的矛盾很深。两李中,起决策作用的是李明扬,他是老同盟会员,资历深,北伐时就担任第三军副军长,只因不是蒋介石的嫡系,因而郁郁不得志。种种迹象表明,李明扬暗地里希望借助新四军牵制韩德勤的力量。陈毅认为,韩德勤是苏北发展抗日进步力量的绊脚石,两李部队中虽也有反动者,但总还可算是苏北的中间力量,同两李的关系搞好了,还可以使两李成为挺纵和由兴化一线南进的韩德勤部队的缓冲。在清晰了向北发展的思路后,陈毅给挺纵提出了发展苏北的六字方针:"抗日、联李、孤韩。"

为了下好统战这盘棋,精于棋道的陈毅不顾一己之危,亲赴泰州会晤两李。陈毅对统战工作的原则性和灵活性,让贺敏学获益匪浅。此后,贺敏学和挺纵领导也曾拜访过李明扬。

出于打击日军的需要,1939年8月20日,根据项英电示,新四军成立江南指挥部,统一领导第一、第二支队和挺纵。11月,江南指挥部正式公布成立,以陈毅、粟裕为正副指挥。为贯彻中央发展华中、开辟苏北的战略方针,江南指挥部决定,将叶飞等领导的江抗与挺纵合编,仍称新四军挺进纵队,辖四个团三千六百余人,准备北渡,执行向北发展的任务。贺敏学由挺纵奉调江南指挥部,任三科(侦察科)科长,不久转任五科(军事教育科)科长,继而任江南指挥部参谋处处长(未设参谋长)。

在参谋处处长的任上,贺敏学长于谋略、精于筹划、着眼全局、大胆心细论证的作风,很快就博得了陈毅、粟裕的称赞。

在贺敏学的主持下,江南指挥部司令部的工作搞得有声有色。

1940年5月下旬,为纪念五卅运动十五周年,江南指挥部决定举行司令部、政治部及直属单位的运动会,贺敏学任筹委会主任。如何利用战争空隙搞好运动会,贺敏学认真听取了大家的意见。由军需处文化教员抽调来担任筹委会委员的曾菲,对这场运动会记忆犹新,她说:"贺老平易近人,作风民主,有事请大家讨论,我们提出正确意见,他都能支持。比如奖品吧,当时指挥部拨了二百元作经费,大家讨论认为,奖品应买实惠的,最好是奖毛巾等,因当时实行供给制,毛巾用坏或丢掉的事时有发生,贺老表示同意。他又大胆放手,善于调动人的积极性,有难题找他,他尽力解决。跟他一起工作,大家的心情都十分愉快。"

根据分工,曾菲负责游泳比赛这部分。为了增加气氛,她想请陈毅、粟裕等首长带头游泳。贺敏学支持她的这一设想,并亲自出面邀请。

因韩德勤大军行将向解放区进攻,运动会乃压缩到一天,但仍像模像样,十来个项目都决出了名次。贺敏学和陈毅、粟裕等首长为优胜者颁发奖品,号召他们以强健的体魄打败日本侵略者。

运动会结束后,韩德勤的进攻果然开始了。部队紧急转移,贺敏学指挥部队完成殿后任务撤离时,忽遇曾菲等数位掉队的机关人员。才知,运动会一结束,曾菲就受命带几十名伤员转移到安全之地。任务完成归队时,却发现军需处已随大部队开拔,而周围到处都布满了敌人。曾菲正为如何返回部队着急,见贺敏学到来,急忙请求收容。情况紧急,她们又不是战斗员,拖拉部队是不言而喻的,但贺敏学二话不说,当即向几十人的小分队下令:无论如何要保证曾菲她们安全撤离。

在贺敏学的指挥下,女兵们跟随贺敏学走了十多天,穿过了日伪几道封锁线,终于毫发无损地回到了大部队。对这段经历,曾菲几十年后仍念念不忘,由衷地说:"贺老是我的救命恩人。"

挺纵和苏皖支队在江北站稳脚跟后,陈毅开始布置江南主力继续北渡。1940年7月初的一个黑夜,贺敏学跟随江南指挥部乘坐小木船,离开南岸,由扬中北渡长江。

橹桨拍打着浪花,发出轻微而有节奏的哗啦声。贺敏学和大家挤坐在一起,睁大眼睛注视着周围的动静。连日来的准备工作,使他感到疲乏,却毫无睡意。

多年的战斗生活，使他对陌生的环境本能地产生一种警惕性，何况这长江周围都有日伪军的据点。想着就要投身于苏北根据地开展工作，他一时思绪万千，油然想起皖南战友们爱唱的那首《渡长江》来：

划呀哟嗬！划呀哟嗬！薄雾弥漫着江面，江水冲击着堤岸，当这黑沉沉的午夜，我们要渡过长江……获得更大的胜利！

一路有惊无险，贺敏学随江南指挥部顺利抵达北岸，在扬州以东吴家桥地区与挺纵及苏皖支队会合。

下旬，江南指挥部改称苏北指挥部，仍由陈毅、粟裕分任正副指挥，政治部主任刘炎，副主任钟期光。贺敏学任苏北指挥部司令部参谋处处长（未设参谋长）。

苏北指挥部东进黄桥不久，为了培养大批军政干部，以适应抗日武装不断发展壮大的需要，决定创办苏北抗日军事政治干部学校（简称苏北军政干校）。陈毅兼任校长，副校长冯定，有过几次军校教育经历的贺敏学，由陈毅点将，参加干校的筹建工作，并兼任教育长。在10月初的黄桥决战中，贺敏学率一个队和指挥部特务营一同参加了战斗。

黄桥决战胜利结束后，新四军和刘少奇、黄克诚所率南下的八路军在东台县胜利会师，整个苏北局势发生了重大变化。11月17日，为统一指挥华中的新四军和八路军部队，中央决定成立华中新四军八路军总指挥部（简称华中总指挥部），由叶挺任总指挥，陈毅任副总指挥并在叶挺过江前代总指挥，刘少奇任政治委员。苏北指挥部及所属三个纵队九个团受华中总指挥部指挥。苏北军政干校与江北军政干校、皖东干部学校合并，于盐城创办抗大第五分校（后改称华中抗大总分校）。抗大第五分校的领导配备甚强，校长兼政治委员陈毅，副校长赖传珠、冯定，教育长谢祥军，副教育长兼训练部部长贺敏学（训练部部长一职后由薛暮桥担任），政治部主任余立金。

1941年元旦，正是天寒地冻的时节，抗大第五分校在苏北盐城召开了开学典礼。贺敏学负责全校的军事教学和训练。开学不久，传来皖南事变的消息。为了使广大学员及时了解事变的真相和中共中央对打退国民党第二次反共高潮的严正立场与斗争策略,刘少奇、陈毅亲自来校上课和作形势报告。

在炮火连天的战争年代,办好学校是极其困难的。首先是办学条件相当艰苦,民房、草棚当校舍,土堆作讲台,膝盖是课桌,晴天集中上课,雨天分散讨论。贺敏学常乐观地对大伙儿说:"天当房,地当床,糠菜树皮当主粮,这是我们红军的老传统,今天,

20世纪40年代初,任新四军华东军政大学校长时的贺敏学(左)与战友合影

上战场杀敌需要它,办学校也少不了它。"为了克服物质生活的困难,他和校领导带领学员们积极响应党中央、毛泽东"自己动手,丰衣足食"的号召,组织养猪、养鸡、办豆腐坊等。紧张的训练之余,他还积极支持学员们举行赛球、唱歌、下棋和文艺演出活动,以活跃文化生活。

面对敌人接连不断的进攻和扫荡,学校有时还得转移。

2月6日,学校刚开完早饭,忽然,飞机的轰鸣声由远而近传来。贺敏学抓起驳壳枪,飞快地冲出办公室。他立即命令司号员吹响紧急警报号,一面指挥学员卧倒隐蔽,还把一部分学员分散带到麦田沟里隐蔽。顷刻间,敌机飞临盐城上空,几颗炸弹坠落校园,顿时,校园内硝烟弥漫,轰炸声震耳欲聋。

这场轰炸,虽持续不久,但造成不少学员受伤,学校有几处房屋被毁坏。看着血流满面的学员,目睹断壁残垣的校园,大家群情激愤,高呼"打倒日本侵略者"的口号。贺敏学不失时机地激励大家,强盗欠下的血债,只有以血偿还,我们一定要刻苦学习,抓紧训练,按时毕业,才能早上战场杀鬼子!不久,针对日寇轰炸盐城的抗大战歌响彻校园:

正月十一天气冷,日寇飞机炸盐城,飞机狂叫如狼虎,张牙舞爪杀

人民。杀人民呀杀人民,民族仇恨将更深……

收获迟到的爱情

抗大第五分校的学员中有不少年轻女兵。她们的到来,增添了校园的色彩和活力。

三十六岁的副教育长贺敏学也成了人们关注的对象。贺敏学还在皖南时,爱神不期而至,却让贺敏学无从准备,也根本没有考虑的余地。因为新四军军分会主席项英对干部战士的婚姻采取一刀切的政策,不管资历长短,也不论年纪大小,一律不准恋爱结婚。周恩来到新四军军部视察,不赞成项英的一刀切,主张从实际出发,区别对待,提出了"二五八团"的原则,即一方年龄超过二十八岁,参加革命五年,团级以上干部可以自由恋爱结婚。但这时,贺敏学已离开了军部。到盐城抗大第五分校后,贺敏学又有一次恋爱,经过短时间的接触,觉得双方理想和情趣都有距离,无果而终。

直到有一天,贺敏学在战友家里偶遇李立英。此时的李立英是抗大第五分校的学员。饭后,两人一起步行回校。贺敏学又问了李立英一些情况,李立英只道是首长的考察,如实地作了汇报。贺敏学觉得要找对象,就是这个人了!

共同的革命理想和志趣,使他们互相爱护和关心,随着交往的深入,他们之间已经没有上下级的感觉了,两人虽心知肚明,却没有当面捅破这层纸。

已被中央任命为新四军代军长的陈毅,百忙之中也常来学校布置、检查工作。也不知是从哪儿得知了贺敏学与李立英恋爱的事情,出于对老战友的关心,一天,陈毅找到了贺敏学,问他是不是在谈恋爱。贺敏学说互相有个好感,但比李立英大十八岁,总觉得不合适,怕委屈了她。陈毅哈哈大笑,奚落战友:"看你雄赳赳一个人,却是银样镴枪头,怕啥子哟!我找李立英谈谈,做你们的大媒人。不过我得告诉你,我家乡有句话,叫作'若要磨,讨少婆',你以后受磨,可不要怪我哟。"

陈毅午饭后即在校长室召见李立英。李立英打好绑腿,立即跑步前往。见面后,陈毅打量了一下,问:"你就是上海来的女学生,叫李立英?"

李立英回答后,陈毅温和地说:"小鬼,叫你来,想给你谈个正事,你要如实回答,听说贺教育长和你谈恋爱了。"

李立英心里一阵紧张,讷讷而答:"我和贺教育长在一起蛮谈得来,感觉也与别的同志在一起不一样,不知这是不是就叫谈恋爱?"

李立英如此反问,惹得陈毅笑起来,说:"你不要紧张嘛,我和贺教育长是井冈山的老战友,对他了解,他革命坚定,性格耿直豪爽,是个好人,就是脾气不太好,喜欢发火。你以后要多帮助他,当然他也要帮助你。你是读过书的,应该知道这就叫举案齐眉、比翼双飞嘛。不过,贺教育长还有点担心,怕你嫌他年龄大了点,你是怎么想的?"

李立英不假思索地说:"只要双方有感情,其他我无所谓。"

陈毅大手一挥,道:"干脆明了,你这个小鬼的态度要得要得,好,这个事就这样敲定了,我当你们的媒人!"

一旁的副校长冯定这时也来逗趣,让李立英赶快谢谢军长大媒人。李立英却一溜烟似的跑走了。

晚饭后,贺敏学又来约李立英散步。李立英嗔怪道:"亏你是个男子汉,这样的事,还要请陈军长当说客。"

贺敏学也不申辩,只是问:"你是什么意见?"

李立英道:"陈军长都做了媒了,我还能有什么意见。只是我的家庭出身不好,是资本家,你可要考虑好了。"

贺敏学说:"这点我们可是门当户对,我也是从地主家庭出来参加革命的,现在我全家都是革命者了。"

为期五个月的校园生活结束了,同班学员大都分配走了,李立英却留在抗大第五分校,在教育科工作。在陈毅的再三催促下,贺敏学和李立英很快就把结婚报告送呈军政治部,并马上得到批准。随后,他们花两块现洋,请了学校领导和老战友喝喜酒。陈毅送给这对新人的贺礼是一块仅次于欧密茄的西洋挂表。

这里有个小插曲。喜酒喝了,但其实还不等于正式结婚。李立英觉得,结婚是女人向往的喜事,生孩子对一个女革命者来说却是种束缚,因此她与贺敏学订了个君子协定,自己年纪还小,先不急于住在一起,待以后再说。

婚后几天的一个晚上,李立英正和大伙儿睡地铺,贺敏学的警卫员前来敲

门,说首长有事,正在外边等着。李立英急忙披衣出门,贺敏学告诉她,现在敌情紧急,学校和部队要转移,万一打散了,必要时买便衣穿,一定要注意安全。他边说边从身上拿出一块现洋递给李立英,尔后跨马扬鞭而去。看到贺敏学渐渐消失的身影,李立英感到心头一热。

后来情况好转,李立英便用这块现洋买了只老母鸡。本想炖好后给贺敏学补一补,谁知,教育科的女伴们闻香而来,要打她的土豪。李立英索性也请来了陈毅夫人张茜、叶飞夫人王于畊等,一起美餐了一顿。

贺敏学当然遵守与李立英的君子协定,但在女伴们的笑话下,再加上战争环境下分居不方便,在坚持了两三个月后,李立英首先提出毁约,与贺敏学结成真正意义上的夫妻。恰在这时,组织上任命贺敏学为联合抗日部队(简称联抗)参谋长,李立英跟随调到部队。

两手都硬的联抗参谋长

贺敏学是1941年7月到联抗工作的。鉴于在日军的"大扫荡"下,盐城、东台、湖垛、建阳等地相继沦陷,联抗缺少一个得力的军事指挥员,陈毅便委派贺敏学代表新四军军部前往指挥联抗,配合黄克诚第三师作战。尔后随新四军军部活动于老黄河两侧,担任军部的警卫任务,战情稍稳,贺敏学又奉命帮助联抗整训。

联抗是支特殊的部队,它是陈毅的统战杰作。1940年10月初,新四军在黄桥决战中一举歼灭韩德勤主力后,与顽韩原有矛盾的李明扬、陈泰运等各派武装力量,转而对新四军又存戒备心理,希望彼此间能有一支缓冲部队。陈毅抓住时机,顺应彼方意向和要求,划出缓冲地带,授命各方面都能接受的中共秘密党员、国民政府中央军事委员会战地党政委员会中将设计委员、鲁苏分会委员黄逸峰为司令,建立联抗。10月10日,距黄桥大捷不过四五天,一支番号为鲁苏皖边区游击总指挥部直属纵队、鲁苏战区苏北游击指挥部第三纵队联合抗日司令部的部队,在苏北重镇曲塘正式宣告成立。其基本队伍来自四个方面:骨干力量是新四军军部派来的一个主力连,李明扬调助了一连兵力,陈泰运暂借一部兵力,而让出其防地曲塘镇作为司令部驻地,另外还收编了曲塘等地原来的地方武装，确是个名副其实的联合抗日部队，全体指战员皆佩戴联抗臂章。

联抗从外围军的实际出发，虽不公开设立政治委员制度，却受共产党的领导。1941年夏，联抗奉命北上，到新四军军部整训，只留少数武装和地方干部在原地坚持斗争。考虑到联抗在北上及对日作战中伤亡较大，也为了加强部队党的领导和军事政治工作，新四军军部除补充一部分兵力和弹药外，还派出贺敏学、程飞白、袁捷等十多位优秀军政干部帮助联抗整训，嗣后留在联抗，帮助部队重新打回原地。这批干部大都是抗大第五分校的骨干，大家对联抗的情况虽早有耳闻，但从内心讲，多数人不太愿意离开正规部队到那里去。贺敏学为新四军军部分忧，主动与这些干部谈心，他去联抗工作，本身就是个表率。

联抗结束整训已是9月，刘少奇、陈毅专门召开联抗连以上党员干部会。刘少奇指出："联抗部队是我们根据党中央和毛泽东同志关于统一战线的策略方针组建的，是一个创造，它是我军联合友军合作抗日的桥梁。虽然它是以外围军的面貌出现，但实际是新四军的一个组成部分。它可以在特定时间、特定地区，去完成主力部队一时不能完成的特殊任务。"刘少奇联系现实环境批判了两种错误思想：一种认为只有八路军、新四军才是党领导的，做军队工作只能参加八路军、新四军，而不愿意做外围军的工作；一种是把党的外围军当作超阶级的武装，或者说成两党领导的武装。刘少奇还说，党的外围军不管叫什么名称，其性质是不能改变的，一定要置于党的绝对领导之下。

陈毅在讲话中指出，大家过去主要是运用了军事斗争的法宝，现在又要运用统一战线的法宝，任务更加光荣和艰巨，被抽调的同志都是经过党多次考验的干部，一定要安下心来，完成肩负的特殊使命，按照新四军的标准改造联抗。

刘少奇、陈毅的讲话，驱散了大家或多或少还残存的阴云，使大家心胸豁然开朗，信心倍增。贺敏学表示："决不辜负党的期望，把联抗改造成党所要求的真正的人民军队。"

在这次会上，刘少奇代表中共中央华中局（简称华中局）和新四军党委宣布：黄逸峰为联抗司令员、党委书记，贺敏学、彭柏山（彭冰山）为党委委员，贺敏学正式任参谋长（彭柏山已于4月接任政治部主任）。

对一个一心希望领兵打仗的军事指挥员来说，老置于后方，总不够舒心，感

觉像个跑龙套的。现在"导演"一下子安排了一个更适合自己的角色,英雄有了用武之地。贺敏学为此琢磨这个角色的用意,而刘少奇、陈毅在会后的又一次召见贺敏学和他谈话,使他心里更有了谱。新四军两位最高领导如此面授机宜:到联抗工作重心务必放在部队管理教育方面,要将此部队保存到抗战胜利时仍有现有数量,至于司令部各部门尤其是经济方面,小问题上不必过多顾问,以注意保持干部间关系的和谐。

几天后,贺敏学和黄逸峰率领联抗,离开了军部,踏上了回防之路。虽然此时联抗官兵只剩下七百八十人,约为原有人数的一半,经过整训,战斗力却大大地提高了,大家都有了坚持原地斗争的信心和决心。

南返回防途中,贺敏学始终都是弃马步行,把马让出来驮东西。进入敌伪封锁线时,部队改为夜行军。9月中旬的一天上午,部队到达秦南仓以北的范吉庄宿营,忽遇秦南仓之敌伪分两路北犯。在贺敏学指挥下,联抗配合新四军粟裕师一部激战四个小时,将敌击溃。

一路上,黄逸峰向年长两岁的贺敏学询问部队建设等事宜。贺敏学认为,联抗部队成分复杂,认识不一,存在着战斗力不强、旧军队积习较深等缺陷,虽然这次做了为期两个来月的整训,但不可能一劳永逸,今后必须适时加紧军事和政治训练,才可能成为一支作风过硬的部队。黄逸峰连声称道贺敏学对部队建设所提意见,表示要按他的意见办。贺敏学谦逊地说:"由你来具体领导,我当个见习生。"黄逸峰一本正经地说:"什么见习生,你是我的参谋长,自家人,不讲见外的话。"

日夜兼程,联抗辗转穿插于日伪军封锁线之间,十八天后,部队胜利返回海安、曲塘以北地区,到达诞生与成长之地。

联抗回来的消息不胫而走,迅速传遍海安、曲塘地区。时值中秋,又值联抗成立一周年之际,八方群众纷纷送来月饼、肉菜,与联抗指战员共度佳节。贺敏学在这里找到了老苏区的感觉。老百姓热情地拉着他的手,纷纷诉说:"早盼着你们回来呢,今后我们再也不用受陈泰运和野三旅的气了。"原来,在联抗北上整训期间,国民党税警总团陈泰运部乘隙由溱潼、姜堰地区入侵,占据了联抗辖地白米区,张星炳的保安三旅更是不断南窜袭扰,并由时堰伸入到仇湖、墩头等地区,无恶不作,老百姓深受其害,斥之为野三旅。

国民党税警总团和张星炳保安三旅的侵占,使本来就不大的根据地变得更为促狭。除该两部外,联抗根据地四周还林立着其他日伪顽据点六十余处,总兵力一万五千人。贺敏学了解情况后,向黄逸峰提出,根据地太小则无法立足,今后与敌周旋也困难,当务之急必须恢复并扩大防区。黄逸峰从统战角度出发,提出对陈泰运可采取先礼后兵的斗争方针,尽量争取他联合抗日,对张星炳则可先行动武。

联抗回防后,苏中行政公署和军区决定将兴化、东台、泰县结合部的地区作为联抗新的活动区域,并将有关机构和人员移交其领导。联抗也积极主动发展,首先插入曲塘北王家庄、于家庄一带,建立两个乡的根据地。随即,在贺敏学主持下,完成了对司令部的机构调整。一场反击野三旅的斗争悄然拉开了序幕。

贺敏学在分析了敌我形势和力量对比后,认为在联抗现有力量不强的情况下,要解决野三旅,得先恢复与李明扬、陈泰运的关系,才能集中全力对付首恶之敌,以求一战告捷。他们正在研究行动的时候,李明扬、陈泰运就派代表来了,邀请他们前往邓高庄会谈。原来,李明扬和陈泰运两部不久前曾与新四军苏中军区发生了一些小摩擦,正担心新四军对其报复,闻讯联抗回防,便像抓住了救命稻草。

一方面,黄逸峰邀请苏中新四军代表朱克靖,与李明扬、陈泰运他们先后在邓高庄和兴化茅山做了两次会谈,基本达到预期效果。另一方面,贺敏学已秣马厉兵展开了解决野三旅的部署。本着有理有利有节的原则,联抗对野三旅再三晓以大义,希望他们改弦更张,不做亲痛仇快的事,以便妥善解决防区边界问题,谋求团结抗日。可他们置若罔闻,昼夜不停地进入联抗防区,明目张胆地抢掠骚扰,并在墩头筑据点、修工事。

贺敏学认为,必须打掉野三旅的反动气焰,否则,联抗就无法在海安、曲塘以北地区重新扎根。彭柏山说:"与强盗讲道理是没用的,唯一的办法是反击他,刹住他的气焰!"

在反击野三旅的作战会议上,首先由黄逸峰讲清了反击的理由,而后由贺敏学具体部署。贺敏学考虑到这是联抗回防后的首战,胜利是振奋士气、鼓舞群

众、震慑反动势力的唯一途径，于是决定亲自指挥，并动用由新四军底子组成的第四大队。其中，第一中队攻打墩头，第二中队围攻周家溪。他叮嘱大队长宋生发、教导员袁捷，一定要打出威风，打出锐气。

11月下旬，在新四军一部的援助下，联抗讨伐野三旅之战打响了，首战功成。其中，第一中队在墩头歼顽一个排，第二中队在周家溪俘顽一个排一个班，并击沉敌船一艘。12月22日夜，联抗再次出击，歼灭野三旅主力一部，迫其撤出鹿汪、周家垛和墩头据点。野三旅仓皇北逃后，再不敢向南发展。由此，来自北面顽固派军队（俗称顽军）的威胁减少了。

打败野三旅后，联抗又通过李明扬、韩紫石和其他地方士绅，开展了对伪军的政治攻势，使他们的活动限制在据点附近，并保证不下乡抢掠，而且要定时提供日军活动情报。联抗由此获得了军事活动的主动权。联抗防区斗争形势千变万化，贺敏学协助黄逸峰指挥部队，巧妙地与来犯之敌周旋，寻找敌方薄弱点加以打击，同时利用战斗间隙，做友军的统战工作，分化瓦解顽伪，发动群众建立敌后抗日民主政权。有段时间，联抗防区还成为苏中军区获取日伪及国民党军队情报的中心。

联抗自痛击张星炳的野三旅后，李明扬、陈泰运两方或有意示好或大行韬晦之计，斗争显得扑朔迷离。

当时，华中局为了统战，指示联抗出面分别送李明扬、陈泰运两方一份厚礼。贺敏学和黄逸峰、彭柏山一致认为，李明扬、陈泰运目前不是缺少粮食经费，相反比新四军更富裕，送李明扬、陈泰运厚礼有失尊严；当前李明扬、陈泰运有求于我，如我们再表示过分谦让，反使其趾高气扬，影响今后工作，因此没有送礼的必要。

针对华中局要黄逸峰参加李明扬、陈泰运集团共同领导军政等指示，他们也提出不同看法，并认为就目前的形势来看，要李明扬、陈泰运不掩护反共分子，如同要张星炳不反共一样，事实上不可能。贺敏学还站在军事的角度提出看法，李明扬、陈泰运眼下主动求和，是因为我们打了张星炳后，他们感受到了威胁，所以我们今后只有对张星炳之流坚决采取消灭政策，才能争取李明扬、陈泰运及伪军，统战工作也才会更见效。

在红军游击队下山改编时即从事过统战工作的贺敏学,对这块工作自然不陌生。他还认为,离开了自身的基础和底子,统战工作只能是与虎谋皮。就目前环境来看,联抗活动区域只限于三个乡,过于狭窄不说,兵力也太少。因此,他建议,请上级增派一些兵力来,最好是一个营,加强联抗力量,以便向仇湖、时堡地区发展,与兴化独立团打成一片,利用水网区建设后方,同时改善东台溱潼伪军与联抗的关系;否则,限于目前狭小地区不能发展,既不易争取李明扬、陈泰运,还容易遭日伪"扫荡"或"清乡",坚持斗争也将会困难重重。

联抗领导人统一认识后,于1942年1月29日就此致电华中局。华中局采纳了联抗的其中几条合理建议,复电指出数条:

其一,李、陈历来不打我,并未公开反共,不随李长江投敌,这是杂牌军中真正的中间势力。我们应本一贯的争取和帮助的政策,不用威胁屈服的手段。至于其内部有反共分子卢印泉活动,我们不能公开干涉,逸峰可以朋友地位予李、陈劝告。

其二,张星炳与李、陈不同,应视为坚决反共的武装,有韩顽在背后策动,且是韩德勤向苏中伸张的证据,故我们应采取坚决消灭的手段。但顾及李、陈与张关系密切,应分别清楚,不致引起李、陈误会起见,宜先接受李明扬、陈泰运的调解,要张星炳赔偿过去给我们造成的损失(可与粟、叶协商提出),保证以后其不反共。如张不就范,则我们仍有行动自由,对李、陈亦好讲话。

其三,新四军一师领导粟裕、刘炎、叶飞应与联抗即行商定共同对付张星炳的计划,俟逸峰与李、陈会谈后相机行动,一师酌量派队伍协助逸峰开辟工作……

不独张星炳与李明扬、陈泰运不同,陈泰运与李明扬也大有不同,一俟风吹草动、情形于己有利,脑后那根反骨便作痒了。1942年2月中旬,伪军忠义救国军(简称忠救军)一部北渡,汉奸李长江在姜堰成立临时"'剿匪'指挥部",拟对联抗地区及苏中军区三分区"扫荡",陈泰运暗中策动驻曲塘的伪第二十六师陈

才福部向联抗进攻。华中局获此消息,向联抗发出紧急指示,在指出敌情及"陈泰运对我明示中立而秘密积极布置害我"这一形势后,指出:"你们必须密切注意,准备应付严重斗争。对敌、伪、'忠救'、陈泰运诸方面应有分别不同的政策,以达你们坚持阵地的目的。""敌伪'扫荡'如确实到来,你们工作重心仍放在反'扫荡'上面。"

统战工作要做,反"扫荡"更得准备,有贺敏学掌管军事、彭柏山掌握部队的政治思想,黄逸峰则腾出手来游刃于统战和对伪军的政治攻势中。黄逸峰亲临白米区税警总团驻地,向陈泰运晓以利害,使其不敢轻举妄动。与此同时,联抗派司令部干部张圭到伪第二十六师陈才福部,进行瓦解伪军工作。如此双管齐下,使得敌之计划流产。联抗还获悉,国民党将组团来李明扬、陈泰运、张星炳等处视察。3月12日,贺敏学与黄逸峰、彭柏山联名向华中局、新四军军部报告,得到的回电是:

> 国民党视察团是由重庆远道来韩德勤、李长江、陈泰运、张星炳处视察,内情不详,其中亦可能不完全是最顽固分子,你们宜以中间立场向其进行联络和统战,以揭破韩的欺蒙手段,可设法将新四军的政治态度介绍给他们,可争取多少好的影响,同时亦不必计较他们是否接受不接受,这是扩大争取友军工作的必要做法,亦是杜绝其阴谋攻我之良好办法,即使他们还要攻我,则我之理由更光明正大,创造了胜利的条件。
>
> 一般估计,李、陈不会此时冒险攻我,情报消息宜加以正确判断,但同时你们的戒备则任何时不可疏忽。

接电后,黄逸峰与贺敏学、彭柏山对情报加以研究判断,决定依旧由黄逸峰出面斡旋,贺敏学负责一切戒备工作。

由于联抗领导人分工明确,军政首长团结一致,有理有节地开展斗争,不仅一次次挫败了敌人的阴谋,而且动摇、瓦解了敌之营垒,局势逐渐对我有利起来。

1942年初夏,贺敏学和李立英的女儿诞生。一次,部队有位教导员前来看望孩子,无意中与李立英谈到贺子珍的事。李立英大吃一惊,贺子珍竟是贺敏学的妹妹,结婚这么长时间了,贺敏学从未跟她提起。

贺敏学回来后,李立英忍不住问及此事,贺敏学说:"讲这些有什么意思呢?"李立英明白丈夫的良苦用心,此后,在工作和生活中,凡是丈夫不愿讲的事她一字不提。

1942年春夏之交,联抗已发展到一个团的兵力。苏中区党委适时决定将通榆公路通榆河以东的李堡、海富两区划为联抗防区。两个区与海安地区毗连,只是中间隔着一条封锁线——通榆公路通榆河。白天日伪军沿着封锁线乘汽车南北通行,夜间联抗迈开两条腿,跨越公路和河流东西来往。这样一来,日伪军对联抗的行踪,就更难捉摸了。

这年夏天,根据中共中央关于全党开展整风运动的决定。联抗抓住战争和工作间隙,组织党员学习整风文件,开展批评与自我批评,有步骤地开展整风运动。整风运动的方针是惩前毖后,治病救人。在解决思想问题方面,强调互相打通思想,自己脱裤子割尾巴,即割小资产阶级和各种非无产阶级思想的尾巴等。贺敏学自觉把自己作为普通一员,轻装上阵参加了这场学习运动。

在整风期间,贺敏学丝毫没有放慢部队的训练和扩建工作。他向黄逸峰提议扩充部队,黄逸峰欣表同意。9月,贺敏学协助黄逸峰领导联抗开展军政大练兵。他还在彭柏山的帮助下,主持办起了军事政治干部轮训班,抓住时机提出当前实际军事理论的研究、连级干部以上相互研究和讨论河川战斗等,适当使用干部,对旧军队或入伍不久的人员采取团结、改造、争取的的方针。

在艰苦卓绝且形势复杂的斗争中,一些怀着不纯动机参加联抗的人,发生了动摇、逃跑,甚至叛变投敌的事。1942年冬,一名战士因过不惯艰苦生活,擅自离队向伪据点方向逃去。指导员汤文林和一名通信员将其带回。贺敏学听了汇报后,指示不能非难该战士,而是说革命要自觉,不能强迫,来者欢迎,去者欢送,他实在想走,让厨房加个菜欢送他。黄逸峰也说,捆绑不成夫妻,他实在想走,我们也留不住他,走后,如果还想再回来,我们同样欢迎他。

根据黄逸峰、贺敏学的指示,汤文林加了个菜陪这名战士吃饭,并传达了首

长的话。该战士感激涕零地说,承蒙司令员、参谋长宽大为怀,今后我绝不做对不起联抗的事。

联抗的壮大,有力地促进了抗日根据地的建设和发展,对策反伪军反正奠定了必要的基础,并深深感化了李明扬。

联抗自回防以来,一直没有中断过与李明扬的联系。此时,李明扬因其副总指挥李长江公开投汪降日、总指挥部秘书长许少顿继之公开率一大部分队伍公开投敌,致使他手中只剩少数武装,力量锐减不说,处境也日益困难。联抗一如既往地积极相助,送枪送粮送钱,有时还以武装掩护他。1942年9月,李明扬亲临联抗访问,黄逸峰、贺敏学等领导人热情接待,欢叙旧谊。此时联抗正开展军政大练兵,应李明扬要求,贺敏学还专门陪同他视察了部队。联抗的精神面貌,给了李明扬极大的震动,他表示要坚持民族气节,决不降敌。李明扬还和联抗达成团结友好、相互支持、一致对外、抗战到底的口头协议。

随着世界法西斯势力的进一步猖獗,中国抗战进入最困难、最艰苦的岁月,苏中各分区都多次遭到日伪军的"扫荡"。由于联抗以外围军的面貌出现,且在对日伪军战争中采取了较为灵活的策略,因此这一阶段相对还算安定。但为适应战争形势的需要,更有效地开展反伪化斗争,1942年底,苏中区党委决定,将原兴(化)东(台)泰(县)区委改为兴东泰地委,以黄逸峰任书记,实现党政军一元化。贺敏学担任地委委员,分管军事,帮助建立并指导地方抗日武装的任务。

民兵武装在兴东泰地区发动起来后,成了一支不可小觑的力量。他们白天忙生产,夜晚打游击,武装保卫夏收,冬闲季节搞"三冬"(即冬防——提防敌人"扫荡"、冬学——学政治学文化、冬训——进行军事训练)。平时还帮助联抗搜集、传送情报,协助政府惩霸除奸,搞好地方治安。

不辱使命的铁汉

1943年元旦,苏北日伪军以四千之众,突然对陈泰运的税警总团分兵合围,大举"扫荡"。陈泰运紧急躲避,令纵队司令李其实率第一、第六团做大规模转移。消息传到联抗,贺敏学立即和黄逸峰研究对策,并派司令部军法处张圭穿越火线,设法找到税警总团,建议他们向联抗防区转移。

1月3日,税警总团两个团被日伪军包围在姜堰以北的张尤庄、俞九舍一带。纵队司令李其实、第六团团长符学才在战场上无耻地挂起白旗。纵队副司令兼第一团团长陈振率税警总团第一团、第六团一个营拒不投降,坚持作战。天黑时分,日伪军的包围圈越缩越小。危难之际,张圭及时赶到,代表联抗建议他们迅速撤出。陈振率部在张圭的带领下,且战且退,但日伪紧咬不放。关键时刻,贺敏学率联抗大队人马进入阻击阵地,掩护税警总团脱身,安全转移到联抗防区附近。

对税警总团这支部队,日伪军一直采取又打又拉的政策,但遭到陈振、李浩等进步军官的坚决抵制。日伪军在多次游说不成的情况下,欲以武力迫降或聚歼。联抗救人于危难之中,使得日伪军的阴谋落空。

根据黄逸峰和贺敏学的指示,联抗主动让出一块地盘作陈振余部的休整地区,并全力解决他们的吃饭问题。在设宴招待税警总团大队长以上军官时,贺敏学就如何反日伪军"扫荡"向他们传授了游击战的基本经验。陈振和税警总团官兵对联抗的患难相助表示由衷的感谢。

一天傍晚,贺敏学正和黄逸峰、彭柏山研究敌情,陈振忽然来见,提出将税警总团与联抗合并的要求。黄逸峰明确表示,联抗不能乘人之危把税警总团吃掉。陈振却说:"这是从税警总团实际情况考虑提出的,你们对陈泰运以诚相待,可陈泰运和他掌握的耳目鹰犬都是反共的。这次我带税警总团兄弟向联抗地区转移前就遇到不小阻力,但大部分官兵还是坚决打鬼子的,只要你们肯收留,我保证能说服大家留下来,希望你们答应我们的请求。"

黄逸峰经和贺敏学、彭柏山研究,取得一致意见:陈振是具有团结抗日抱负的爱国军官,他主动要求率部留下参加联抗,说明统战工作作出了成绩;但在陈泰运尚未明目张胆公开与我决裂前,我应一本积极争取的方针,冀其能有所转变,站到团结抗日方面来,共同对敌,如在此时收编其部队,势必授人以柄,影响大局。上级同意了联抗的意见。

在黄逸峰和贺敏学等联抗领导人的耐心说服下,陈振在敌人"扫荡"过后率部返防。临行前,他与联抗领导人一一握别,说:"一旦陈泰运投降,我会坚决和你们站在一起!"

1943年，联抗面临成立以来最紧张、最艰苦的岁月。继清剿税警总团区之后，日伪军纠集一万四千人向苏中根据地进行春季大"扫荡"。根据新四军军部部署，联抗在防地兴东泰地区抗击并牵制日伪军。

针对日伪军在泰兴吴家桥、仙女庙一带安设据点、封锁道路、以拉网战术向根据地步步紧逼的现状，联抗领导人紧急制定部队的战斗方案。贺敏学认为，面对强敌，不可硬拼，宜采用运动战与游击战相结合的灵活机动的战略战术打击"扫荡"之敌，并提出了包围敌据点、伏击敌援兵的作战方案。

黄逸峰和副司令员李俊民齐声称好。此前，李俊民一直在四分区专署任主任秘书，到1942年底才由黄逸峰要回联抗。

2月下旬的一天深夜，联抗兵分三路，摸黑出发，其中一路由贺敏学亲自率领，直抵敌据点。部队悄然完成对敌据点的包围后，一声号令，袭击敌据点的战斗便打响了。日军一面拼命抵抗，一面向县城指挥部报告。日军指挥部派出两个日军中队，从水陆两路增援吴家桥据点。

日军水路援军分乘两艘汽艇沿河道向吴家桥疾驶而来，却遭到早已埋伏的联抗的迎头痛击。相持良久，汽艇见难以冲出联抗的伏击圈，只得掉过头转回去。

日军陆路援军也是同样的命运。根据贺敏学的方案，联抗早已选择有利地形埋伏，待满载敌军的卡车驶入埋伏圈，战斗马上打响。开路卡车被炸坏进不成，后面卡车被打得退也退不得，日伪军纷纷从卡车上跳下，伺机反击。但地势不利，倒地者甚众。余敌见势不妙，拼命向后逃窜，联抗也不追赶。

按预定方案伏击敌水陆援军的两支部队随即迅速撤回吴家桥，合力攻打日军据点。天将拂晓，吴家桥这三个日军据点全被攻克，毙伤日伪军三百余名，俘敌七十余名。贺敏学在此战中威震敌胆，捷报传来，陈毅大喜："贺敏学不辱使命！"

在里下河一带国民党的各派武装在日军"扫荡"下相继溃败，贺敏学协助黄逸峰指挥联抗予日伪军一部杀伤，为保存有生力量，从驻地厉家窑、伟桥向北面草荡转移。联抗六百平方公里的区域，日伪军大小据点多至六十余个，敌汽车和汽艇日夜行驶不停。联抗驻地距敌据点最远之地不足五公里，敌人一个跑步就能打到门口。在此之前，联抗虽已执行了中央精兵简政的指示，但贺敏学仍感机关太大,行动不便。

下达轻装行动的命令后,贺敏学从自身做起,首先把心爱的女儿从机关和后勤队伍里精简出去。想到要与不满周岁的女儿分离,李立英心如刀绞。为了不使军事行动受到任何干扰,贺敏学夫妇趁女儿熟睡时把她送到海安老乡家寄养。

3月,日伪顽军相互勾结,从溱潼、东台、塘坝、海安、曲塘等地一齐出动,号称八路"扫荡",气势汹汹地奔袭联抗驻地。接到情报时,西北面的敌人前锋已然逼近联抗司令部驻地,情形危如累卵!这时黄逸峰正发高烧,请贺敏学为主指挥。贺敏学指着地图说:"司令部要跳出敌人的合围,只有向东经隆政乡道士桥转移到古贲。"黄逸峰不假思索地说:"事不宜迟,就听你指挥。"

贺敏学一面命令战斗队掩护黄逸峰和司令部轻装上阵,一面派人通知隆政乡一带的民兵、基干队,兵分两路策应司令部行动。其中一路阻击海安来敌,以便为司令部突围争取时间,另一路为搭桥队,扛着木板、木桩,奔赴隆政、古贲界河抢架浮桥,保证司令部及时过河。在贺敏学的指挥和隆政乡民兵的有力配合掩护下,司令部很快就摆脱了强敌,安全突围到古贲河东。此战还使敌人付出了伤亡二百多人的代价,新四军军部为此还对贺敏学进行了表彰。

4月间,日伪军的春季"扫荡"接近尾声。贺敏学和黄逸峰率联抗司令部正在海北吉庆乡一带活动。野三旅的副旅长胥金城派人前来联系,要求参加联抗或新四军。原来,韩德勤顽军野三旅被日军打垮后,旅长张星炳弃军逃跑了。胥金城在密信中说:"我知道联抗和新四军都是真心抗日的,我冒着生命危险来找你们,愿意跟着你们继续抗日,请你们收留我!"

联抗和野三旅打了一年多的仗,在党的抗日统一战线政策的感召下,其副旅长胥金城终于走上了坚决抗日的道路。

作为参谋长,贺敏学掌握了联抗周边各色部队主要军事指挥主官的不少情况,知道胥金城久经戎行,在旧军队中富有爱国心,曾多次与张星炳的投降政策分庭抗礼。在确信事件真实后,贺敏学协助黄逸峰帮助胥金城收容旧部七百余人起义,并报苏中军区委任他为新编第七纵队司令员。胥金城率起义队伍奉命赴兴化茅山地区活动,途经厉家窑联抗司令部,受到黄逸峰、贺敏学和联抗全体

指战员的热烈欢迎。后来,胥金城加入了中国共产党。

除了反"清乡"、反"扫荡",联抗也开展反伪化斗争,随时严惩汉奸卖国贼,有时甚至在有伪化倾向者附近埋伏下来,寻机打击。联抗的反伪化斗争取得卓著成绩,威名远播,对税警总团等国民党武装起到了震慑、警示作用。

4月中旬,日伪军又纠集力量,欲对陈泰运所部税警总团做第二次迫降。联抗探知情报后,迅速通知税警总团,要他们提高警惕。其时税警总团尚有三千余人,武器装备精良,贺敏学建议他们将部队分散,化整为零,以应变战略迎战"扫荡"。但陈泰运未听忠告,结果一战就损失一个支队,慌乱中率少数亲随逃跑。在军中失去指挥之际,税警总团进步军官陈振、李浩及时鼓动副总指挥林叙彝向联抗求助。联抗再次援手,掩护他们分别撤至联抗和苏中二分区防区,并在粮秣和经济上无偿提供援助。

在税警总团休整期间,陈振等进步军官又找到黄逸峰、贺敏学等人,主动提出将撤来休整的税警总团两团人马与联抗合并,或直接改编成新四军。黄逸峰还是认为,为大局着想,不可乘人之危而行合并之事,待时机成熟时再议。贺敏学考虑到刘少奇、陈毅交代自己的任务主要在部队的指挥、管理、教育方面,因此也不好提出不同看法。后经上级同意,仍送税警总团返回原地。联抗的两次无私救援,给了陈振极大的教育,深感只有跟着共产党、新四军抗日才有出路,也才能救中国。经他恳切申请,黄逸峰介绍他成了中共秘密党员。

反"扫荡"结束后,陈泰运回到税警总团,不仅不感谢联抗的援助,反而撤掉林叙彝、陈振、李浩等坚持抗战军官的实职,任用已投降日伪回来的符学才等人。由于军权落到了汉奸和反共者手中,税警总团自此以德报怨。有次黄逸峰赴李明扬处会商团结大计,途中竟遭税警总团的蓄意阻挠。事后,税警总团对联抗边境的摩擦和军事挑衅日渐加剧,扰民抢掠和枪杀干部、民兵事件时有发生,甚至把迫击炮对准联抗司令部射击。曾从韩德勤手中救过陈泰运一命的黄逸峰对此既恼火,又焦虑。贺敏学认为,陈泰运种种做法,已露伪化迹象,只有反击予其教训才会使他们收敛。但黄逸峰还是寄希望于陈泰运的觉悟,改弦更张,走上团结抗战的正轨。直到1944年10月(时贺敏学已调走),在各界人民的请求下,联抗才在新四军苏中某部配合下,发动了讨伐税警总团之战,算是完成了历史使命,随后奉命撤销番号,成为新四军主力。

在反伪化斗争中,联抗防区出现了许多爱国绅士,韩国钧是其中的杰出代表。这位民国时的江苏省省长,退居家乡后仍关心国事,公开谴责韩德勤种种破坏合作抗日之行径,为新四军取得黄桥决战胜利发挥了重大作用。八旬高龄的他在忧愤中辞世后,新四军军部专门为他举行了追悼会,并以其号设紫石县。

1943年5月中旬,税警总团勾结伪军,借口保护韩国钧灵柩,到海北区徐家庄构筑据点,企图吞食边区。联抗领导人认为,既不能让伪军欺骗舆论,玷污韩国钧的名声,也不能让伪军蚕食边区的阴谋得逞。会后,贺敏学亲率联抗第五连前往海北,配合当地民兵行动,一举将该部伪军赶走。

却说张星炳的野三旅在日伪军"扫荡"中溃灭后,其盘踞之地一片混乱。联抗决定进军该地。贺敏学率两个连首先到仇湖、时堰地区活动,不出一个月就肃清了残顽和散兵游勇,安定了民心,扩大了联抗影响。

1943年联抗的一连串战斗,赢得了各阶层的普遍赞扬,认为联抗虽是外围军,但和新四军主力部队一样能够打仗。联抗在一年多时间内,不仅在险恶的环境中生存了下来,还锻造成一支能征善战的劲旅,这与参谋长贺敏学的军事指挥密不可分。

贺敏学在联抗指挥的最后一仗是墩头血战。

7月1日深夜,贺敏学率第一连连长周霖、指导员袁建、副指导员姜亚,掩护紫石县副县长魏翘南等带领的县委机关,从时堰东南汤沟向墩头进发,以在这一带开展工作。他们坐了一晚上的船,黎明时分才到达墩头,在老乡家里躺在稻草铺上休息。忽然,侦察员气喘吁吁跑来报告:日伪军从曹家庄向墩头开来,相距不过几里!

敌情突至,贺敏学思考稍倾,马上发布命令:第一连副指导员姜亚率第三排迅速到村东头小桥处牵制敌人,第一连连长周霖、指导员袁建率主力随他在墩头南侧阻击敌人,掩护县委机关迅速上船转移。

战斗在仓促中进行。日军一个大队和汪伪第三十五师赵军山的一个团乘十艘汽艇蜂拥而上,抢占了墩头镇。贺敏学率第一连与敌激战两小时,给敌以大量杀伤。日伪军见无进展,又派人往东台调兵增援。贺敏学下令,将相机牵制敌人

的第三排也投入战斗,并通知曲北区队和民兵在厉家窑北面的东西大河两岸阻击南边妄图增援的伪军。

天亮时分,贺敏学发现敌十几倍于己,考虑到县委机关已转移,相持下去有害无利,乃令部队泅水突围。第一连主力成功突围了,第三排却陷入重围。贺敏学见状,遂下令停止后撤,以火力援助第三排突围。

战至上午10时,联抗司令部听到激烈的枪声,又得侦察员报告第一连在墩头被敌包围,副参谋长吴光明即率第二连跑步赶往增援。第二连自江家舍到达敌侧翼后,即从进攻墩头之敌背后发起攻击,直插曹家庄、墩头之间的柳树沟。此时第一连在贺敏学的指挥下,已逐步撤出战斗,第二连待查明敌我情况后为时已晚,反遭曹家庄、墩头之敌的夹攻。贺敏学未料情况会弄成这个样子,得报后再率第一连援救第二连。打到下午5时,第二连在第一连的策应下才开始突围。曹庄村西柳树沟向南河网交错,突围相当困难。在游过一条河时,第二连连长胡英、指导员徐其华先后牺牲。该地后改为英华乡,以纪念先烈。

这次遭遇战,是硬仗,也是恶仗。联抗两个连与十几倍于己的日伪军拼搏了十个小时,虽然伤亡不小,但在临危状态下胜利掩护了县委机关转移,且自身也突围出了大部分人马,让日伪军付出了伤亡三四百人的代价。日伪军自集结重兵"扫荡"韩德勤部和兴东泰地区国民党军队以来,从未遭到如此顽强的抗击和惨重的伤亡。此战打得日伪军胆战心惊,就连税警总团最反动的头子江振南事后也说:"现在联抗部队战斗力确实很强。"

这次战斗结束不久,贺敏学奉调党校学习,结束了为期两年的联抗岁月。组织上征求他的意见,是去延安党校,还是去苏北华中党校(在新四军军部)。贺敏学表示就近在华中党校学习。

联抗指战员对贺敏学的调离,都觉依依难舍,纷纷前来与贺敏学、李立英夫妇话别。动身前,贺敏学和黄逸峰等喝了离别酒,相处两年来,他们彼此感情很深。这两年,他们运用毛泽东游击战争的战略战术,在敌强我弱的形势下,抓住战机,主动出击,给日伪军以沉重打击,最后夺取了反"扫荡"、反"清乡"斗争的胜利。

被翻开的陈年旧账

华中党校与贺敏学待过的那些军事、政治干校的性质差不多,是一座用马克思列宁主义教育干部的军事化学校,按华中局书记、新四军政治委员兼党校校长刘少奇的话说:"背起背包,拿起枪杆打仗走路;放下背包学习,农村田间都是我们的课堂。"贺敏学对这类学校并不陌生,更兼有战场上摸爬滚打的经历,当然完全可以遵照刘少奇这个精神进行学习。使他略为吃惊的是学习实质,虽然来前已被告知此番入学主要是参加整风,但到校不久即发现,审干内容其实更为重要也更为严格。

这批入校者,有的来自前线,有的来自游击区,有的从根据地来,有的从国统区来,据说多数有历史和政治不清楚之处。他们中,有的的确有问题,有的只是有点思想问题却被当作反革命送来审查。贺敏学的所谓历史和政治不清,主要是因为他在三年游击战争中被捕过,疑点集中在:大叛徒龚楚为何没有杀他。

关于被捕事件,1937年夏贺敏学历尽千辛万苦找到项英后,就报告了前因后果,而且项英也让有关部门做了几个月的严格调查核实,经确认无纰漏后才予恢复工作。当时确切的一点是,贺敏学被捕后,当地党和游击队并没有因他而遭受破坏,此事足以证明贺敏学没有叛变革命。为何现在又旧事重提呢?贺敏学不免纳闷,但很快就坦然了,觉得真金不怕火炼,真正的共产党员完全应该无条件地接受党随时随地的审查、考核。

对贺敏学这次在华中党校参加整风并接受审查,李立英认为,多少与贺子珍有关。自从贺子珍与毛泽东的婚姻破裂后,原本就不喜张扬这层关系的贺敏学,对此更是讳莫如深。

开学之初,贺敏学和学员们根据党校安排,有组织地学习中央有关整风运动的文件,毛泽东提出惩前毖后,治病救人的方针,让他提高了思想认识。随后,他和每位学员在小组里对照文件精神谈体会、谈问题,自我反省,开展互相帮助。学员们经过耐心细致的说服教育,既认清了形势,又分清了是非,也放下了包袱。一些原想隐瞒小问题的人在提高认识消除后顾之忧后,痛哭流涕,毫无保留地把自己的历史问题向组织如实交代。

这次运动给贺敏学的感觉是,基本能贯彻党中央、毛泽东的指示,不搞逼供信和"残酷斗争,无情打击"那一套,也没有搞康生制造的"抢救运动",运动方向把握得比较准确,给学员所作结论也比较合乎事实。

领导华中整风审干运动的华中局组织部部长曾山,主持华中党校整风审干学习的党校党委副书记兼组织部部长温仰春,分别是贺敏学在江西省苏维埃政府、新四军驻贵溪办事处(对内称赣东北特委)工作时的熟人。但他没有因为和曾山、温仰春的关系而找他们说情。在整风运动中,他勇于自我解剖,知无不言,开展批评与自我批评,在学员中起了很好的带头作用。

党校要求人人都得留下"自传",一份留组织部,一份由个人保存。"自传"的内容尤其强调三项:一、关于学习和执行党的政策有什么偏差;二、有哪些历史问题,如被捕、被俘、失去党的组织关系、参加其他党派等重大问题;三、结论中要写优缺点,还要写出个人的特点。

贺敏学对"自传"抱着严肃、认真的态度,逐字逐句细心推敲,反复修改。他对妻子李立英说:"写成文字的东西,就得求实、准确,绝不能文过饰非。"据李立英回忆,贺敏学这个只写到1944年的"自传",是她根据贺敏学口述整理的。由于夫妇俩当时都受整风思潮的影响,李立英劝贺敏学在讲述自己的历史时,要谦虚些,少说功劳多谈缺点,就这样给这个"自传"定了调子。后来李立英也承认,这个"自传"没有真实反映贺敏学前半生的功绩。

在谈及个人与党的关系时,贺敏学写道:

政治上——由于对旧社会的不满,目睹阶级画(划)分明显,社会黑暗,痛恨国民党右派,认为靠这些贪官污吏土豪劣绅来革命,那社会得不到改造,劳苦大众也得不到解放,要解放劳苦大众只有依靠共产党,由于受革命书籍、进步同学及妹妹的影响参加了共产党,从此之后从未放弃这一信仰。

在长期的革命斗争中,证明了我对党的忠诚、坚定、勇敢,是经得起考验的。在坚(艰)苦的环境中和和平的环境及重大的政治事变中,从未表现过政治上或思想上的任何动摇,从未放弃过对共产主义的信仰,始终为党的事业奋斗到底。在我被捕入狱时,无论敌人是糖衣炮弹,还是严刑拷打,威胁利诱,"头可断,志不可屈",始终坚持自己的政治立场和阶级立场。

组织上——坚决执行上级命令、指示、决议。

对各个事变的认识和态度,他写道:

马日事变:开始认识不足,对政治上漠不关心,强调自己力量,忽视反动右派的力量强大,因而产生马日事变被捕。并认为何键反共是因为我们把其父作土豪劣绅论罪而游街,所以他是对革命报复,而不知道何键反共有其阶级本质。当全县国民党右派被我们扣留关在监狱中,认为他们没有什么力量,而忽视了他们的潜伏势力,结果反动军队打来,自己被捕。

西安事变:发生时,我已被捕,听到此消息时很高兴,认为这是爱国军人受我红军影响,扣蒋、杀蒋则为中国除了一害。与严重同志交谈之后,则认为放蒋可能是同意了我抗日主张。

卢沟桥事变:由于统战政策,国共合作是必然的,可以发展我党力量。

敌人一次反共高潮:反共是国民党基本政策,因此抗日时期对我进行摩擦也是必然的,但我们有信心打败他们,摩擦不等于分裂。

敌人二次反共高潮:蒋时刻都想消灭我军,自己认为皖南的失败是由于项英的警惕性不高,执行命令不坚决,致遭围歼,痛恨顽固派的罪恶行为。认为部队不应返回茂林,应集中力量冲出渡江。

敌人三次反共高潮:抗战胜利前夕,国民党想摘桃子,且反共是其基本政策,这时他以反共为主,抗日为副,走上积极反共的道路。但是,我党、我军已有足够力量和胜利条件足以打破其反共反人民企图。

反陈独秀路线:当时我在永新县国民党区党部工作(又是共产党员),毛泽东同志传达陈独秀路线的错误后,我认为是很正确的,陈独秀完全是右倾机会主义,丧失了我党的立场。

反立三路线：李立三提出"夺取一省和数省的首先胜利，红军应攻打城市，地方武装一律集中，编为正规军"，结果部队攻大城市连受重大损失，游击苏区日益缩小，革命群众和干部受到很大损失。自己心里发牢骚"你们这些家伙把地方武装通通编掉了，弄得苏区缩小，农民遭受痛苦，简直是帮助了敌人"，但不敢说。经毛泽东同志传达中央反立三路线后，坚决拥护中央决定。

"自传"经小组讨论通过后，送交党校审干委员会。考虑到贺敏学的特殊身份，党校审干委员会为慎重起见，特地将他的"自传"上呈华中局组织部部长曾山，经曾山审核无误后，党校审干委员会才做出鉴定。尔后，像其他学员一样，贺敏学本人在上面签字同意，"自传"才算有效。

党校学员众多，其中不乏参加过长征的老红军，通过了解，贺敏学得知了胞弟贺敏仁在长征途中被冤杀的详情。

贺敏仁在永新暴动失败后，因年纪尚小，先是寄养在舅舅家，后一路躲过敌人的追杀，跑上了井冈山，追随哥哥、姐姐参加革命，在红军中当了个小小司号兵。长征时，他也许有点自由散漫，对一路艰苦有时发点牢骚，遵义会议确立毛泽东在红军和中共中央的领导地位后，也许还因姐姐、姐夫的身份而有所骄傲，因而与周围的人相处不甚融洽。红军到达藏民居住的地区毛儿盖时，再三明令要严守民族政策。这时，有人报告说，贺敏仁违反纪律，擅自进入喇嘛庙，拿了庙里的一千多块花边(银圆)。他所在的师部立即下令把他绑起来，要予以枪毙。他矢口否认拿钱之说，只承认因为肚子太饿，身不由己地偷吃了供品。他恳求一位永新同乡，替他传口信给姐姐、姐夫，反映实情，救他一命。事情泄露后，更惹恼了部队首长，认为应该维护红军铁的纪律。当毛泽东指示要审清情况、缓期执行的电报到时，人已经被枪毙了。关于贺敏仁之死，部队曾经议论纷纷，有人说就是应该严肃军纪、不徇私情；有人则认为这是有意陷害、小题大做，拿贺敏仁开刀来打击毛泽东和贺子珍。其疑点是：一个健壮的挑夫也只能挑七八百块银圆，小小年纪的贺敏仁，哪里拿得走一千多块银圆。何况到他人头落地时，随身就是一个小背包、一条小军毯。

如果此事发生在平时,当然可以争个是非曲直,但长征路上战斗频繁,红军正处于生死存亡的紧要关头,一切都要服从大局,即使有人故意陷害,毛泽东、贺子珍也只能忍痛含悲,大事化小。

弟弟即便有小错误,但罪不至死呀,没有牺牲在战场,却背了个莫须有的罪名死在自己同志之手,委实冤枉!贺敏学深感悲恸。

李立英跟随丈夫到党校后,总感身体不适,起初还以为是生孩子时营养不良落下的后遗症。眼看妻子的身体日渐虚弱,贺敏学急忙找来老战友、新四军卫生部部长崔义田诊治。一番检查,才知李立英得了肺病,传染源竟来自贺敏学,只因他身体较强,且其肺病已结疤,自己没事,却把妻子给害了。

崔义田开了药方,并要李立英住在老百姓家,以便更好地休养。约半年后,1944年夏待贺敏学党校毕业时,李立英的病也好多了。9月,贺敏学受命任新四军第一师(兼苏中军区)特务一团团长,李立英又跟丈夫上了前方。行军艰苦,李立英又病未痊愈,走得时间长了,浑身都没有气力。起初让她坐担架,但她心里总觉得不自在,坐了一个小时后,说什么也不坐了。贺敏学有两匹马,一作坐骑,一用来驮行李物件,他让一匹马跟着李立英行军。李立英还是不自在,骑在马上目标大,等于告诉大家自己是首长夫人,她不愿被人说闲话,于是坚决不骑。这匹马跟着李立英,倒方便了那些伤病员,伤病员不骑时,则用来驮大伙儿的东西。李立英硬是靠自己的双脚走完了南征北战的漫漫长路。

李立英虽是跟着爱人上战场,她的战场却在前方的后方机关,担任随军医院的副指导员。

一天,随军医院传出一个惊人的消息:贺敏学团长在战场上牺牲了!李立英听后全身直打摆子,稍事休息后,医院里就又传出一些议论:"贺团长牺牲了,指导员在家里哭,也不工作了。"

李立英听说后,马上擦干眼泪,支撑着虚弱的身体走上工作岗位。她首先向大伙儿做解释:"我打摆子,发冷发热,上午实在没法到病房来,请大家原谅。"经她这一说,那些发议论的人倒觉得尴尬,向她致歉,并加安慰。李立英忍住悲伤,说:"前方打仗哪有不牺牲的,团长也会牺牲,贺敏学牺牲了,我也要上班!"

李立英一面撑着有病的身体工作,一面让人打听前线消息。后来才知,牺牲

的是一位副团长。

在特务一团,贺敏学参加的最大一次战斗是讨陈泰运战役。针对国民党顽固派税警总团陈泰运部倒行逆施与日伪军勾结,企图消灭新四军联抗、夺占曲塘以北地区、截断新四军南北联系等阴谋,苏中军区调集四个多团和联抗组成野纵司令部,于9月21日晚发起第二次讨陈战役(4月份进行了第一次讨陈战役)。10月上旬,伪军三个团前来增援陈泰运。贺敏学率特务一团配合联抗作战。在田家庄一线,歼灭曲塘、崔母来犯之敌。在曹庄、罗觉庵之线,又将一部伪军歼灭。在西北一路追击伪军时,伪军掉河淹死者甚多。

正当野纵司令部决心围歼陈泰运残部时,日军旅团长山本率两千余人及三路伪军,再次增援税警总团。为了取得战场上的主动权,野纵司令部决定转移到外线。陈泰运在日伪军的接应下,率残部九百人逃往泰州城内公开投敌。在为期一个半月的讨陈战役中,贺敏学率特务一团协同兄弟部队收复十余处日伪据点,毙伤顽伪军千余人,俘顽伪军中校大队长以下官兵一千三百余人。战后,联抗也完成了特定使命而予以撤销部队番号。

12月,贺敏学调任第一师第七团(俗称老七团)团长。第七团是老红军团,新四军中赫赫有名的"老虎团",以善攻坚著称。前任团长牺牲后,很长一段时间都由政治委员彭德清军政一肩挑。贺敏学上任后,第七团自团参谋长、营长到战士很快就服了这位有胆识的老井冈,认为他打仗确有一套。

天目山打出了威名

12月的苏中,正是当地民谚所说的"三九四九冰上走"的严寒季节。根据地的军民,都在着手做过冬的准备了。贺敏学忽然接到新四军第一师师长粟裕召见的通知。

粟裕言简意赅地告诉他:"中央命令我们立即渡江南下,向天目山进军,开辟浙西新区。你带七团随我出发,时间紧迫,迅速做好准备。"

贺敏学从粟裕话中得知,这次南下,系中共中央根据世界反法西斯战争和中国敌后战场的大好形势而相机做出的重大部署。毛泽东在9月27日给华中局《关于发展苏浙皖地区总的方针和部署》的电示中指出:"我军为了准备反攻,造成配合盟军条件,对苏浙皖地区工作应有新发展的部署,特别是浙江工作,应视为主要发展方向。"华中局和陈毅根据这一指示和华中敌我情况,确定粟裕第一师抽三个主力团组成第一批南下部队,会同在江南敌后作战的第十六旅,伸向天目山周围,然后与浙东部队打通联系,造成连接苏浙的战略形势,并相机由浙入闽。

粟裕欣赏贺敏学的军事才能和刚正不阿的个性,贺敏学也佩服粟裕的大将之才,他对被粟裕挑选为首批南下的闯关先锋,遂行中央这个战略任务充满了信心。回到第七团驻地,贺敏学向全体指战员们宣布这一消息后,大家摩拳擦掌,准备在新的战场大显身手。

在苏中老根据地,部队吃饭穿衣不成问题,普遍使用抗币,买卖方便。可到了江南,那是国民党统治的地方,得花银圆。因此,部队出发前,团部给每个连发了三百多块银圆。贺敏学对连长、指导员们说:"这些钱可是各连队的命根子,必须把这些宝贝疙瘩保管好。"有的连长、指导员一听可就紧张了,装在箱子里怕丢了,揣在口袋里怕掉了。后来他们想了个高招儿:把银圆缝在布背心上,由连队的几个主要干部分别穿在身上。

几天后,贺敏学率第七团告别了苏中军民,冒着风雪,跟随粟裕从高邮、宝应地区南下浙江。第一师参谋长刘先胜、第三旅旅长陶勇率特务四团作为东路,从东台县三仓河出发,特务一团随后跟进。

这是一次非同寻常的行军,军部首长极为重视。队伍路过淮南新四军军部时,陈毅和赖传珠等亲自到路口送行。

此番南下,要通过敌人的重重封锁线,而风险最大、难度最大的是偷渡长江。此时日伪军对长江封锁得很严,舰艇在江中昼夜巡弋,严令所有船只白天凭条出港,晚上进港封存。冬季的长江,水位低落,形成宽阔的泥滩,除了码头,车船不能靠岸,人马难于徒涉。跟随粟裕西路行动的还有三百多名干部,而作战部队除师部直属小部队外,仅第七团而已,贺敏学肩负重任,一路密切注意敌情。

部队昼夜行军二十来天后,于12月26日进至仪征,在离江边约十五公里的小营李宿营。贺敏学布置部队做好警戒后,又和粟裕一起研究过江事宜。粟裕根据地方同志的情况汇报,决定在龙潭北的一个小码头登陆,他说:"龙潭西靠

国民党政府首都南京,东邻江苏省会镇江,是敌人重点防守地段,所谓最危险的地方往往是最安全的,敌人不会料到,我们竟敢从他们的眼皮底下通过。"贺敏学建议派支侦察分队先行过江,见机行事,获得粟裕首肯。

翌日晚,侦察分队从沙窝子乘木船过江,悄悄登上龙潭码头,把十几个厂警类的便衣武装稳住,做好他们的说服工作,接着大部队就顺利通过。由于人多船少,还来不及运送第二梯次的部队,天就亮了。后续部队乃于次日晚仍然利用龙潭码头续渡跟上。

又一次在敌人的眼皮底下渡长江,贺敏学情不自禁地回想着新四军那首有名的《渡长江》战歌:

划呀哟嗬!划呀哟嗬!薄雾弥漫着江面,江水冲击着堤岸,当这黑沉沉的午夜,我们要渡过长江……获得更大的胜利!

五年前,身为江南指挥部参谋处处长的贺敏学,跟随陈毅、粟裕渡江北上,如今又随粟裕渡江南下。部队中那些知道他光荣簿的指战员,都认为他的职务下降了。要论职务,当年在井冈山时贺敏学还高于粟裕,但他不去翻那些老皇历,更不计较个人得失,说:"我们是为革命,不是为了做官,党叫干啥就干啥,这就是我们革命军人的天职。"

部队顺利过江后,突破宁沪铁路西侧日伪军的层层封锁,又通过丹阳、茅东日伪的"清乡"区,于1945年1月6日进至浙江省北部长兴县西北槐花礄地区,与王必成第十六旅会师。紧接着,陶勇也率特务一、四团由扬泰地区渡江,经丹北到达长兴地区。

1月中旬,根据中央军委命令,新四军成立苏浙军区,部队整编为第一、第三、第四纵队,以第十六旅为第一纵队,浙东游击纵队为第二纵队,第三旅为第三纵队。第三纵队下辖三个支队:第七团、特务四团和第一团依次改番号为第七、第八、第九支队,纵队司令员陶勇,政治委员阮英平。三个支队中,贺敏学所率第七支队人数最多,为两千五百余人,第八支队一千八百余人,第九支队一千五百余人。

苏浙军区成立后,军区组织团以上干部集训,司令员粟裕亲自讲解毛泽东《中国革命战争的战略问题》和执行由游击战向运动战发展的方针问题。贺敏学边听边思考,对毛泽东的战略心领神会。他意识到,这次南进,对自己和部队来说都是一个根本的转变。江北水网多,可谓出门见水;江南山区多,称得上是开门见山。既有水网作战经验,更历高山丛林战事的贺敏学,率第七支队官兵抓紧时间开展山地战的战术钻研和技术训练。他坚信,这支以攻坚战著称的英雄部队,在自己手中,定能磨炼成一把更锋利、更坚硬的钢刀,为执行南下任务打开通路。

贺敏学告诉指战员们:"我们已进入一个陌生的区域,不仅生死祸福无法预测,瞬息万变的战场更难把握。'过河的卒子,一个顶俩',我们的使命重大啊!只有练好兵,才能适应战争的需要。"1月的天气,寒意侵入肌骨,指战员练兵的热情却十分高涨。

在日军打通粤汉路,向浙赣线进攻时,国民党第三战区在正面战场上畏敌如虎,望风而逃,对八路军、新四军和抗日民众却如狼似虎,一心想扑杀。他们在天目山地区留有重兵,以便同新四军争夺东南,这与其既定的"宁可让与日本,不可让与匪军"的反动方针一脉相承。

杭州西北部的天目山是浙西的天然屏障,绵亘百里。其北麓的孝丰城(今属安吉县)是浙西山区与平原的交界点之一,既是天目山北部的门户,又是浙西与苏南、皖南来往的要冲,军事战略位置相当重要,自古就是兵家必争之地。要控制天目山,就必须先控制孝丰城。但新四军本着人不犯我、我不犯人的原则,没有首先兵发孝丰,而是以第一纵进入浙西安吉、递铺以东,向日伪军展开进攻。

因制造皖南事变而深得蒋介石看重的第三战区,一向视共产党为心腹大患,千方百计扼制共产党部队的发展。这次新四军南下,他们自然又在做铲除异己的美梦,妄图趁新四军初来乍到、立足未稳之际,一口吞噬。2月初,国民党第三战区司令长官顾祝同、副司令长官上官云相得知新四军大部队已进入莫干山,在广德以南仅有第三纵队第七支队,便调集第六十二师全部、忠救军一个团以及浙江保安大队第二团共五个团,经孝丰及其西北向第七支队突然发起进攻。第六十二师是国民党中央军主力,也是第三战区的骨干部队之一,装备整

齐,弹药充足,战斗力较强,且是反共老手。忠救军是一支受过特别训练的武装,全部装备汤姆冲锋枪和卡宾枪,善于游击战和山地作战,因其近战火力强,作战灵活机动,故有"猴子军"之谓。他们满以为以5:1的优势,可以轻易地把第七支队吃掉,并切断新四军大部队的归路,进而达到围歼的目的,因此狂言"两天解决,绰绰有余"。

顽军哪里知道,第一步就碰到了硬茬子!

贺敏学一面向纵队司令员陶勇报告敌情,一面和政治委员张日清指挥第七支队奋起自卫反击。2月12日,第七支队在广德正南二十五公里的上堡里,将忠救军一部击溃后,即以一部进至孝丰北面的阳岱山、景和里一线。14日,忠救军以一个团的兵力猛攻上堡里阵地。由于该敌装备好、火力猛,且善打山地战,战斗异常激烈。第七支队指战员浴血奋战,阵地多次失而复得。当敌人再次集中兵力,组织集团冲锋,眼看就要冲上山头阵地时,第四连指导员汪德恕忽地跳出阵地,高喊:"共产党员跟我来,冲啊!"带头向敌群猛冲。一颗子弹从他口中穿过,他满口是血,仍忍着剧痛,带领战士们继续冲杀,硬是把敌人赶下山去。激战至黄昏,第七支队在第八支队第二营的配合下,奋勇出击,将顽军击溃。

15日,顽军第六十二师见忠救军一时难以从正面撕开第七支队的阵地缺口,乃由外白洋迂回至西甬市以西之景和里,进行迂回包围,企图截断第七支队的归路,围而歼之。

五个团的敌兵泰山压顶,第七支队的处境相当危险。第七支队一次次打退了强敌的进攻,战斗中部队伤亡不小,但阵地仍然在手。

关键时刻,第三纵队司令员陶勇率第八、第九支队赶到,投入战斗。敌兵信心受挫,攻势迟缓。贺敏学见状,率部向顽军反攻。顽军抵挡不住第三纵队三个支队的勇猛冲杀,争先溃逃。第七支队和第九支队密切配合,在黄泥冲一举歼灭顽军第六十二师主力两个营,并活捉敌团长。第三纵队乘胜挥师,攻占孝丰城,控制了天目山北部地区。

反顽首战,计歼顽军一千七百余人,第七支队荣立头功。陶勇对贺敏学刮目相看,谓:"姜还是老的辣!"

经此一战,贺敏学看到第七支队反顽首战中的缺陷,那就是缺乏山地作战的经验,且不善组织山地搜索。进入孝丰城后,他一方面总结经验,一方面抓紧部队的休整、训练,准备随时反击顽敌的再次进攻。

贺敏学很快又接到陶勇开会的通知,得知:顽军不甘失败,纠集十二个团的兵力,企图夺取孝丰城。粟裕给第三纵队的任务是负责控制和牵制顽军之主力,以争取时间,保障全军主力从顽军侧后进行攻击。

这将是一场艰苦异常的战斗。贺敏学回到第七支队后,马上召开作战会议,做出部署。

3月1日,顽军如蚁来攻,占领孝丰城外围白水湾、报福寺、上梅村等地,把合围圈越拉越小,企图夺取孝丰城。第七支队和兄弟支队众志成城,奋勇抗击,一次次打退敌人的猛烈进攻。

3月7日晚,苏浙军区在粟裕指挥下,发起全线反击,第七支队受命向顽军侧后迂回。贺敏学率部队日夜兼程,于8日拂晓赶到报福坛镇附近之黄泥冲。前卫第三营与敌第五十二师的第一五六团遭遇。

顽军第五十二师是新四军的冤家对头,在皖南事变中扮演主角,屠杀了大量新四军将士,还劫持了军长叶挺。仇人相见,分外眼红,第三营营长陈桂昌先机制敌,即率第七、第九连迅速抢占有利地形,将顽军拦腰截断。第八连则攻占842高地主峰,堵住了顽军退路。顽军为了挽救覆灭命运,在猛烈炮火掩护下,疯狂向第八连阵地反复进攻。

贺敏学见情况吃紧,令警卫员前往第八连前沿阵地,传达务必坚守的命令。警卫员转身去了,一会儿却又折回。贺敏学问:"怎么了?"警卫员结结巴巴地说:"首长,顽军火力很猛,我……我……"

贺敏学明白了,骂句孬种,一挥手枪,警卫员应声倒地。

这可是贺敏学十分爱护的警卫员,大家都怔住了!

贺敏学圆睁双眼,吼道:"哪个不怕死的上?"

立即就有几个战士主动请缨。贺敏学一连指了几个人,道:"你们一起去,传达命令后,就留在八连,守不住阵地,就不要回来见我!"

第八连指战员接到贺敏学的命令后,顽强阻击,连续打退顽军六次进攻。这是一场悲壮的阻击战,上阵地时全连干部战士八十三人,最后剩下不到十人。

第七支队的英勇奋战，为陶勇指挥第三纵队全面包围顽军争取了时间和契机。就在顽军第一五六团像疯狗一样东撞西窜，想要寻找别的突破口冲出山谷时，第三纵队整个部队已兵临阵前，从四面包围了他们，一举将敌全歼于842高地附近。

战斗胜利结束后，贺敏学想到了这位姓陈的警卫员。他默默地站在他的尸首旁，眼里噙满泪水。后来，贺敏学几次向妻子、秘书说过这件事，每次都难过得掉眼泪。听故事的人说："那你当初为什么要枪毙他？"贺敏学说："战场上岂能有个人感情！情况异常紧急，危及整个战役，他一个人怕死，我一个团甚至整个纵队的生死都不管了！"

浙西天目山第二次反顽，歼敌三千多人，使苏浙军区乘胜控制了东西天目山。至此，苏浙军区部队控制了浙皖边十个县、纵横五十多公里的广大地区。

仗打胜了，饥饿的考验却推到指战员面前。时值青黄不接之际，群众处于缺粮断炊状态，贺敏学号召大家发扬与人民同甘共苦的光荣传统，开展节粮运动，省下粮食支援群众度过春荒。一次，第七支队有一个班战前做了一顿米饭，当发现当地群众已经断炊三天时，全班毅然将米饭全部送给群众，自己勒紧裤腰带投入战斗。

为了解决困扰苏浙军区的缺粮问题，粟裕决定分兵筹粮。贺敏学率第七支队也领受了这一任务，5月上旬才重返天目山地区。在参加粟裕召开的军事会议的路上，贺敏学碰到了第九支队支队长俞炳辉。俞炳辉原是江南指挥部、苏北指挥部副官处处长，贺敏学时任参谋处处长，两人熟悉，如今又在同一个纵队共事，自是无话不谈。

此时，为粉碎美军登陆及准备夺取杭州、上海、苏州、南京等大城市的阴谋，中共中央、毛泽东指示，除粟裕已带一个旅南进外，叶飞再率一个旅作为第二梯队南下，新四军军部也准备移驻皖南，组成江南大营向东南大发展。谈及对眼下形势的看法，贺敏学说："很明显，国民党军不会就此罢休，必然出动更多兵力来从我们手中夺取天目山这块逼向上海、南京、杭州的重要堡垒，当务之急是巩固现有阵地，整训扩大部队，做好反顽战斗准备。"

每次就军事、政治问题交谈时，贺敏学都是坦诚相对，绝不有意保留自己的意见。俞炳辉认同他的分析,接着转了个话题问:"你是否与毛主席有亲戚关系?"

贺敏学回答:"你问这个干什么呢?我们不是靠什么人,是靠共产党、靠人民、靠自己对党的事业的忠诚。"

这话对俞炳辉触动很大,后来他回忆说:"这期间,我们经常在一起开会,一同战斗,结下更深厚的友谊,给我印象最深的是他一心一意为人民服务的精神。"

第三次反顽前夕,贺敏学奉调苏浙军区司令部参谋处处长,原参谋处处长谭知耕则接任第七支队支队长。谭知耕认为贺敏学有许多指挥作战的宝贵经验,恳请他留下临别之言。

贺敏学说:"我们这支部队,能够每战必胜,敢于打大仗、硬仗,不是我一个人的功劳,除了上级指挥英明,政治工作做得好也很重要。指挥作战,我和张日清政委也都互相商量,秤不离砣,砣不离秤。我相信七支队在新班子领导下,只要大家团结一心,群策群力,是会越战越强的。"

贺敏学从不居功自傲的品性,给谭知耕、张日清等留下了极好的印象。

贺敏学还交心地说:"我们部队打仗多、缴获多,养成了一些同志的骄气,这不好,要注意刹住,自古骄兵必败,这道理要跟大家讲清楚。另外,一些兄弟部队对我们缴获多很羡慕,其实,我们部队每次战斗伤亡都比友邻部队大。"

重新给粟裕当参谋处处长,贺敏学积极出谋献策,颇合粟裕口味。

在第三次反顽中,苏浙军区部队全歼发动皖南事变的凶手顽军第五十二师。贺敏学闻讯,和广大指战员一样群情激奋,终于为皖南事变死难烈士报仇雪恨了。

李立英跟着贺敏学到苏浙军区司令部工作,任司令部机要科科长兼党支部书记。贺敏学和司令员粟裕、政治部主任钟期光、参谋长刘先胜,都在她的支部(副司令员叶飞不在司令部,率第四纵队另外行动)。粟裕的妻子楚青也在这个支部,任机要秘书、支部组织委员。李立英领导这么多高级干部和他们的夫人,也不含糊。期间发生了一件事,一位领导有了新对象,想与老婆离婚。他妻子找到李立英哭诉,说孩子都十多岁了,叫我日后怎么过呀。李立英和贺敏学都表示要伸张正义,李立英还说:"你不要怕,我替你撑腰,但你不要哭哭啼啼,在我面前哭哭就

行了,不要把事情闹开,让首长下不了台。"在李立英的工作下,这场婚终没离成。

时隔不久,根据局势发展,贺敏学受命担任第三分区(浙西军分区)司令员。浙西是苏浙军区驻地,和浙东、苏南一样,均属苏浙区党委领导。

贺敏学起先认为要在浙西待比较长的时间,忍不住就思念起女儿来了。他三十八岁做父亲,这些年也就这么一个小孩,怎能不思念!两位警卫员知道首长的心思后,主动提出要到苏北海安把孩子接回来。

三岁的女儿伏在警卫员的背上过长江、走铁路,通过敌人的多道封锁线,来到人地生疏的浙西。

转眼便到了8月,日本宣布无条件投降。八年抗战终于胜利了!指战员们紧紧抱在一起,欢呼雀跃,喜泪纵横。贺敏学也是快乐无边,一把抱起女儿骑上从日本鬼子手中缴获的棕红色大洋马一阵狂奔。

9月,中共中央提出向北发展、向南防御的战略方针,粟裕部署部队撤出江南。10月13日,贺敏学率浙西军分区机关,跟随苏浙军区副司令员叶飞渡江北上。

远征山东出谋划策

1945年11月,一支支部队从浙东、浙西、苏南开进了这座靠近黄河边的涟水小城。除了穿灰军装的部队,还有着杂色便衣的党政机关干部,他们都是执行国共两党《双十协定》从解放区撤出渡江北来的。浙西军分区司令员贺敏学和妻子、女儿便在其中。新四军的主要领导人,华中局书记兼新四军政治委员饶漱石、副军长张云逸、参谋长赖传珠也来了。

11月11日,贺敏学、李立英一同出席在涟水中学礼堂召开的连以上干部会议。饶漱石作形势和任务的报告后,张云逸宣布中央命令:组成远征军(又称叶飞、赖传珠纵队)北上,任命原苏浙军区副司令员叶飞为纵队司令员,新四军原参谋长赖传珠任纵队政治委员,原浙东纵队政治委员谭启龙任副政治委员兼政治部主任,原浙西军分区司令员贺敏学任参谋长,新四军原保卫部部长汤光恢任政治部副主任。纵队下辖三个旅,第一旅由原苏浙军区第四纵队组成,旅长廖政国、政治委员阮英平;第二旅由原新四军第六师第十八旅组成,旅长刘飞、政

延安汇报工作时,特别提到接收关东军武器仓库的情况。中央为此向各解放区发出通知,命令开赴东北的部队,把武器装备留在原地,到东北后重新武装。

当时,小道消息很多,把东北情况说得天花乱坠。有的说,盘踞东北的日军垮掉后,伪军像孤儿,到处找依靠,只要有饭吃就跟你走。有的说,只要有干部,三两天就可编个团。有人言之凿凿,胶东部队到东北后,有个班长掉了队,却给人家请去当了团长。有种说法更是有板有眼:日本关东军仓库里的武器装备任意搬,什么武器都有。苏联军人酗酒,和他们搞联欢,只要灌他们酒,仓库里的枪支弹药任你挑着拿。这些消息,有人信,有人不信,搞得部队的思想有点混乱,情绪不够稳定。

接到华中军区的电令后,叶飞和纵队其他领导人都觉得为难,大家纷纷发表意见:打仗是要武器的,部队千里行军怎么能不带武器?不带武器的部队只有挨打的份!作为参谋长,贺敏学更得为部队的今后运筹考虑,他认为:如果我们把武器留下,当然可以装备一个新的纵队,但在这内战即发当头,我们毕竟不能徒手千里行军迎接战斗啊!

叶飞代表纵队首长向华中军区申述了这一意见后,得到的复电是:"同意带些轻武器,但重武器都得留下。"

那时候,部队武器装备又差又缺,重武器更是宝中宝,那些山炮和重机枪,不少是指战员们用鲜血和生命换来的。在即将面临的大规模战争中,重武器还远远不能满足远征军的需要!

叶飞和贺敏学及纵队其他领导人考虑再三,还是决定不执行留下重武器这一条。叶飞说:"这倒不是本位主义,主要是从部队完成任务这一角度考虑问题的,美国正以军舰、飞机运送国民党军队抢占东北,我们能不带武器吗?"

中央军委预定叶飞、赖传珠纵队挺进的路线是:越过陇海路,经山东滨海地区,到达胶东,由龙口渡渤海到营口登陆。根据这一安排,纵队组成先遣队,配属一个警卫连,由贺敏学率领先行出发,布置北上的行军、宿营、粮秣事宜,并到龙口接受渡口、船只,做好渡越渤海的准备工作。

11月下旬,叶飞接到贺敏学一切就绪的报告后,即和赖传珠率纵队北上。月底抵莒南县朱梅地区休整时,中央电令暂停北上,原地待命。

原来,东北的情况又发生了重大变化。在美国军舰、飞机运送下,国民党军队源源不断地赶至葫芦岛、营口等地,其中国民党第十三、第五十二军在秦皇岛登陆,已经攻占山海关、锦州等地,切断了我军华北与东北的联系。中共中央根据这一形势的变化,决定取消叶飞、赖传珠纵队和晋冀鲁豫杨得志纵队开赴东北的任务。12月6日,中央军委电令,叶飞、赖传珠纵队留置山东作战,改称津浦前线野战军第一师。

贺敏学率先遣队归建后,和纵队指战员在滨海地区的莒南县休整待命。老根据地的群众对人民子弟兵热情有加,可这支南方部队留给他们的印象却是三奇:一奇,讲话叽里呱啦,一句也听不懂,好像来了支外国兵;二奇,战士大都留头发,有的还留个小分头,好像来了一群学生兵;三奇,不少人穿绸衬衣,盖五颜六色的绸面棉被,好像来了一批少爷兵。他们悄悄议论:"这样的部队还能打仗?"针对群众的质疑,在休整期间,贺敏学和纵队首长号召指战员们学说山东话,同群众讲话,尽可能讲山东话,先称大爷、大娘、老乡等,群众能听懂,就会感到亲切,感情上的距离也就自然拉近了。不少指战员为了获得群众信任,主动剪短了头发,脱去了绸衬衣。

一方水土养一方人。吃惯了大米的南方人,固有的观点认为面食只是点心,高粱是用来酿酒的。因此,他们对一日三餐最不习惯。根据地的百姓倒是十分照顾南方部队,尽量供应当地上好的细粮——小米。贺敏学在群众家里吃小米饭时,倒觉得又软又香,还能吃到高粱煎饼、柿子蒂、山芋干、豆饼末子等做成的花样食品。但回到营房,嚼起小米饭来满嘴嘎巴响。他就感到奇怪了,问炊事员为什么小米饭里沙子很多。炊事员回答:"你是首长,群众请你吃饭,当然是好的,可他们给我们的小米就有那么多沙子,我们有什么办法呢?"

贺敏学一时也不知是何原因。他是个能吃苦的人,倒是熬得住。但有些战士本就留恋苏浙比较富裕的生活,远离家乡后又吃不上顺口的饭,于是大倒苦水,编起了顺口溜:"肚子吃得像沙包,打仗省得做工事。""远征远征,来到山东,沙饭配煎饼,葱蒜当大菜,问我啥意见,我要回苏中。"有人还气呼呼地把掺杂着沙子的小米饭倒在大路上,吼道:"沙子是铺公路的,难道我们的肚子里也要造公路吗?"

这下可惹恼了连小米都吃不上的山东老乡，七嘴八舌责怪部队耍老爷脾气，浪费公粮，不尊重群众劳动。事情发生时，贺敏学正好在这个团视察，专门出席了群众大会。他代表纵队首长就此事向群众道歉，表示一定要批评教育好指战员。一位老大娘却说："这不能怪新四军，是我们拥军没拥到实处。"贺敏学正考虑如何回答，这位老大娘转身向群众道开了："南方人不会淘小米，也不会煮小米饭，咱们为什么不管管这事呢？"群众齐声说好，马上散会，分头到厨房向炊事员们传授淘小米、煮小米饭的经验。当晚，贺敏学和指战员们便吃到了又软又香、没有沙子的小米饭。贺敏学趁机对团首长们说："不能把顺口溜一概视作怪话，虽然顺口溜有情绪流露，从另一个角度却颇能说明问题，引导我们做好工作，解决部队的思想问题。"他要求干部战士尽快适应新的生活环境，山东解放区的群众把最好的粮食送给我们，我们一定要严格遵守三大纪律八项注意，注意搞好军民关系。

部队每到一庄，山东的大爷、大娘们热情让房烧炕、磨白面、摊煎饼、送铺草，帮助烧煮小米饭，照料得无微不至。这感人的事情，让贺敏学油然想到陈毅的那首《赣南游击词》：

　　靠人民，支援永不忘。他是重生亲父母，我是斗争好儿郎。革命强中强。

1946年1月初，根据中央军委指示，津浦前线野战军改称山东野战军，隶属新四军军部兼山东军区。贺敏学所在的部队，改番号为山东野战军第一纵队。

1月5日，第一纵队经临沂、泗水一线向西开赴津浦线，准备受降泰安至兖州段日伪军。7日，新四军军部兼山东军区命令第一纵队配属鲁南军区警八旅及鲁中地方武装，于8日发起攻兖(州)围泰(安)战斗，攻取兖州后继续向北扩大战果。

寒冷的北国飘洒着纷纷扬扬的鹅毛大雪。第一纵队直属机关抵华丰附近驻陈村后，首长们靠着火炉开起了作战会议。

贺敏学首先介绍了敌情：兖州、泰安是津浦铁路济南至徐州间的交通要道，在军事上占有重要地位,兖州驻伪军第五路军吴化文部七千余人,其中一个团驻大汶口,铁路沿线驻有日军窪田隆根旅团,华丰、宁阳、姚村等地驻有伪军万金山、王绍武等部两千余人,泰安驻有伪军警备第一旅宁春霖部四千余人。大家分析后认为:兖州地处要冲,城墙高厚,深沟高垒,碉堡林立,伪军头目吴化文原属西北军,善于防守,此次拒不投降,可见此城易守难攻。遂决定集中第一、第二旅攻击兖州,首先肃清城外之敌,相机袭入城内,如不得手,即行组织攻城战斗,以第三旅包围监视泰安、大汶口一线的日伪军。

第一纵队要遂行攻兖围泰计划,就不得不考虑日军窪田隆根旅团的意图。若这部日军届时增援伪军,不仅敌我力量将发生重大变化,而且将使第一纵队陷入两头作战的不利态势。

窪田隆根旅团下辖六个警备步兵大队,共三千余人,和大批伪军分别驻守在津浦路兖泰段各个车站和附近的城镇村落中。日本宣布投降后,该敌原已奉命北撤济南向国民党当局缴械,但国民党军事当局为了与共产党争夺天下,于1月上旬密令该旅团停止北上,在伪军配合下,守住华丰、赤柴矿区,控制津浦线。很明显,国民党军事当局想利用日军来与共产党武装掣肘、抗衡,以便从南方运兵北上,消灭新四军入鲁部队。

要摸清这部日军旅团的态度,最好能派一位懂日语的干部前往交涉。贺敏学想到了第二旅副参谋长冯少白(又名洪隆)。1941年,贺敏学和冯少白同在新四军军部工作,知道他年轻时曾两渡扶桑,先后在日本三所大学就读过。

贺敏学报叶飞同意后,让冯少白手持叶飞的命令书前往日军旅团部,向窪田隆根少将下达通牒。在这份命令书中,叶飞以纵队司令员名义,命令日军不得参与中国内战,听候下一步的命令进行受降。经过唇枪舌剑,谈判取得初步成果。窪田隆根领教过新四军的厉害,表示在国共两党斗争中,愿守中立。

冯少白在1945年8月中旬,曾受新四军军部委派,到南京与侵华日军总司令冈村宁次联系受降事宜,既知日军狡诈,又掌握了与日军谈判的经验。他根据贺敏学等纵队领导人授意,单刀直入:"如伪军求援,你们欲何为?"

窪田隆根向这位能文能武的新四军代表表示:如伪军求援甚切,则虚与委蛇,派支小分队向天射击以应付。

冯少白严厉警告日军不得要花招,否则只能自取灭亡。窪田隆根许诺,表示他们希望能撤退去济南,但碍于国民党军事当局命令,恳求新四军包围佯攻,造成他们撤退的理由,以此继续向国民党军事当局要求北撤。

冯少白表示:"只要日军不参与中国内战,不再屠杀中国人民,新四军会考虑你们的要求,放你们一条生路。"

冯少白摸清日军意图回来,贺敏学放心了,全力协助叶飞指挥攻兖围泰的军事行动。

8日23时,攻城部队向兖州四关发起攻击。第一旅第二团顺利突入西关,迫使西关伪军保安团一个营投降,直逼西门。第三团进占南关后,偷爆城门未成,第二旅第六团肃清北门外之敌,控制了北关。

在兖州战斗中,任凭吴化文频频告急,日军始终没有采取任何援助,使第一纵队少了后顾之忧。唯因第一纵队攻城经验不足、器械缺乏,且如贺敏学分析的那样,吴化文部颇有战斗力,战至10日,兖州半个城仍未易手,而且敌人在铁甲车游动火力支援下,分路猛扑,双方成对峙状态。鉴于国共停战协定将于13日24时生效,新四军军部命第一纵队力争在停战前攻克兖州。

接令后,叶飞、贺敏学等纵队首长都很着急,重新研究了兖州地形及吴化文部的作战特点,重新调整部署,决定组织挖坑道爆破城墙,实施突击。

由于部队来自南方,指战员们都没有携带挖工事的镐,也不懂爆破技术,虽硬干、苦干,但受时间、工具、经验等条件限制,至13日凌晨5时,坑道作业仍未完成。考虑到十九个小时后停战协定将要生效,前线部队乃仓促发起总攻,但攻击受挫。1月13日24时,停战令生效时间到来之际,兖州仍在敌手,攻城部队只得奉命撤出战斗,实施对敌包围警戒,等候军事停战执行小组调处。

兖州讨逆,是第一纵队到山东后打的第一仗。在战斗讲评时,贺敏学认为,此战未打好,一方面是战斗准备不足,对伪军吴化文部的守备能力和兖州城坚固设防的情况缺乏足够的估计;另一方面,部队政治思想工作没做到家,过去习惯于苏北、苏南的水域战,也已习惯江南的山地作战,却没有认识到平原作战应挖掩体,因此指战员们没有带镐,又不懂爆破技术,缺乏攻城经验,同时部队在协同作战、兵力火力使用上也存在一些问题。最后,他对旅长们说:"兖州战斗告诉我们,要很好地学习山东部队的作战经验,要善于利用地形地物,在具体战斗中要更加重视敌人,盲目轻敌绝难取胜。"

此后,吴化文伪军被国民党当局收编为整编第八十四师,兖州城也一直由国民党盘踞,直到1948年7月13日被解放军山东兵团攻克。

在第一、第二旅攻打兖州的同时,第三旅顺利占领了泰安车站及西关,完成了对泰安城伪军宁春霖部的包围。贺敏学接报后,向叶飞建议:"尽管国共两党发出了停战令,但国民党军六个师已空运徐州,内战随时可能发生,我们不能为此而过多地消耗有生力量,因此暂不攻打有坚固设防的泰安城,而应首先迫使津浦线上那些分散的较小据点里的日伪军投降。"叶飞同意了这一建议,并派一部兵力对日军实施包围佯攻。

得悉新四军包围了窪田隆根旅团,国民党军事当局急令这部日军尽快撤至济南集结缴械,并命令大汶口伪军接替赤柴、华丰、东太平日军防务,泰安伪军接替泰安西南至大汶口的日军防务。

第一纵队察觉敌人意图后,叶飞说:"在我军包围内的日军,理所当然应由我军受降。"

贺敏学也认为,不能放弃接受日军投降的权利,如果侵华日军的先进武器装备都被蒋介石集团接收,将对今后的革命造成危害。

这时,新四军军长兼山东军区司令员陈毅也就此向第一纵队发来指示:对这部分日军,我们决不能轻易放过,但也不能操之过急,可以分几次吃掉,受降不属于国共两党停战的范围,我们要坚持受降的权利,但在策略上要有灵活性。

贺敏学根据陈毅、叶飞的指示,要求第三旅以一部配合鲁中地方武装包围泰安,集中主力阻止日军北撤,迫使其就地缴枪。

1月13日夜,第三旅第九团旗开得胜,首先迫使洪沟店日军六十多人主动缴械投降,计缴重机枪一挺、轻机枪四挺、步枪三十二支。1月15日,第三旅第七团又迫使米家埠日军三十余人缴械。消息传出,鼓舞了第一纵队全体指战员。

1月13日后,第一纵队奉命停止攻城,由此腾出兵力,以军事压力和政治攻势相结合的策略,受降日军窪田隆根旅团,收复国土。贺敏学令第二旅配合第三旅行动,逼近华丰矿区,加紧军事和政治攻势。

日军在东太平车站集中了四十多节车皮的军用物资，被第二旅三个团包围着，并切断了水源，日军困于华丰公司和东太平车站。如此这般，日军已成瓮中之鳖，插翅难逃，接下来就要迫使日军缴械投降了。

叶飞、赖传珠和贺敏学考虑到：如强攻日军有坚固设防的华丰矿区，既增加部队伤亡，又将毁坏这个大煤矿及其一切设施，为避免将士们没必要的伤亡，还是先礼后兵的好。他们派出能说会道、操一口流利日语的纵队政治部联络部部长金子明到华丰公司和窪田隆根谈判。

谈判开始后，窪田隆根一口咬定奉上峰命令，要到济南向国民党当局缴械，如向新四军缴械，则不好交代。金子明正告他："根据《波茨坦公告》，你们早就该向我们投降缴械了，如果不把这四十多节车皮的军用物资交出来，我们将毫不客气地歼灭你们，以报中国人民的血海深仇，这样一点也不违国际法！"

早已惶惶不可终日的窪田隆根见新四军口气如此强硬，担心夜长梦多，赶紧改口表示愿意交出四十多节车皮的军用物资，并答应留下全部重武器，至于轻武器嘛……窪田隆根收起了既往的凶悍相，以可怜兮兮的口气请求，让他们携带轻武器到集结地去，以防行进途中发生意外。

金子明回来向纵队首长报告后，起初不少人都对日军讨价还价颇为气愤，认为不能答应他们的要求，应收缴他们的全部武器。贺敏学虽然也认为这样太便宜了日军，但他没有感情用事，而是详加分析局势："据准确的情报，济南国民党军一部已南下，有接应日军北撤倾向，如与日军谈判出现僵持，情况将于我不利，何况逼急了还将使日军狗急跳墙。"叶飞和纵队其他首长据此，认为可以同意日军的要求，但规定日军必须依照我方规定路线撤走。陈毅接到报告后，同意第一纵队的方案。

第一纵队采取军事围困与政治攻势相结合的策略，渐次推进，施加压力，迫使窪田隆根旅团在1月22日达成协议。

为防日军违反协议，贺敏学经请示叶飞，又在日军开进的道路上部署了兵力，严密监视日军行动。

23日，数千日军被迫将坦克、汽车、山炮和掷弹筒、重机枪等放在路边，同时点交了仓库辎重，随后按第一纵队指定的路线北撤。看到日军在新四军的严密监控下如丧家之犬撤逃,大家都感到解恨。

这时又发生了一件戏剧性的事。第一纵队有的部队看着日军还扛着三八大盖,眼红了,提议要在日军开进途中把他们包围起来,逼迫他们交出轻武器。

贺敏学接到报告后,指出:既然有协议,就要严格遵守,不能贪小利。叶飞也不同意部下这样做。

但所谓将在外君命有所不受,有支部队还是在泰安附近搞了个小动作,追上日军切了他们一个尾巴,弄到了一些轻武器。贺敏学得到消息时,此事已过了一个星期,他认为这样做目无军纪,影响不好,还说:"这种事如果在古代,是要军法处置的,哪能如此不听指挥,实在太不像话了!"他专门向纵队军政主官提议:"一纵编成不久,部队纪律性不太好,游击习气较浓厚,得给他们一个警告。"但纵队首长考虑此事并没有引起纠纷,又是针对中国人民所痛恨的日军,也就未加追究。

谁料,如此宽容,倒带来了负面作用。这支由苏中(第一旅)、苏南(第二旅)、浙东(第三旅)三大块组成的新部队,各自为政、无组织无纪律的习气日益严重,以致发生了叶飞怒而捆副旅长的事。

纵队进驻华丰后,第二旅驻在离华丰较近的大汶口,受命派一营兵力看管华丰的日军仓库,待纵队后勤部清点后分配给各部队。该营却仗着近水楼台先得月的优势,物资尚未清点完毕便擅自往旅部搬运。接到报告时,叶飞和谭启龙、贺敏学等纵队负责人正在华丰公司办公楼开会,派出纵队政治部副主任汤光恢前去阻止。不料,汤光恢没能制止住,第二旅副旅长还鼓动该营加快搬运速度,免得以后不许他们发这个洋财。汤光恢返回纵队部报告后,贺敏学当即说:"上次没给处理,倒让他们变本加厉了!"叶飞对此大光其火,谭启龙劝叶飞不要生气,这件事由他前去处理。谁知部队不认识他,仍是不予理睬。谭启龙被顶回后,气得一句话也说不出来。叶飞见状,怒火中烧:"连纵队副政委的命令都不听,这还了得!"叶飞带了警卫员,坐上吉普车赶到现场,命令把副旅长给捆起来,带回纵队关禁闭,并准备给予撤职处分。第二旅旅长刘飞心急火燎赶来作了检讨,并把搬走的物资全部运回后,才了此事。

这件事在全纵队传开后,有人说叶飞厉害,在他手下今后得当心才行。贺敏

学却对叶飞说:"这件事你管得对,但方法和方式并不妥当。"

叶飞认为贺敏学说得在理,主动向这位副旅长道了歉。事后,他对贺敏学说:"对部队严格有好处,当初听了你的,我也就不要向人家道歉了。"

通过一段时间的朝夕相处,叶飞对贺敏学不断增进了解和信任,知道他有能力、有文化,又有管家婆般的细心,于是便放手让他干。

贺敏学的可贵在于既尊重上级又不唯上,因此打仗时他经常据理力争,有时不免顶撞叶飞。叶飞就问:"你是司令员还是我是司令员?"

贺敏学答:"这是两码事,我是对党对部队也对你负责,按你现在这部署,打起仗来什么也捞不到!"

看着他,叶飞忍不住笑了,他是了解贺敏学的。还在新四军军部时,好几次在制定作战方案时,作为军部科科长的贺敏学竟和参谋长争得脸红脖子粗,还说:"不信咱俩每人拉一支队伍去和日本鬼子打打试试,看谁的方案行得通!"在场的陈毅没有吱声,最后还是肯定了贺敏学的方案。

有时李立英埋怨贺敏学脾气不好,不该常和上级顶嘴,这样会惹上级讨厌。他却豪爽地说:"这要看和什么人顶,对错误的人和事就是要顶,我又不想当官,天王老子我也不怕!"

司令员和参谋长本有上下级之分,但在工作面前,贺敏学和叶飞从不计较,一个争得有道理,一个纳谏见虚心。他们在一起共事,没有出现过不愉快。按李立英的说法是,叶飞胸怀大,容得下贺敏学。

1946年上半年曾被叫作"和平民主新阶段",八年抗战,好不容易取得全民族抗日战争的胜利,国思建设,人思和平。一些地区和平氛围颇浓,甚至提出精简部队的口号。但在山东地区,陈毅对部队对党内提出:"要做两手准备,一手要准备实现和平,另一手则要准备战争,我们就可以立于不败之地。没有两手准备,是要吃亏的。"听了传达后,贺敏学认为,老首长的指示令人豁然开朗,在迷雾重重、局势未明之时,任何麻痹大意、掉以轻心的做法,都是对党对部队的不负责。遵照陈毅的这个指示,他在第一纵队协助军政首长进行深入的时事教育。一方面,精简了一些老弱病残;另一方面,利用这个难得的和平空当,抓紧时间整训部队,提高部队的军事、政治素质。

2月16日,根据中央《百日练兵工作的指示》,第一纵队在华丰召开团以上干部会议,讨论目前形势与党的任务。翌日,叶飞作关于百日练兵的报告,下午以旅为小组讨论叶飞的报告。贺敏学参加了小组讨论,并回答了大家所提的问题。19日,第一纵队召开大组会,由谭启龙报告政治组讨论的初步结论,由贺敏学报告军事组初步结论,最后由赖传珠作总结。通过学习讨论,为下一步全军的学习整编及练兵打下了基础。

此后,第一纵队各部展开百日练兵运动,前两个月以政治练兵搞好思想教育为主,后一个月以军事练兵提高指战员军事素质为主。

3月,叶飞作为山东解放军的副代表,跟随陈毅到济南参加由周恩来、马歇尔、张治中主持的国共双方驻军首长会议。其间,贺敏学更是不遗余力地协助政治委员赖传珠抓部队军事训练。

3月上旬,新四军第二副军长罗炳辉抵泰安视察部队,贺敏学和纵队首长在泰安火车站举行了一个简朴而热烈的欢迎晚会。看到罗炳辉向贺敏学问长问短,大家不免感到奇怪,以前可从来没听过贺敏学提起与罗副军长熟识呀!

晚会结束后,罗炳辉又找贺敏学等个别谈话,拿出中共中央山东分局(简称山东分局)主管出版的《大众日报》问:"这到底是怎么回事?"

原来,《大众日报》上刊登了一些署名"村党支部"、"若干群众"、"××村民"的来信,揭发第一纵队在鲁南如何破坏纪律、打骂群众、威吓干部的"暴行",甚至放出华中部队不要到山东来一类的怪论。贺敏学也一直为这事感到气愤和不解,如今见罗炳辉主动问起,便直言相告:"一纵除入鲁初发生淘米事件后,便和鲁南的地方党政人员及群众的关系一直十分融洽,这些信件完全是污蔑、捏造!"

罗炳辉沉吟片刻,说:"这段时间我们陆续听到一些言论,先是说新四军七师在枣庄纪律败坏,如同土匪,现在矛头又指向了你们一纵!"

贺敏学当即说:"这肯定有人在搞鬼,不知他们想干什么?!"

罗炳辉也没再说什么,只留下一句欲言又止的话:"我们上上下下都要争气啊,一方面要教育好部队,另一方面要打好仗,否则,今后的日子不好过呀……"

咀嚼着罗炳辉的话,回想着这段时间发生的这些怪事,贺敏学想了整整一

个晚上。

随着内战形势日益紧张,5月1日,新四军军部颁发了第二期练兵指示,要求全军提高攻城、夜战作战技能,增强胜利信心,为粉碎国民党的进攻做好军事上、思想上的准备。第一纵队指战员在"操场即战场,训练即战斗"的口号下,集中强化训练了两周,时间虽短,但部队的攻城技术有了一定的提高。

在第二期练兵指示下达的第三天,第一纵队在叶飞指导下拟定作战计划,准备迎接可能很快到来的内战局面。3日下午,司令部召集各团团长及司令部各科科长会议,由贺敏学部署新形势面前的军事工作。

5月后,和平的迷雾渐渐散去,中共中央明确指示:美蒋对我极为恶劣,全面内战不可避免。作为最大的敌后根据地,山东的形势更是日趋紧张。蒋介石和他的参谋总长白崇禧在不到半个月的时间内,先后亲赴济南布置内战,济南、徐州、青岛之敌蠢蠢欲动,调集部队伺机进犯。新四军军部和山东军区为开辟战场,以利今后迎击国民党军的大举进攻,策应中原和苏皖解放军的对敌机动作战,决心拔除解放区内残余的伪军据点。第一纵队奉命围歼泰安城的宁春霖部和大汶口吴化文第一团赵广兴部。

在此前,第一纵队缴获并接收了日军不少的大炮、轻重机枪等,在华丰又吸收了一部分懂爆破技术的矿工参军,因此对攻坚战有了充分的信心。为确保这两场战斗的胜利,上级除将鲁南警八旅和鲁中地方武装一部受命配属第一纵队外,第一旅也投入作战。

大战当前,是参谋长最忙碌的时候。贺敏学精心准备各种材料,及时拿出部队的使用、配属及战术意见,给叶飞、赖传珠准备好最直接有效的参考。

从伪军摇身一变而为中央军的宁春霖部,有三个团及一个特务营,全部驻扎在防务坚固的泰安和四关。抗战期间,宁春霖投靠日寇犯下罄竹难书的罪行,泰安人民对其恨之入骨,还曾编出歌谣到处传唱:

宁春霖是个老中央,鬼子来了把汉奸当,见了鬼子磕头如捣蒜,见了百姓如虎狼……

1946年1月初,第一纵队第三旅就受命围困宁春霖部,随即停战令生效,双方暂歇刀兵。第三旅就在泰山脚下扎下营盘,旅部驻防在泰安西关火车站边的一片日军营房内,各团沿津浦路两侧扎营。初春,军调部泰安三人执行小组乘坐专列抵泰安,美方代表和国民党代表都有意保护驻防于泰安、大汶口、兖州几个点上的伪军,这使得宁春霖部有恃无恐,屡屡向第三旅进犯。憋足了一股子劲的第三旅,现在终于等到了向敌人开刀问斩的时候。

根据敌人防御部署和解放军攻城部队的优势,贺敏学和纵队首长拟定了作战预案:西关系宁部防御重点,决定以第三旅第八、第九团并配属第一旅第一团,担任对西关之敌的夹击;第一旅第二、第三团分别担任对东关和南关之敌的攻击;第三旅第七团于万德向济南方向警戒。第二旅和其他配属的武装攻打大汶口。

6月7日晚,泰安讨逆战发起。攻城部队以气壮山河之势,在翌日下午4时前进占泰安四关,把伪军逼退城内。贺敏学在指挥部接到前线捷报后,欣喜万分,随后命令各部密切配合,尽可能减少伤亡。但不好的消息还是传来了,其中最令他伤感的是第一旅参谋长邱玉权牺牲了。

邱玉权是老红军,曾接替贺敏学任联抗参谋长。贺敏学对他的牺牲既悲伤又意外,问旅长廖政国:"邱参谋长是怎么牺牲的?"

廖政国在电话中相告:"邱参谋长在南关战斗中,亲到三团指挥,不幸被流弹击中,当场牺牲。"

贺敏学沉默俄顷,忽地提高了声音:"告诉部队,一定要化悲痛为力量,尽快拿下泰安,解放受苦百姓,为邱参谋长和死难烈士报仇!"他还电告第二、第三旅:"攻打有坚固设防的城池,一定要注意战术,绝不能蛮干。"

泰安四关易手后,针对守敌的防御变化,贺敏学协助叶飞、赖传珠对作战部队重新做了调整部署,确定了以西门和南门为主攻方向,以岱庙(伪旅部)、天主教堂、伪县府为主要攻击目标,分别割裂和围歼敌人的战术。其中,第一团由南门以西地段实施突击,突破后,向东北发展,策应第二、第三团攻城;第三团由南门以东地段实施突击,协同第一团作战;第二团由东门实施突击,配合第一、第三团肃清城区东南、东北之敌;第八团由西门以南地段实施突击,并以天主教

堂、伪县府为攻击目标;第九团配属旅特务营由西门以北地段实施突击,并以岱庙为攻击目标。

10日下午6时,随着贺敏学一声令下,第一纵队开始向泰安城垣发起总攻。

攻城部队在猛烈火力的掩护和支援下,奋勇越过城壕,冒着敌人密集的火力架梯登城。西关方面,第八团架设云梯一举登城。南关方面,第一团也架梯成功,迅即攻入城内。西门、南门被突破后,守敌即失去了抵抗能力,纷纷向城东南、东北方向突围逃窜,被第二团等部队分路兜截,歼其大部,仅宁春霖率少数随从从东北角地道潜逃。当晚10时许,泰安战斗顺利结束,全歼守敌伪副旅长、参谋长以下四千余人,击落敌机一架。

第二旅对大汶口的围攻战也打得热火朝天,在一度形成对峙后,守敌赵广兴团终于崩溃,被歼六百余人,残敌急急逃窜兖州。大汶口遂告解放。

贺敏学和第一纵队指战员们的庆功酒还在唇边,蒋介石在美国的支持下,悍然撕毁《双十协定》,向解放区发动全面进攻。

为时三年的解放战争就此揭开了序幕!

第六章 解放战场

不痛快的消耗战

拥有五百多万军队、独吞抗战胜利果实又有巨大美援的蒋介石,打着如意算盘,叫嚷在三个月至半年内消灭共产党。山东是敌人分兵进攻的地区。日本投降后,山东八路军的主力全去了东北,改由新四军接防。

6月22日,中共中央和中央军委就山东问题作出指示,山东区以徐州为主要作战方向。为完成这一主要方向的作战任务,"山东以胶东对付青(今青岛市)、潍(今潍坊市),以渤海对付济南,其余鲁中、鲁南、滨海三区主力及新四军主力全部南下"。遵照这一电示,陈毅率第二纵队第七、第八师为第一梯队南下,命令位置靠北的第一纵队作为第二梯队开进。

知己知彼才能百战不殆,准确的情报是打胜仗的法宝之一。大战在即,第一纵队决意建立自己的无线电技术侦察手段。从事通报台工作的秦基被专门调来搞电波技术侦察,定代号

解放战争时期的贺敏学

为五台，任务是利用无线电技术侦控敌人电台在空中的电波信号，并设法破译敌军的密码电报。贺敏学指示司令部提供有关设备、军用地图以及抄报人员。

五台归纵队首长直接领导。叶飞郑重叮嘱秦基："搞密码破译，一切要讲科学，千万不能有主观主义，我今后得靠你多打胜仗。"贺敏学也对秦基说："你们工作一定要细心、认真，情报务求准确，弄错是要吃败仗害死人的！"

贺敏学协助叶飞、赖传珠正欲南下，7月4日，忽接山东军区电令："一纵北上胶济线，配合鲁中军区部队寻机歼灭济南、潍县对进之敌。"

大约一个多月前，中共中央华东局（简称华东局）书记兼新四军政治委员饶漱石和山东某领导人找贺敏学有过一次莫名其妙的谈话，先拐弯抹角谈及他与毛泽东的关系后，话题就慢慢牵涉到陈毅，突出的内容是陈毅要反毛主席，从红四军党的七大、八大到现在，明里暗里都在反，还一心想夺权。

贺敏学当时就颇觉奇怪，说："如果陈毅同志有问题，早就该在他参加延安整风和党的七大会上解决呀，中央和毛主席怎么还派他来指挥一个战略区的作战呢？"

山东某领导人说："你是井冈山的老同志，除了军事，还搞过党和政府的工作，受毛主席的信任，本来可以大用的，可为什么职务一直上不去呢，主要就是你和毛主席若即若离，迷信陈毅。"

饶漱石的话倒显得圆通，谈了党指挥枪的原则后，说："我们要增长觉悟，保卫毛主席，绝不让党内有人反对毛主席。"最后又说："这是组织上的谈话，不能向外泄露。"

贺敏学感到这种做法很不正常，一番斟酌后，还是向他信得过的纵队司令员叶飞通了气，并问："倘若他们找你，你如何说？"

叶飞反问贺敏学："你在井冈山就认识毛主席和陈老总了，你感觉陈老总是反毛主席的人吗？"

贺敏学回答："陈老总襟怀坦白，心底无私，他怎么会反毛主席呢！"

叶飞点点头，说："他们若找我，我就这样说，如果陈老总反对毛主席，我们决不会跟他走；如果纯系捕风捉影、子虚乌有，我们还得服从他的指挥。"

不出所料，饶漱石和山东某领导人果然又找叶飞谈话，叶飞也以上述说法表明自己的态度。

忆昔抚今,贺敏学和叶飞就慢慢品出一些味道来:这些人和陈毅有隙,他们阳一套、阴一套的做法,目标明确,那就是通过捏造事实,把新四军和陈毅的脸抹黑,让部队将士与他貌合神离,而不让部队跟其南下、釜底抽薪之举,则让陈毅处处吃紧,最终搞垮并排挤陈毅,取而代之。

叶飞、贺敏学虽然心中有数,但面对山东军区的指示,他们却是万分为难,只好急电陈毅请示。

陈毅不知是无奈还是出于团结等考虑,回电同意第一纵队到鲁中配合作战,予进犯胶济路之敌打击后,仍按原定部署南下,加入淮北战场。

7月5日,第一纵队离开泰安地区,开赴胶济铁路沿线作战。这时,传来新四军副军长罗炳辉因脑溢血在苍山县兰陵镇去世的噩耗,贺敏学甚感意外。3月上旬,罗炳辉还在泰安与自己执手相问,而今却以盛年辞世,怎能不令人悲怆!这位红军时期的领导人留给贺敏学的印象是骁勇善战,对党赤胆忠诚,他的死无疑是党和军队的一大损失。这是两个多月来继叶挺飞机失事后,新四军的又一高级将领离世,将士们痛惜之余,不免也有些议论,无非是说大军初发,先折副帅,兆头不好。话传到贺敏学耳朵里,他并没有对此批评,而是说:"我们共产党人不信邪,大敌当前,我们不能军心涣散,而应化悲痛为力量,努力把革命进行到底,以胜利祭奠英灵。"

有的指战员已经知道贺敏学当年在红六军时就与罗炳辉熟悉,便向他打听一些有关这位从奴隶到将军的传奇英雄的逸事,尤其问及罗炳辉在国民党部队的经历。

贺敏学告诉他们:"不仅罗副军长,就是叶挺军长也入过国民党。老实说,我本人最初也加入过国民党,那时我是孙中山先生的信徒,认为三民主义可以救中国。蒋介石掌权后,国民党就变质了,变得反动了,与人民为敌了,这也是叶军长、罗副军长要脱离国民党加入共产党的原因。我当初在经历反革命政变后,也认定只有共产党是真正革命的,只有共产党领导的军队才是为人民的。如今叶军长、罗副军长离开了我们,他们对我们肯定有一种期望,借用孙中山先生的话来说,是'革命尚未成功,同志仍须努力'。"

第一纵队到鲁中后,受鲁中军区司令员王建安指挥。7月7日,长于攻坚的鲁中部队围攻淄博,长于野战的第一纵队负责打援,吸引济南方向之敌来援,在运动中加以歼灭。作战方针定下后,调动部队就往往成了参谋长的事,贺敏学很快就拿出作战预案:以第一、第二旅打援,以第三旅第八、第九团各一部,对进占明水以南文祖镇之敌第九十六军一部实施攻击,切断胶济线,占领打援阵地,部署打击来援之敌。叶飞略加补充就同意部队按此执行。

第一纵队与进占文祖镇的守敌交战一夜,杀伤敌人一部。战局正向有利于我方的方向发展,天亮后忽传出:鲁中部队攻击淄博未能得手,天明撤出战斗。贺敏学向叶飞一报告,两人气不打一处来:攻城部队一撤,敌人就不来增援了,第一纵队还打什么援呢!

7月17日,第一纵队越过胶济线,进至临淄、金鸡岭一线,配合渤海军区部队打益都(青州)敌第八军一个师。所采取的仍是围城打援战法,即由渤海第七师围攻益都,吸引东线敌第八军荣誉一师来援,由第一纵队负责在运动中歼灭之。

几乎是7日之战的翻版:渤海军区部队攻城不顺,于拂晓后主动撤出战斗,敌援不出,第一纵队空守一晚,又没打成仗!

两次围城打援都未获战机,白费工夫,而胶济线西段已被敌打通,出征前情绪高昂的第一纵队指战员大为泄气。

无仗可打,叶飞经和赖传珠、贺敏学等纵队领导人商量,分电陈毅和山东军区,要求继续南下,执行中央原定的作战部署。陈毅当即复电,要第一纵队火速南下。7月22日,赖传珠又接中央来电,要第一纵队兼程南调。7月27日,山东军区却电令:"部队暂缓南下,仍在胶济线作战。"7月30日,陈毅电令:"限十五日到达淮北宿迁附近。"

8月2日,叶飞率第一纵队直属队策马跑去打南下前站,集结部队的事大都由贺敏学操办。第一纵队挥戈自胶济线南下不过一天,却又接山东军区电令:"一纵停止南下,继续在山东内线作战。"

两种声音,该执行哪个电令为好?叶飞和贺敏学又犯踌躇了。恰在这时,陈毅电令又到,催促第一纵队南下。贺敏学向叶飞建议:还是南下,执行投入淮北战场的作战任务为好。

12日，第一纵队到达临沂九曲店附近，山东军区电报又到，言敌人有进攻临沂的企图，第一纵队应留在鲁南地区作战，保卫临沂，并说已通报了陈毅和报告了中央军委。

在陈毅和山东军区打了这么多电报仗后，第一纵队最后还是停止南下，以三个主力旅集结鲁南，为临沂把守大门。

这是什么战法，贺敏学心里也来气了，向叶飞发起了牢骚："在北面把了口，又到南面把口来了，这就叫作野战军不野战、叶飞不能飞了！"

叶飞只是苦笑了一下，丢给贺敏学一支烟，说："来，杀一盘！"一挥手，参谋人员就端上棋盘。两人就在袅袅烟雾中，在棋盘上展开了一场没有硝烟的战斗。只可惜，半包烟工夫，不精棋艺的参谋长就被他的司令员杀得丢盔弃甲。

指战员们无棋可下，只能发牢骚。苏中七战七捷的消息传来，部队更不平静了。想到与第一纵队同气连枝的陶勇纵队、王必成纵队跟着粟裕在苏中战场大显神威，英勇的第一纵队指战员们羡慕之余，上至司令员、参谋长，下到一般的老战士，谁不为自己的处境而备感煎熬、深为沮丧呢！第一团参谋长蓝阿嫩甚至跑到纵队司令部来请命："让我们痛痛快快地打一仗，最好打苏中七战七捷那样的歼灭战，战死也甘心！"

主动权不在第一纵队手里。受命留在鲁南作战的第一纵队，担负的是保卫临沂的任务。

第一纵队抵临沂后，为阻止国民党冯治安整编第三十三军北犯，受命于24日进至峄县、费县地区待机，保卫驻在临沂的山东军区、山东省领导机关和新四军军部。贺敏学对着军用地图盯了老半天，一扔烟蒂，忍不住顿足发起了牢骚："我真有点怀疑让我们保卫临沂是不是中央同意的，不知毛泽东是怎么指挥的！"

一直在努力避开与毛泽东关系的贺敏学，如此责问和直呼其名，让叶飞和纵队首长们都颇感吃惊。

贺敏学的怀疑还真是对了。毛泽东和中央军委在8月29日的电令很明确：

以地方部队对付冯治安部，调叶赖纵队担任歼灭二十八师。

照敌第二十八师时在宿迁附近推测，该电是要第一纵队投入淮北战场。9月10日，中央军委的电令又说：

  待打一二胜仗后，台儿庄地区之敌必分兵南顾，不敢向鲁南深入，那时可将叶纵南调和主力一起继续开展局面。

但不知为何，毛泽东和中央军委的电令竟然没有到达第一纵队。难怪一向了解毛泽东战略思想的贺敏学，不相信他竟会作出留第一纵队保卫临沂的决策来。

部队进至峄县、台儿庄地区后，时逢阴雨绵绵，台儿庄外围积水，不便作战行动，部队就利用这一间隙进行为期一个月的战略休整。9月初，赖传珠调出第一纵队后，叶飞任司令员兼政治委员。为适应以后的战争，叶飞和贺敏学特别注重在部队开展爆破技术的学习和演练。

10月5日，敌整编第二十六师并附第一快速纵队由徐州车运韩庄，以配合台儿庄一线的第三十三军进犯峄县、枣庄；韩庄之敌整编第五十一师亦北犯，进至大小高家河一线。6日晚，第一纵队奉山东军区命，在峄县以南樟山、白山、望仙山、文峰山、大明山一线阻击进犯之敌。但敌情通报很含糊，仅说敌整编第二十六师来进攻。7日清晨，战斗开始，敌人不断投入兵力，不仅有空军狂轰滥炸，而且还出动了第一快速纵队的坦克和自动火炮。

第一纵队由于仓促展开防御，来不及构筑工事，加上首次遭遇坦克战，既没有反坦克经验，又缺乏反坦克手段，形势十分不利。第二旅的阵地一度丢失，把预备队用上，向敌实施反击，重又夺回阵地；第三旅与敌展开白刃格斗，才顶住敌进攻。

这场战斗直打得天昏地暗。5日晚11时，第一纵队接到转移的命令。此战虽未打好，但把敌人拦在河东，仍起到了保卫临沂的作用。

"从没打过这么窝囊的消耗战！"叶飞不免有些急躁。

仗打得不痛快，不仅指挥员心里不好受，战士们的心里也难受。叶飞、贺敏学决心捕捉战机，精心组织打一场痛快仗。

10月24日，第一纵队在王家楼驻地召开营以上干部会。叶飞根据中央指示，详细分析了目前峄（县）台（儿庄）枣（庄）地区国民党军的动态及我军今后的作战意图及决心，贺敏学对即将发起之战的意义和有利条件做了说明，谭启龙布置了战时政治工作。

10月27日，敌在占领枣庄、郭里集、峄县、台儿庄后，企图攻占向城。第一纵队以第九团并指挥第三团第三营组织防御，节节抗击，并主动放弃一些地盘，以诱敌深入，制造战机，准备在向城地区歼灭其突出的一路。

第一纵队指挥所内，一边是作战参谋守着有线电话机，一边是秦基守着无线报话机。这样安排，一方面是为了让秦基随时了解纵队指挥员的意图和作战情况，及时主动且心领神会去侦察并随时提供最需要的敌情；另一方面，指挥员又能直接了解和利用最新敌情资料，当机立断做出部署、修改计划。

情报信息多种多样，如果不辨真伪，不分轻重缓急，什么材料都送给首长，不仅不能很好地发挥作用，还会忙中添乱。贺敏学为此特别嘱咐秦基："你们的情报要经得起检查和盘问，有了准确可靠的机密情报，我这个参谋长就省心多了！"

蛇出动后，一直被引向笼子。可就在30日这天，有线电话机响了，是山东军区打来的，一副问罪的语气："如果把敌人放到向城，临沂震动，军区和省级机关就要跑反了，你们打的什么主意？"

贺敏学在电话里耐心地申述了第一纵队的意图，但山东军区不听，指名要叶飞听电话。叶飞讲了理由后，山东军区仍旧不听，命令：第一纵队必须迅速出击，阻止敌人东进！命令没有商量余地，气得叶飞扔了电话。

贺敏学和叶飞实在难以理解：向城离临沂近百里，怎么会震动得军区和省级机关要跑反！在这当儿，华中两淮保卫战、晋冀鲁豫巨野战役、晋察冀张家口保卫战、东北新开岭战役，哪个地方不是打得热火朝天，临沂难道要置身桃花源内、安乐之土？

意见归意见，但军令如山，叶飞、贺敏学不得不执行，憋着一肚子气，部署部

队提前收网,立即出击。具体部署是:以第一旅出击傅山口及其以西之敌,第三旅攻占店子街、马家楼等地后,向西警戒,配合第一旅歼灭傅山口之敌。

30日10时,第一纵队全线出击,将敌第七十七师全部击溃,击毙敌第三九六团团长。此战虽歼敌不少,缴获到一些美制新式武器,但终究是个击溃战、消耗战!打得一点也不痛快!

后来才知,关于如何保卫临沂,中央也有个明确指示。10月15日,中央电示山东军区:

只要淮北胜利,鲁南之敌决不敢深入临沂。

10月31日,再次向山东军区发来电示,称:

敌既不打通津浦,又不切断陇海而进攻临沂,其目的是欲调动我苏北主力北援(调虎离山),以便先解决苏北,然后以苏北、苏中主力(十二个旅以上)进攻山东,我们切不可上当。

中央如此提醒"切不可上当",遗憾的是在宗派、地方等主义的作祟下,山东军区还是上了当。

让叶飞、贺敏学和第一纵队指战员不痛快的,还有补给,尤其是兵员补充问题。在此前,从来是地方党领导部队,主力部队与军区是一体的,现在分开了,野战军变野了,成了外来户。起初,他们还认为地方领导没有认识到建设强大野战军的重要性,只重视地方兵团的建设。毕竟,在抗日战争时期,为了适应坚持敌后抗战的需要,亟须加强地方武装,甚至主力地方化,把主力下放到地方部队做骨干。但随着从抗战到全国性内战的战略转变,必须变过去以游击战为主的作战方针转变到以运动战为主,只有建设强大的野战军,才能取得战争主动权,歼灭进攻之敌。

一段时间以后,情况明摆着浮出水面:不是没有兵源,不是没有新兵补充,而是全被充实给地方武装了。地方武装一个新番号接着一个新番号,全都撑得饱饱的,就是不往野战军输送一兵一卒,第一纵队减员厉害也得不到补充。大家想到陶勇、王必成纵队,他们和其他留在华中的野战军哪个不是兵强马壮,每团都有两千五百人以上,着实叫第一纵队羡慕!

"我们一纵出生入死在山东打仗,却成了后娘养的,成了向后娘讨吃的孤儿!"

"主力缺乏兵员,怎么能成为突击力量?"

"又要马儿跑,又要马儿不吃草,世上哪有这样的事?!"

指战员们的种种议论传到叶飞、贺敏学耳朵里,他们心里虽有同感,但还是耐心地做解释工作,以安定军心,抚慰将士们的情绪,同时想方设法与地方同志搞好团结,免生事端。

考虑到第一纵队战斗减员和非战斗减员不少,而入鲁一年来一直无法得到补充,叶飞经和贺敏学等纵队领导人商量,迫不得已,忍痛将原来的九个步兵团合并为七个团。这才发现,即使将全纵队缩编为七个团,每个团也不满员。

中秋节过后,陈毅率第八师到了鲁南。原来,淮北战场在陈毅指挥下,取得初战歼敌一个旅五千来人的胜利后便兵力不足,而敌三个军又不分散,既无法歼敌,情势又显得紧张,陈毅无奈,只好回师鲁南。贺敏学发现,一向乐观、豪气冲天的陈毅少有地愁眉紧蹙,心情郁闷。他理解陈毅,这都源于饶漱石等人的不正当斗争,使得他无法集中兵力,打仗很不顺手呀!

陈毅毕竟是陈毅,到鲁南后,有叶飞、贺敏学领导的第一纵队的鼎力相助,便又雄心勃发,寻机打一个漂亮的歼灭战。

11月上旬,鲁南敌军调整部署,加强纵深配备,增强防务,伺机东犯。陈毅决心趁敌军调动之际,集中第一纵队和第八师出击台(儿庄)枣(庄)线,歼击由峄县南调的敌整编第七十七师,以第一纵队阻击峄县敌整编第二十六师及第一快速纵队南援,保障鲁南第八师攻歼南北罗和马兰屯之敌。在作战会议上,陈毅说:"这一仗打赢了开庆祝会,打不好开斗争会,打死了开追悼会。"这三个会的说法,给贺敏学和与会者们留下了至深印象。

战斗于11月10日午夜12时发起后,陈毅亲自坐镇第一纵队指挥所。像往常一样,秦基戴着报话机不断向叶飞、贺敏学等首长报告敌军各部防守、进攻等

情况。陈毅见了,很感兴趣,问这是啥子机器。得知这个只有一块砖头大却能把敌情掌握得清清楚楚的东西,是美军飞行员当初为感谢浙东游击队的救援而特意赠送的报话两用收信机,比国民党装备的更为先进时,陈毅笑说:"好啊,你们竟然也有美援。"

第一纵队将敌整编第二十六师及第一快速纵队大量杀伤在鹿砦前。翌日,敌某部依仗装甲车和猛烈的火器,猖狂前进,寻隙抵近第一纵队指挥所西北的河沟边,炮弹和机枪子弹呼啸着越过指挥所的头顶,敌机一架接一架俯冲扫射,炸弹也在指挥所近旁不断爆炸,指挥所掩蔽部顶盖的积土簌簌地掉落。

下午2时,在第一纵队指挥所西南方向之北田家营阻敌的第八团,突遭敌飞机和炮火的猛烈攻击,副团长和政治处主任双双牺牲。该团一度后撤,眼看就要退到纵队指挥所前面了,贺敏学奉叶飞命令,断然下死命令遏止。与此同时,西北方向敌整编第二十六师两个团在飞机、大炮、坦克掩护下,三面攻来。担任右翼作战的第九团如阵地不保,必将危及全局和纵队指挥所。贺敏学以坚定的目光望着陈毅、叶飞:"看来得动用预备队了!"

陈毅、叶飞用手在作战地图上比画了一下后,果断地向贺敏学点了点头。

贺敏学拿起电话,命令:"四团出击!从米家庄、尹家庄分两路向西杀出!"

第四团在第九团翼侧,一声令下,副团长胡乾秀立即率第一营,参谋长赖竹泉率第三营,从左右两路杀出,冒着弹雨冲过五里路的开阔地,占领铁路边的护路沟,向敌人侧背射击。敌人被拦腰截击后,一时乱了阵脚,各路人马纷纷后撤。第四团出击,浴血奋战,虽然牺牲了参谋长赖竹泉、第三营教导员裘亦明等将士,但有力地支援第九团击退了进攻之敌,巩固了处于危卵中的阵地。

第八师攻击敌整编第七十七师,追至运河边,并在南北罗包围了敌两个团。第八师只有三个团,吃不掉这股敌人。在当晚的会议上,第八师提出第一纵队派一个旅增援他们,并指名要第一旅,这样他们就可以5:2的优势干掉该敌。贺敏学深知,把第一旅另调,势必影响战事,作为参谋长,他本可以代司令员叶飞顶住,但今天当着陈毅的面,在兄弟部队的请求面前,他当然不便表态。最后,还是叶飞回话:"今日二旅打伤,三旅削弱,明天敌人肯定要拼命攻我泥沟、圈沟阵地,如把一旅调出,我们一纵就没有把握挡住敌整编第二十六师和第一快速纵队的冲击了。"

陈毅紧皱眉头,一支接一支地抽着烟,一声不吭。三分钟过去了,一刻钟过去了,半个小时过去了,到该下决心的时候了,他忽地一摔烟蒂,道:"只好不打这一仗了!"

打好算盘要吃掉敌人两个团,就因缺少一个旅的兵力,只好眼巴巴地看着到手的胜利果实白白丢掉!

战后休整,陈毅召开旅以上干部会议,讨论下一步作战方案。大家对这场未打成的歼灭战都有意见,议论纷纷。一向稳重、寡言的叶飞也憋不住了,说:"陈老总,你这个大司令比我这个小司令也大不了多少,我指挥三个旅七个团,你加上一个八师,不过四个旅十个团。有了打阻击的,却没有打突击的;有了围点的,却没有打援的,手里连个预备队也没有,能打什么仗?我建议陈老总,不要受各方牵制,集中三个纵队兵力在手里,就有办法寻求战机,歼敌一个旅或两个旅,否则兵力不集中,什么仗也打不好!血的教训还少吗?"

叶飞说得当然在理,包括贺敏学在内的高级指挥员谁没有同感,只是因为这事牵涉到方方面面,以自己的身份不好多说,何况陈毅受到掣肘,多有难处。如今叶飞以主力部队司令员的身份带头把它明说了,既批评了某些领导人的做法,又道出了陈毅的无奈,还解了大家的气。

在回部队的途中,叶飞不胜感慨地对贺敏学等纵队领导说:"一纵入鲁六战,只有泰安一胜,很窝囊,怪不得部队,这是领导的责任!但形势是向前发展的,战略思想不变也得变!"

大家都赞同叶飞的话,战局的发展确实不允许继续分散兵力了。

11月13日开始,第一纵队于鲁南十八凤落地区进行为期二十天的战备休整。就在这时,贺敏学接到陈毅召见的通知。

陈毅先给贺敏学看了几封中央的电报。贺敏学据此了解到,中央军委和毛泽东对主力部队不充实又得不到补充的情况非常重视,在这年8月为此数次致电有关领导人,三令五申地要求每地要保持和补充一定数量的主力团,如说"每团人数二千至二千五百人,经常保持满员","每团二千五百至三千人(国民党有三千人的大团),给以最好的武器与充足的弹药,以为突击力量,勿采平均主义"。

陈毅等贺敏学看完，才开始谈话："山东野战军由于兵力分散，在一个时期内，无法打歼灭战，部队减员，又得不到补充。这些你都是知道的。打仗，除了革命精神，总得要有物质基础，没有足够的兵员，靠什么与人家对打？你们一纵大概也是急不可耐了！"

贺敏学说："是啊，看到华中野战军七战七捷大显神威，指战员们羡慕之中，都希望补充足够的兵员，争取主动，集中兵力打几个漂亮的歼灭战。"

陈毅点点头："内战进程加快，为了对付强大的敌人，提到我们面前的一个重要任务，首先就是建立一支强大的人民武装力量，现在我军处于战略防御阶段，今后反攻，更是需要建设一支强大的野战军。"

贺敏学一边揣摩陈毅说话的意思，一边听陈毅继续发表宏论："中央军委已决定山东野战军和华中野战军集中行动，两个指挥机构合二为一，成立华东军区。我这个当司令员的，总不能天天为兵员补充而发愁。毛主席可是一再督促，必须尽快解决兵员补充问题。军区为此成立学兵训练处，你在红军时期就有训练新兵、组建部队的经验，因此决定调你来当这个处长，就算是来救我的急吧！"

贺敏学虽然舍不得离开第一纵队，但陈毅这么一说，他哪有推辞的道理。回去后，他把司令部的工作向新任参谋长张翼翔（原第三旅旅长）做了移交，随即告别叶飞和第一纵队，到华东军区就职。李立英对贺敏学此番履新有个说法："陈毅很爱贺敏学，总要把贺敏学调在身边工作，到关键时刻需用到他压阵时，则马上放他出来。"

贺敏学训练新兵、组建部队的确是驾轻就熟。不到一个月工夫，就有一批兵源补充到了各部队。其中第一纵队从自己的老参谋长手上得到的实惠尤多：在12月中旬宿北战役发起前，第一旅补充了鲁南新参军战士八百余人，第二旅补充鲁中翻身农民一千二百余人，第三旅补充鲁中一个新兵团。兵力壮大后，使得第一纵队在宿北战役中大胆穿插，继分割敌整编第十一师和整编第六十九师后，与兄弟部队一起全歼敌整编第六十九师，创下骄人战绩。莱芜战役后，随着兵员的再次补充，第一纵队重新恢复了原来的九个团。兵强马壮的叶飞，指挥部队打了许多漂亮仗。

1947年5月，华东野战军（简称华野）主力在孟良崮战役歼灭敌王牌第七十四师后，恼羞成怒的蒋介石集结三十二个旅、二十四万人重点进攻沂蒙山区，步步为营，密集平推，企图把华野挤到胶东半岛的牛角尖决战。华东战场面临严峻的局势。为粉碎国民党的阴谋，华野主力主动跳到蒋管区作战。战情突变，华野及山东解放区的后方机关和干部家属、老弱病残人员被国民党重兵压迫到渤海边一狭窄地区，几千人员和大量

解放战争时期，贺敏学历任华野纵队参谋长、师长、副军长。图为贺敏学（右二）与战友在缴获的美军汽车前合影

物资准备用民船渡海向东北解放区转移，而可用于掩护的作战部队又远在外线作战。情况危急，如上千家属和后方人员无法转移而牺牲或成了敌人俘虏，对革命阵营的震动不言而喻。

此情听说还牵动了远在陕北的中共中央。得知随行的最高军事指挥员是华野学兵训练处处长贺敏学，毛泽东急电，命华野在渤海一带被打散的部队尽速到贺敏学处报到，归其指挥，遂行转移重任。

贺敏学临危受命，一方面将新兵和后方零星人员，连同打散的华野几股小部队，按班、排、连组建成临时作战队伍，利用地形巧妙配置部署，迎击来犯之敌；另一方面，迅速组织人员，调度大小民船，抢运众多的干部家属撤退。

李立英和女儿也在转移的家属之列。贺敏学抱着女儿亲了一下，叮嘱她们路上注意安全，便转头安排工作去了，李立英和女儿泪眼蒙眬地看着他离开。不一会儿，贺敏学的警卫员跑过来。原来，贺敏学心里牵挂母女俩，特别让警卫员沿途相随。

在贺敏学的亲自指挥下，狙击队伍胜利掩护了干部家属和老弱病残人员及物资安全撤往东北解放区。随后，贺敏学带几个连的部队，历经艰难险阻，突破重围，找到华野主力归建。

豫东战役扭转局势

1948年4月,陈毅、粟裕召见贺敏学,要他重返战场,担任第四纵队第十二师师长。

第四纵队系由当年苏浙军区第三纵队发展而来,是和第一纵队同为华野最惹人注目的主力。根据中共中央年初定下的华野组成第一兵团(含第一、第四、第六纵队)南下到闽浙赣边机动作战、以调动敌人回防江南的战略部署后,第四纵队奉命调第十二师师长彭德清、第十一师参谋长康林等千余将士组建渡江先遣支队,归野战军司令部(简称野司)直接指挥。贺敏学正是来第十二师填师长空缺的。

第十二师的底子是老七团(即苏浙军区第三纵队第七支队),当过老七团团长(恰巧也是接替彭德清)的贺敏学,对第十二师自是另有一份感情。何况第四纵队司令员陶勇不仅骁勇善战,而且胸襟广阔,与贺敏学又是惺惺相惜。在天目山时,第三纵队某部打一个山头,部队上去几次都没打下来,把陶勇急得直冒火。贺敏学便主动请缨,只用一连兵力,就啃下了这块硬骨头。自此,陶勇对贺敏学刮目相看,常言姜是老的辣。第四纵队政治委员王集成是参加过长征的老红军,但和陶勇一样,资历都比贺敏学浅。对手下这位师长,司令员和政治委员都表现出特别的尊重。贺敏学却为此不安,诚恳地对陶勇、王集成说:"陶司令、王政委,你们就大胆指挥,上级就是上级,下级就是下级,革命有先有后,职务可上可下,这是很正常的事。"

此时,包括第四纵队在内的华野各部队,已在以"三查三整"(三查指查阶级、查工作和查斗志,三整指整顿思想、整顿组织和整顿作风)为中心的新式整军基础上转入军政大练兵。贺敏学马上投入整训运动。贺敏学平易近人、爱兵如子、严格治军的作风,博得了第十二师指战员们的尊敬。

第十二师政治委员伍洪祥,是来自闽西上杭的老红军,在中央苏区反"围剿"期间,在闽西北的宁化县泉上镇与贺敏学有一面之交,那时就知道贺敏学是井冈山根据地的领导人之一,如今搭档共事,自然感到高兴。他向贺敏学介绍了全师的情况,并陪同他到各部队视察,以便让他尽快熟悉部队。随后,他积极赞同贺敏学的提议,在师直增建炮兵营,各团撤销特务营,并补充了两千来名在濮阳地区参军的新战士。

一天,警卫员领进一位英姿飒爽的女战士,贺敏学定睛一看,竟是称自己为救命恩人的曾菲。此时的曾菲已和新四军有名的大才子赖少其结婚,赖少其也在第四纵队工作,在第十师某团任政治处主任。曾菲带孩子从后方到前方团聚,刚好经过贺敏学所部驻地。贺敏学和李立英热情地挽留曾菲母子吃饭,饭后还亲自送了一程。

第十师与第十二师驻地有段距离,贺敏学主动把坐骑给曾菲母子骑。贺敏学相让心爱的战马,让曾菲感动不已。她知道这匹战马对贺敏学的重要性,与丈夫赖少其会面后,又把马还给了贺敏学。

在这期间,粟裕认真研究中央意图和敌我双方态势后,郑重向中央建议,华野第一兵团暂缓过江,留在中原,与刘(伯承)邓(小平)陈(赓)谢(富治)协同,集中力量,在中原黄淮地区打几个大的歼灭战,最大限度地消耗敌有生力量。中央接受了这一建议,下令执行这一方案,并委托朱德到濮阳看望华野将士。5月14日,贺敏学和第一兵团团以上干部在濮阳县政府礼堂听朱德作报告。朱德介绍了解放战争的形势和任务,对部队的任务和建设作了重要指示,并回答了将士们的提问。会后,朱德专门接见了华野第一兵团第一、第四、第六纵队师以上干部和英模代表。这是贺敏学自红军长征后再见这位"红军之父",朱德在人群中一下子认出他来,同他握手,讲了些慰勉的话。

5月底,华野第一兵团三个纵队奉命结束整训,浩浩荡荡进入中原作战。根据中原战场的敌我态势,粟裕确定豫东战役的作战方针是:先打开封,后歼援敌。在此战之前,第四纵队打的都是进攻战,有的纵队认为得了便宜,为此,华野代司令员兼代政治委员粟裕要求第四纵队这回和第一、第六纵队统统改打防御战。

包括第十二师在内的第四纵队指战员对改打防御战议论纷起。这支主力部队经过"三查三整",憋足了劲儿要在夏季打个好仗,用胜利来响应朱德提出的"耍龙灯,钓大鱼"的号召,搞掉敌人一两条大鱼。谁知却被派去打防御。第十二师有位连长公开说防御没劲,说白了就是挨打。贺敏学便耐心地向他,也向这支

习惯进攻也善于进攻的部队解释:"打进攻战,攻城略地,当然威风,但要知道,攻与防是辩证的统一,没有攻就没有防,没有防也就失去攻的对象。中外历史上许多防御战,其作用和影响一点也没输过进攻战。一支只能打进攻而欠于防守的部队,绝不是百战劲旅!"

这么一说,很快就消除了部队的消极不安因素。大家以饱满的激情、旺盛的斗志积极备战,决心要和一同打防御的第一纵队比个高低。第四纵队和第一纵队过去常较劲,少不了争先恐后,互不相让,也互相有些看不起,因为都是主力,什么时候总要比个高下。配合作战却一直很好,有时甚至愿意为对方舍生忘死,因为同是共产党部队,没有共产主义精神,岂不丢人现眼!在这两支部队都待过的贺敏学,焉能不知这点,他觉得在战场上比比,倒可以激发指战员们的英雄主义精神。

第十二师接受的任务是在开封以东地区防御阻止敌援西进。贺敏学和政治委员伍洪祥向部队做了紧急动员后,率部转抵孟皎集以南、孙府砦以北地区,构筑第一线防御阵地。

6月17日,华野陈士榘、唐亮兵团第三、第八纵队向开封(时为河南省省会)发起进攻。身在南京的蒋介石闻讯,急忙部署反击:令邱清泉兵团和第四绥靖区刘汝明部由鲁西南向开封攻击前进;同时新组成一个兵团,以陆军中将区寿年为司令,指挥整编第七十五师、第七十二师及新编二十一旅,由民权地区经睢县、杞县迂回开封,企图在开封地区吃掉华野。23日,邱清泉兵团整编第五师和第八十三师向开封一线攻进。敌整编第五师的前身是新五军,是蒋军五大主力之一,全系机械化装备,尤以炮兵为强。贺敏学指挥的第十二师是华野第四纵队的主力,可以说是主力对主力,自有一场恶战。

贺敏学定下的御敌方案是:以第三十四、第三十六团为第一梯队,在清凉寺、马道府、焦兰、孙府砦、陈砦、后梨沟之间组织防御;以第三十五团为第二梯队,在陈坟、董楼、禁砦之间组织防御。他特别把抗日战争时期曾被新四军军部授予"老虎团"的第三十四团(即原老七团)放在最为前沿的清凉寺、马道府、羊皮寨一线。他对团长陈桂昌、政治委员匡志明说:"拿出你们'老虎团'的本事和威风,坚决阻住第五军!"

望着师长坚毅的眼神,陈桂昌、匡志明语声坚定地说:"坚决完成任务!"

24日正午时分,在滚滚风尘中,邱清泉兵团整编第五师和第八十三师分三路进犯。第十二师前哨部队当即于战斗警戒阵地迎击敌先头部队,追敌兵力展开后,乃主动撤出警戒阵地。贺敏学与各团团长通电话,询问攻击准备情况后,说:"兄弟部队已占领开封全城,现在就看我们的防御战打得怎样!我们当面之敌是精锐的,你们有没有信心和把握打垮他们?"

各团团长纷纷以吼代答:"请师长放心,我们定叫他们有来无回!"

贺敏学说:"好,气势上来了,就成功了一半!不过,对方全是美式装备,你们务必采取灵活战术。"

贺敏学放下话筒不久,下午2时许,敌向第十二师阵地全线进攻。第十二师的阵地靠近黄河和陇海铁路,这里都是沙地,难以修筑坚固的防御工事,攻守都极为不易,完全靠火力强拼。敌整编第五师颇有战斗力,又依仗飞机、坦克和重炮,进攻凌厉而猛烈。第十二师的阵地很快就陷于火海,硝烟卷着沙土,直搅得天昏地暗。敌见多次进攻未能突破,便集中兵力,在飞机、大炮和坦克的支援下,倾全力向第三十四团阵地猛攻。一时间,火光冲天,尘土飞扬。

在华中打出赫赫威名的第三十四团,在豫东面临着严峻的考验。在清凉寺阻击的第三营在勇猛打退敌人连续四次冲击后,敌人改变了策略,凭着寺庙以东的沙岗地,架起十几门大炮和十几挺机枪,向第七连阵地狂轰滥炸。尘土飞扬、硝烟弥漫中,五六辆坦克开路,后边紧跟着一群气势汹汹的步兵。

情况危急!第七连战士夏生荣猛然跃出战壕,一连甩出四五颗手榴弹,趁着弥漫的浓烟,旋风般冲向敌坦克。随着炸药包的轰响,张牙舞爪的坦克瘫痪了。这时,全连指战员一齐开火,手榴弹、炸药包纷纷投向敌坦克和步兵,阵地上敌尸枕藉。

腿上中弹的夏生荣回到战壕刚行包扎,敌人又呼喊着冲了上来。他又跳出战壕,跛着脚扑向敌人。前边的坦克眼看就要碾压上来了,他机智地塞上去一束手榴弹,随即迅速滚向壕堑。坦克被炸,不动了,在后跟进的敌步兵丢下几具尸体后,掉头就跑。这时,夏生荣的手上也负了伤,一块弹片斜插在骨茬上,排长劝他下去包扎,他说什么也不下火线,端起步枪向敌人射击。

敌人从正面攻不下，气势顿挫，旋改变战术从侧面兜上来，抢占了第七连右方的一个阵地。这时，夏生荣不顾伤口疼痛，第三次跃出战壕，向敌反击。一颗颗手榴弹飞过去，炸死炸伤数名敌兵，对方顿时阵脚大乱，夏生荣趁机高喊："同志们，敌人动摇了，赶快冲呀！"战士们跟随夏生荣迅猛冲向敌人，阵地遂失而复得。

战斗紧张的关头，贺敏学拿起冲锋枪亲临第三十四团前沿阵地指挥，他对师政治委员伍洪祥说："我牺牲了由杜屏副师长指挥，杜屏牺牲了由黄胜参谋长指挥，总之一定要坚守住阵地！"

当年第十二师的政治委员伍洪祥回忆说："打了那么多年的仗，这个防御战打得最是惊天动地。我们的防御工事简单，而敌人依仗坦克和重炮，又有飞机掩护，进攻一次比一次猛烈。敌人在白天攻占我们一个村庄或一个阵地后，我们就在晚上再夺回来，双方像拉锯一样，伤亡都很大。"

战至黄昏，敌坦克从侧翼迂回进攻，贺敏学审时度势，令第三十四团放弃马道府、清凉寺阵地，转入第二阵地。次日，敌继续进攻，但动作迟缓。第十二师各部不断以伏击、出击手段消灭敌人，迟滞敌人行动。接着，第三十四团反击董楼、第三十六团反击孙府砦之敌，各歼其一部。

尽管敌人组织了一次又一次攻击，第十二师却像一面牢不可破的铜墙铁壁，死死挡住了敌人。第十二师和兄弟部队与敌恶战数日，确保了开封战役全胜。开封解放、伤员安全撤出、物资大部运走之后，贺敏学率第十二师才奉命撤出阵地，向杞县以南转移。

解放军各部的主动撤退，给了蒋介石一个错觉，认为解放军连续作战伤亡过大，无力防守，必向津浦路前进，遂令邱清泉兵团和区寿年兵团追堵。夸下海口要为党国建功立业的蒋军悍将邱清泉，摆出一副在开封地区与解放军决战的架势，只以先头部队一个旅配合刘汝明占领开封（其实是解放军主动放弃），而亲率主力追击向通许方向转移的华野第三、第八纵队。与骄狂疾进的邱清泉相反，区寿年既多疑又犹豫，在进抵睢（县）杞（县）地区后，举棋不定。这样，邱清泉、区寿年两兵团步调不一，很快就拉开了四十公里的距离。

这是致命的一条间隙！粟裕抓住有利战机，急令第一、第四、第六纵队，特种兵纵队和中原野战军(简称中野)第十一纵队,组成突击集团,围歼区寿年兵团。

第四纵队首先以主力经高阳集、官庄向阳武砦、尹店方向攻击前进,协同中野第十一纵担负分割邱清泉兵团与区寿年兵团联系的任务,尔后向龙王店、陈小楼攻击前进。

27日晚,继兄弟部队的行动之后,贺敏学率第十二师进至杞县西南潘屯一带。至此,如期分割了邱清泉、区寿年兵团间的联系。在华野紧缩对区寿年兵团包围时,邱清泉兵团倾全力东援。第十二师奉命再次阻击打援,和兄弟部队于聂岗、桃林岗一带,顽强阻击,使敌两兵团始终无法靠拢。

蒋介石见情势危急,又令黄百韬兵团由东向西疾进增援。为了确保歼灭区寿年兵团,贺敏学、伍洪祥率第十二师(欠第三十五团)又奉命东进阻击黄百韬兵团。7月1日,正当第十二师与第三纵队交防之际,敌趁隙占领班庄、官庄、过庄等地。在贺敏学命令下,第三十六团组织反击,夺回阵地,交给第三纵队后才东开归建。

第十二师这次受命阻击打援,保障了陶勇统一指挥华野总攻区寿年兵团于龙王店,一举全歼区寿年兵团,敌兵团司令区寿年在龙王店被活捉。在围攻龙王店的战斗中,第十二师第三十五团也有出色的表现。

7月3日,第十二师与黄百韬兵团相遇,并包围了其兵团指挥部的北部屏障田花园村。起初,因轻信俘虏口供,第三十五团以为田花园村系黄百韬兵团的一个后方机关,并把此情况上报师部。师部信以为真,决心攻占田花园,令第三十五团担任主攻。初战受挫后,贺敏学发现情形不对,急令严加盘查,才知这竟是黄百韬兵团一个整编团的战斗部队,于是精心筹划,重组火力猛攻。敌拼命反击,战斗打得异常激烈。经两昼夜血战,第十二师终于将田花园村攻克,并乘胜攻占了刘庄。田花园村的得失,直接关系着黄百韬兵团指挥部的安危,黄百韬即从兵团指挥部帝丘店派兵反扑,并以飞机掩护猛攻。虽然田花园村得而复失,但黄百韬兵团却受到第十二师和兄弟部队的沉重打击,锐气大挫。

豫东战役经过开封、睢杞两个阶段半个来月的连续作战,共歼敌九万余人,一举改变了中原和华东战场的战略态势。此后,在中原战场,国民党军已完全失去了对解放军发起战役性进攻的能力,更加动摇了据守战略要点的信心,而解

放军则大大加快了战略进攻步伐。在豫东战役中,贺敏学率第十二师官兵前仆后继,坚决彻底地完成了上级赋予的每一项战斗任务,但自身也付出了重大代价。在战斗中,有二百二十一人捐躯,九百七十一人受伤。

淮海战役创下战斗范例

豫东战役结束后,第十二师随第四纵队南下,到安徽涡阳地区休整,然后撤往陇海路以北。到鲁西南不久,即参加了济南战役。此役,第十二师和第四纵队其他部队一样,在金乡、巨野地区构筑防御阵地,阻击由徐州北援济南之敌。随着济南战役的结束,山东之敌被基本肃清,华野集结于兖州地区整训。

9月,第四纵队政治委员王集成调出,由第六纵队副司令员郭化若接任。贺敏学和各师首长参加了陶勇在纵队指挥部主持的欢迎郭化若赴任的会议。郭化若握着贺敏学的手,笑呵呵地说:"真是人生何处不相逢,我们又在一起工作了。"此时的郭化若已是闻名遐迩的兵法专家,连许多中央首长都以师礼相待,而他见到作为下级的老熟人,仍主动提及当年瑞金落难共事红校之事,让贺敏学颇感亲切。

第十二师驻于兖州以东,与华野总部曲阜相距不远。10月上旬,贺敏学参加了华野前线委员会(简称华野前委)召开的各师师以上主要领导会议。会议首先学习了中共中央政治局九月会议精神,研究贯彻毛泽东关于"军队向前进,生产长一寸,加强纪律性,革命无不胜"的战略方针。这次扩大会议也是淮海战役的战前准备会,在会上做了具体的战役部署,并统一了大家准备打大仗、恶仗的思想。从曲阜回到驻地后,贺敏学、伍洪祥马上在全师贯彻会议精神,同时展开战役动员和形势任务教育,为即将到来的淮海战役进行军事上和思想上的准备。

10月24日,第四纵队奉命结束休整,进至郯城以西地区准备参加淮海战役。月底,贺敏学率第十二师由兖州出发,进抵台儿庄以东苏鲁边界地区待命。11月5日晚,第四纵队召开作战会议,进一步讨论和具体部署作战行动。

参谋长梅嘉生指着地图介绍了敌我态势、本纵任务和首长决心后,陶勇和郭化若分别从军事、政治两方面提出具体要求。郭化若特别指出,即将发起的淮海战役,是全国几个战区同时发动的强大攻势的重要组成部分,必须认清这一战役的历史意义和激烈性、连续性,鼓励部队勇猛作战,不怕疲劳,不怕牺牲。

初冬的淮海平原,粗犷、辽阔,秋风荡涤着黄沙落叶,漫天飞舞。11月6日晚,举世瞩目、空前规模、在中外战史上有口皆碑的淮海战役打响了。

数十万华野大军,兵分十三路从各地先后出动,浩浩荡荡,以雷霆万钧之势,横扫陇海路北侧敌军阵地。第四纵队奉命统一指挥第八纵队,由北向南突击,迅速歼灭邳县、官湖、运河车站和炮车之敌,切断黄百韬兵团与李弥兵团的联系。其中,第十二师的任务是协同友邻部队切断陇海铁路,歼敌于徐州以东地区。

贺敏学率第十二师,按预定直插驼阳以南,打下邳县后,直指运河车站。这时,黄百韬兵团的三个军和从海州方向败退的敌第四十四军,在华野强大的攻击下,沿着陇海铁路西撤,企图向徐州逃窜。贺敏学、伍洪祥一面组织部队追歼邳县逃敌,一面大胆穿插,直接打到了慌乱西逃的敌人战斗队形之内。陶勇接到贺敏学的报告后,令他率部迅速同友邻部队加速南北对进,抢占运河车站,防止黄百韬兵团西逃。

和黄百韬兵团交过手的第十二师,发誓这次一定不能让黄百韬逃脱。第三十五团一马当先,奋勇进击,一举占领运河车站,并控制了运河铁桥。10日,贺敏学率第十二师强渡运河。时敌机分批来扰,部队依旧冒着敌机的轰炸、扫射涉水前行,有的战士还顺手捞起河面上被敌机炸死的鱼,诙谐地说:"蒋介石给我们送来了慰劳品。"贺敏学率全师渡河后疾进,许多战士在连续行军中没有鞋穿,光着脚板追赶敌人,一直打到敌人的前哨阵地陈庄。至此,黄百韬兵团被华野主力五个纵队紧紧围困于以碾庄为中心的狭小地区。

碾庄位于陇海路北、运河以西,周围有一群大小不等的村落。为防洪水泛滥,每个村庄都筑有高出地面两三米的台子,台子间多洼地、水塘,行动不便。四周地形开阔,利守不利攻。黄百韬临危之中,找到了这处让他顿生起死回生梦想的落脚之地,整理督促部队,加强已有工事,构成以各村落为重心的环形防御阵地。曾任国民党军事委员会高参的黄百韬,长于算计,写得一手呱呱叫的军事论文,说他胸有百韬百略不免言过其实,但他也并非赵括式纸上谈兵的人物,七韬六略还是有的,在指挥上也颇见招式。

战场情况发生了变化,敌已转入有坚固阵地为依托的坚守防御,第十二师攻击部队伤亡不小,贺敏学心痛指战员们的流血牺牲,乃下令暂围不攻,待向纵队首长报告战情再说。

11月14日,野司召开作战会议,根据各纵汇报,决定采取"先打弱敌,后打强敌,攻其首脑,乱其部署"的战法,先攻歼碾庄北、西、南三面之敌,尔后总攻碾庄及以东之敌。第四纵队根据野司作战会议精神,也发出了以村落攻坚战术逐点歼灭各村落守敌的指示,要求各部集中兵力,依靠近迫作业和炮、爆、突的结合,每晚夺敌一个村落,占领一点,歼灭一点,巩固一点,并对各师的攻歼目标做了统一筹划,要求各师及时总结经验,上报纵队。

作战的思路和战术明了,贺敏学立即精心组织部队进行紧张、周密的准备。他向各团、营长强调,村落攻坚战,既要勇猛又要善战,并特别指出:"我们师过去善打运动战,但现在已转为大规模的村落攻坚战,攻坚战术、攻坚动作,特别是大量使用爆破,这种作战形式对我们来说还较为生疏,为此要多向友邻部队学习,并从实战中总结经验,不断提高。"

11月16日,在野司统一号令下,第十二师和兄弟部队再次向黄百韬兵团发起攻坚围歼战。第十二师奉命首先消灭敌第二十五军于碾庄,摧毁黄百韬兵团。贺敏学指挥三个主力团先后向碾庄西北的秦家楼、大小牙庄等外围据点发动猛烈攻击,号召全师官兵以有我无敌的决心,拼死作战。第十二师的对手敌第二十五军战斗力较强,凭着坚固工事顽强抵抗。大牙庄战斗中,第十二师第三十五团突击排排长李公然率全排突破敌前沿后,连续打退优势敌人的多次反扑。全排大都伤亡,李公然在与敌白刃搏斗中接连刺死十五个敌人,身负重伤,仍挣扎着组织战士利用地形,坚守阵地。李公然牺牲时,周围躺满了敌人的尸体,而他手中仍握着一支刺进敌人胸部的步枪。突击排靠着不怕牺牲的顽强精神,巩固了突破口,保障后续部队及时投入战斗。此战全歼守敌三千余人。

黄百韬兵团被围,蒋介石急令驻守徐州的邱清泉兵团、李弥兵团和驻河南确山的黄维兵团火速增援。但从徐州东援的邱清泉、李弥兵团遭解放军山东兵团和苏北兵团的强力阻击,难以靠拢,由河南驰援的黄维兵团也被中野堵在安徽宿县附近。就在黄百韬兵团呼天抢地之际,华野各围歼部队加紧发起了总攻。

在多年的征战中，贺敏学始终不改身先士卒的作风。部队打到哪里，他和师指挥所就搬到哪里。看到他不分白天昼夜地在枪林弹雨中穿插，参谋和警卫人员都认为太危险，屡加劝阻。可从他嘴里蹦出来的总是那句话："危险，战士们就没有危险了？就当官的命值钱？这是什么逻辑！我牺牲了，还有政委，还有副师长，还有参谋长！"

师长做好了随时牺牲的准备，全师上下哪还有懦夫，敌人跑到哪里，就坚决追到哪里。以伍洪祥为首的全师政工干部也奔赴第一线作战。在碾庄西北的一次激战中，几架敌机凶猛扑来，一颗炮弹就落在离伍洪祥不到二百米的地方炸响。伍洪祥如果离得再近一点，就没命了。贺敏学得知后，嘱咐警卫人员要保护好伍洪祥，并关切地对小他十岁的伍洪祥说："你年纪轻，今后革命事业靠的正是你们这些后生，一定要注意安全！"这兄长般的关怀，令伍洪祥毕生难忘。

经过十六天的激战，黄百韬兵团终于全线崩溃。11月21日，黄百韬在率残部突围时，遭到第十二师及友邻部队的围歼。

黄百韬兵团遭全歼，宣告淮海战役第一阶段的战斗胜利结束。以邓小平为书记的淮海战役前线总指挥委员会（简称淮海战役总前委）立刻把打击的目标转向黄维兵团。黄维兵团从豫南远道赶来增援，被中野围堵于皖北离津浦路不远的双堆集一带。蒋介石在痛失黄百韬兵团后，为援救黄维兵团，急令徐州杜聿明所属邱清泉、李弥、孙元良三个兵团沿津浦路南下驰援。

总前委发现这一敌情，立刻下令华野在徐州以南堵截邱清泉、李弥、孙元良兵团。贺敏学率第十二师奉命随第四纵队迅速沿陇海路碾庄段南下，配合友邻部队阻击徐州南援之敌，使其无法南下援助黄维兵团。

这下，蒋介石可就慌了手脚，为确保这些嫡系主力的安全，他即令徐州"剿总"司令刘峙亲赴蚌埠，监督李延年、刘汝明兵团北援，又令徐州"剿总"副司令杜聿明率被堵截的邱清泉、李弥、孙元良三个兵团三十万人放弃徐州，绕道徐州西南，豫皖边境的萧县、永城迅速南下，与蚌埠北上的李延年、刘汝明兵团夹击刘邓大军，解救黄维兵团。

侦悉杜聿明率三十万大军向徐州西南蜂拥而下，淮海战役总前委立刻下令追歼西逃之敌。贺敏学、伍洪祥率全师随纵队和友邻部队一路穷追猛打，昼夜兼

程六十五公里。连续作战,长途奔袭,就是机器也要抛锚,何况人!处于极度疲劳中的官兵难免有情绪,有人还说:"总前委红蓝笔一指,我们小兵就得跑死。"贺敏学和伍洪祥做了不少思想工作,才算稳定了指战员的情绪。12月4日,第十二师和友邻部队在皖北永城附近的陈官庄追上杜聿明大军,将其围住。

杜聿明见陷入华野和刘邓大军的重重包围,情知突围无望,立即就地转入坚守防御。根据敌情,第四纵队采取全纵展开、各师准备、轮番攻击、逐点歼灭的战术,即在攻击正面同时展开三个师,各师每次选定一个约有一团守敌左右的重点攻击目标,在充分准备的基础上,依三个师完成准备的先后顺序,轮番实施攻击,全纵的炮火都支援攻击之师。这样做虽然炮兵须每晚转移,较为辛苦,但能以局部兵力、火力的绝对优势,达到速决全歼之效,而且其他师又可轮流做短期休整和攻击准备。贺敏学认为这个战术切实可行,立即和伍洪祥在第十二师积极地贯彻实施。

在贺敏学的精心组织和指挥下,第十二师进攻吴庄、杨李庄的战斗,受到纵队首长的高度赞扬,郭化若称之为运用上述战术的一个范例。

吴庄、杨李庄是杜聿明集团防御圈的东北屏障,由李弥兵团主力第八军一部防守。庄子四周筑有多层碉堡、暗堡和附防工事,每隔五到十米即配置一个轻重机枪掩体,与地堡在火力上形成相互支援,庄与庄之间又以错综交叉的蛛网式交通壕和堑壕相互沟通。贺敏学率第十二师发起攻击前,从师团首长到突击营连的战斗组长,都先对攻击目标进行反复观察和研究,然后确定攻击方案。

不入虎穴,焉得虎子。贺敏学下令,把担任抵近射击的三十八门火炮推进到离敌前沿仅百十来米的掩体内隐蔽。在检查并确保各项准备充分、无误后,又一项军令从他嘴里发出:"改为白天攻击!"

这两项命令,有的师首长认为过于大胆冒险。贺敏学却说:"知己知彼,百战不殆。我是抱着对革命事业高度负责的精神下此决心的!"

12月12日下午4时20分,随着贺敏学一声令下,炮火齐鸣,因为距敌前沿仅百米,一炮就能掀掉一个敌地堡,突击连乘势向守敌发起凌厉冲击,仅五分钟就打开了突破口。贺敏学这一招,确实大大出乎守敌意料,他们原以为解放军白天不可能进攻。因此,当解放军先头连冲进敌前沿阵地时,守敌还在塞起枪眼的地堡里睡大觉。第一梯队突入吴庄后,师主力两个团紧接着又向守敌的主阵地杨李庄突击,迅速攻克该庄。整场战斗仅用了九个小时,漂亮、干净地歼敌两个团,俘虏一千余人。

杜聿明集团的三个兵团被包围后,在解放军的连番猛攻下,外围不断缩小。继孙元良兵团被歼,李弥、邱清泉兵团也伤亡惨重。这时,从双堆集传来消息,黄维兵团在12月15日被中野全歼,兵团司令黄维也成了阶下囚。一时间,杜聿明集团及所属李弥、邱清泉两个兵团二十多万人成了瓮中之鳖。

淮海战役第二阶段已然宣告胜利了! 为了配合东北野战军(简称东野)、华北野战军正在进行的平津战役取得全胜,也为了削弱杜聿明集团的战斗力,总前委命令参战各部队对杜聿明集团围而不打,加强政治攻势以瓦解敌人军心。贺敏学和伍洪祥利用这个机会,组织疲倦过度的第十二师指战员在前线休整了二十天,总结作战经验,进行火线评功和庆功活动,并且开展群众性的对敌广播喊话,给被围之敌写信、送食品,敦促他们放下武器投诚。

第十二师师部设于萧县至永城公路旁的黄岳店村,离杜聿明总部陈官庄只有五公里的距离,而前沿阵地与敌相距最近的竟不过百十来米,彼此讲话声音大一点都可相闻。身陷重围的国民党军断水断粮,物资完全依赖空投,在冰天雪地中,生活极其困难。而第十二师指战员开饭时,故意把碗敲得叮当响,大声说:"开饭了,开饭了!"敌方阵营也传来哀求声:"打仗归打仗,我们快饿死了,给我们一点吃的吧。"贺敏学和伍洪祥指示部队,本着人道主义精神,可以适当救济那些断炊之敌。

杜聿明从徐州西撤时,为政治宣传需要,带走了一些不明真相的教授、大学生和老百姓。岂料到陈官庄后,这些编外人员也被围。包围了半个多月后,贺敏学经和伍洪祥商量,特指示部队在包围圈上有意放开一个缺口,让被围在里头的这些盲目跟随国民党的人们逃生。绝处逢生,有些富人、豪绅帽子围巾跑没了,小姐、太太也把鞋子跑丢了,光着头,赤着脚,样子十分狼狈。贺敏学、伍洪祥要求部队指战员热情相待,发给路条、钱粮,让他们返回徐州。他们对此无不感激,认识到国民党欺骗宣传的险恶用心。而经过群众性的对敌政治攻势,国民党官兵也认识到共产党的好,整班整排与解放军连队一起在战壕里举行小型联欢

活动,不少人干脆弃暗投明。

在冰封雪盖的战壕里,迎来了1949年元旦。这天,贺敏学在黄岳店村的师部和师首长们一起收听了毛泽东为新华社写的《将革命进行到底——一九四九年新年献词》。献词最后说:

> 几千年以来的封建压迫,一百年以来的帝国主义压迫,将在我们的奋斗中彻底地推翻掉。一九四九年是极其重要的一年,我们应当加紧努力。

贺敏学振奋之余,热血沸腾,豪情倍增。随即,他和伍洪祥组织全师指战员一面学习这篇新年献词,一面用手头所能搞到的弹壳、引信盒、石子、树枝以及敌人空投的降落伞布,在壕堑里嵌起一条条醒目的标语,扎起一座座彩门。简朴而热烈的战地迎新聚会,吸引了刚从敌包围圈里跑出来的民间艺人。新解放的敌剧团人员也纷纷助兴,以耳闻目睹的经历,演了一个叫《包围圈内》的小剧,反映了圈内圈外两个不同的天地。

贺敏学每天都分头深入前沿坑道,和战士们聊天,还和支前的老百姓交谈。解放军的阵地上到处都可听到欢声笑语,敌人的营房却是哀声不绝。敌阵倒戈者愈来愈多,元旦前后那几天,仅向第十二师第三十四团投降的官兵就有近千人。

元旦过后没几天,总前委下达了总攻令。贺敏学与伍洪祥认真研究后,于1月6日下令各团向敌阵地实施总攻击,直捣李弥兵团。经两天猛攻,第十二师连克几个敌重要据点,李弥兵团开始动摇。崔庄守敌第四十二师残部两千余人,慑于被歼,在副师长率领下向第十二师投降。李弥兵团残部逃入邱清泉兵团驻区,李弥本人化装后混在俘虏中逃脱。

1月9日晚,在大大小小的公路上,拥挤着数路队伍,既有仓皇逃窜的敌军,又有奋勇追击的解放军,也有逃难的百姓。第十二师和友邻部队趁敌溃乱之际,向杜聿明集团指挥中枢陈官庄突击猛插。杜聿明见大势已去,带了几个随从化装后企图趁混乱逃跑,结果被我第十一师俘获。翌日拂晓,贺敏学率全师继续出击,同友邻部队协同作战,歼灭敌新五军残部,从而将杜聿明集团全部歼灭。望着方圆几公里内蒋军尸横遍野、血迹斑斑、狼狈投降的景象,望着部队缴获的足足排了几公里长的汽车、坦克等军需辎重,贺敏学感慨万千:革命了二十多年,终于看到了蒋介石集团兵败如山倒的场面,蒋家王朝的气数快要尽了。

淮海战役开始时,第十二师有七千六百九十七人,战役中伤亡三千四百九十人,战后补充到一万零五百零五人。1月10日淮海战役结束后,贺敏学率第十二师披着一身硝烟,奉命转到山东峄县地区整训,师部设于台儿庄。整训的内容主要是总结淮海战役的经验教训,改造与训练解放战士,评选立功人员和召开庆功大会等,同时还学习毛泽东"将革命进行到底"的号召,进行渡江战役的教育动员。

兵肥马壮的第十二师,建立了一个汽车队,驾驶员大都是解放战士。台儿庄是新区,群众对解放军不是很了解,师部为此提出要密切联系群众。一名驾驶员驾驶美式吉普车时,吸引了很多小孩,一个十二岁的小孩调皮胆大,想爬上汽车,不料被驾驶员倒车时压死。

这个驾驶员是俘虏兵,保卫科当即把他抓起来。师党委多数人认为这个解放战士是有意的,破坏了军民鱼水关系,只有枪毙才能平民愤。贺敏学坚决不同意,他对政治委员伍洪祥说:"汽车后面压死人,按交通规则,不应有罪,更不该判死刑。"

伍洪祥考虑到此事在新区影响很坏,主张枪毙。

贺敏学到第十二师后,全师上下都尊重他,他对干部战士尤其是负伤的同志相当爱护,上上下下从没有发生过什么不愉快的事。师部的事,除作战部署外,他都很尊重伍洪祥,征求并听取不同意见。但没想到,在这件小事上,两人却发生了前所未有的争执。两人争得面红耳赤,谁也说服不了谁。最后,贺敏学说:"你敢枪毙他,我就到纵队党委告你!"

官司打到纵队党委,虽然贺敏学输了,但他仍然坚持不该枪毙这个驾驶员。

后来,包括那个小孩的父母在内的群众纷纷来说情,说小孩太调皮了,不要枪毙驾驶员,他不是有意的,给他一个教育并补过的机会就可以了。

部队最终还是顺从了民意,决定赔偿小孩家里三百六十元,并把那个驾驶员放出来,给群众赔礼认错,就这样彻底平息了事端。

不久，华野受命编为第三野战军（简称三野），按序列，第十二师编为三野第七兵团第二十三军第六十九师，伍洪祥还是担任师政治委员，贺敏学却奉调第二十七军，任副军长兼参谋长。

伍洪祥没想到贺敏学这么快就要调走了，从感情上舍不得他。想到几天前的争吵，他不无歉意地说："哈，我这个狗脾气，还真够你受的……"

贺敏学哈哈一笑，心无芥蒂地拍着伍洪祥的肩说："你有狗脾气，我也是狗脾气，争吵归争吵，真理越辩越明嘛，我们照样是亲密战友嘛！"

回忆和贺敏学在第十二师共事的日子，伍洪祥动情地说："我和贺老在第十二师工作只有一年来时间，我们两个脾气都差不多，在很多事情上，贺老都让着我，把我当成小弟弟爱护。虽然有时也争得面红耳赤，但出发点都是为了工作，他是很好共事的人，正派，没有是非，没有小肚鸡肠，很懂得尊重、团结人。由于我们军政相互尊重，相处很好，才能指挥部队连续打下几个漂亮的大仗。"

导演一出"渡江侦察记"

阳春三月的长江，烟波浩渺，惊涛拍岸。江边的浅草已一片青葱，堤岸的树梢头望过去也是一派鹅黄嫩绿。

贺敏学站在安徽无为县的长江边，心里涌动着"打过长江去，解放全中国"的激情。中央的渡江决策他是坚决赞同和拥护的，绝不能让祸国殃民的蒋介石集团偏安江南，划江而治。

这将是自己第几次渡长江，他既记不清，也无心来记，怦怦跳动的心里，像眼前来回往复的水涡儿一样，循环回响着新四军时那首有名的战歌《渡长江》。这次渡江，与往年不同的是，他感到责任更大了。所谓位高责任大，他现在是这支部队的第三号人物，他要协助军政主官带领全军饮马长江，胜利横渡天堑。

第二十七军由华野第九纵队改称，隶属三野第九兵团（司令员宋时轮，政治委员郭化若），军长聂凤智，政治委员刘浩天。第九纵队是抗战后由胶东地方武装发展而成的新部队，首任司令员许世友。第九纵队本不属于军中主力，但成立不久，就遇上了孟良崮战役，经受了大战的考验。随后在沙场上越磨越强，在1948年9月的济南战役中打出了赫赫威名。第二十七军担负作为中路集团渡江作战的任务以后,马上投入紧张有序的渡江准备。先是筹集船只、训练水手,消除部队中存在的渡江顾虑,解决渡江作战的战术问题。接着开展渡江作战的前奏——水上练兵。起初,各部队主要是分散隐蔽在内河港汊湖泊中进行,碰上阴雨大雾,就趁江面视线较差,把小船推到长江中练习。指战员们冒着刺骨的寒风,泡着冰冷的江湖河水,避开敌机的侦察与轰炸,日夜苦练航渡组织、摇橹划桨(有的还用木盆在江上演练)、凫水游泳、水上射击、步炮协同、险情救护、登陆突破和抢占滩头等军事项目。

长江自古称天堑,所谓"长江天堑,自古限隔",中国历史上渡江作战惨败的例子比比皆是,横槊赋诗的一代雄主曹操,竟也落得个赤壁之败! 如今偌大一条江,对面又是蒋介石集团的总部所在,将有何等强大的水陆空防御体系和抵抗力量,岂可等闲视之! 这就需要指挥员有更科学的指挥、更独到的谋略和更精巧的方案。抗战中曾在江南、江北指挥部有过渡江作战经验的贺敏学,感到这场即将发起的空前规模的渡江战役,不仅要重视渡江前的战斗动员、思想整顿、适应性训练准备,以及熟悉地形和水性特点、征集船只等工作,还应特别重视对敌情的侦察了解,确切的情报是渡江取得胜利的重要一环。侦察兵历来是部队行动的眼睛,现在部队的各级侦察分队都被宽阔的江面所阻,难道就此让侦察兵无用武之地? 何不先派一支精干善战的先遣侦察队渡江,钻到敌占区,详尽细致地掌握可靠的敌情资料,并里应外合,策应渡江部队,确保渡江战役全胜?

贺敏学几经斟酌,拿定主意,在军党委会议上提出这个方案,不料未获通过。持反对意见者的理由是,派支先遣侦察队深入渡江,人数多了容易暴露目标,少了则无法对付国民党军队,在后援不继、无法接应的情况下,有全军覆没的危险。按照少数服从多数、下级服从上级的原则,贺敏学都该三缄其口。何况,军师级领导中除了他这个初来乍到的外来户,几乎都是原班人马。照常理,作为新上任的三把手,他既没有更多的话语权,说了话也不一定算数,更何况还与前面二把手的意见相左。

但贺敏学不知趣,平时宠辱不惊、为了团结可以息事让步的他,每当事关党和军队的事业,事关指战员们的流血牺牲等重大问题时,却不惜据理力争,认理不拐弯。他说:"不入虎穴,焉得虎子。只要我们准备充分、细致,先遣侦察队谨

慎、机智,就可化险为夷,完全可以应付敌人。"

性格直爽的他还表示:"哪怕军党委会上只有我一票,我也要坚持派遣先遣侦察队,二十七军通不过这个建议,我就以个人名义向兵团建议,向总前委甚至向中央建议。"

任凭他说破嘴皮,意见还是无法统一。大家在这个问题上争得厉害,会议不欢而散。

坚持独立见解,并以自己名义把此想法上报兵团和总前委,由上级定夺裁决,当然也未尝不可,但这意味着挑明第二十七军主要领导人之间不和。第二十七军军政主官已存不睦,若自己再加进一手,对部队的团结势必造成影响,这是他所不愿看到的。苦闷中,贺敏学又来到长江边。看着听着,他的心胸一时也开阔了许多。不能怪别人措辞尖刻,更不能认为别人见识短浅,摆在桌面上的争论,再激烈也是正常的,现在关键是如何说服大家。思考再三他决定采取迂回战术。

经过缜密考虑和组织,贺敏学派出几名胆大心细的侦察兵尝试着过江侦察。他既充满自信,又做了最坏的打算,抱定冒风险、出了问题我担待的决心,义无反顾地作出这个决策。

正如他所预料、所希望的那样,侦察兵们安全返回,不仅侦探到了有用的情报,还顺手牵羊,从江南的土地上拔了一把韭菜和两棵青菜,作为证据带回。贺敏学大喜,立刻吩咐作战参谋们如此这般。

晚上,军长聂凤智来到了临江坝前沿指挥所。就餐时,继炒青菜和韭菜炒蛋黄各一大盘后,炊事员又端来各一小盘同样内容的菜。聂凤智有点纳闷,一同进餐的贺敏学却说:"你尝尝哪个好吃?"

看到身旁那些作战参谋们也一脸神秘地这样催促他,聂凤智边动筷子边说:"难道还不是一个味,难道是外地的不成?"嚼完下肚,咂咂嘴,操着浓重的湖北口音说:"味道……应该差不多吧。"

见作战参谋们都扑哧地笑出声来,聂凤智知道里面有文章,急忙追问是怎么回事。才知,刚才那小碟的韭菜和青菜,还真是外地的,而且竟是侦察人员从江南带回来的!

聂凤智的惊喜可非同一般！问明详情后,他情不自禁地拍着贺敏学的手,眼睛和语气里漾出的全是笑:"好,好,有你的！"

在聂凤智的支持下,贺敏学接连几天都派侦察员过江侦察。其结果是,虽然有的在江中迷了方向,有的碰上大浪翻了船,但成功率占了八成,登上江岸的侦察人员不但侦察到敌人的许多江防情况,还抓回了三十多名"舌头"(指单个的俘虏)。

贺敏学据此向聂凤智建议:"既然分散的侦察活动能够进行,且成功率很大,那么,先遣侦察队的活动也应该可能。"

聂凤智虽然疑虑尽释,但鉴于事关重大,而且军党委会还有不同意见,乃决定向上级请示,等待行动。中央军委和总前委很快就有了回声,对第二十七军这一大胆而胸怀全局的构想极为赞赏,责成妥善实施。

渡江侦察方案获中央和总前委同意后,贺敏学马上协助聂凤智实施。贺敏学对调兵遣将作了好一番酝酿推敲,并经军党委研究同意,从军侦察营抽出第一、第二连,从各师抽调三个侦察班的骨干共三百多人,带上电台,组成先遣渡江大队,由第二四二团参谋长章尘(亚冰)、第二十七军司令部二科(侦察科)科长慕思荣带队,分任正副大队长。聂凤智、贺敏学向章尘和慕思荣面授了先遣渡江侦察的任务:摸清敌人的兵力部署、武器装备、工事结构及部队番号,配合解放大军渡江作战。两人毅然表示:"我们一定能渡过长江去,保证完成任务！"

4月6日晚,安徽无为县石板洲,弯月幽暗,江水瑟瑟,第二十七军侦察英雄们有条不紊地完成最后的准备工作。他们全部换上了从淮海战场上缴获来的国民党军服,把原先隐蔽的一条条木船翻过堤埂,在江面上摆开,再悄无声息地登上船,待命出发。晚9时许,贺敏学陪聂凤智、刘浩天来到江堤边,向先遣渡江大队下达了出发命令,并再次鼓励大家说:"侦察英雄们,我们静候你们渡江成功的好消息！"

八条船分成两队,从东至十里场以北、西至皇公庙二里路宽的河面,直向江南对岸插去。经过不到半小时的激战,两路英雄以迅雷不及掩耳之势打掉敌人的地堡,越过江边防线,然后避开荻港附近老虎头的敌据点,迅速往铜陵、繁昌交界的狮子山转移,在敌腹地展开侦察活动和游击战。他们在江南敌后有声有

色的活动和卓有成效的侦察,为百万雄师过大江作出了独特贡献,诚如聂凤智所指那样:"尽管他们根本称不上什么大部队,在敌人心目中却无疑是共产党派到江南来的第一支正规军,搅得镇守江边的敌人寝食不安,草木皆兵。对敌人在政治上、心理上所起到的震慑作用,甚至超过了这一行动直接的军事意义。"

第二十七军先遣渡江大队的行动,使震惊中外、威武雄壮的渡江战役,平添了一组惊心动魄、精彩纷呈的画面。新中国成立后,这一事件被艺术家们拍成一部风靡全国的电影——《渡江侦察记》。电影拍出来后,这支部队的领导拜访贺敏学时,曾由衷地说:"没有贺老,就没有《渡江侦察记》。"

根据先遣渡江大队发回的详尽敌情资料,贺敏学积极协助聂凤智、刘浩天制定渡江战前训练准备、战中实施方案和战后各项计划,以求圆满完成上级交给的渡江作战任务。

4月中旬,聂凤智、刘浩天、贺敏学和政治部主任仲曦东,在军指挥部听取各部门渡江前准备情况的汇报。

副参谋长李元主要汇报了练兵情况:各部经日夜苦练,各种技术全面迅速提高。第二三五团第九连一个班渡过五十米宽的小河,从上船到下船仅需两分钟;第二三七团四十人夜渡九十米宽的河面,从上船到全部登陆只要三分钟。作战科科长刘岩汇报了船只和水手的准备情况:目前已征集到完好木船五百一十五艘,集中水手两千四百六十三人,同时还动员一批后备水手,以随时补缺,并进行船只的修补和改装。船只和水手集中后,即按预定作战方案和船只性能,进行渡江战斗编组,加强各船军政干部配备。后勤部部长侯青久汇报了后勤和物资准备情况……

汇报结束后,贺敏学找来第二十七军宣传部部长罗义淮,开门见山地说:"给你一个任务,无论如何要保住你妻子肚子里的小孩,让他见证我们伟大的渡江行动!"

原来罗义淮的妻子衣向濮在第二十七军后勤部当协理员,在年初就怀孕了。这是她第六次怀孕。第一次在行军路上生下个女儿,名字还没起,就和敌人遭遇,怕孩子哭,用被子捂着孩子的嘴,活活给憋死了。此后战事连连,她随部队南北转战,怀孕一次流产一次,弄得她不敢看见孩子,看见就想哭。如今,罗义淮听说妻子又怀孕了,忧比喜多,想到一场大仗在即,后面紧接着就是向江南大进军,妻子随军出动,必然又是流产。衣向濮看出了丈夫的顾虑,她也不想错过这次渡江战役,打了这些年仗,眼看过了长江就要端蒋介石的老窝了,她不想当个半截子革命派,毛主席不是号召全国人民"将革命进行到底"吗?为了不影响行动,她主动和卫生队联系,准备做流产手术。但医生警告她:再做流产,恐怕以后就成习惯性流产,再不会有孩子了!

这事经李立英之口被贺敏学知道了,出于对孩子的喜爱,也出于对部属的关心体贴,因此特地向罗义淮下命令,要他做通妻子的工作,留下保胎。

后来陈毅也闻听此事,赞许说:"贺副军长做得对头,不要孩子,不要后代,我们革命为了啥子嘛!"

4月20日下午,国民党南京政府最后拒绝在《国内和平协定(最后修正案)》上签字,毛泽东和朱德签发了《向全国进军的命令》。根据中央军委和总前委的决定,包括第二十七军在内的三野中路集团先于全军一步,于4月20日开始渡江。

贺敏学和全军将士们盼望已久的历史性时刻终于来到了!

当晚7时,长江上空云遮雾掩,第二十七军下辖的第七十九、第八十、第八十一师趁着夜色,面向对岸鲁港至荻港成一线摆开,几百条渡船隐蔽拖至起渡线,指战员们纷纷登船执桨,待命而发。一个来小时后,随着突击过江命令的下达,大小渡船千帆竞发,万桨击水,如离弦之箭一齐向南岸突进。在这些出征将士中,有后来担任过总参谋长、国防部部长的迟浩田上将,当时他是连指导员。

贺敏学从军前指挥所深入到第八十师行动,以便直接掌握情况,实施强有力的指挥。第八十师师长、后来曾任昆明军区司令员、中顾委委员的张铚秀是贺敏学的永新同乡,他回忆说:"我指挥的部队在荻港、繁昌一线,我渡江部队最先就是在荻港渡江的。贺敏学渡江时,就在我们师,和我一道指挥这次渡江战斗。渡江第一船是我们师的二三八团,团长是王挺。当时的部署是二三八、二四○团为第一汽艇队。贺敏学与我乘坐汽艇在江面前线指挥,他作战是有经验的,有指挥能力的,和我在一起工作、指挥作战协调配合得很好,他对我也是很信任支持

的,我对他很尊敬。"

上汽艇后,贺敏学迎着猎猎江风,大声对指战员们说:"今天晚上,毛主席和朱总司令肯定都不睡觉,在北平城里等着我们渡江胜利的好消息!"

指战员们和水手们纷纷表示,要拿出最好的成绩,来向毛主席、朱总司令汇报。

渡江大军航至江心,对岸敌人发觉了,炮火和子弹雨点般倾泻过来,霎时打破了长江的寂静。在北岸静观其变的解放军炮兵,立即反击,排炮齐鸣,千万发炮弹裹风挟雨,飞越长江,在南岸敌一线阵地此起彼伏地炸开。百里江面都被炮火染红了,江水激荡起串串巨大的水柱,既凶险又煞是壮观。

敌人的炮弹不断在贺敏学乘坐的汽艇周围爆炸,机枪子弹在汽艇上方掠过。在被炮火映红的夜幕中,贺敏学指挥部队冒着敌人的炮火奋桨急进,绕过黑沙洲,直取南岸。经过半个来小时的激烈战斗,贺敏学所在的第八十师第二三八团胜利登陆。

突破并占领敌人滩头阵地后,贺敏学命部队面朝对岸挑起一盏盏红灯,作为信号向北岸的聂凤智报告登陆成功的信息,通知聂凤智率第二梯队渡江。作为这一重大历史事件的亲历者和见证人,聂凤智曾如是回忆这一景象:"我站在长江北岸,放眼朝南望去,只见数十里江岸一盏盏红灯闪烁,在夜色的衬托下,宛如璀璨的群星。"

登陆部队以挑灯作为信号,先遣渡江大队也按预定计划,切断敌人的电话线,在敌人重要据点周围燃起火堆,指示炮兵射击目标。红灯篝火,交相辉映,把胜利的捷报,飞传大江南北。先遣渡江大队与登陆部队胜利会师后,贺敏学握住章尘和慕思荣的手,既认真又不失幽默地说:"你们辛苦了,像钻进了铁扇公主肚子的孙悟空,搞得敌人晕头转向,惊恐万状,你们为百万雄师胜利渡江立了头功!"

电影《战上海》的台前幕后

国民党南京总统府被攻占的胜利消息传来,第二十七军全体指战员备受鼓舞,情绪高涨,日夜兼程穷追猛打。在不到半个月的时间里,一口气打到浙东,长驱直入数百公里。

5月初,贺敏学与军指挥机关抵浙江嘉兴以西的乌镇地区。5月9日,贺敏学在南浔镇参加了兵团党委扩大会,听取兵团领导传达中央军委、渡江战役总前委和三野前委关于发起淞沪战役及执行有关政策的命令。贺敏学和军首长领受率第二十七军与兄弟部队攻占和警备上海的任务回来,马上召开军党委扩大会议,讨论研究战上海问题。

继军长聂凤智、政治委员刘浩天讲话后,副军长兼参谋长贺敏学着重介绍了敌我态势。他站在淞沪战役示意图前,

贺敏学穿过的军装

顺着图上两个巨大的红色箭头侃侃而谈:"中央军委和总前委命令我九、十兵团,首先从高桥(浦东)、浦西两翼迂回钳击吴淞口,截断敌人海上南逃退路,造成瓮中捉鳖之势,然后会攻市区,一举解放上海。同志们,总前委和兵团首长把这个瓮中捉鳖的任务交给了我们二十七军,这可是又一个艰巨而特殊的战斗任务啊!遵照中央军委对战役提出的总要求,我们不仅要打军事仗,更重要的还要打政治仗,总之是既要消灭敌人,又要完整地保全城市,打一个军政全胜的漂亮仗!"

在贺敏学讲话的当儿,东北方向不时传来隆隆炮声,市郊不远处也断断续续响起清脆的枪声,使得这个战前会议沉浸在紧张的气氛之中。

会后,贺敏学召集司令部参谋人员,认真分析态势,制定了部队战前短期整训的计划和攻占上海的作战方案。在这些日子里,贺敏学显示了领导参谋工作的卓越组织才能,井然有序,为聂凤智实施对整个战斗的指挥创造了有利条件。

5月12日,上海战役打响。第二十七军开始外围作战,沿沪杭铁路挺进,当日占嘉善城。翌日,先头部队以勇猛动作抢占大东浜铁桥和松江城,另部于14日占泗泾镇,攻入青浦城。当晚贺敏学和军部进驻泗泾镇,并以泗泾镇为中心集结部队,待命进攻市区。

5月21日,三野拟定了总攻上海市区的作战方案。翌日,第二十七军由泗泾

镇向上海攻击前进,贺敏学亲临前沿阵地,指挥部队奋勇攻击。汤恩伯自夸的攻不破、摧不垮的钢铁阵地,并不经打。经数昼夜激战,沪市西部的敌外围阵地全被攻克。

至25日上午,苏州河以南地区全获解放。敌退守苏州河北,负隅顽抗,主力则向吴淞收缩。至此,汤恩伯集团的八个军二十五个师,被第二十七军和兄弟部队团团围困于上海及其周围地区。兵临城下,敌军真成了瓮中之鳖!

南部市区打得顺利,没料到一条三十米宽的苏州河竟成了横亘在上海解放道路上的一条天堑,硬是把势如破竹的解放大军给挡住了。守敌凭借高楼大厦和工厂、仓库等建筑物,居高临下,用轻重武器交织成稠密的火力网,封阻住整个河面和南岸的一条马路,每座桥堍除了碉堡,还配备坦克、装甲车巡逻掩护。为了把上海这颗"东方明珠"完整地归还人民,子弟兵们拼死也不用重武器,而要用自己的血肉之躯硬生生闯出一条血路来。但各部从25日拂晓一直攻到中午,也没能啃下这块硬骨头。攻击部队一批一批地扑上桥头,又一批一批地倒下。其中最先突破长江天堑的渡江第一船勇士也牺牲在四川路桥头。

指战员们被眼前的情景激怒了,感情战胜了理智,战前禁令抛在了脑后,把不同口径的大炮齐刷刷地对准了这些窝藏敌人的高大建筑物,只待一声令下,轻轻一按炮钮,这帮凶残的敌人准和这些建筑物一道灰飞烟灭。

部队在苏州河沿线各桥受阻的消息传到军指挥所,聂凤智、刘浩天和贺敏学坐不住了,立即分头到前线部队了解战情。贺敏学到达第二三五团的前沿阵地时,部队已暂停攻击,敌人的气焰却更嚣张了,不时射来一排排子弹。指战员们纷纷语含愤怒、话带牢骚地请求:

"部队已付出重大伤亡,不能再让我们的战士作不必要的流血牺牲了!副军长,批准我们打炮吧,不要多,只打两颗炮弹,就可把这帮狗日的揍趴下!"

"这仗打得太窝囊太憋气,参谋长下命令吧,我只用三包炸药,保管把对面那座楼炸飞!"

"我们是打仗,不是演戏,哪有不准使用火炮、炸药的道理!总前委和军党委管不管我们的死活呀!"

部队情绪前所未有的这么激烈,请求中有质问,质问中有怨恨。包围在指战员中间,贺敏学的衣服都被汗水浸透了,他一口一口地抽着烟,铁青着脸,脑子快速地转着,思考着怎么答话。贺敏学焉能不知,部队在苏州河边伤亡惨重,起因就是不能使用重武器,不能打坏了城市。比起滚滚长江来,三十米宽的苏州河简直就是一条小水沟,只要几门炮几包炸药下去,部队就能一跃而过了。一边是手下指战员们的血肉之躯,在经过多少枪林弹雨后,眼看就要跨入新中国的门槛了,却倒在小小的一条苏州河畔;一边是即将回到人民手中的城市财富,以及无数藏身于民房中的无辜百姓。

这时,一位头缠绷带、身上血迹斑斑的小战士流着泪眼说:"参谋长你说说,是我们革命战士的鲜血、生命重要,还是资产阶级的高楼大厦重要?"

贺敏学的心被深深刺痛了!

他终于开口了:"什么高楼大厦,哪怕它是黄金铸造的,能比我们干部战士的鲜血和生命更宝贵吗?大楼炸塌了,可以重盖,干部战士牺牲了,纵然华佗再世,又怎有回天之力让他们复生!"

但贺敏学话锋一转:"我们一炮打过苏州河,何其痛快,'谈笑间,樯橹灰飞烟灭'嘛!可大家想过没有,除了消灭敌人,还会夺去河对岸那密密匝匝的房屋里居住的百万市民的多少生命,毁坏多少财产!炮口可以瞄准,弹片却不长眼睛的,只要一炮打响,必然会牵出百炮千炮,成千上万市民的生命,将不可避免地在我们的炮口下丧生!爱战士与爱人民,在本质上是一致的,但人民的利益高于一切,作为人民军队,无论何时何地何种情况,都必须把人民的安危置于首位。我们为解放上海而流血牺牲,难道不正是为了救民于水火、让人民群众的生命财产今后有保障?"

贺敏学深知,人和财物不可等量,把争论的焦点集中在爱楼房还是爱战士上,只会把问题越弄越复杂,越弄越僵,但如果只以上级命令来做简单粗暴的压服,也解决不了情绪问题。因此他采取了迂回战术,小心翼翼地避开这个焦点,而转向爱战士还是爱人民这个等量的问题上来。

原先七嘴八舌的指战员们很快就沉默了,理智重新占了上风。团领导趁机说:"参谋长,你去别的部队看看吧,请放心,我们一定会进一步做通指战员们的思想工作。"

因为有的部队还存在对立情绪,军部有的负责人对市区内要不要动用大炮和炸药的问题也有不同看法,军党委为此在战地召开紧急会议。不少从前沿赶来参加会议的指挥员把阵地上的火药味也带来了。会上发生了激烈争议,争论的焦点还是集中于:我们是爱无产阶级战士,还是爱官僚资产阶级的楼房,是干部战士的鲜血和生命重要,还是官僚资产阶级的楼房重要?有人越说越激动,控制不住自己的情绪,拍起了桌子。

聂凤智绷紧着脸,瓮声瓮气地说:"不能说楼房是资产阶级的,楼房是人民的。上海是国际性的大都市,我们有责任把它完整地保存好,完整地把它收回到人民手中。一用重炮、炸药,不要说敌人据守的那些大楼,就是十个上海也可以化为齑粉,但我们面对的是什么,是这座大城市的毁灭,是百姓的冤魂!这也是党中央和总前委为什么指示我们要尽可能保护上海著名建筑不受战争破坏的原因。第四野战军兄弟部队对北平采取围而不打、和平解决的方针,就是为了北平的古建筑和文明瑰宝免遭战火的毁灭。上海的情况也正是这样,难道能让上海毁在我们自己手中?那我们岂不成了历史的罪人!我告诉大家,陈老总在不久前曾郑重告诫:'枪打出头鸟。在上海这个大城市里,谁如果违反了政策,我陈毅是决不放过他的!'谁若在上海之战中违反了政策,我聂凤智也决不放过!"

有人思想还是不通:"既要解放上海,又要完整地保住上海,还不能打烂那些建筑和坛坛罐罐,这个仗该怎么打?"

贺敏学回答:"敌人修建了水泥钢筋工事,又凭借高楼负隅顽抗,而我们又不能使用重炮、炸药,的确增加了作战的困难。在此情况下,为减少我军伤亡,我们要改变现在的进攻战术手段,不做正面强攻。我和聂军长考虑,以一部兵力在苏州河北面正面佯攻,大部主力在天黑后,从侧面涉水过河,沿苏州河北岸从西向东攻击,抄敌人后路,各个包围,各个击破。另一方面加紧与上海地下党组织取得联系,发动政治攻势,分化瓦解敌人,争取他们放下武器,战场起义。"

这个战斗新思路让参加会议的前线指挥员茅塞顿开。统一思想后,大家又讨论研究了具体的作战方案。

5月25日迟暮时分,大雨滂沱。在解放军强大的军事和政治攻势下,经上海地下党组织联系,北岸守敌第五十一军军长、被汤恩伯临逃前加封了淞沪警备副司令的刘昌义,来到第二十七军指挥所谈判。贺敏学陪同聂凤智,在另一个没有硝烟的战场上与刘昌义展开了正面交锋。刘昌义没有选择余地,被迫答应在26日凌晨4时率部起义。

送走刘昌义,聂凤智和贺敏学又马不停蹄地忙碌起来。刘昌义率第五十一军撤防后,第二十七军跨过苏州河接防。为方便指挥战斗和临机处理包括接受敌人投降在内的事件,聂凤智和贺敏学夤夜冒雨率军指挥所迁到市区,没有适当地点设置指挥所,就临时选在威海卫路的沿街马路上扯起几块雨布,在湿漉漉的地上架起一张行军床,安好电话机,把作战地图摊在马路上一张一张地拼接起来。经过大伙儿七手八脚的倒腾,一个指挥千军万马的简易军指挥所就这样在上海的繁华路中布置停当。贺敏学和军部几位领导就在这个看上去像售货小摊的处所,有条不紊地指挥着作战和接受敌人投降等事宜。

刘昌义率所辖部队起义后,并不听命于他的敌青年军、交警总队仍未放下武器,困兽犹斗。因此,贺敏学一面要协助军政主官做好敌军受降工作,一面还要指挥部队作战。27日下午3时,苏州河以北市区大部被攻占,残敌国民党青年军第二三〇师盘踞在闸北杨树浦电厂和自来水厂,成了瓮中之鳖。

这个瓮中之鳖,却也恼人。要用武力来解决这股负隅顽抗的残敌,可谓轻而易举,关键的问题是,双方交起火来,水电设施必将受到破坏,严重影响到今后全市的生产和市民生活。早有情报说,汤恩伯撤逃时就已密令守敌到时候炸掉电厂,即使上海落到共军手中,也要让它变成一座死城。派部队强攻硬打,恰恰中了汤恩伯的阴谋。开展政治攻势吧,首先得找到与该部指挥官联系的线索,贺敏学和军首长们为此分头探访,却一无所获。

急切之中,陈毅到第二十七军部来了,贺敏学和军首长们向他简要地汇报了情况。陈毅问明这个师是川军部队,是副师长许照在指挥,紧锁的浓眉便舒展了,蛮有把握地说:"你们赶快查到蒋子英的下落,他曾当过国民党陆军大学的教官,应该还在上海,许照是他的得意门生,让他出面劝许照投降。"

有了陈毅的指点,难题迎刃而解。贺敏学他们通过刘昌义等人的关系,还真找到了蒋子英,并靠他的关系说服了杨树浦水电厂守敌八千多人缴械投降。当晚,随着第二十七军在杨树浦接受最后一批敌人投降,上海市宣告全部解放。

陈毅在第二十七军指挥所得此兵不血刃的消息,十分高兴,并痛快地答应留在军部一起吃晚饭。贺敏学知道陈毅的口味,特地要炊事员上了盘辣椒炒鳝丝,陈毅吃得口角生津。贺敏学已让司令部参谋人员统计出了第二十七军在上海战役中的敌我伤亡数字,计歼敌近三万人,我军伤亡一千四百五十五人。陈毅听后,颇为动容,说:"你们圆满完成了上级赋予的作战任务,接下来就要着手整顿部队,担负起城市的卫戍任务。"

根据陈毅的指示,贺敏学和军首长们就部队进城后的行动再次拟定了具体细微的规定,如替换作战的部队一律睡在马路两侧,不准进民房休息,以免惊动市民;官兵一律不准在市区内购物(包括香烟、肥皂之类的日用品),以免影响市民的生活秩序;甚至连吃饭、大小便都做了仔细安排。总之,部队的一举一动,都不能给上海人民造成任何不便。

沉浸在迷蒙夜色中的上海市区,除了偶尔传来零星的枪声外,天空和大地都似进入了梦乡。贺敏学在临时指挥所举首东眺。想到中国最大的工业城市、中国共产党的诞生地马上就要变成红色大都市,他思绪涌动,无限感慨。他征战几十年,从江西永新步入上海这样的国际性现代化大都市,从暴动队到红军到新四军到解放军,由国民党转为共产党,从普通党员到县委书记,从班长到副军长,从游击战到阵地战到大兵团作战,这中间经历过多么漫长、曲折而艰险的岁月啊!战争的强和弱、胜和败,就像万花筒般在急剧转化,革命从低谷走向高潮,到如今新中国已闪耀着万道光芒,仿佛就在弹指一挥间。作为无产阶级阵营一个坚定的革命者,能为一个代表劳苦大众的新政体的诞生尽一分力量,怎不令他骄傲和自豪!

部队执行城市政策纪律的好坏,都将直接影响党和军队的声誉,因此,贺敏学协助军政主官对这项工作抓得既严又紧。此外,三野领导机关还向第二十七军转达了中央指示,要求采取各种有力措施,迅速保护好宋庆龄等一批住在市区的民主党派领袖和知名爱国人士。贺敏学每天都要带人下到各部驻防地巡视,检查及纠正违纪现象,但所见几乎都是令他欣慰的事。手下那些荷枪实弹昼夜巡逻的官兵们,每人怀揣一张《入城守则》,恰似带枪的马路天使。

想上海，进上海，进了上海得到两条破麻袋，又是铺，又是盖，晚上睡觉怪凉快。

这首军营打油诗，既真实反映了当时的战斗生活，又生动地体现了第二十七军指战员为革命乐于吃苦的可贵精神。淋雨、露营、睡水门汀、喝生水、吃冷饭，紧张地在十字路口守卫，谢绝一切慰劳，第二十七军的纪律取得了中外同钦，给上海人民留下了至为美好的印象。20世纪50年代末的电影《战上海》，浓缩着第二十七军的形象，自然也有贺敏学的影子。

兄妹相聚亦喜亦忧

1949年6月就在上海街头临时指挥所，贺敏学见到了妹妹贺子珍、贺怡。她们是通过妻子李立英和女儿找到这里的。

和贺子珍自长征一别，已有十五个年头了。小妹贺怡在参加新四军后，兄妹还有过几次短暂而匆忙的会面，但一转眼也数年不见了。

1939年春，贺怡受东南局委派，调广东省委工作，先后任民运部部长、妇女部部长。国民党顽固派发动第一次反共高潮期间，东南局组织部部长、广东省委宣传部部长涂振农被捕后经不住考验，叛变投敌，致使广东党组织受到严重破坏，贺怡在韶关也因叛徒指认而被捕。她拒不吐露党的半点机密，为保革命气节，还把藏于内衣里的一枚金戒指吞进肚里，准备以死殉职，但她竟然奇迹般地活了下来。

中共中央南方局（简称南方局）书记周恩来得知此事，一面向国民党当局提出严正交涉，一面迅速重组广东省委，并采取积极措施营救被捕人员。为使贺怡等被捕人员早日出狱，经周恩来提议，毛泽东同意用在制造摩擦中被俘的国民党高级军官做交换。贺怡出狱时，气息奄奄，党组织准备了担架，几乎是把她抬到延安的。贺怡于1941年5月抵达延安，被送进延安中央医院。毛泽东很关心贺怡的病情，把电话线直接拉到贺怡病房，以便听取医生的随时汇报。

延安中央医院当时仅有一台X光透视机，经透视发现，贺怡的胃内有一金属物，即吞下的金戒指，已与胃黏膜壁结合。院长傅连暲说："必须尽快动手术，

取出胃中异物,否则时间长了,会引起胃大出血或胃穿孔,有生命危险。"按医院规定,手术前须有亲属签字,当时贺子珍已去苏联,贺敏学在新四军,母亲温吐秀已在贺怡抵延安前去世,她身边没有亲人。毛泽东得报后,说:"贺怡同志是子珍的胞妹,又是泽覃弟的妻子,我也算是她的亲属吧,这个字我来签。"贺怡的手术还算成功,胃被切除了将近三分之二,取出了那枚险些要了她命的金戒指。手术后的贺怡瘦得只有四十公斤,又不能进食,根据上级指示,医院特地把所有的吊瓶一律留给她。

贺怡是个闲不住的人,身体稍有好转,便要求分配工作。1942年春,组织上安排她到新四军军部工作。艰苦严峻的斗争环境,长期忘我的紧张工作,使得贺怡伤病缠身,身体虚弱。抗战胜利后,组织上让她回延安,进入中央党校学习。党校毕业后,安排她在中央机关工作。

对贺子珍的情况,贺敏学从妻子李立英的讲述中有了大致了解。

1947年夏,李立英带着五岁的女儿跟华野一批干部家属和老弱病残人员,从辽东半岛化装乘船偷渡到东北解放区。入冬后,李立英在辽东军区辖地通化接到上级通知:贺子珍带着女儿娇娇(李敏)从苏联回来了,在中共中央东北局(简称东北局)下面的总工会工作,她非常想见多年未见的亲人,你就代表贺敏学去看看她吧!

到哈尔滨后,李立英首先找到了贺敏学的战友、原联抗司令员、时任东北铁路局局长的黄逸峰,在他的帮助下见到了贺子珍。只有二十多岁的李立英,贺子珍误以为站在眼前的母女俩是贺敏学的一对女儿。得知误认,贺子珍就笑了,接着便亲热地改口称嫂子,拉着她们的手嘘寒问暖,一下子就拉近了姑嫂间的距离。贺子珍叫李立英嫂子,李立英则敬称她为大姐,贺子珍便说:"这不是乱套了吗,你就叫我子珍吧。"李立英答:"你是革命的老大姐,你比贺敏学参加革命还早呢,我是个新兵,于情于理都应叫你大姐。"贺子珍听她这么一说,也就没再坚持了。

贺子珍的精神状态很好,待李立英母女安顿下来,开口闭口便是亲人们的情况。得知哥哥的小腿和腰里各有一颗子弹没取出来,贺子珍急切道:"那怎么行!"在猛抽了几口烟后,她定定地看着李立英说:"我要给主席发个电报,让他批准哥哥到东北开刀取子弹,或者干脆把他调到东北来。嫂子,你来拟个稿吧。"李立英知道贺子珍爱哥哥,但贺敏学是个军事干部,华东战事正紧,上级会不会放他走是个问题,就算同意,要多少人护送、掩护他才能过来,照他那性格,是决不会离开职守治病的。她将这些情况一一对贺子珍说明。

但贺子珍是个想到什么就要做什么的人,李立英最终没能拗过她,代她拟了个电报稿,由她交给东野政治委员罗荣桓发给毛泽东。不久,毛泽东亲自回了电,说现在华东正在打大仗,贺敏学是军事干部,不便轻易离开,待情况好转后再说。接到毛泽东电报后,贺子珍怔了好一会儿,才笑了笑道:"嫂子,看来你的意见是对的。"

自见面第一天起,贺子珍就向李立英敞开了心扉,多年来积在她心头无处倾诉的心里话,像要一股脑儿地尽情向身边的亲人释放。后来她讲得不过瘾,晚上干脆挪到李立英的铺上来,和李立英母女俩同挤一张床。

礼拜天,娇娇从学校回来了,看到李立英母女竟有点怕羞,怯生生地叫阿姨,贺子珍纠正说:"不是阿姨,是舅妈。"娇娇五岁便到了国外,现在已经不会讲中文了,组织上专门为她物色了一位老师,但她当时只会讲简单的汉语,还是叫阿姨。

在哈尔滨,李立英和贺子珍相处极好。贺子珍生活有条理,工作热情很高,周末还带李立英参加舞会。三个来月的时间不知不觉就过去了,李立英带着女儿回到辽东后,请辽东军区领导萧劲光、萧华给贺子珍转去一件披风,这是贺敏学在战场上从敌军官手中缴到的,白绸子、黑皮毛,非常耐寒。

当初听李立英讲述贺子珍在异国他乡所受的苦难和情感煎熬时,贺敏学也是情动于怀,盼望早日见到这个苦命的妹妹。现在终于见到了,心里高兴之余,却也关注另一件事:贺子珍是如何到上海来的?

贺怡道出了详情。原来,1949年3月,毛泽东率中央机关从西柏坡迁移北平后,贺怡前往香山求见,专门谈到贺子珍的情况。毛泽东表示:这是历史造成的事实,还是按中国的老传统办。具体怎么个办法,毛泽东没有明说,贺怡认为毛泽东是要让贺子珍到北平来,恢复夫妻关系。贺怡照此想法,到已解放的沈阳去接姐姐(1948年贺怡在东北疗养时,已同姐姐见过面)。她们乘坐的火车到山海

关站时,两个自称组织部的人,以强硬的口气指令她们不准进京,南下上海,到哥哥贺敏学那里去。贺子珍一听就明白了这层意思,她沉默着,贺怡则据理力争。来人板着面孔说这是组织的决定,毫无商量的余地,并以开除党籍相威胁。姐妹俩只好转车来到上海。

就这样,在上海,贺家三兄妹继长征之后又一次团圆了。当年瑞金话别时双亲尚在,到如今一家人却没能等到团圆。父亲贺焕文、母亲温吐秀已双双为革命事业操尽了最后一份心血,小弟贺敏仁则在长征时被自己人冤杀,叔伯兄弟为革命殉难者亦不乏其人。贺家为革命作出了重大牺牲,现在贺家的幸存者相聚在一起,李立英却于心感慨美中不足,甚至有所缺憾。

两个单身妹妹,在哥哥、嫂嫂这里得到了巨大的精神慰藉,找到了久违了的家庭温馨。白天,贺敏学忙于军机大事,晚上不管回来多迟,两个妹妹都在大旅馆(当时第二十七军军部驻大旅馆)等着他,熄灯了往往还意犹未尽,干脆把钢丝床搬过来,和兄嫂挤一个通铺,畅谈个人经历、家庭,更多的是谈国家的美好未来和各自今后的打算,当然也不免会谈到贺子珍这次未能批准进京见毛泽东的遗憾。姐妹俩说得兴奋,直到困倦的哥哥打起鼾,她们才打住,悄悄地把床搬走,而这时,他们在上海又迎来了一个早晨。

贺怡对哥哥的感情,更见细腻。她把战友送的补品,全部留给哥哥。有时一碗馄饨也要分出一半来,留给哥哥回来吃。兄妹仨的真挚情感,让李立英感动不已,她后来说:"上海刚解放那段时间,贺敏学这级干部都累呀,忙得不得了,白天工作,晚上两个妹妹还要拉着他讲话,一口一个哥呀,得应付。贺敏学没回来,她们姐妹都不想睡觉,天天晚上如此,永远有讲不完的话,我真是感到惊奇。"

上海市市长陈毅是贺家三兄妹的老战友、老上级。闻讯贺子珍、贺怡姐妹到了上海,甚为高兴,特意在第九兵团请名厨弄了家乡川菜热情款待。贺敏学、李立英夫妇和第九兵团司令员宋时轮、政治委员郭化若等应邀出席作陪。在胜利中欢聚在大上海,大家都感到亲切、激动。陈毅从席位上站起,春风满面地致欢迎词:"在胜利进军的号角声中,我们在刚解放的中国最大城市上海,欢迎贺子珍、贺怡两位巾帼英豪到来,祝贺她们和贺敏学、李立英兄妹姑嫂团聚,来,我们干一杯。"

随后，陈毅首先向贺子珍敬酒，说："贺子珍同志与毛泽东同志结合时，正是中国革命和武装斗争面临最困难、最危险的时期，后来她到了苏联，遭受了很大苦难。对这样的战友，我们在胜利时不能忘记她对中国革命的贡献。我们上海欢迎贺子珍同志的到来。子珍同志请放心，我们不仅欢迎你，还要把你的生活、工作安排好，体现出党对老同志的关怀。"

贺子珍被陈毅充满诚挚、友好深情的讲话所感动，眸子里漫出热泪。

陈毅接着又向贺敏学敬酒："贺敏学同志是党内老同志，是我的老战友……"

贺敏学连忙站起，说："陈老总是我们的老领导、老上级……"

陈毅用手示意贺敏学坐下，继而望着李立英道："李立英同志是新四军年轻的老战士，你和贺敏学同志恋爱结婚，我还算是半个红娘呢！"

这句风趣幽默的话，把大家逗得哈哈大笑起来。

陈毅说："你们不用笑，你们问问贺敏学和李立英同志，是不是有这码事呢？"

贺怡可不愿看到哥哥被大家笑，她接过陈毅的话，俏皮地说："陈老总还没说我呢？"

陈毅笑道："我就知道你要急了，谁不知道你爱哥哥呀！好，按次序也轮到你了。"陈毅看着宋时轮、郭化若等人，说："宋时轮、郭化若同志，你们都知道贺怡同志吧，她是毛泽覃同志的夫人，可惜，天不假年，毛泽覃同志英年牺牲，实是我党的一大损失！贺怡同志在巨大打击面前，硬是挺住了，继续坚决地斗争，还坐过敌人的牢，不容易呀，真是巾帼不让须眉呀！"沉默俄顷，陈毅继又大声道："贺怡同志还是我陈毅的救命恩人，当年在江西油山，没有她，我的一条腿也许就残了，命也许难保……"

贺怡也动了情，却不想让陈毅详说往事，连忙道："陈老总，话在酒中，话在酒中。"

陈毅道："好，我敬你三杯！"

贺怡二话不说，拿起酒杯仰头就喝，每次喝完，陈毅都亲自把壶满酒。尔后，陈毅自己连饮三杯。

贺家三兄妹，对井冈山斗争和中国革命确实是有特殊贡献的，大家怀着深深的敬意，纷纷起身敬酒。

宴会结束后,陈毅以他和郭化若、宋时轮的名义,送给贺子珍、贺怡姐妹每人一支派克钢笔和一块欧密茄手表。

虽然华东局将贺子珍、贺怡及一起南下到江西工作的方志纯等人安排住在上海乐义饭店,但姐妹俩还是喜欢住兄嫂家。拟任江西省副省长的方志纯乃方志敏之弟,其妻朱旦华原是毛泽东大弟毛泽民之妻(朱旦华与毛泽民婚后生一子,即毛远新,毛泽民于1943年牺牲于新疆军阀盛世才之手)。因为这层关系,方志纯与朱旦华在上海期间,也不时到贺家串门,彼此都算是很熟悉的了。

一天早上,李立英忽见贺怡的手臂上青一块紫一块,便问怎么回事。贺怡告诉嫂子,这是贺子珍捏的,贺子珍恨她未能在主席面前帮上忙,晚上一起睡觉时便拼命抓她捏她。她边说边捋起裤脚,李立英定睛一看,但见她小腿肚子像胳膊一样,也落下了斑斑点点的青瘀。

原来,昨天,方志纯、朱旦华夫妇邀请姐妹俩和大伙儿一起上街,路经宋庆龄住处,听到有人称宋庆龄为国母,贺子珍的情绪就有了一点波动。回到兄嫂家里,她便责怪起妹妹来:"你把我带到上海来干什么?为什么不带我去见主席?"她一个劲地要贺怡到北京见毛泽东,贺怡无法办到,她便把心头的悲伤、愤怒、怨恨,一股脑儿地发泄在妹妹身上。贺怡对这些从未说过,只在今天被嫂嫂问起才道及,还哽咽着说,姐姐并不是欺负她,只不过是受了刺激,想着发泄,姐姐命苦,心头负担重,若是有苦说不出,世上连一个发泄对象也没有,只怕会发疯。直听得李立英默然无语,黯然神伤。贺怡的脾气她不是不知道,一个具有男子汉刚烈性格的人,一个动辄把"老子枪毙你"挂在口中的女革命,却为了姐姐不惜受委屈。

李立英把此事告诉贺敏学后,贺敏学沉默良久,才和着烟徐徐吐出几个字:"我知道贺怡让着子珍,她若捏你,你也得让着她,绝不能让她再受什么刺激。"说罢,他叹了口气,又说:"也难怪她想主席,她和主席算得上患难夫妻,结婚十年,主席起起落落,最困难的时候,子珍都绝无贰心地相随,不容易呀!"

李立英道:"感情既然这么好,为什么还会有这个结局呢?"

贺敏学又是低头吸烟,沉默了好一会儿才说:"主席是钢,子珍是铁,两个人都有脾气,谁都不让谁,钢铁相撞响个叮叮当当,有时犟得没法讲和……咳,他们的事，少说为好。"

七八月间，贺怡奉调江西省委，工作由省委安排。贺怡遂依依不舍地离开兄嫂及姐姐，跟随方志纯一行赴南昌报到，尔后受命担任吉安地委组织部部长。

贺怡走后，贺敏学叮嘱李立英："有事没事多和子珍聊聊，免得她闷出病来，但有一个原则，如果她讲到与主席的事，只能不问不答。"李立英少不得担心贺子珍要把自己当成发泄对象。幸好，此类事情并未发生。李立英年龄虽比贺怡还小，但毕竟是嫂子。贺子珍像鲁迅笔下的祥林嫂一样，三天两头向李立英回忆往事，大倒苦水。她没在嫂子面前埋怨、指斥过毛泽东半句，而自始至终都是深深的自责、无尽的后悔。李立英每每把这些事告诉贺敏学，贺敏学往往是一声感叹，尔后还是那句老话："我们都得忍着点，绝不能让她再受什么刺激。"

贺子珍在兄嫂家又住了段时间，眼见大家都在为医治战争留下的创伤，为新中国的诞生而紧张忙碌地工作，她闲不住了，心中油然萌生出来工作的念头。

一天，浙江省委书记谭震林、副书记谭启龙来华东局开会，特来看望贺子珍。他们一位是贺子珍在井冈山时的老战友，一位是永新老乡，与贺敏学接触就更多了，见面后格外亲切，无所不谈。

谭启龙当着李立英的面说："你们大姐可了不得，我们男同胞还没觉悟时，她就参加革命了，在我们永新相当轰动。"

谭震林在一旁问贺敏学："听说你这个当哥哥的也落后妹妹哟。"

贺敏学未及回答，贺子珍便接过话来说："要说闹革命，当时我和妹妹还是偷偷摸摸，生怕被父母知道，当然就不敢动员哥哥了，哥哥也不知道我们是在闹革命。可哥哥才不简单，他是家里的宝贝蛋子，却没关在家里读之乎者也，连他都闹起了革命，我们姐妹也就名正言顺了，才有了父母的支持。"

李立英当时就感到，贺子珍对哥哥很敬爱，时时处处都在维护贺敏学的威信。

谭震林感慨地说："你们贺家不简单，你们不是因为穷而闹革命，更可贵的是你们的父母也跟着闹起了革命，把自家的粮食分给穷苦百姓。主席说了，永新暴动第一，你们对中国革命是有贡献的。"

当贺子珍谈及自己想找份事来做时，谭震林便问她愿不愿意到浙江工作。

贺子珍痛快地表示:"组织上随便安排个什么工作,我都愿意去做。"此后不久,经华东局同意,浙江省委正式任命贺子珍为杭州市妇联主席(一说副主席)。

贺子珍神情愉快地离开了上海。不久,贺敏学也跟随第二十七军军部到了松江。

第七章 新的使命

投身华东防空

1950年2月6日中午,大上海骤然响起警报声。在蒋介石"瘫痪上海,臭掉上海,毁掉上海,震惊世界"的指令下,国民党空军仗着新生的人民政权没有防空能力,派出大批飞机轮番轰炸。上海的电力公司和城市重要设施惨遭破坏,市民人心惶惶,而国民党潜伏在上海的特务趁机大肆散布谣言,蛊惑人心。

上海二六轰炸以及此前敌机对华东沿海频繁的袭扰,引起中央高层的极大重视。华东军区司令员兼上海市市长陈毅亲自召集开会,传达中央军委切实加强城市防空的紧急指示,决定立即成立上海市防空治安委员会及指挥部。原本准备抗美援朝的贺敏学,被陈毅留了下来,受命担任华东军区防空司令部(简称华东防司)司令员兼政治委员。陈毅向贺敏学等人交代任务:"我们解放了上海,解放了华东,但只解放了领土,还未解放领空,只能算是解放了一半,没有制空权,遭到敌人的空袭怎么生存?因此,你们得把天给我看好了,尽快抢夺制空权!"

华东防司成立前,已有上海防空司令部(简称上海防司)。后来根据分工,华东防司驻南京,主要负责上海之外的整个华东地区的防空。新中国成立伊始,敌机对华东沿海频繁空袭,但华东地区的防空力量相当薄弱,在苏联空军来华援助时,不要说高射炮,就连高射机枪都缺少,而且这些较为先进的武器主要还得布防在上海周围。防空是个新课题,也是大难题,履新之初的贺敏学在此新领域既非巧妇,又因无米而难为,但困难压不倒他,他积极有效地摸索,对防空部队和武器做较为合理的布防,主要担任上海、南京、杭州、福州、厦门等繁华城市的防空任务。华东的防空力量虽陆续有所加强,但因条件所限,仍不能有力地防敌空袭。

1951年2月,华东防司在贺敏学的率领下,奉命由南京迁驻上海,与上海防司合并为华东防司兼上海防司。合并后的领导班子为:司令员贺敏学,政治委员郭化若(兼),副司令员王智涛,副政治委员刘文学,政治部主任张希才,参谋长黄径琛。

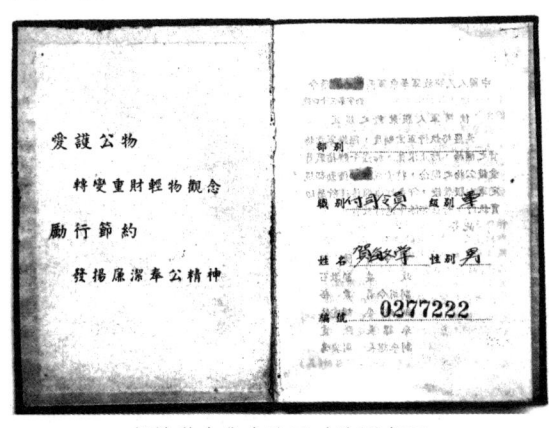

贺敏学在华东防司时的军官证

华东防司与上海防司合并后,摊子大了,又接收了苏联空军的先进装备,可谓鸟枪换炮。为了便于实施对全华东的防空指挥,贺敏学和领导班子充实和健全了华东防司兼上海防司的领导系统、指挥系统和保障系统,使华东防空部队的建设步入蓬勃发展时期。

刚解放时的上海不甚安全,贺敏学却经常身穿便衣走街串巷,了解情况,几天时间便把城隍庙、南京路一带逛了个遍。警卫员恳请他注意安全,他却说:"除了你,谁会知道我是司令员,我难道不可以说是生意人!防空要注意制高点,我这个防空司令员不实地调查怎行?"

4月18日,根据中央军委电令,郭化若兼司令员和政治委员,贺敏学改任第一副司令员。郭化若一身数职,主要职务为华东军区公安部队(原淞沪警备部队)司令员,因此华东防司兼上海防司实际上仍由贺敏学主持工作。

6月23日,华东军区司令部发布命令,由华东防司于6月28日组织全华东地区的防空部队举行一次实弹演习,以贺敏学为演习司令员。贺敏学清楚,这次防空演习,实际上是检查华东防司与上海防司合并后机关的指挥能力、部队训练水平和作战能力。这是一次严峻的考验,任务艰巨,准备时间短促,贺敏学立即高效地开展起了工作。

中央军委、总参谋部、华东军区对这次实弹演习非常重视。6月26日,华东军区发给郭化若、贺敏学等并告华东军区空军司令员聂凤智、政治委员王集成等的电示称:

> 聂荣臻代总长6月23日来电,上海防空演习,军委已着周士第同志前往协助,驻上海之友方空军,此间已通知总顾问转告该师参加演习。

总部和上级的指示,极大地鼓舞了华东军区防空部队的士气。在华东军区防空部队司令部、政治部、后勤部领导会议上,贺敏学指出:"这次演习,对今后华东防空部队的建设有深远的意义,我们要全力以赴,把演习搞好,保证演习任务圆满完成。"

会后,参谋长黄径琛根据郭化若、贺敏学的指示,立即召开司令部有关处长会议,分工拟制演习计划。郭化若、贺敏学听取详细报告后,命令立即组织机关和部队施行。

演习于6月29日下午进行。为了保证演习的顺利进行,防止意外情况发生,以贺敏学为司令员的演习指挥班子制定了一整套安全措施,获得中央军委防空司令部(简称军委防司)司令员周士第的首肯。

这天,随着演习司令员贺敏学一声令下,防空演习开始。两批图-2轰炸机根据预先设定,分别由南向北、由北向南袭击上海。对空勤务总站发出敌情通报后,演习指挥班子的成员气象处处长、对空勤务处处长、作战处处长、高射炮指挥室、驱逐机指挥室的指挥员,依次向参谋长黄径琛做了情况判断、部队战斗准备、作战建议的报告。黄径琛根据他们的报告,经过综合分析,向演习司令员贺敏学报告地面情况、部队情况,提出部队战斗行动的建议。贺敏学和演习政治委员刘文学经商议,批准了黄径琛的报告和建议。接着,贺敏学亲自用对讲电话向

各部队下达了第一道命令。参战部队立即出动战机分头迎战"敌机"。在整个演习过程中,贺敏学根据参谋长黄径琛提供的情报定决心,或直接向各部队下达命令,或由黄径琛传达命令,并检查督促部队执行。

下午4时30分,空中和地面紧张的演习宣告结束。周士第亲临现场,自始至终观看了演习全过程,并对华东防司和各部队的工作以及演习做了全面讲评。他说:"这次演习基本上达到了目的,这次演习是成功的,华东防司对这次演习所做的计划也很好,很周密。通过这次演习来看,一年多来华东防司的工作有很大的成绩。"周士第对参加演习各兵种的工作也做了详细的讲评,既肯定了成绩,也指出了缺点,并提出了今后努力的方向和严格的要求。

这次实弹演习,既让贺敏学的指挥水平上了一个层次,也使华东防司机关和部队得到一次学习的机会,对华东军区防空部队的工作起到促进作用。随后,华东军区防空部队在贺敏学等的领导下,在防空战备和对美蒋空军作战中,取得了喜人战果,与空军和海军航空兵部队的作战协同关系也很好。

但我军防空尚处于摸索阶段,教训和失误也在所难免。

1951年8月25日6时许,雷达部队在上海东南一百三十公里处先后发现两批敌机,以七千米的高度、七百四十公里的时速向上海飞来。当时上海云量两个,云高八百米,能见度两到三公里。发现敌机后,值班首长考虑气象条件不好,未命令担任值班的空军第二师第六团歼击机起飞截击,而改为由担任第二梯队的苏军聂戈得部队起飞截击。因起飞时间延误,苏军飞机在起飞爬高过程中,敌机已临空,未能拦截住敌机而形成尾追,贻误了战机,未给敌机应有的打击。

在战例分析会上,贺敏学指出,这次作战的失利完全是由指挥错误造成的。有的领导却过多地强调气象条件等外因,对这次失误也未予以应有的重视。领导层未形成一致意见,下面的各级指挥员自然也难以深刻检讨教训所在。

11月29日,又发生了一起因高炮部队误报情况,从而导致将云缝中的星光当成敌机打击的失误,在上海各界引起各种非议。

贺敏学认为,对这些失误绝不能再掉以轻心,必须从源头抓起,加强首长、机关、部队的训练,提高指挥、组织能力和作战水平,否则将难以胜任今后繁重的防空任务。

此次失误发生后,军委极为重视,代总长聂荣臻专门发出指示:"应迅速组织检查,进一步加强上海防空。"军委防司派出工作组来华东防司检查工作。为纠正错误,接受教训,华东军区防空部队党委于12月初召开党委扩大会和营以上干部会议,在作检查总结之余,研究制定了防止类似情况再发的具体措施。

1952年初,"三反"(反贪污、反浪费、反官僚主义)、"五反"(反对行贿、反对偷税漏税、反对盗窃国家财产、反对偷工减料、反对盗窃经济情报)运动席卷全国,机关和部队主要以"三反"为主。贺敏学协助新任司令员兼政治委员成钧,一方面要抓防空作战,另一方面要抓部队的"三反"运动,忙得不可开交。上海市"三反"、"五反"办公室印发的内部《快讯》,登载有全市有关县团级以上党政干部贪污受贿、腐化堕落、特殊化、官僚作风方面的材料,贺敏学读到这些骇人听闻的丑闻怪事、肮脏行径,既感惊心,又觉有点匪夷所思。对刘青山、张子善这些由高级干部堕落成大贪污犯的败类,他当然是痛恨的,觉得对腐化分子决不能姑息,必须把他们清除出党和国家的干部队伍,以教育干部的大多数,挽救犯了错误的同志。但运动中在追查贪污犯的"打老虎"阶段,他总感到存在过火行为,尤其在听到品性耿直、光明磊落的华东军区空军政治委员王集成也被指控为"大老虎"时,他原先热烘烘的头脑便开始冷静下来。在中央苏区就经历过各种运动且深受其害的贺敏学,对这场运动的偏差和可能给社会造成的负面影响,有了必要的警觉。

这时在华东防司发生了一起令人震惊的事。有人向总政治部揭发检举华东防司副司令员王智涛贪污了巨额黄金,提出要对他进行彻查严办。总政治部要华东防司将王智涛逮捕,押送北京。因为这是高度机密,华东防司只有少数几位主要领导知道。贺敏学对王智涛较为了解,深信他不是那种人,在没有确凿证据之前,不能光凭一纸检举信就逮捕党的高级干部。在风口浪尖上,贺敏学仗义执言,坚持以事实说话,力劝初来华东防司的成钧,为了干部的政治生命,必须谨慎处理。成钧赞同贺敏学的看法,遂向军委防司司令员周士第、总政治部主任罗荣桓等领导反映情况。但上面的批示尚未下达,公安部已派人带着手铐来华东防司抓人,贺敏学坚决不同意执行逮捕。提出可以协助公安部,由华东防司派专人护送王智涛到北京审查。来人说:"万一他跑了怎么办?"贺敏学拍着胸脯说:

"出了事我负责!"后来经过严密调查,澄清了这一纯属子虚乌有的事。王智涛回来后,紧握住贺敏学的手不放,激动得热泪盈眶:"老贺啊,要不是你顶住,我就给铐上了,多亏了你啊!"

1952年8月,上级通知:贺敏学转业地方,任华东军政委员会建筑工程部(简称华东建工部)副部长。对此,他一点思想准备都没有。以前,在各个部队走马观灯似的转来转去,他倒十分超脱,说军人嘛,就是要随斗争形势的需要不断转换战场。现在却是要叫他离开部队,大半生在部队里摸爬滚打的人,哪能没有留恋之情。但他又是个绝不和上级讨价还价的人。照贺敏学的话来说:"本人是共产党员,又是军人,以服从命令为天职。"受命的第二天,二话没说他就走马上任,立即投入到建设新上海的战斗中。

离开华东防司,迎接他的又是一个全新的领域。这是个没有硝烟的战场。

开创上海建筑业的元老

解放初期的东方大都市上海,百废待兴,工厂停产,大批工人失业,生活日用品匮乏。而逃到台湾的蒋介石集团却唯恐毁得不够彻底,屡派飞机狂轰滥炸,妄想彻底毁掉上海。共产党打下千疮百孔的天下后,建设新家园便成为重中之重。1952年4月,华东局根据中共中央《"三反"后必须建立政府的建筑部门和建立国营建筑公司的决定》,组建成立华东建工部,部长李人俊,副部长贺敏学。

自投身革命以来,贺敏学偏好军事并卓有建树,组织上也始终把他作为军事干部来使用。如今转业地方,他告诫自己今后要加强对政治理论的研究,将政治理论、实际经验和地方工作相结合。华东建工部和华东防司虽是两个完全不同的领域,却都是同等重要的使命,都是具有开拓性的工作。贺敏学上任伊始,首先了解上海的建筑情况。解放前,上海的建筑承包商和营造厂全系私营,以散兵游勇的形式各自为政,互相倾轧,统建能力薄弱,质量没有保证,城市建设速度缓慢。人民政府接收官僚资本主义营造厂后,虽然也在两年间先后成立了四家国营建筑公司,但还是属于小打小闹阶段。

开创上海的建筑业,是项既光荣又艰巨的任务。就在贺敏学和李人俊深思熟虑、勾画蓝图之际,传来令人振奋的消息:为了适应即将到来的全国大规模的经济建设需要,中央决定从全国范围抽调八个正规师转业为建筑工程部队。上海的兴衰,无疑将成为新中国经济建设的晴雨表。因此,华东三个师的建筑工程部队,有两个师(建筑第五、六师)开进上海,受华东建工部领导,承担上海的基本建设任务。正愁建筑力量薄弱的贺敏学,笑呵呵地对李人俊说:"有了部队,咱们的腰杆也粗了。"

根据华东局决定,为了便于开展工作,这两个师成立华东建筑工程部队联合司令部(简称联合司令部),贺敏学兼任司令员,李人俊兼任政治委员。他们肩负的任务是:指挥这支新组建的不带枪的部队,在没有硝烟的战场上,打一场让市民们看得见摸得着的漂亮仗。

两个师开进上海,在江湾跑马厅安营扎寨,正式挂牌成立联合司令部后,贺敏学认为,当务之急是让部队指战员迅速学习、掌握建筑方面的知识和技术。为此,他亲自主持制订了一套部队转业学技术的整体计划,召来华东建工部办公室、教育处和联合司令部有关人员开会,明确规定:办公室负责照料部队的生活,教育处负责部队学技术、学管理的工作,责任落实到人;连以上的干部主攻管理,分别学习工程设计、施工、会计、财务、关砌、翻样等业务知识,每人学一种,其余指战员学手艺。

如此集中人马学习业务管理知识,急需一批有实践经验的专业人员来辅导,但专业教员的来源却成了难题。听完教育处负责人的一番诉苦后,贺敏学反问:"这么大一个上海,还找不到一批有建筑技术的教职员?"

教育处负责人说:"上海建筑业人才有是有,但他们几乎都是旧人员,而且都流散在社会上。"

贺敏学说:"让他们自生自灭,太可惜了,为何不拿来为我们所用呢?这个问题不解决,今后的工作将难以展开。"

教育处负责人答:"他们的历史背景复杂,解放以来有关部门一直不敢问津。现在即使想用,也不知从哪找?"

贺敏学提出:"我们一个个找他们,当然难啰,但我们可以招聘呀,贴布告、登报都成,让他们主动找上门来,量才录用。"

世俗偏见、政治风险,使得贺敏学的这一动议遭到不少人的非议,但他以敢

于负责的精神,力排众议,毅然拍板决定:从社会上招聘建筑专业教员。

招聘启事出台后,许多身怀建筑技术的人员踊跃报名。经过考核,先后录用了一千五百多名技术员和教职员,分配到各建筑工程部队传授知识和技术。这些招聘来的技术员和教职员,各工种都有,大多是五六级的老师傅。建筑队伍是新的,技术人员是旧的,难免复杂,因此贺敏学没有放松对他们进行思想改造教育。

10月,联合司令部副司令员兼第六师师长黄欣从朝鲜考察回国,加强了班子力量。黄欣是位参加过长征的江西籍老红军,两年前贺敏学任华东防司司令员驻扎南京时,就曾想拉时任华东军政大学高干团一队支部书记的黄欣到华东防司担任作战部部长,因故未成。如今转了一个圈,两人还是并肩战斗了。贺敏学和李人俊、黄欣等配合默契,把对部队进行工程建设的技术训练作为联合司令部的第一号大事。

贺敏学实行的招聘政策,荟萃了足够的技术和师资人员,每个班都得以配备老师傅。在半年的时间内,战士们通过速成培训,掌握了三级操作技术,连以上干部在技术人员带领下也很快掌握了工程管理技术。

为了巩固部队理论上学到的知识,并与实践相结合,贺敏学提议,干脆让部队边学边干,在驻地建造一所学校。于是,这支放下枪炮后投身建筑的部队,首先承担的工程是建上海历史上第一所建筑工程学校(取名建工部上海机械技工学校)。他们以建设这所学校为基础,积累经验。贺敏学这个远见之举,既使部队指战员们得到实际锻炼,又为今后继续培养建筑技工提供了必要的场所。

工作展开后,贺敏学实地勘察的不是那些富丽堂皇的建筑物,而是被战火毁灭的废墟,或是一些建筑简陋、年久失修的民房。贺敏学以前主要是通过妻子对上海有个模糊的了解。考察回家,他深有感慨地对妻子说:"以前没到过上海,总以为上海如何如何好,你们上海人出来,穿得都比较干净、体面,如果到乡下探亲,还要穿件大衣,手里提上点礼品,让人家看起来羡慕得不得了,其实谁知背后的辛苦!"

李立英告诉他:"这个传统现在还有呢,谁能改得了?"

贺敏学道:"改不了,还要我们工程部干什么?得改,非得尽快彻底改造石库门房子和棚户区不可!"

贺敏学很快向华东军政委员会和中央汇报了改造棚户区、承建工人住宅的意见和方案。

得到批准后,大家集思广益,决定分两步实施对棚户区的改造:第一步先在沪北曹阳区规划中国第一个工人新村,并借此拉出一批有经验的工程兵;第二步在市区铺开六十万平方米的新工房建设。

为加快棚户区的改造,建设好工人住宅区,贺敏学从部队中抽调一批工程兵,再招收一些闲散在社会上的失业建筑工人,共计两万余人,组建成立上海工房工程处,由一位师政治部主任负责。

工程上马前后,是贺敏学最忙的时候。除了每天批阅一大摞文件外,他还亲自过问生产计划、工程进度。他时常顾不上吃早点,而把牛奶带到办公室用开水烫了喝。白天在办公室开会、到工

新中国成立初期,贺敏学和李立英在上海

地抓工程质量,晚上甚至深夜还要去工地掌握工程进度,以便第二天研究解决问题。他没有休息日,礼拜天妻子和岳母在家为他做好了午饭,但等到下午三四点钟还不见人影,当他回家后,常常是中晚餐合为一餐吃。从炮火纷飞的战场,转到热火朝天的建设工地,贺敏学还是有使不完的劲。

由于贺敏学等领导采纳了吴世鹤等工程师借鉴苏联经验提出的组织多工号大流水作业等建议,使得工程得以高速进行。曹阳新村按期竣工,新式里弄房子、煤气、坐便式水冲厕所,这些在当时少见的硬件,让建筑显得颇为气派。安排进来的第一批住户是当时上海市评出的一千多户劳动模范。

1953年初,华东建工部改为华东建筑工程局(简称华东建工局),贺敏学以出色的工作成绩受命担任局长。他注重技术人才的培养和使用,当时全国只有寥寥几个一级工程师,而华东建工局就有三位(吴世鹤、夏行时、钱康衡)。

正规部队在上海转业搞建筑,充分显示出国营统建的优势,很快使上海形成了一股基建力量,建筑队伍发展到五万四千人,并由承担民用建筑转向工业建筑。

1953年下半年,贺敏学指挥部队分别在市区多处住宅基地铺开六十万平方米新工房建设。随着甘泉、控江、日晖、宜川等住宅小区的迅速崛起,又解决了两万五千户工人住房。

1953年底,中央决定在上海举办一次以苏联经济和文化建设成就为主题的大型展览,并建一幢与之相适应的展览馆。展览馆占地两万五千平方米,建筑面积五万四千平方米,是当时上海最大的工程。因为展览馆的政治重要性,贺敏学亲自兼任工程建设委员会主任。

工程上马后,贺敏学心系工地,常到延安中路的工地与大家促膝谈心。他说:"建筑并不神秘,几千年前我们的老祖宗就会盖很好的房子了,但时代发展到今天,建筑又是一门有高深学问的综合性学科。它和打仗一样,过去我们边打边学,现在搞建筑也要边干边学。"他的这番话,对从战场到建筑工地的指战员们受益匪浅。他还说:"展览馆是上海解放后的第一座现代化建筑,又是象征中苏友谊的建筑,我们一丝一毫的疏忽和不负责任,都将给建筑和同志们的政治生命造成无法挽回的创伤,使党的事业遭受损失,大家要用越困难越向前的韧劲,来建造一流的工程。"

20世纪50年代,贺敏学(左三)与苏联专家摄于上海中苏友好大厦工地

施工期间，经历了连续两个月的雨季、八到九级左右的台风，以及几十年难遇的潮汛和零下十摄氏度的严寒。但在贺敏学的领导下，中苏两国建筑工程师及工人们克服重重困难，拿下了一个个被苏联专家称之为奇迹的难题。

贺敏学指挥建筑工程部队历时十个月，终于在1954年底安全、高效地拿下了这个工程。工程正式交付使用后，被命名为中苏友好大厦，当年就荣膺国家优质工程。直至现在，这幢历经半个多世纪的建筑，在上海人心里，依然有着不可替代的位置。继1989年被评为上海市十佳建筑后，1999年又被评为新中国五十年上海十大经典建筑金奖。

贺敏学到华东建工局后，事情千头万绪，身边却没有得力懂行的秘书。直到1954年5月，远在福建工作的老战友张遗向他推荐了孙海林。

孙海林曾在永安专区办公室当过秘书，又担任过永安建筑公司的经理，既有秘书工作经验，又懂专业知识。熟知贺敏学性格的张遗，对孙海林做了一番考察后，认为可行。贺敏学听了介绍，无比干脆地说，那就让他来吧！

孙海林到上海报到五天后，才见到从外面开会回来的贺敏学。孙海林已知这位首长是参加过井冈山斗争的老红军、毛主席的大舅子，这天见首长穿了件褪色的中山装，短袖绸子衬衫，头发有些灰白，粗长眉毛，神情威严，不禁肃然起敬。他正想着怎么开口，未料贺敏学主动和他握手，说："我叫贺敏学，今后我们好好配合。"

孙海林没想到见面开场白竟是这样，首长一点架子也没有，不仅作自我介绍，还不分主次地说好好配合。参加工作这么多年来，孙海林感觉这将是位很好相处的首长。

贺敏学让孙海林先参加办公室的反浮风工作，从写月报、简报着手，摸清局里的情况。孙海林上班一星期后，局办公室主任徐中杰让他写反浮风总结稿。贺敏学不同意，他说："他初来乍到，不熟悉情况，怎么能叫他写？"

一句话，让孙海林感受到了首长对部属的关爱、宽容。不光贺敏学，李立英也十分关心孙海林。得知他来上海前，刚结婚不到一星期，在华东建工局担任人事处副处长的李立英，便主动提出要给他解决夫妻分居问题。在贺敏学夫妇的关心下，孙海林的妻子何苏萍很快就从福建来了上海。

1954年9月1日，华东建工局改隶中央人民政府建筑工程部（简称国家建工部）领导，定名中央人民政府建筑工程部华东工程管理总局（简称华东工程管理总局），仍以贺敏学为局长，主持担负上海地区重点工业建设任务及支援国家重点建设。

中共中央发出限期三年完成长春第一汽车制造厂的建厂任务后，国家建工部全面负责工程施工。贺敏学顾全大局，部里要人给人，要物给物，全力配合部里拿下这个大型重点工程。就连吴世鹤这样被他视为宝贝的专家，他也同意调到长春一汽担任总工程师，并把建筑第五师全建制地调往一汽。

为了开创上海建筑大业，贺敏学数年来呕心沥血，很有建树。从1952到1955年初，上海城市建设发生了巨大变化，国民经济开始走上正轨。在贺敏学花大力气培养下，一支强大的国家施工队伍崭露头角。上海在第一个五年计划中，就出现了巨大变化。在这个巨大变化中，处处都留下了贺敏学的足迹，每个工地都凝聚了他的心血和汗水。

1988年4月，上海建筑界还特派代表专程赴福建，向贺敏学赠送了一幅"老骥伏枥，志在千里"的字轴。上海《建工报》还称他是开创上海建筑业的元老。

被毛泽东赞为"三个第一"

1954年6月，国家建工部在北京召开全国建筑工程局长会议，贺敏学被安排住在北京饭店。

星期天，外甥女娇娇到饭店看望舅舅，贺敏学利用会议空闲陪她玩了半天，还在莫斯科餐厅请她吃西餐。孙海林受命送娇娇到公交车站，娇娇却提出要再走一段路，孙海林觉得奇怪，便问为什么。娇娇说，买了两本书，坐车的钱不够了。孙海林回来告知此事后，贺敏学听了鼻子一酸："毛主席管孩子太紧了！"

从女儿那里得知贺敏学来北京了，而且身体很好，毛泽东很高兴，让女儿转告贺敏学，请他于翌日晚7时来丰泽园做客，还嘱咐卫士长李银桥派司机去接贺敏学。

贺敏学在娇娇的带领下，来到丰泽园菊香书屋时，毛泽东已在会客室里等候了。他从沙发上站起来，笑盈盈地上前同贺敏学握手，请他落座，并给他递烟。

这是贺敏学和毛泽东自中央苏区分别后相隔二十余年后的第一次会面。作为战友和亲属，他们的交谈亲切而坦率。

毛泽东关切地询问贺敏学这些年都做些什么工作。贺敏学做了回答。他首先向毛泽东谈了中央苏区分别后的个人经历，在部队中担任的职务和所参加的重大战役。毛泽东仔细地倾听着，很少打断他的话。后来，贺敏学告诉妻子李立英，毛泽东曾称赞他有"三个第一"：武装暴动第一、上井冈第一、渡长江第一。

这其中，武装暴动第一系指贺敏学在1927年领导的永新暴动。其实，早在井冈山时期毛泽东写就的《井冈山的斗争》一文中，就曾写道："暴动队始于永新。"暴动后，贺敏学即率暴动队上了井冈山。新中国成立后在党政军高级干部和开国将帅中，贺敏学当之无愧是第一个上井冈山的人。渡长江第一，是贺敏学亲自指挥第二十七军第八十师第二三八团，于1949年4月20日晚在安徽无为县的泥汊和荻港渡江。毛泽东说："你们部队是全军最早过江的部队。"

自1926年投身革命以来，贺敏学不仅亲历了一系列影响中国革命历史进程的重大事件，而且在武装暴动、进军井冈山、突破长江天堑这三大事件中，还起了重要作用，自是份殊荣。当然，毛泽东讲的"三个第一"，都是共产党组织领导下的，贺敏学是这个集体中的一员。

谈到井冈山斗争，毛泽东情不自禁地主动提到了袁文才、王佐。对袁文才、王佐被杀问题，早在1930年夏秋之交，原湘赣边特委副书记陈正人就曾先后向毛泽东汇报了事件经过，使毛泽东了解到了事情真相。到延安后，毛泽东对何长工讲："杀袁文才、王佐是不对的。"1950年前后，担任江西省委书记的陈正人又向毛泽东谈及袁文才、王佐被错杀之事，毛泽东更是明确表示："杀袁文才、王佐是个错误，要平反！"根据毛泽东的讲话精神，江西省人民政府追认袁文才、王佐为革命烈士。毛泽东此次再向贺敏学问及此事，只是要更进一步地核实情况。

贺敏学告诉毛泽东："袁文才、王佐我了解，他们是信任主席，坚持要跟主席走的。"

毛泽东语调沉痛而颇富感情地说："是啊，我们不能忘记袁文才、王佐，他们这个武装过去对我们是有作用的。"

接下来,毛泽东看着贺敏学,又关切地问:"你是井冈山的老战士,解放前吃了不少苦头,现在工作还好吧。"

贺敏学谈到,上海解放后,自己从第二十七军副军长兼参谋长,调苏南军区参谋长,再到山东军区参谋长,尔后又任华东防司司令员、华东防空部队副司令员,不久再调任华东建工部任副部长,到现在的华东工程管理总局局长,五年间岗位更迭频繁,职务屡加变迁。毛泽东幽默地说:"这叫能者多劳嘛!"

除了工作,毛泽东和贺敏学谈的更多的是家事。其中,贺怡不幸遇难的事,让他们尤为难过。

贺敏学是在接到山东军区参谋长的任命后,得悉贺怡遇难的噩耗。贺怡的遇难,与寻找贺子珍与毛泽东的儿子小毛有关。

红军长征前,贺子珍亲手把三岁的小毛交给留在当地的贺怡、毛泽覃夫妇。后来随着形势的恶化,毛泽覃不得不把小毛寄养在当地百姓家中,还来不及告诉贺怡,便不幸牺牲,小毛自此下落不明。小毛的失踪,一直是贺怡的心病,深觉有负姐姐、姐夫的重托。她决心寻回小毛,这既是对毛泽东也是对贺子珍的极大安慰。

八九月间,贺怡向吉安地委请了假,回到阔别十多年的家乡永新,从本族亲戚家接回委托他们照顾的儿子,随后带着儿子和警卫员直奔广东。在南雄县,她不仅如愿以偿地找到了自己分别留在当地百姓家的一对儿女,还和老战友、古柏夫人曾碧漪意外重逢。曾碧漪陪同贺怡一同前往赣南寻找小毛,但踏破铁鞋,仍未有音讯。这时吉安地委催促贺怡回去,贺怡只好带着大家返程,催促司机连夜赶路。由于司机过度疲倦,江西的公路又坎坷不平,还走错了路。11月21日晚八九点,车行离泰和县城十来公里处凤凰墟一座失修的小木桥时,不慎发生车祸。翻车之际,警卫员抱着贺怡的女儿敏捷地跳了车,因此两人都没事。贺怡的两个儿子和曾碧漪都受了伤,贺怡和曾碧漪的儿子古一民则不幸遇难。出事后,司机害怕,就连夜逃跑了。

贺怡遇难时,年仅三十七岁。

小妹英年早逝的噩耗,犹如晴天霹雳,贺敏学万分震惊,悲怆异常,瞪着眼睛半天没说话,一连几天眼眶都是红红的,茶饭不思。贺子珍知道贺怡的死全是为了她,痛苦更进一层,旋即病倒了。

贺怡的不幸也让陈毅深为悲伤,得知贺子珍因悲痛过度而病倒,考虑到上海医疗、生活各方面条件都比杭州好,遂派专人前往杭州接贺子珍来上海治病、休养,还亲自安排她在一栋小别墅里住下。这之后,贺子珍就放下了杭州的工作,定居上海,病愈后担负起抚养贺怡几个孩子的责任。

新中国成立初期,贺子珍(左)与贺怡合影

贺敏学回上海后,看到贺子珍身体不好,经常生病住院,没有精力照顾孩子们,便把孩子们全都接到自己家里住,既让妹妹清静养病,也让女儿多一些伙伴。因为贺子珍住处与兄嫂住处隔得远,一个人过于冷清,不久,贺子珍自己也搬了过来。

毛泽东对贺怡之死既意外又难过。据曾碧漪回忆,她后来到中南海见到毛泽东,毛泽东在详细询问了贺怡遇难经过后,说:"你办事向来细心,这一回怎么这样粗心!"曾碧漪听后异常难受,因为连夜行车乃贺怡决定并非自己粗心所致。不过,从毛泽东的话中可以看出,他对贺怡的遇难相当悲痛。

这次中南海约见贺敏学,毛泽东又一次问了有关贺怡遇难的情况,并对贺怡之死再次表示哀悼。随后,毛泽东的话题便转到了贺子珍这边来。

对贺子珍的怜惜,毛泽东也在贺怡死后表现得更为关怀备至。他曾向陈毅提出,贺子珍在上海的生活费用额外开销,悉由其稿费中开支。但陈毅回答,我们偌大个上海,难道养不起一个对革命有贡献的贺子珍,她的开销由我们上海包了。陈毅向贺子珍转达毛泽东的关怀后,贺子珍却说:"陈毅同志,我可不能要你们养,我要工作。"陈毅表示:"你身体还没完全康复,再休养一段时间,组织上会考虑你的工作的,你就放心吧。"据说为了便于贺子珍在上海生活,陈毅曾安排她担任上海市虹口区委组织部部长,不知是贺子珍的病体难以应对,还是因为政治原因或其他人的干扰,这个职位对她来说竟是似有似无,多年来她却没

有工作。

情绪稍好后,贺子珍请兄嫂和她联名给毛泽东写了一封信,感谢他对娇娇的照顾,信中还谈了他们三个人的工作安排和对毛泽东的怀念之情。信由李立英执笔,毛泽东很快就回了信,大意是希望贺子珍保重身体,顾全大局,多看看社会主义建设。在贺敏学看来,这"顾全大局"四个字,不仅是毛泽东对贺子珍的期望,也是对自己的要求。出于对毛泽东的挚爱和真诚,贺子珍除了在亲人面前自怨自艾,并没有做任何使毛泽东为难的事。至于贺敏学,更是严于律己,在长期的工作中,时时处处都做到顾全大局。

贺敏学是毛泽东和贺子珍爱情的见证人。这是一对在枪声与战斗中不期而遇的革命者,在共同斗争中结为志同道合的战友,悄悄萌发了爱慕之情,随后爱情的种子发芽和成熟。

毛泽东的确是从心里爱着贺子珍的。她无畏风雨,无惧雷电,对爱情坚贞不渝。婚后,毛泽东更没有理由不感激贺子珍无微不至的照顾。那时,毛泽东瘦得见骨,贺子珍就挖空心思改善他的生活。至于行军打仗,贺子珍舍生忘死相加掩护。下井冈山后,在闽西、赣南,面对一连串的排斥和打击、批判和攻击,如果没有贺子珍的宽慰和相随,给予无私帮助,毛泽东纵有坚强的信念、宽阔的胸襟和钢铁般的意志,一个人也不易承受那么严峻的考验。

贺敏学也知道,在十年风雨中,他们夫妻的关系也不是绝对和谐。

谈话中,毛泽东关切地问了贺子珍各个方面的情况。贺敏学告诉毛泽东:"子珍妹在上海生活得很好,地方上对她照顾有加,也没什么大不了的事,只是她每时每刻都在思念着你和娇娇,这次来京开会,她还嘱咐我,代她向你问好。"

毛泽东脸上露出一丝伤感的神色,半天没作声,良久才从沙发上站起来,在会客室踱着方步,扳着手指头数起了贺子珍的年龄,尔后对贺敏学说:"子珍现在该四十四岁了,叫子珍再婚、成个家吧!"

乍听毛泽东这话,贺敏学一时怔住了。贺敏学当然知道,这是毛泽东替贺子珍着想,但他也知道,在贺子珍发生情变后,苏联的同学曾向她表示过倾慕之情,回国后仍有人希望能获得她的爱情,但她一概拒绝了。当李立英关心她今后的生活道路怎么走时,她说:"我一生只爱一个人,我已经把我的感情给了毛泽东,不可能再爱第二个了。"针对毛泽东的这个提议,贺敏学努力使自己的情绪平静下来,理了理思路才说:"主席,子珍妹跟我说过'曾经沧海难为水,除却巫山不是云',你是知道她性格的,她不愿意的事谁都拗不过她。"

毛泽东轻轻叹了口气:"这个事也不好强加于人,花开花落两由之吧!你回去告诉子珍,娇娇在我身边很好,已经读中学了,今后每年都让娇娇到上海看望妈妈。让子珍安心治病,好好生活,你和立英要多照顾照顾她。"

毛泽东既要托上海的组织(其实也就是陈毅)照顾贺子珍,又不愿意让更多的人知道贺子珍的病与自己有关,领袖也有自己的难言之隐。但请贺敏学、李立英照顾贺子珍,却是再恰当不过。

不觉过了两个多小时,秘书进来向毛泽东报告事务,贺敏学乃起身告辞。毛泽东亲自把贺敏学送到门口。贺敏学上了汽车,毛泽东还站在原地挥手示意。

贺敏学离京前,娇娇又到饭店见了舅舅一面,照样是坐公交车来的。贺敏学给娇娇钱,娇娇不肯要。贺敏学说:"上次孙秘书跟我说了,你就收下吧,就算是舅舅送你几本书看看。"

率十万"杂牌军"奔赴大西北

发展国民经济的第一个五年计划(1953—1957)出台后,苏联政府根据中苏友好同盟条约,派出一批专家来华工作,帮助建设一批以军事为核心的大型工业企业,时称一五六项工程,其中安排在陕西省的有二十四项,陕西一时成为国家重点建设的战略后方基地。为了适应这一战略形势,中央决定组建一支强大的工程建设队伍,周恩来特别指示要有一个过硬的领导班子。当时,在国家建工部直属的几大建筑工程局中,华东的力量最强,中央乃决定,将华东工程管理总局大部分施工力量迁陕,与西北建筑工程局(简称西北建工局)合并组成立国家建工部西安工程管理总局(简称西安工程管理总局),并由贺敏学赴西安负责组建工作。

贺敏学接令后,即于1954年9月带了一批处长和技术人员亲赴西安打前站。因为警卫员没有办理枪证而不能坐飞机,待保卫部门补办枪证后,天气又起了变化,数日内都无法起飞,遂决定改乘火车。火车行至徐州,大雨滂沱,山洪暴发,路基塌方。正是午夜时分,一行人被困在徐州,又冷又饿。贺敏学镇定自若,

带手下人员蹲在矮小的民房屋檐下硬挺到天亮。

从上海到西安坐火车要走四十多个小时,到达西安后,迎面扑来的是大西北的风沙。12日晚,西北建工局举行招待会欢迎贺敏学等人,西北建工局书记马文瑞、国家建工部副部长万里等应邀出席。席间,贺敏学表示:"坚决响应中央号召,把华东工程管理总局的大部分施工力量搬到西安来,支援'三线'建设。"

随后,贺敏学在西北建工局局长杨林陪同下,风尘仆仆地开展摸底调查。大西北艰苦的环境和大上海真是天壤之别,警卫员王茂良在贺敏学晚间休息前瞅个空儿问:"首长,您真的愿意离开上海?"贺敏学看出了王茂良的心事,心平气和地说:"小鬼,以前战争年代,毛主席和党中央在延安怎么个辛苦你知道吗?现在和平了,条件也好多了,我们还能畏缩不前吗?干革命就是要四海为家!怎么,小鬼,你想当逃兵,不跟我干革命了?"王茂良脸一红,讪讪道:"首长去哪,我就跟去哪!"

贺敏学结束摸底调查后,杨林带了西北建工局的人事处处长、财务处处长等六人随同前往上海,先是回访华东工程管理总局,尔后在国家建工部部长刘秀峰主持下,商谈重组的有关事宜。贺敏学知道杨林他们都是初来上海,便安排他们住在锦江饭店。适逢国庆五周年,贺敏学还亲自陪同他们在外滩的高楼上观看黄浦江的彩船游行。

国庆节一过,贺敏学主持召开全局动员大会。在教育处处长介绍了西安情况、总局副局长张文涛作了动员报告后,贺敏学说:"国家需要我们,这是我们的光荣,支援大西北建设,是义不容辞的任务。西安我看不错,新办公楼盖得比这边还好,像个大皇宫,旁边还有和平电影院。大家想好了,这是干革命,不是临时的过家家,要有长期甚至在西安安家的准备,不要哭鼻子闹回家。好儿女志在四方,希望我们在西安见。我是决定了,把老婆、孩子也一块带上。"

11月,第一批人员就先行上路了。贺敏学暂留上海压阵,组织后续人马。在他的组织下,两万多名职工加上家属陆续出发。技术干部周良模说:"要是贺老不在后面赶,我们一些人就来不了了。当时一位副局长说,人都调空了,要留下一批力量,他还叫我留下来。我知道贺老是要我到西安的,何况支援大西北是光荣的事,于是还是来了。"

1955年1月5日,贺敏学率以局机关为主的队伍坐上了奔赴西安的专列。跟随他去西安的局机关有运输公司(也叫运输处,拥有几百辆汽车和自己的铁路专运线)、材料公司(对外称材料处)、计划处、财务处、合同预算处等,设备和建筑机械也随同带着。他还把局里仅剩的两个一级工程师夏行时、钱康衡带上了,西安工程管理总局的总工、副总工的位置,正等着他们呢!本可以坐飞机的贺敏学,却时刻都愿和普通干部们打成一片,于是和大家一道坐上火车。

西北技术工人缺乏,从上海来的技术力量相当强大。贺敏学为西安工程管理总局的组建来回奔波,操尽心血,功莫大焉。西安工程管理总局顺利地组建成立了,让原华东工程管理总局的干部和职工们大为不解的是,论资格、能力都该考虑由贺敏学当局长,可贺敏学居然只是第一副局长。总局局长、局党委第一书记由西安市委第二书记冯直一肩挑。上级解释其因:因为总局的组织关系放在西安市委,而且今后征地等都要市里出面,为工作方便,故做此安排。贺敏学不仅不介意,还说服上海来的干部职工,免得他们产生情绪。

华东数万干部职工来西安后先到韩森寨扎营,承担六个军工项目的任务。根据中央指示,四个师三万多人的建筑部队先后来到西安。随后,中央又把一些建筑公司陆续调来西安,拨归总局麾下。

为了加强这支建筑大军的建设,组织上还把一批文化素质较高,年龄较小的地委书记、副专员、县委书记从华东等地调来,充实到西安工程管理总局当处长,支援大西北建设。

在总局召开的师团以上干部会上,贺敏学言简意赅、语重心长地说:"我们来自四面八方、五湖四海,为实现第一个五年计划,完成大规模的国防建设这个共同目标走到一起来了;在这个新的集体里,团结是搞好各项工作的基础。为此,我希望各级领导干部要率先垂范,团结一致,拧成一股绳,同甘共苦,艰苦奋斗,自觉遵守纪律,就没有克服不了的困难、完成不了的任务!"

接下来贺敏学和总局领导开始编制机关处室和组建施工队伍。机关设有十个业务处、一个专家工作科和总工程师室。总局下面编制了直属十大公司,其中土建公司六个,安装公司两个,机械化公司、运输公司各一,以及电机厂、金属结构厂、木材加工厂、构件预制厂、汽车修理厂等附属工厂,还有医院、托儿所及子

弟小学、中学等直属事业单位。这么大的一摊子，分明就是一个功能齐全的小社会。部队调来的四个师原建制未变，师长摇身变经理，团长为工程处主任，师、团政治委员分别为两级书记。每个公司下设八个工区。随即，他迅速组织各公司按国家"一五"计划大纲，投入二十四项重点工程，包括附属工程共一百三十多项工程的施工。随着他的令旗指向，各公司分别在西安的边家村、胡家庙、窑村机场及阎良、三原、兴平、户县、咸阳、宝鸡等地，建了基地。

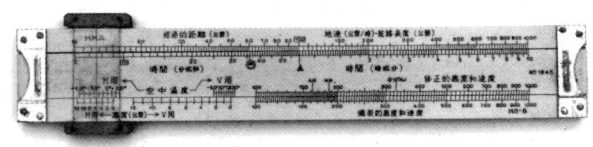

贺敏学在西北工作时用过的工程尺

一支十万人的"杂牌军"，在短时间内就能组建完毕，而且投入战斗，充分显示了贺敏学卓越的指挥才能。

指挥部和机关安顿好后，贺敏学就轻车简从，下到各部队看望指战员，鼓励大家克服困难，自力更生，用自己的双手搞好国防建设，并建设美好家园。他还挨家挨户访问从上海来的职工与家属，询问他们的生活及子女安排情况，并叮嘱身边的工作人员，详细记录每家提出的困难和问题，责成有关部门限期解决。西安方面为照顾华东干部职工水土不服，尽可能多供应大米。大西北水贵如油，杨林却对后勤部门说："南方人每天要洗脚，你们不要扣人家的水。"

1955年3月，西安工程管理总局因其主管施工范围延伸到西北诸省区，奉命更名为中央建筑工程部西北工程管理总局（简称西北工程管理总局），仍驻西安。4月1日，依据国务院、国防部令，建筑第三、第四、第六、第七师集体转业改组为企业组织，撤销部队番号。在此之前，贺敏学已根据上级的安排，有步骤地主持完成对这支大军的改造：起初仍按部队陆军供给标准供应，而后逐步脱下军装，第一步交了枪支，第二步摘下帽徽胸章，第三步转业，完全归属地方。由于讲究方法，措施到位，没有引起大的波动，虽然他和许多指战员一样，从心底里并不愿意脱下军装。

旧中国陕西的建筑业基础薄弱，设施落后，西北工程管理总局又新组建不久，各级领导及广大职工多为部队转业和新招人员，对建筑业十分生疏。为了适应新中国大规模经济建设任务的要求，贺敏学倡导大家放下包袱，一切从头学起。他作为企业行政首长,带头学习,细心摸索。

1955年3月19日,国家建工部副部长周荣鑫带领苏联工程专家多洛普切夫、普洛阔也夫来西北工程管理总局检查指导工作。多洛普切夫是莫斯科建筑工程局局长、苏联驻华大使馆经济顾问。贺敏学认为,这是个难得的学习机会。因此,在前后一个多月的陪同检查中,他处处留心,不耻下问。其间,苏联专家分别就检查中的问题,与贺敏学等西北工程管理总局领导进行了谈话,并对建厂和施工中的问题提出了批评和建议。贺敏学不仅认真听取,还指示专家工作科将苏联专家们的谈话及报告译发各单位学习讨论。

技术水平低、生产设备简陋,是西北工程管理总局初建时的现实情况。为了突破瓶颈,贺敏学和西北工程管理总局的领导们一面大搞技术练兵,推广先进经验;一面请外国专家前来指导,组织技工跟踪学习。此外,还派出技术人员出国考察和培训,引进外国的先进施工管理与技术。当时,几乎所有局长都没出过国,他们中不少人争着去看洋荤,贺敏学却说:"我们不培养局长,是培养经理和技术骨干。"他身体力行,坚持不出国,给大家带了好头。他和西北工程管理总局的领导还设想,请几位既有理论又有实践经验的苏联专家驻局,帮助指导工作。这一想法得到了国家建工部领导的支持。

这年秋,国家建工部派遣多洛普切夫常驻西北工程管理总局,另一位苏联建筑工程专家普契柯夫斯基常驻西北工程管理总局西北二公司。苏联专家成为贺敏学和广大干部就近请教的良师益友。

仿照苏联的做法,西北工程管理总局的工程指挥系统采用无线电调度指挥,下设总调度室,大的工地都装上电话。贺敏学亲自担任总调度长,每天通过调度电话检查工程的进度。每周至少召开一次调度会(即电话会议),每旬开生产汇报会,督促下面按调度命令完成日进度。

贺敏学把这些重点工程视为国家的命根子工程,在他的严加督促下,各施工单位的师、团级经理们,接到任务如同接到作战命令,亲自蹲在工地上抓进度,抓工程质量。尽管如此,他们每到总局开会,仍不免提心吊胆,生怕遇到延误工期的情况出现,被苏联专家批评,面子上不好看,更怕老头子(贺敏学)发脾气,来个当场撤换前线指挥官。贺敏学对任务抓得严,哪个公司、哪个单位先提

前完成任务报喜,他立刻致信勉励。在贺敏学的指挥与带动下,全局上下紧密团结,目标一致,确保国家重点工程的如期完工。

西北工程管理总局的主要施工地西安、咸阳,由于城市开发较早,历代建都,墓葬普遍,密度大,又因岁月的流逝,大孔性土丘地质发生变化,形成墓叠墓的地下立体墓群,因此,施工中碰到的难题层出不穷。1955年随着西安、咸阳地区基本建设大规模展开,贺敏学组织西北工程管理总局和西北工业建筑设计院等单位的专家,对墓葬问题进行调查研究。

看到贺敏学不顾疲劳亲临现场,身边工作人员劝他休息,他却说:"我也是来学习的,你们不能剥夺我学习的机会。"

这次行动,促进了有关设计与施工单位对墓葬问题开展探索,在探测与处理方法上都有了相当改进。在集中群众智慧的基础上,编写出《西安大孔土地区建筑基地墓葬探测与地基处理意见》,这套独特的带有学术价值、行之有效的方法,一直沿用至今。

苏联专家开始认为贺敏学是井冈山下来的老革命,在技术领域是土包子,但在处理大孔性土壤古墓群地基本问题上,贺敏学组织中国专家搞的方案成功地解决了这个疑难杂症。在事实面前,多洛普切夫不得不说:"贺局长走群众路线,搞出来的土洋结合的施工方案过硬。"

贺敏学笑道:"有时土办法还真是好。在抗日战争中,有一年我得了肺结核和肝病,全身蜡黄,身边又没有医药,连我妻子都担心我过不了这一关,我呢,毫不在乎,用土办法自己给自己治,坚持指挥战斗,居然奇迹般地好了。"

多洛普切夫翘起大拇指:"贺局长有办法,能打仗,又能搞建筑,我看可以到莫斯科当工程管理局局长,可以做第二个巴特曼洛夫(小说《远离莫斯科的地方》中苏联西伯利亚石油管理局局长)。"普契柯夫斯基也很服气:"在中国人手里没有完不成的事。"

贺敏学尊重科学,尊重知识,更尊重人才。当时,全局只有四辆小汽车(华东工程管理总局从上海带来两辆,西安两辆)。贺敏学的专车还是他任职华东防司司令员时所配,一辆车留给局里作工作用车,他指示给管生产的副局长汪胜文配专车,另一辆配给总工程师夏行时和副总工程师钱康衡。他对技术人员的厚爱由此可见一斑。

20世纪50年代中期,国家首次给干部定级。当时上级给贺敏学定的是行政七级(正部长级)。贺敏学却要了个八级(副部长级),他说我这里很多同志的级别偏低,我调低一级,可以调高好几个一般干部,这样更有利于调动干部的积极性。后来,中央组织部还追问:"为什么没给贺敏学评七级?"

组织上给秘书孙海林定了十八级,孙海林有些情绪,说1947年和他同时参军的不少人,都是十七级。贺敏学专门找他谈心,说:"海林啊,你这么年轻,待遇比我还高,党政军全报(文件)都比我先看先画先摘登记,你的政治待遇套得上省军级了,有的省军级干部还不能看党政军全报呢。"

孙海林嘟哝着说:"光看党政军全报又怎么样,有的会议规定只有十七级以上才能参加。"

秘书顶嘴,贺敏学也没有生气,而是眉开眼笑道:"你这个傻孩子,开会有什么意思呢?有时开了一个上午的会,无非只讲一句话,高岗、饶漱石出事了。管你十七级十八级,能为党工作,为人民尽到责任,有饭吃,问心无愧就可以了。"

孙海林思想通了,想老首长都这样淡泊名利,自己还说什么呢?

局领导中,冯直主要把精力放在西安市委,杨林曾任西北野战军(简称西野)后勤部副政治委员。汪胜文是谭震林的老部下,黄欣是参加过长征的老红军,高士一是抗战有功的民主人士。论资历和年龄,贺敏学都算老,但他从不倚老卖老,既尊重大家,又放手让大家各司其职。

对苏联专家,贺敏学也是十分尊重和爱护,专门指示不定期编一个《专家建议与谈话》的简报,分发有关方面参考和执行。他还要求有关部门照顾好他们的生活。针对苏联专家喜欢跳舞的特点,他专门指示局机关每个礼拜都举办一两次舞会,并借此活跃干部职工的业余生活。贺敏学对举办舞会十分重视,只要有空,都要亲自参加,兴致勃勃地跳上一两曲。

苏联专家要求严格,在对一些不规范的技术处理予以批评、纠正之余,有些话不免难听,有些方式难免生硬,还曾动手打过犯大错误的工人。问题反映到贺敏学那里,他没有简单地各打五十大板,而是在两边做协调工作,既要求苏联专家尊重干部职工,不搞体罚,批评意见要以妥当的方式让下面接受,又要求干部

职工理解专家们的意图。

与苏联专家共事,贺敏学始终坚持党性,敢于坚持真理。在施工布局、技术方案的决策中,苏联专家有时不免生搬硬套洋东西,要西北工程管理总局领导依样画葫芦。贺敏学却反对生搬硬套洋东西,而提出了"借鉴洋货,以我为主,融会贯通,走自己的路"等主张。

深入基层的"国舅"

1955年9月,国务院向革命战争年代的有功之臣授衔,多洛普切夫等苏联专家知道贺敏学的一些经历后,为他未获将军衔而感到遗憾。

指导西北五省、自治区(陕西、宁夏、甘肃、青海、新疆)建筑并掌管十多万建筑大军,使贺敏学成为另一个战场的司令官。当时西北五省、自治区都有西北工程管理总局派驻的公司,贺敏学在视察中足迹遍及许多地方。

贺敏学秘书孙海林回忆:"贺老在西北工程管理总局工作了前后五年,几乎没有休过一天假,他总是下工地、跑现场、检查工作、关心群众生活。有时生病发高烧了,也不住院,叫来医务人员打针吃药后,又照常坚持工作。有一次,他病得实在厉害,连路也走不动了,就躺在床上让我读文件、念信访件。他常说:'干部干部,就是要先干一步,一定要走到群众中去,取得第一手资料,用以指导领导工作。'"

贺敏学有空总爱请部属们到家里来玩,聊天叙谈,然后让妻子李立英做夜宵。部属们走时,他总要和妻子一起相送出门。

在保卫处分管首长、专家警卫工作的马新功,是转业到华东建工部后认识贺敏学的,而后跟到西安,再到福建,与贺敏学接触很多。晚年在福州,他曾回忆说:"贺老职务高,但容易接近,从不搞唯成分论。保卫处有些工作请示他,不需经过处长、科长层层把关,像我这样的一般科员都可直接找他,而且他都热情接待。如你工作做得不够完整,他也不直接批评,而是加以指导,并吩咐你做好后再来汇报。"

秘书孙海林说:"贺老耿直、豪爽,有点脾气,他不是那种捧上压下、讨好领导的人。一般干部,只要他熟悉的,他都打招呼,平易近人。贺老教导我们,机关工作不要脸难看,事难办,人难见,下面的同志来了热情一点,不要让人难堪。他自己身体力行,即使小科员来,他都站起来,亲自为他们倒茶,打洗脸水。"孙海林自己就受到贺敏学慈父般的关怀。一次,他在西安接到父母同时患重病的电报,心急如焚。贺敏学知道后,先是安慰他,然后让他立即动身回去探望老人,连火车票都给他买好了。贺敏学还从口袋里拿出一百元,并要行政处补助二百元,以便给孙海林父母治病。孙海林感动得热泪盈眶。

办公室干部李干城说:"贺老对干部职工,向来是关心体贴的。我们跟他一块儿出门,处长、警卫人员、司机什么的,除正当的差旅费外,经常都是吃他的,他说我工资高,近三百元,也没有什么负担,你们才七十多元,还有家庭需要照顾。其实贺老生活非常节俭,平时吃的不外乎是炸酱面、水煮荷包蛋。"

原干部处处长沐松宝说:"贺老平时严肃,但生活中平易近人,没一点官架子,心里总装着大家。普通干部和职工到他家,他都是客客气气的。逢年过节,还主动跑来给我们拜年。"

曾担任过华东建工部工程处主任的金学坤是当时第一批来西安的。他说:"贺老派我到苏联学习建筑施工,回国后贺老找我谈话,嘱咐我好好干,为国出力。他给我们年轻人压担子,叫我到东方厂当工区主任,承担一五六项工程中极重要的西安东郊六厂、东方、黄河、秦川、西光等厂。我每次到机关开会,贺老看见我,都要主动与我打招呼、握手,询问我的工作和生活,鼓励我不断进步。"

西北工程管理总局组建伊始,采取苏联一长制(即厂长负责制)的领导管理方式。虽然由于初创,在执行中也出现了某些偏差,但总体说,应该是一项行之有效的先进而科学的管理制度。正当贺敏学为建立一长制负责与集体领导共同负责相结合的领导模式而努力探索时,1956年4月25日,毛泽东在研究中国社会主义建设问题中,指出要以苏联在社会主义建设过程中的缺点和错误为鉴戒,走自己的道路,"学习苏联也不要迷信。对的就学,不对就不学"。"苏联军队和企业实行一长制,我们就不学。"他还对推行听起来有些独裁的一长制提出了严厉的批评。这一讲话精神的传达,使正在探索总结完善的生产区域责任制因名废实,戛然而止。为防止个人专断,西北工程管理总局和全国各单位一样,改为推行党委集体领导下的经理、厂长负责制。

贺敏学抓全局工作,对技术和质量尤为重视。1956年根据苏联顾问多洛普切夫的建议,西北工程管理总局把质量与技术管理分开,工程质量改由各级行政一把手直接领导,总工程师全面负责,部门分别保证。在实践中,贺敏学制定出了一套质量管理规定,国家建工部大为赞扬,后经国务院批准在全国推行。

数年的风雨征程,不仅锻炼提高了这支建筑大军的文化、技术素质和技术装备水平,而且将这支大军整训得更加成熟和坚强。

西安用水紧张,有一次,某炮兵部队为了阻止西北工程管理总局的工人家属到他们的地盘打水,竟把枪对准了工人家属,双方闹得不可开交。贺敏学接到报告后,立即赶到现场,首先严厉命令部队官兵:"把枪收起来!"

官兵担心收枪后,工人家属要冲进来,因此迟疑不决。一向温和的贺敏学火了:"叫你们的首长出来见我!"

官兵见贺敏学口气不小,即派人禀报。一位师领导匆匆赶到现场后,贺敏学对他说:"当年毛主席在瑞金,还给群众挖水喝呢,你们怎么就不让群众喝水!"

在接下来的谈话中,贺敏学语气重又温和起来,说:"工人家属老来部队驻地打水,这确实也不好。我们现在正想办法解决没水喝的难题,但在这个难题没有解决前,你们还得让群众打水。"

贺敏学继而对工人家属说:"这里是军事禁区,你们来打水,不得喧哗吵闹,不得乱跑,要有组织有秩序来,打完就走。"

贺敏学出面,既平息了工人家属的激愤,又调解了军民关系。后来,经过多方协调,工人家属打水的问题终于得到了圆满解决。

大概是1956年,有次彭德怀来西安,下飞机听了汇报会的准备工作后,问:"敏学同志来不来?"前来迎接的省委领导不知敏学是谁,问组织部,问办公厅,都说不知。省委领导可就急了,多方打听,才知彭德怀说的可能是西北工程管理总局局长贺敏学,急忙派省委秘书长去请。

秘书长还拿不准是不是贺敏学,见面后问:"您认识彭德怀同志?"

贺敏学答:"认识呀,井冈山时期认识的。"

秘书长心里敲定后,才说:"彭德怀同志来西安了。"

贺敏学说:"那好呀,什么时候请他到我家吃顿饭。"

秘书长说："您见面跟他说吧，现在接您参加会议。"

正在开会的彭德怀一见贺敏学到来，起身上前，紧紧地与贺敏学握手。

谈话中，彭德怀问了贺敏学到陕西后的情况。得知他领导的西北工程管理总局承建了国家"一五"计划安排在陕西的几乎所有重点项目，而且绝大部分是军工项目后，彭德怀显得很高兴，亲切地说了些慰问的话。接着，彭德怀又关切地询问贺敏学是不是省委委员。这下搞得省委领导有些尴尬，表示即将召开省委党代表大会，届时要给贺敏学补上省委委员。

西北工程管理总局是省军级，受国家建工部垂直领导，贺敏学又不爱显山露水，工作上与陕西省有关联的事，又多由冯直联系，所以贺敏学在陕西多年，陕西的一些领导竟没有听说过他。直到今天，才知贺敏学是彭德怀在井冈山时的战友，却不知与毛泽东还有一层关系。

不久，陈毅到西安来，也通过陕西省委找贺敏学和李立英夫妇，说自己要请他们吃个饭。陕西省委领导好奇地问："贺敏学是贺龙的弟弟，李立英是李立三的妹妹吧。"陈毅听罢，哈哈大笑，遂揭谜底。省委领导颇为吃惊，对贺敏学的低调作风愈发敬重，主动表示：今后有什么事需要省里帮助解决的，请随时提出。

如此不小心惊动了陕西党政高层，贺敏学为人行事却更为谨慎了。多了这层关系，有时还方便为西北工程管理总局打算盘。当时许多工程要上马，而各种建材尤其是钢材紧缺，求急频频还久等不来。贺敏学急业务部门之所急，不时放下西北工程管理总局局长的架子，亲自出马联系。只要是他出马，一个电话，就有地方把建材送来，而且还主动先把材料给加工好了。某工程上马时，西北工程管理总局人手不够，省里痛痛快快地表示：要多少工人省里都可帮助解决。

可以说，贺敏学坐镇西北，为西北工程管理总局的建设奠定了基础，不仅没人敢拆台，而且常是绿灯。

赴京履新转任闽省

1957年5月，反右整风运动在华夏大地风起云涌。根据中央关于第一书记亲抓领导的指示，西北工程管理总局党委成立整风运动领导小组，局党委第一书记冯直任组长，贺敏学任副组长。下属公司、工厂均相应成立领导小组和整风

办公室。

刚开始时,贺敏学也积极投入运动,而且在政治上十分关心知识分子。西北工程管理总局要召开工程师和职工代表会议,他让秘书孙海林找到技术科科长周良模,说你是党外人士,又是知识分子,希望你带头发言,向党提意见。第二天开会,周良模诚恳地向党组织提了一些意见,却被人抓住把柄,说是向党进攻。周良模不免担惊受怕,贺敏学要他消除顾虑,并明确指出:"周良模的发言是好意的,这是他积极投入运动的表现,对知识分子我们要在政治上关心、引导,不能动辄就给人家戴帽子。"

西北工程管理总局第一个在整风中倒台的是局党委第二书记、副局长杨林。杨林在中央党校学习时,正值"大鸣大放"之时,一句"高岗在历史上也曾有功绩",使他背上了右派罪名。

对杨林,贺敏学是了解的。这位曾任西野后勤部副政治委员的老红军,立党为公,疾恶如仇,解放前曾大义灭亲,为了党的事业枪毙过至亲。心地耿直的他有时因口无遮拦,而受到非议。1956年4月,西北工程管理总局召开第一届党代会,杨林讲话后,下面发表不同意见,杨林听不下去,起而厉言反驳。事情闹开了,会议暂停,主席团开会,认为杨林当场反驳不对,以后叫下面如何再发表不同意见,要检讨。杨林不服,贺敏学受主席团委托找他谈话,杨林最终在会上承认了错误,表示收回自己的意见。西北工程管理总局组建伊始,作为原华东、西安两局的一把手,贺敏学和杨林都能顾全大局,才使组建工作顺畅无阻。新班子成立后,虽由冯直兼任局长、书记,但实际分别由他们两人一主政、一主党。三人共事以来关系一向很好,彼此间不曾闹过别扭。

如今杨林折翼,贺敏学大感意外,毛泽东不是说过了吗,"言者无罪,闻者足戒",怎能凭人家说过高岗一句好话,就打成极右分子呢?因为此案是中央定的,谁也无能为力。杨林回到西北工程管理总局后,被一撤到底,戴罪下放当工人。

杨林倒台后,局里有人紧接着贴了冯直的大字报。也有人给副局长高士一贴大字报,气得高士一当场开骂贴报者:"老子立功时你还没有生下来呢!"贺敏学让人把大字报撕下来,并解释说:"高副局长是抗战有功的民主人士,我们不能这样对他。"贺敏学向来不爱作会议报告,推辞不掉时,他讲得实在,废话少,既讲究政策又富有人情味,因此颇受干部职工的拥护。

亲历种种政治运动的贺敏学,每次运动到来,都充满了警惕,免不了要往坏的方面想。为了摆脱运动的纠缠,贺敏学更喜欢往工地上跑。

1957年5月16日中午,他带着副局长汪胜文、总工程师夏行时、副总工程师钱康衡等一批处科级干部,来到五公司二〇一工段参加劳动。贺敏学接受工长的分配,到普工组帮着搬砖。工人们纷纷说:"看哪,咱们的老局长都下手啦,加油干吧!"

下班铃响了,贺敏学还依依不舍,向大家挥着手说:"今天只是开头,以后我们还要常来呢!"

贺敏学每到工地,总不忘向技术干部和工人们求教。二工区工程师、工地副主任陈致祥是跟随贺敏学从上海到西安的技术干部。贺敏学记得这位当年在中苏友好大厦工地上入党的年轻人,每次见面都要找些技术问题向他请教、探讨一番,还问他:"你认为技术人员如何发挥更大的作用?"

陈致祥答:"首先应该提高技术水平。我自己订了个计划,不仅要进一步提高自己,还要帮助工地全体人员提高技术水平。我想开办一个训练班,吸收全工地人员学习,利用业余时间为大家上课。"

贺敏学十分赞许他的想法,并鼓励说:"一个共产党员,就应该勤勤恳恳为党工作,并且时时处处起带头作用,成为群众的模范。"

孙海林有实践经验,贺敏学让他不仅当自己的秘书,还当顾问。碰到问题时,他随时向秘书请教,根本没有首长的架子。

西北工程管理总局的反右运动于11月中旬经过复查基本结束,当时批准定为极右分子六名,一般右派分子数十名。西北工程管理总局的反右运动开展得比较温和,跟贺敏学有着重要关系。

西北工程管理总局的各项工作走上正轨后,苏联顾问要回国了。

两年多来,贺敏学与苏联专家相互尊重,相处融洽。对苏联专家两年来的热情帮助和指导,贺敏学看在眼里。因此,在1957年7月1日由西北工程管理总局和陕西省、西安市中苏友好协会联合举行欢送多洛普切夫回国的大会上,他代表西北工程管理总局所致的欢送词充满了情感。他说:"有着三十多年丰富经

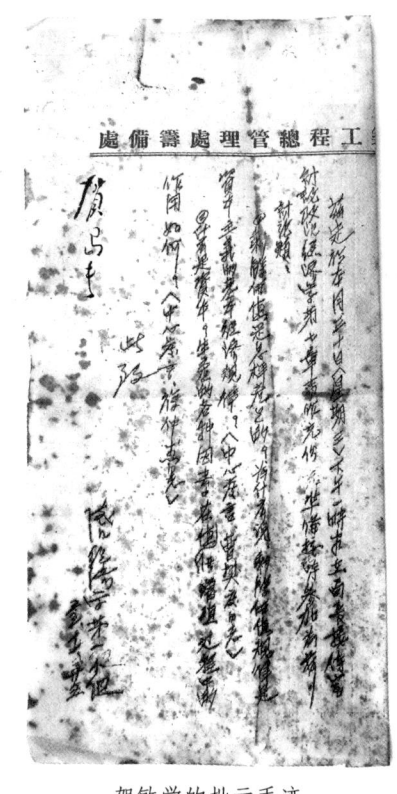

贺敏学的批示手迹

验的苏联建筑工程专家多洛普切夫同志,两年多来,从多方面对我们的工作给予无私、真诚的帮助和指导,帮助总局建立完善了建筑施工企业的经营管理体制、施工技术管理体制,也使广大干部职工迅速掌握了工业化、机械化、工厂化的施工技术,初步熟悉了工业建筑的知识。专家的忘我工作精神和深入实际、严肃认真的工作作风,给我们留下了深刻的印象。我们双方的合作共事是愉快融洽的,我们衷心感谢多洛普切夫同志的真诚友谊,并希望中苏友谊万古长青。"

西北工程管理总局党委书记、西安市委书记冯直代表国务院向多洛普切夫赠送了中苏友谊纪念章,接下来是献锦旗和礼品。一公司老石工陆荣卿花十六个晚上雕刻了一只狮子,请苏联专家转给苏联建筑工人,表示对专家和苏联同行的尊敬和热爱。多洛普切夫被这热情的场面所感动,通过翻译告诉大家,他代表莫斯科建筑工人,对中国建筑工人的友谊表示感谢。

一个月后,普切柯夫斯基也要离开西安回国了。西北工程管理总局和陕西省、西安市中苏友好协会再次联合举行欢送大会。普切柯夫斯基在告别词中,用汉语说:"亲爱的同志们,请允许我说,感谢你们对我的关怀,祝你们身体健康,工作顺利!中苏友谊万岁!"

随后,贺敏学和西北工程管理总局领导冯直、高士一、黄欣以及总工程师夏行时、副总工程师钱康衡等,亲到车站送行。

1958年5月,在成都召开的中央工作会议作出了关于工业、企业下放的几项决定,决定将中央直属的建筑企业下放,以发挥地方的积极性。国家建工部委托贺敏学代表部里处理西北工程管理总局撤销有关事宜。

贺敏学积极支持中央决定。所谓解铃还须系铃人,当初组建西北工程管理总局的是他，如今解散撤销也是由他来主持。听到这支强有力的建筑大军要解散，全国各地纷纷来要人要物，起初定下的各归原防已经不可能了。

贺敏学站在国家利益上，作出决定：西北一公司调广东茂名支援重点建设，西北三公司分成两支分别调往浙江省和福建省，西北六公司调回华北，西北二、四、五公司和所属建筑安装企业下放陕西省，另将一部分雄厚力量调到部里。

大的原则定了，但在具体安排和操作时，仍遇到一些棘手的问题。有位女干部从上海来西安后，极不习惯这里的气候和饮食，身体一直不好，老闹着要回上海。她妹夫是华东行政委员会某部长，为此给贺敏学打过好几个电话，但贺敏学一直没有为她开后门。这次解散前夕，她再次将自己的请求提出来，甚至表示只要把她调回上海或杭州，把自己由十八级降到最低的二十五级也无所谓。西北工程管理总局一位副局长在大会上批评她，认为她是无理取闹，连共产党员的立场和觉悟都没有。在研究她的问题时，贺敏学却提出，我们共产党人既要讲原则，也要讲温情，现在我们有条件照顾她了，对她的安排为什么就不能按各归原防来套呢？在贺敏学的建议下，这位女干部后来被分到杭州，不仅没有降级，还担任了某安装公司的财务科科长。她十分感激贺敏学的关心和爱护，在后来的工作岗位上干出了成绩。

入陕近五年，贺敏学指挥手下这支建筑大军，以苦为乐，用智慧和汗水，为国防事业和大西北的基本建设树起了座座丰碑，为共和国今后的发展立下了汗马功劳。贺敏学安排好西北工程管理总局的撤销、财物移交、人员调遣等事宜后，受命赴京，担任国家建工部党组副书记、第一副部长。

贺敏学到北京后，还没正式上任，老战友、中央负责干部工作的领导宋任穷上将便约见了他。

还在井冈山时期，贺敏学和宋任穷同在袁文才、王佐的第三十二团做思想政治工作。老战友见面，自然要谈及那段峥嵘岁月。宋任穷不无感慨地说："袁文才、王佐不失为优秀的共产党员、杰出的红军指挥员，他们被错杀，是左倾错误的恶果，应引以为戒。现在袁文才、王佐被追认为革命烈士，是完全应该的。"

谈话中，宋任穷还高度赞扬了贺敏学在井冈山时期改造袁文才、王佐部队所作的特殊贡献，并对他作出的革命业绩予以充分肯定。这不单纯是老战友的

赞扬,而是代表中央组织部所作的肯定,贺敏学为此深感欣慰。

由远而近,宋任穷看着贺敏学,以征询的口气道:"你的工作能否变动一下?"边说边递过一封信。信是福建省第一书记、省长叶飞写的,请求中央调贺敏学到福建省担任副省长,主管全省建设。叶飞的信说得很诚恳:

> 贺敏学同志与我在新四军时期共过事,他是一员战将,工作也合拍。福建是沿海地区,是作战前线。贺敏学抓建设有经验,福建要搞战建结合的基础建设,他在技术上精益求精,是最合适的人选。建议中央认真考虑我的请求。

贺敏学明白了,今天宋任穷是出面做自己的工作来的。

宋任穷语气温和:"你也知道,主席的《论十大关系》明确提出要大力发展沿海工业经济,现在福建准备大搞工业,你懂军事,会打仗,又有建设经验,到福建前线大有用武之地。当然,你有不同想法,也可以向组织上提出来,我们会慎重考虑,尊重你的意见。"

贺敏学笑道:"我好似一个要出嫁的姑娘,叶家要娶我,你在中间做媒。你是井冈山的老战友,他是新四军的老上级,我还有什么好说的,不去也得去。"

宋任穷见他爽快地答应了下来,随即关切地说:"你先休息一段时间,然后再去福建报到吧,有什么困难尽管提出来。"

在贺敏学赴京前,有关单位已将他和全家的户口、粮油供应、组织关系等迁入了北京。现在又要移到福建,他把这些杂事全交秘书孙海林办理。

因为妻子、孩子和妹妹等亲属都在上海,贺敏学让孙海林先到福建打前站,自己在上海稍作逗留,顺便把组织决定他去福建工作的消息告诉大家。

年过半百的贺敏学,继贺怡出车祸遇难、贺子珍生病之后,又一件不幸的事突发而至:妻子李立英得了偏瘫!

李立英一向要强,跟随丈夫由上海到西安不久,一天在工作时,忽感劳累困顿、浑身乏力。当时夫妇双方都扑在工作上,谁都没当回事,岂料后来发展到连走路都困难。先送西安医院,后转到上海华东医院治疗,诊治后确定为偏瘫。

在华东医院大夫的精心医治下，李立英不仅能走路，而且也能做些轻微的活动了。她回家休养后，顺便也就把贺子珍照看孩子们的担子给接了过来。贺子珍自己都管不了自己，哪管得了这么多孩子！

在亲属中，贺敏学最怜惜、最放心不下的就是贺子珍。

贺子珍在上海解放初那几年，在兄嫂照顾、上海市市长陈毅关心和大夫的精心治疗下，病情大有好转。见过她的人，谁都不会把精神病与她联系在一起。谁料，不久她又承受了另一次意外的打击。1954年9月中

贺敏学和亲人们在上海。前排右起：贺子珍、贺小平、李立英。后排右起：李敏、贺敏学

下旬，在兄嫂家居住的贺子珍，从收音机里听到了毛泽东的声音，一下呆住了。这声音对她来说是多么熟悉，又是多么遥远啊，她已经十多年没有听到这个湖南腔十足的声音了！她招呼嫂子李立英过去和她一起听，说："毛主席的声音真洪亮，跟过去一样！"

收音机把毛泽东的讲话录音播了一遍又一遍，贺子珍坐在收音机旁，百听不厌，忘了吃饭和睡觉。翌日起床后，李立英发现她还一动不动地坐在老地方，耳朵紧贴在收音机上全神贯注地倾听，便轻轻叫了她一声。贺子珍也没回头，只是说："咦，收音机怎么不响了，不广播主席的讲话了？"李立英过去一看，原来这台电子管收音机一夜没关，已经烧坏了，而贺子珍脸色煞白，嘴唇哆嗦……

贺子珍由此大病一场，茶饭不思，神情恍惚，处在一种时清醒时糊涂的状态。毛泽东那久违的亲切的声音，一下子勾起贺子珍对往事的一连串回忆，她的精神受到强烈的刺激，她行将愈合的心灵创伤，又重新开裂、流血。

几天后，贺敏学从外地出差回来，急坏了，赶紧把贺子珍送进华东医院。医生诊断为精神分裂症，上海市委为此还组织了一个医疗组。贺敏学最担心的事情终于在妹妹身上发生了，他给外甥女娇娇写信，告诉妈妈病重的消息。娇娇马上把这个消息告诉了毛泽东。毛泽东知道贺子珍发病缘由后，少有地流了泪。毛

泽东很快就提笔给贺子珍写了信，嘱咐她要听医生的话，配合治疗，好好养病，尽量不抽或少抽烟，烟抽多了对身体不好，他还要贺敏学代为照顾贺子珍。殷殷之情，溢于字里行间。这还不够，毛泽东又派娇娇来上海探望贺子珍。说来也真是奇迹，贺子珍看了这封信后，肯看病也肯吃药了，病情慢慢地好起来，还把烟戒了。

贺敏学和李立英知道娇娇喜欢音乐，给她送来了许多唱片，供她欣赏。贺子珍出院时照了张相，娇娇说要带给爸爸看，妈妈病了还照得这么漂亮。娇娇回京前，贺子珍知道毛泽东爱吃南方的青菜，就亲自上街

20世纪50年代，贺子珍和女儿李敏在上海

买了芥菜、鲜笋以及莲藕，让女儿捎上。贺敏学也让外甥女给毛泽东捎去一些江西辣椒。

自贺子珍1954年这场大病后，毛泽东不时给她捎东西来，有吃的，有用的。贺子珍也常常通过李敏给毛泽东捎东西。有次特地给毛泽东捎去一个精致的骨雕耳挖子。毛泽东是油耳朵，不时要清理耳中的油垢，这个习惯，贺子珍记住了。所谓礼轻情重，个中情由让贺敏学、李立英唏嘘不已。那些年，李敏往来北京、上海等地，成了联系父母情感的使者。

毛泽东的关怀是医治贺子珍病的良药。在毛泽东送给贺子珍的东西中，还有一块淡黄色的大手帕，是毛泽东用过的。贺子珍看到这块手帕，思念之情不能自已。听说有人在反毛泽东，贺子珍警觉得不得了，又一次要李立英以三人名义给毛泽东写了

毛泽东送给贺家的照片

信。除了表达怀念之情后,特别写道:"你一定要提防身边像王明这样的坏人。"在贺子珍的观念中,王明成了一切坏人的代名词。信由贺子珍的警卫员送到北京。毛泽东很快就回了信,信头上写"子珍、敏学、立英",说"现在我身边绝无王明之流,请你们放心"。毛泽东那个"绝"字写得很大,给他们三人的印象十分深刻。那个警卫员前后去北京送过三次信,第三次被江青发觉了,强行扣留了信件。为了顾全大局,在贺敏学的劝说下,他们也就没再联名给毛泽东写信了。

1955年初,贺敏学受命率建筑工程部队支援大西北建设时,李立英也想着把十三岁的大女儿带去。贺敏学虽然喜爱孩子,却说:"老大懂事了,还是让她留在上海陪子珍。"于是,夫妻俩只带四岁的小女儿去了西安。贺子珍和兄妹的四个孩子住在一起,也显得不那么寂寞了。为了照顾贺子珍和孩子们,贺敏学请岳母也住了过去,老人家倒愿包揽买菜做饭洗衣服一类的家务。李立英每个月的工资悉数寄回上海,交给母亲,用以负责这个大家庭的生活。

正如贺敏学爱妹妹一样,贺子珍也深爱着哥哥。她知道,哥哥这些年带着战争年代的伤痛坚持工作,如今又要远赴福建,她表现出了依依惜别之情,深情地说:"哥哥年过半百了,这些年来劳累奔波,头发也白了,今后得多注意休息和保重身体呀。福建是前线,敌特常来破坏,要特别注意安全啊!"

贺敏学去大西北工作,把女儿贺小平(后中)留在上海,照顾妹妹贺子珍(前中)

贺敏学笑了笑说:"子珍妹,你放心吧,我们是枪林弹雨中过来的人,还怕老蒋来这个?倒是你要保重身体,不要想得太多。"

李立英病情尚未稳定,贺敏学关切地叮嘱妻子在上海再休养一段时间再考虑入闽。

告别亲人,贺敏学奔赴炮火纷飞的福建前线,担负建设福建的新使命。

第八章　建设福建

为福建解燃眉之急

贺敏学是在1958年那场举世闻名的八二三炮战后不久来到福建的。此时，由西北工程管理总局分配到全国各地的建筑队伍都基本到位。其中，分配到福建的是原建筑工程三公司加宝鸡工程处，还选调了一百名工程师，共计一万余人，在原西北工程管理总局副局长黄欣带领下，分乘多辆专列赴闽，组成福建省建筑工程第一公司。

蒋介石集团兵败大陆后，与台湾一水之隔的福建成为对敌斗争的最前线。因为这个原因，解放多年来，福建都没有大的建设，中央"一五"计划中的一五六项工程无一落户福建。1956年4月，毛泽东发表了著名的《论十大关系》，提出了十大关系或叫十大矛盾，后来又称作十大方针。十大关系主要讨论经济问题，在谈到沿海工业与内地工业的关系时，毛泽东说："只是最近几年，对于沿海工业有些估计不足，对它的发展不那么十分注重了。……现在，新的侵华战争和新的世界大战，估计短时间内打不起来，可能有十年或更长一点和平时期。……认为原子弹已经在我们头上，几秒钟就要掉下来，这种形势估计是不合乎事实的，由此而对沿海工业采取消极态度是不对的。"福建省委闻风而动，准备搞大规模的经济建设，并为此在全国各地招兵买马，张罗建设人才。贺敏学就是这样被盯上的。

关于贺敏学调闽,时任福建省委书记处书记的伍洪祥回忆说:

毛主席发表《论十大关系》后,我们就酝酿调贺老来福建。八大会上,叶飞代表福建省委向中央叫了苦,中央领导同意福建搞一些必要的工业。要搞建设,就需要人才。当时我在中央党校学习,在京参加八大的省委第一书记叶飞找我碰头,确定请中央支持抽调一批人调到福建工作,其中最迫切希望贺老来。因为他搞了多年的基本建设,有经验,手头又有一支建筑队伍。刚好贺老来北京办事,我们就碰在了一起。我们三人都是多年的老战友了,福建又是南方,与江西毗邻,他也有心到福建来和我们一道工作,但由于西北的建设任务尚未完工,中央和陕西都不同意放他。虽然如此,在贺老的帮助下,我们还是争取了一些基建队伍。

1958年夏,我们准备搞三明工业基地,这么大的建设更需要过得硬的建筑队伍。而且今后搞起了化肥厂、化工厂什么的,坛坛罐罐,没有安装队伍也不行。当时省里也有个建筑公司,但搞土建也许可以,搞大的建设,尤其涉及建筑机械根本不行,我们为此请求华东能加以支持。这时我们得知贺老拉的那支队伍已基本完成在西北的项目,便再次提出调他来福建,并带一支建筑队伍来。不料,中央已任命他担任建工部副部长了。叶飞考虑到,贺老不来,大的建筑队伍也来不了,就无法开展大规模的建设,于是想方设法要挖贺老来。当时的建工部部长赖际发是福建人,他很支持我们的想法,可能后来叶飞也走了宋任穷的后门,才顺利地把贺老改派到福建来。在此之前,在贺老的推荐下,福建省委还调进了原西北工程管理总局副局长黄欣,担任省建设厅厅长。

贺敏学南下福建,据说陈毅极表赞同。陈毅认为,福建新四军老同志多,又是叶飞当政,大家熟悉,也便于工作。

从北方到东南,是两种不同的风物景致,贺敏学却是同一种革命情怀。对福建贺敏学并不陌生,他以前在红十二军时曾转战闽西,到新四军后又和许多福

建战友并肩战斗,了解福建的许多人和事。

该怎样安排贺敏学呢?当时是根据建设需要来配备干部的,华东方面决定让他担任省人民委员会副省长,主管基本建设。贺敏学由拟任国家建工部党组副书记、第一副部长改为福建省副省长,党内为何没有为他安排对等的省委书记处书记或常委之职呢?伍洪祥的解释是:当时省里只管到县一级干部,地市级以上干部都是华东局和中央定的。

档案中所查到的有关贺敏学的任命程序,似乎可给伍洪祥的解释作个佐证。第一件是福建省委的报告:

中共中央:

  贺敏学同志原是中央建筑工程部西北工程管理总局局长,于今年八月介绍来我省工作,经省委研究拟任省人委(全称福建省人民委员会)副省长职务。特上报,请批示。

福建省委
一九五八年十一月二十四日

第二件是中共中央的指示,内容是"贺敏学任福建省副省长"。落款时间为1958年12月24日。

而贺敏学名正言顺地就任副省长,还是翌年1月底召开的福建省二届人大一次会议上经选举产生的。除省长江一真外,十个副省长(陈绍宽、丁超五、魏金水、蓝荣玉、叶松、梁灵光、许亚、高磐九、贺敏学、刘永生)中,担任省委常委、书记处书记者有五人。

高干的人事任命纵然要中央定,但省委在研究贺敏学的安排时就没有让其"拟任"书记处书记或常委,又如何叫中央批呢?时任省委常委、常务副省长的梁灵光的解释是:当时工交口可能已经有几个常委了。

也有人说,贺敏学到福建时已是五十四岁,年纪过大,而且文化不高,能力不够。但这似乎也不能说明问题,在省委班子中,像贺敏学这样读过中学的人还不多,何况他后来在南昌军官子弟学校上过学,还在红校当过教员。

探明原委,才知,贺敏学一来就得罪人了。他到省委报到时,省委某领导拿腔作调地问:"你是谁呀?"贺敏学心平气和地答:"我姓贺,名敏学,刚来报到。"该领导说:"我好像不认识你呀!"贺敏学这下可火了,说:"我可认识你,即使你烧成灰我也认识,你现在职务高了,一阔脸就不认人了!"

这个不愉快的小插曲,贺敏学当然没放在心上。重要的是,叶飞和绝大多数同志尊重他、欢迎他。叶飞很快就来看望他,同他畅谈了福建省情:福建的工业相当落后,国防建设、发展农业林业和改善人民生活都受到影响。造成落后的原因,一是解放前就落后,二是解放后福建一直被当作国防前线。今后不能这么搞下去,要搞建设,得注意工业问题。他还告诉贺敏学,毛泽东和许多中央领导都表示支持福建搞些必要的工业。

贺敏学问:"海峡两岸还处于炮战中,如何建设呢?"

叶飞说:"不要怕打破坛坛罐罐,既要保卫祖国,又要建设福建,尽快结束福建工业落后的状况。"

贺敏学看出了叶飞的决心,信心也就更足了。

10月初,福建省委要在龙岩召开工作会议。为了让贺敏学了解情况,叶飞亲自带他提前几天出发,一路考察省情。同行的还有分管工业的副省长梁灵光和建设厅厅长黄欣、秘书孙海林。

考察路线是从福州到古田水电站、南平、沙县、三明、永安、连城、龙岩。其时正逢古田水电站搞大坝,一行人为水电站的建设事宜蹲了一天。古田库区的移民听说省里来了大官,便纷纷为移民房的事前来告状。叶飞感到奇怪:"政府不是给你们盖了移民房吗?"群众说:"盖的都是那些干打垒的房子,标准太低,质量太差,不能长住。"贺敏学在场不便发表意见,吃饭时对叶飞、梁灵光说:"对群众来说,房子是百年大计,盖得不好,标准低,群众哪能满意,能不告状?"

一行人在沙县、三明蹲了三天,研究筹建三明工业基地的规划问题。贺敏学首先对选三明梅列地区作为工业基地感到满意,认为三明梅列地势开阔,有充足的水源、电源,又地处鹰(江西鹰潭)厦(福建厦门)线上,交通便捷,更主要的是靠近主要原料产地,从经营费用、多厂协作、基建投资、国防要求各方面看,都比较适宜建设工业基地。

叶飞指着贺敏学、梁灵光，对省委书记处书记伍洪祥说："他们两个参谋长都说行，我想今后该没有人骂我们了吧。"

原来，工业基地选址是叶飞亲自勘察选定的。贺敏学当过他的参谋长，梁灵光曾任第二十九军参谋长，因此叶飞这么说。

叶飞喜欢坐快车，梁灵光、许亚的车也开得很快，贺敏学的司机张震是他从西安带来的，不熟悉路况，一路跟着颇为辛苦。贺敏学随同叶飞等在永安和连城各蹲两天后，直奔龙岩，途中还参观了古田会议旧址。从古田往龙岩的山路坎坷不平，加上那天雾大，贺敏学乘坐的小车在上杭县古田镇郭车村拐弯处发生了翻车事故。虽然大难不死，但每个人都留下了伤：贺敏学胳膊受伤，黄欣脑震荡，孙海林头上和嘴唇各缝了好几针。叶飞亲到医院看望，并关照贺敏学休养，但贺敏学仍打着绷带、吊着手臂坚持参加了省委会议。

这次沿线考察和讨论工业问题的省委工作会议，使贺敏学对福建的省情有了初步的认识。他向叶飞进言，福建干群大干工业的决心和精神状态是很好的，但工业战线太长，材料不足，要适当缩短战线。叶飞不同意缩短战线，说我是不到黄河心不死。两个老战友为此争执起来，只不过这样的争执是不伤和气的，在他们既往共事中已不是新鲜事。贺敏学无法说服叶飞，表示："还是让事实说话吧，但我执行你和省委的决策。"

随后，贺敏学广泛听取意见，通过开调查会、找干部谈话、查阅档案资料等方法，掌握了更为详细的资料和数据，并开始精心设想、勾画建设福建的宏伟蓝图。

刚上马的三明工业基地任务艰巨，基建任务繁重。11月，贺敏学亲率一支短小精悍的工作班子赶赴三明，着手组织施工前期工作。

贺敏学一下火车，便深入工地看望奋战在第一线的建筑工人。他们多是贺敏学在西安时的老部下，围着老首长，纷纷掏出了心里话。

这个说："尽管我们对三明的艰苦做了大胆的想象，但现实仍出乎意料。我们的住处是荒郊烂泥土上的茅草屋，连挡风的门都没有，一到夜里，狂风从门洞里呼啸涌进。下雨时更苦了，人人都成了落汤鸡。而所谓的厂房，竟只是几根柱子。"

那个说："刚到三明，看到满目荒山，杂草丛生，土坟遍地，没水没电没住所，到处是牛粪和鸡屎,不仅苍蝇蚊子多,老蛇也时常可见,我原先的热情凉了许多。但苦不苦,想想长征二万五,眼前这点苦,与长征相比又算得了什么呢?于是,我们的热血便又重新沸腾起来。"

贺敏学点点头,语气豪迈地说:"做开拓者是光荣的,我们要在这里建起福建的乌拉尔(指苏联战后建设的工业基地),结束福建'手无寸铁'的历史,在福建工业发展史上建造一座光辉的里程碑!"

贺敏学带出的福建省第一建筑公司在西北时曾参加机场和兵工厂的修建,是支拉得动、打得响、信得过的建筑队伍。他们白手起家,在列西沙溪河边的荒野上,用毛竹、松树皮、茅草等搭盖起一座座临时工棚和油毛毡棚安家。没水,就用土法从山上用竹筒接水而下;没电,晚上点着煤油灯和松枝火把照明,后来还开了一条铁路,运用火车发电。不要说现代化的施工机械,就连交通运输条件也很差,三轮车也极少,他们就靠肩挑或用手推车搬运建材,有时还得涉过冰冷的沙溪河。

尽管生活条件极为艰苦,但干部和工人们既不抱怨,也不退缩,一心要把三明工业基地建设搞上去。大家心齐干劲足,开展劳动竞赛,常常一干就是一个通宵,每周还要拿出三个晚上来学文化学技术。他们不求名利,要的只是一份荣誉。就这样,靠着一把把锄头、一根根扁担,三明钢铁厂(简称三钢)、三明化工厂(简称三化)、三明重型机械厂(简称三重)等基建工程相继破土动工。

年过半百的贺敏学,白天下工地,晚上开会研究,连续工作四十多天,为这个新兴工业城市,也为福建省新的工业基地铸造雏形。一天贺敏学在工地上突遭雨淋,加上连续作战,疲惫至极,在第二天的汇报会上,精神不振,不时用手托头。秘书孙海林见后,感到奇怪:以前贺老开会上班,都是精精神神的,从不打瞌睡,今天怎么了?孙海林忙给贺敏学递上热毛巾,走近一看,却发现贺敏学的脸烧得红红的,吓了一跳,忙问:"贺老,您发高烧了吧?"三明公社(地市级)党委书记张维兹和与会人员纷纷劝他休息,但他仍坚持听完汇报并对问题作出决定后才躺到床上。

贺敏学经过连续打针吃药,三天后高烧虽退了,体质却很虚弱,不时咳嗽。他却不当一回事,又拖着虚弱的身体,投身紧张的工作,不是叫人来汇报,就是

往第一线跑。

省委书记处书记伍洪祥受省委委派兼三明公社党委第一书记，主管三明工业基地工作后，与贺敏学又开始了并肩战斗。回忆起这段往事，伍洪祥说："三明工业基地建设，贺老是有功的，没有他率的建筑队伍不行。可以说，他的到来，解了叶飞和省委的燃眉之急。"他在回忆录中还说："（三明工业基地）建筑施工的骨干队伍是从大西北调来的一支工程队，负责安装的则是福建冶金电机安装公司。调这两支队伍应归功于贺敏学，是他亲自带这两支队伍参加三明工业城建设，作出了特殊贡献。"

老战友说话投机，无所不谈。得知贺敏学的行政级别为八级，伍洪祥大感意外，说："评级时我自评九级，省委给我定八级，中央批七级，你应该比我高才是呀，怎么会是八级？"

贺敏学平淡地说："我们当年出生入死，可不是为了弄个王侯将相什么的来当，官兵一家亲，哪里有等级观念。再说，过去搞供给制，我们哪里知道有什么级别？底下的同志们作出的牺牲更大，评级时也理应照顾他们，我们计较什么？"

在伍洪祥的记忆里，贺敏学永远都是那个不居功自傲、不计较个人得失、也不管人家说三道四耿直的忠厚长者，一个叫他打心眼里尊敬的老大哥。

众人拾柴火焰高。1958年12月，三钢一期工程的土建部分宣告完成，开始安装调试。叶飞闻讯，很是兴奋，提出三钢于元旦出钢，来个开门红。

三钢等厂矿企业要早日上马，必须解决水的问题。三明水厂是最先投建的项目之一，干部和工人苦干加巧干，十八天就建成了水厂厂房。没有铺设水管的钢管，工人们硬是用木片箍制成大水管，铺通三钢、三化的供水道。一次发洪水，水势凶猛，三明水厂的主水泵房淹没淤塞。情况危急，广大干部职工为了清除淤积的泥沙，不顾生命危险，顶住洪水游进泵房中，一桶一桶地把泥沙排出。水势减弱时，大家就排队进入泵房排疏淤泥。经过几昼夜的连续奋战，终于清除了泵房淤泥，保证了工厂用水。

1959年元旦深夜，三明水厂开始向三钢供水。1月2日24时，三钢一号转炉就炼出了红彤彤的第一炉钢水，结束了福建"手无寸铁"的历史。

搞基本建设不能近视眼

轰轰烈烈的大跃进走到1959年,中央忽然对工业基建来了个压缩和大调整。就福建来说,对中央指示那些要下马的项目,不少人议论纷纷,说下马费(包括投资损失、支付经费)和上马费差不多,甚至更多。

1959年5月23日,在福建省人民委员会第一次会议上,贺敏学受命兼任福建省基本建设委员会主任,工作更忙了。5月下旬,福建省委决定在泉州召开专门调整基建计划的工作会议。为便于一路商谈工作,叶飞请贺敏学坐他的车。叶飞在批评福州把传统手工业生产搞掉的错误做法后,又说:"福州也搞出了不少名堂,如一化(福建省第一化工厂)、二化(福建省第二化工厂)、机器厂(福建省机器厂)、钢厂(福建省钢铁厂),过去一两年福州是看不到什么烟囱的,现在到高处一看,到处是烟囱。"贺敏学说:"我到全省各地看了,感到工厂着实不少,但战线太长、材料不足也还是问题。"叶飞说:"这话你去年刚来时就讲了,还让我缩短战线,当时我的头脑有点热,听不进去,实践证明你是对的。现在,中央指示,要我们尽快压缩一些工业建设项目。"

所谓旁观者清当局者迷,在福建工作了一年后,贺敏学这个当局者对缩短战线的看法没有当初那么强烈了,他甚至理解了叶飞当初为何不同意缩短战线的初衷,叶飞当时出发点是好的,想尽快改善福建的面貌。如今压缩真正摆到了面前,贺敏学的第一个感觉是,这将是一个万难的文章,但他必须跟随叶飞领着大家一起做,而且要把它做好。

这次省委泉州会议虽作出了将全省计划的二百一十八个工业建设项目下马一百一十四个的决定,但叶飞也好,贺敏学也好,是忍痛同意的,对中央安排福建下马的一些工业建设项目就更舍不得了。

泉州会议结束后,叶飞约见国家经委副主任谷牧,谈了福建省工农业生产方面的情况。其中,叶飞坚持福建的化肥厂不要下,再苦也要搞下去。他希望谷牧能够理解并予以支持,说:"农业不是那么容易搞的,南方同北方不同,没有化肥庄稼是长不好的。"

谷牧回京后,立即向中央汇报了叶飞所谈的情况和需要解决的问题。虽然

有的问题逐渐得到解决，但除了福建自己报停的一百多个基建项目，中央另外给福建下达了1959年的五个停建项目。

这可是要命的五个大项目！贺敏学在参加省委常委会时，大家争来论去，只愿停三个。对三钢要不要下马的问题，争论最为激烈。不少人说，我们花了三年时间，从荒滩上建起这样一个现代化的钢铁厂，如今下马了，以后还要不要上？还要不要超英赶美？

在接到中央下发的重新调整计划的通知前，福建省委就已批准了三钢1959年的建设规模，定做两炉三转，就是炼铁高炉两座（每座二百五十五米），炼钢转炉三座（每座六吨重）。按设想，如果两炉三转建成了，按其设备生产能力，一年可产钢二十万吨。中央关于三钢下马的通知下达时，三钢已基本建成一炉两转，还剩下一炉一转。几乎所有的常委、副省长都不赞成三钢下马，但在讨论三钢出路问题时，大家说法不一。有的提议，保留已建好的一炉两转，还未建成的一炉一转就不搞了。叶飞的态度是："关于三钢下马问题要向中央提意见，我们福建穷，工业基础弱，请中央照顾我们保三钢。如果最后中央不同意，那我们肯定要服从中央决定，三钢坚决下马。但如果像梁灵光同志从北京打回的电话所说那样，中央有可能同意我们的请求，我是不到黄河心不死，无论如何要在今年下半年把最后一炉一转建成。"

贺敏学理解叶飞的心情，搞工业化不经过艰苦奋斗是搞不成的。对三钢在上马后将发生的种种难题，他愿意像叶飞希望的那样，跟他承担这个苦，忍受这个苦。

1959年上半年三明工业基地的工作，取得了不少成绩，但困难和矛盾也很突出，建设单位与安装单位之间、厂与厂之间，协作精神不够，互相间的意见和扯皮现象较多，影响进度。另外，生产准备、财务管理方面也存在一些不容忽视的问题。为了解决这些矛盾，对生产和基建中存在的一些问题能够妥善解决，贺敏学根据福建省委指示，前往三明工业基地检查并指导工作。

贺敏学这次在三明一待就是二十九天，现场检查，现场办公，解决了许多难题。

三明工业基地负责人张维兹还向贺敏学提出了一个请求：是否可以建议今

后省里安排明年计划时,安排三明一些轻工业项目,以解决当地市场供应和职工家属工作问题。

贺敏学痛快地说:"好,回去我向省里汇报。"

回到福州,贺敏学立即就此事找到叶飞。后来,叶飞请上海市委书记陈丕显帮忙,从上海搬迁来一些轻工业项目,总算解决了这个问题。

8月24日,贺敏学所作关于检查三钢、三化等单位基建、生产、财务管理等工作的汇报,引起福建省委、省人委的高度重视。

没有调查就没有发言权,贺敏学从三明回来不久,又马不停蹄地跑南平,跑厦门,视察建设现场,就工业和基建等工作展开调查,指导城市规划。

他在厦门一口气看了二十多个工厂,特别查看了新建中的杏林工业区,把各个新建项目的建设工地都参观了一遍。对杏林工业区的布局和各项新建项目上马、下马等有关问题,贺敏学还召开了有各厂及市工业部门参加的座谈会,进行讨论。他特别指出:"橡胶厂、陶瓷厂、酒厂、龙舌兰厂、鱼肝油厂、玻璃纤维厂、感光化学厂、电化厂、盐卤化工厂、钟表厂等十个厂,半停工状态的结尾工程必须予以安排。"对这十个厂所需的投资,以及所需钢材、水泥、木材、一部分配套设备,贺敏学千方百计地予以解决。

对省会福州的建设,贺敏学也倾注了无穷的心血。

20世纪50年代的福州状况是:道路不平,街道狭窄,楼房低矮破旧,通信不畅。针对这些落后情况,贺敏学几经斟酌,决定在福州搞几个像样的建筑:在东街口建福州邮电大楼,拓宽五一路,兴建华侨大厦等。

贺敏学如此动议,有人欢呼,也有人提出不同意见,甚至有人明确反对,说华侨大厦、邮电大楼太奢侈了,这些工程劳民伤财,不适合福建前线的情况。

贺敏学据理力争,力排众议,并主动做不同意见者的工作:"搞基本建设,眼光要长远一些,要看到今后三十年的发展前景,要为后人造福。西安的人行道、非机动车道,比我们现在的公路都要宽,我们再把路弄得小家子气,会被人家笑话的!至于搞高层建筑,既能节约宝贵的土地,又可适应时代的要求。"

由于贺敏学的极力主张,并得到叶飞等主要领导的支持,这些工程终于得以上马。但五一路在具体施工时,省里持不同意见的某领导提出,道路两边起码

要削减了三米,其理由是:福州人口不到七十万人,哪里需要这么宽的马路。

对五一路上的建筑物,贺敏学的规定是:主要是建高层建筑,不上十层不能建,但在执行中也被人给修改了。

建福州邮电大楼时,工程师们设计好图纸后,贺敏学审查后感到不够完美,有修改的必要。他先找来专家、工程师、技术人员现场办公。他指着图纸说:"五层楼太低,我们要用发展的眼光看事物,最少也应建八层,盖几年又拆,劳民伤财。大厅里搞双排九根大圆柱,缺点很多,一占面积,二不美观,三是群众进入厅堂不仅碰碰撞撞,而且影响视线。你们能不能用另外的办法,用什么力量来撑住大厦?"

限于当时的技术,没有柱子到底也不行。贺敏学听取汇报后,几经斟酌,提出修改意见:"取消双排九根大圆柱,改用三根十七毫米螺旋钢筋横梁,楼面木板改钢筋水泥,厅堂两侧放木制靠椅。这样,人多时也不会拥挤,一些人办业务,一些人则坐下休息,交叉进行,不是便利群众了吗?我们不论办什么事情,都要想到为大多数人服务。"

对邮电大楼直、横遮阳板问题,贺敏学坚持要搞横的,理由是:怕楼门玻璃破了,掉下来砸伤行人。

在场的几位领导及工程技术人员,都认为贺敏学所提修改方案可取,采纳了他的意见。

福州邮电大楼落成,名噪八闽,国家建工部和邮电部都称赞不已。当时它不仅是福州也是福建最高的建筑,还是最漂亮的新建筑。经几十年的风雨,福州邮电大楼至今仍完好无损。

当时,贺敏学的超前意识却为一些人不理解,以至于在盖福建省最好的中学——福州一中时,他主持制定的方案遭到搁浅。学校建成后,贺敏学顿足叹息:"太小家子气了,照我们的方案,要宏伟可观实用好几倍!"

有人认为贺敏学在建筑、设计方面斤斤计较,更有一些人在"文化大革命"中指斥他搞资本主义的高(标准)大(马路)洋(美观)。他一笑了之,他是为长远计较,为公家的事计较,而不以个人得失来考虑。

除了上海、大西北和福建的建设,首都北京包括人民大会堂、中国人民革命军事博物馆等在内的十大建筑上马时,贺敏学也提出了自己的一些设想,有的意见为工程建设所采纳。20世纪90年代,当年的能工巧匠李瑞环,以中共中央政治局常委、全国政协主席身份来福建考察时,曾提到贺敏学的这段往事,赞扬贺敏学接受新生事物快,在城市建设和工业建设上有独到见解和超前意识。

宋任穷对井冈山老战友贺敏学在新中国成立后的工作评价是:"全身心地投入到社会主义革命和建设中去,创造性地工作,成绩显著,有口皆碑。"

省长的心中装着百姓

来福建后的贺敏学,被福建党政军民为改变落后面貌而大干工业的决心深深地感染了。但大跃进期间日益膨胀的一些不切实际的口号,使他由豪气冲天转为相对冷静。对这一基本国策,他当然不好抵触,但作为主管基建的副省长,他告诫自己切戒头脑发热,并含蓄地叮嘱从事基建的同志:"百年大计,质量第一。"

1958年9月,福建领导层决定开发建溪一级水电站,筹建三百六十五亿立方米水库,年发电量一百万千瓦,整个投资需数亿元。该工程浩大,光筑坝蓄水就要淹掉南平、建瓯、建阳三个县六十三万亩田地,迁移三十万人口。为了拿下这个大工程,做好迁城的移民工作及新城的基建工作,并负责解决有关问题,1960年6月7日,福建省委常委会研究决定:由许亚、贺敏学等九人组成迁城工作委员会,许亚任主任,贺敏学任副主任。

移民工作是个难题,贺敏学入闽不久,便在古田、溪水电站遭遇了老百姓拦车告状的事情,给他印象很深。他认为迁城移民工作做不好,既损害党和政府的威信,又将留下许多后遗症。如今受命负责这项工作,贺敏学自是认真,深入工作。

贺敏学发现,就建溪水电站本身条件来看,其丰富的水资源在全国确是很优越。这个项目若能上去,可为福建的工业化打下基础。除彻底解决福建历史上缺电问题,借此争取中央多安排项目外,还可支援上海、华东。但他也感到,当初决策时大家都过于乐观,仅仅看到资源条件有利的一面,而忽视了建设中存在的困难。福建缺粮,如今全省因大跃进导致粮食减产,相继发生大量饿死人的事

件,作为福建粮仓的闽北,却要淹掉六十三万亩好田,代价实在太大。但因为这是他来福建前决定的事,而且中央有关部门和华东都表示支持,他只有做好移民迁城工作。

大跃进和大办人民公社等造成的恶果,在全国各地大面积暴露出来后,中共中央下决心纠错。在1961年1月召开的八届九中全会上,通过了周恩来、李富春提出的"调整、巩固、充实、提高"八字方针。其内容是:降低工农业生产指标,停建缓建一些工程,大量节减财政支出,保证重点项目,改善经营管理,提高产品质量等。中央还建议福建省委:建溪水电站停建下马。但福建省委就此事进行研究时,还是舍不得下。

贺敏学觉得有点匪夷所思,为此找到了叶飞。叶飞表示,他和书记处的同志对这个费了九牛二虎之力才上马的项目停建,都感到可惜,从感情上舍不得放弃。

贺敏学直来直去,毫不客气地指出:"当初让建溪水电站上马,就是决策失误。福建缺电,开发闽江水力资源,本无可非议,问题是没有从实际出发,脑子发热,想一下子搞起一个大电站,彻底解决电力问题,改变福建工业落后状况。"

叶飞是清醒的,他坦承当初决定建溪水电站上马确实是头脑过热,不够理智,甚至是错误的,但事到如今,要让它下马,又很不甘心。

原来,中央虽有让建溪水电站下马的建议,但中央一些领导人有不同看法,并表扬了福建干工业决不后退的决心。而且,除水电部外,化工部也对建溪水电站很感兴趣,表示也给予支持。这个消息让叶飞振奋,忍不住又往好的方面考虑了,于是在会上再次向福建干部群众鼓劲:"不后悔,不下马,干下去。"

贺敏学参加了这次会议,对叶飞这个将错就错的报告虽有不同看法,并当面批评叶飞抓计划不全面、不够扎实。但个人服从组织,少数服从多数,他退而默默地耕耘好自己的一亩三分地。

正如贺敏学担心并预料的那样,天大的好事并没有发生,建溪水电站熬了不过一年,终因国民经济凋敝的状态没有缓和,其下马的命运再次被提上来。有些人还是坚持不下,因为工程局已完成了全国最长的引水隧道和一条围堰,而且还修了一段铁路支线,总计投入了八千万,这样说下就下,没抱住金娃娃,倒丢了个大元宝。

这些意见传到叶飞耳朵里,他有些犹豫和烦恼,便在一个晚上来找贺敏学打麻将消遣。

作为主管全省基建的副省长,贺敏学也正为一些项目的去留而殚精竭虑。他手头有些比较清晰、准确的数字。看罢这些枯燥的数字,贺敏学吃了一惊:福建在"二五"期间的基建战线拉得太长,力量分散,被动作战。在确定这些项目时,往往举棋不定,下不了决心几上几下,这就增加了施工单位的很多困难,造成人力、物力、财力的巨大浪费。

因此,贺敏学不失时机地向叶飞建议:"上马容易下马难。虽然我也痛心这么大的损失,但长痛不如短痛,当断不断,是为将者的大忌,仗只会越打越糟!"

忠言逆耳,叶飞再不局限于伤筋动骨,而是拿出了壮士断腕的豪气,猛抽几口烟后,一扔麻将牌,重重拍板:"下马!"

建溪水电站下马后,基建任务大为减轻。而包括建筑安装在内的基建队伍庞大,每天都要消耗大量粮食,不减人怎么办?叶飞经和贺敏学商量,对这也动起了手术:在这三年内,以建溪水电站下马后的任务为标准,有多少留多少,一个不多一个也不少,进行经济核算,这叫实事求是。其他建材部分赚钱的,也要分开独立核算,井水不犯河水。

有人主张不要解散基建队伍,因为今后也许还有大工程上马,并建议靠提高造价、吃基建款来维持。国家建工部也曾为此提出一些相关建议。但叶飞咬紧牙根,坚决不同意,说:"基建队伍最好是呜呼哀哉,没有别的办法,当务之急,是缓解吃饭问题。"

贺敏学支持叶飞:"大事当头,就是不能婆婆妈妈,行妇人之仁。"

建溪水电站要下马,一大堆善后工作要处理。1962年2月10日,福建省委书记处办公会议决定:由贺敏学、肖文玉、庄炎林等七人组成建溪水库移民建设和善后工作领导小组,由贺敏学任组长。叶飞对贺敏学说:"这是擦屁股工程,也只有劳驾你来做了。"

贺敏学知道这是叶飞对自己的信任,于是说:"你放心,我不会让老百姓拦你的车告状的。"

在贺敏学领导下,工作组心系百姓,认真负责,向叶飞和福建省委交了一份满意的答卷。

1962年5月,贺敏学参加了叶飞主持的福建省委精简会议。叶飞在这次会上的果断、强硬的态度起了作用,一直拖着难于解决的下马问题终于迎刃而解。

千军易得,一将难求。对技术骨干,他向叶飞建议:有些企业眼下虽然不得

贺敏学(左一)与谭震林(左四)等于福州合影

不下马,但技术骨干还是要保留,也需要留一些人来维护大型设备。叶飞采纳了这一建议。因此,各地在下马时,对有些企业做了灵活处理。三钢便留下老工人和技术骨干六百多人,维护厂房设备,准备东山再起。1964年国民经济渡过难关,三钢重新上马时,很快就恢复了生产,迅速发展起来。

基建大大压缩了,贺敏学肩上的担子减轻了许多,福建省委便让他转为负责工交口,兼任福建省工交办主任。他上任几天后,就解决了某些商品积压的问题。商品积压可是个大难题,工交口与财贸口推来推去,就是不能解决。贺敏学听了反映后,立马前往找分管财贸的副省长高磐九,当面协商,问题迎刃而解。贺敏学对高磐九说:"有些问题主要还得靠沟通、理解,过去我们都做得不够,有时我虽认为自己有本位主义,但你也有本位主义,如果你没有本位主义,我就不会有本位主义,这样就造成许多误会,也使工作遭受损失。"高磐九也说:"既要

打倒本位主义,又要沟通好,这点我要向贺老学习。"

贺敏学兼任工交办主任时,全省工交系统还有五千多人的精简任务没有完成。贺敏学总认为,福建工业基础差,技术力量薄弱,辛辛苦苦培养了一些技术力量,现在把他们解散,从感情上舍不得,因此还是保留了一些。

一年来,贺敏学领导工交办做了不少工作。这些工作中,事务性的居多,成绩也不少。但在1963年5月26日,贺敏学在工交口、计划口党员正副处长以上干部会上,却作了自我检查。他开门见山地说:"我是去年从基建工作转来搞工交工作的,一年多来,做了一些工作……但做得很差,工作中存在的缺点和问题不少,甚至还有错误……"在通篇讲话中,贺敏学大讲缺点和问题,几乎没讲成绩,其中自我批评思想上还存在本位主义。

贺敏学毫不留情地指出,这几年没有按经济工作的客观规律办事,而是以行政的办法,简单化地来对待复杂的经济工作。"几年来,制度是破的多,立的少,打乱了基建程序,工作陷于混乱。本来基建一套程序是长期以来的经验总结,也是基建工作的客观规律,但几年来我们违反了这一规律,采取了'边设计、边施工、边生产'的'三边'办法,没有经过调查研究就草率确定基建项目;勘察没有做好就进行设计;设计没有做好就开始施工;没有建成就简易投产;没有验收就开始动用,几年来省里没有一个厂经验收的。如葫芦山铁矿,地质资源没有摸清就大上人马,浪费了四百多万元;黄砂林业局设计方案未定,就大规模施工,后来被迫下马,浪费和积压了四百六十五万元;许多工矿企业都是大上、大下,浪费不少,现在还有这么多的厂,都没有经过验收。所有这些都不能怪同志们,都是我们决定的,现在回想起来,浪费这么多,实在对不起党,对不起国家。"

在摸索中搞社会主义建设,学费是要付的,令贺敏学痛惜的是,付得多了一些,所以心里感到难过,自责没有当好家,没有当好省委的参谋、助手。他坦率地说:"产生以上问题的原因是多方面的,但从主观方面检查,主要是思想上的主观片面和盲目的积极性,从本身的需要考虑得多,从全国大局考虑得少,总感到福建落后,工业基础差,希望多搞一些,少下一些。同时由于工作上的官僚主义作风,往往把主观的想象当作客观的存在,违反了客观规律,因此在基建上瞎指

挥,要求过高、过急,不切实际……"

在坦承自己对搞社会主义经济工作、如何领导工业办好工业缺少经验之后,贺敏学诚恳地说:"希望同志们提出批评,继续揭发帮助我们下楼,以提高思想,纠正缺点和错误。"

这年年底,贺敏学代表福建赴京参加中央经委会议。会议第一阶段,讨论1963年全国的工交形势。国务院副总理薄一波在报告中认为,1963年的工交取得了巨大成绩。毛泽东很重视这次会议,亲自到会,对工交战线的情况表示满意。

毛泽东在讲话中,表扬了松辽(大庆)油田的伟大成绩,推荐了油田的工作经验,指出,搞这么一个大油田,苏联要用八年,我们只用了五年,如果没有艰苦奋斗的精神,在1960年就垮了。他号召各级党委都应向大庆学习。刘少奇、薄一波指出,松辽油田的经验是将解放军的政治思想工作具体运用到工业生产上(如各部门都建立了政治部),学习毛泽东著作,从而创造了比较完整、系统的方法,政治挂帅挂到了解决问题上去。

又一次见到毛泽东,看到他还是那般精神焕发、神采奕奕,贺敏学心里很高兴。他不是那种好出风头的人,在重要场合更是注意言行举止,因此没有主动和毛泽东打招呼。倒是毛泽东与代表们合影时,从人群中看到了贺敏学,主动向他打了招呼、握了手。毛泽东与贺敏学握手、说话的时间比其他代表都长,这使代表们既感羡慕又觉好奇,私下里问贺敏学:"主席和你说了什么?"贺敏学答:"也就是一些工作上的事。"

这次毛泽东没有专门接见贺敏学,却派了女儿娇娇到饭店看望舅舅。舅甥相见,分外亲热。李敏结婚后,已于1963年7月搬出中南海。得知这次搬出,一方面是江青使坏,另一方面是外甥女自己的主意,贺敏学微微叹了口气,说:"你这样做,虽是躲开了江青,却失去了和爸爸天天见面的自由,今后谁来照顾爸爸呢?"

这次会议一共开了二十七天,毛泽东、刘少奇很重视,每隔一两天就要听取会议情况的汇报。会议第二阶段,主要是讨论松辽油田的经验,贯彻学习解放军加强政治思想工作的指示,并组织企业托勒斯(大生产)。

在政治挂帅、比学赶帮氛围浓重的情况下,贺敏学还是相对地冷静,指出即使比学赶帮,也要进行排队,有计划地搞,不要一哄而上。就如何贯彻中央经委会议精神，贺敏学向福建省委提出了中肯的建议。为了解决有关工业问题，叶飞提议成立领导小组，由省委书记处书记钟民任组长，贺敏学、林修德、梁灵光、毕际昌、罗晶等参加。

为使福建的建设和工业生产有可喜的变化和发展，贺敏学付出了无穷的心血。

第九章　坦荡人生

坐在了政治的风口浪尖

作风正派，思想纯洁，组织观念强，立党为公，情系百姓……这是身边工作人员眼里的贺敏学。

不爱作报告，会上不太讲话，不写文章，不爱抛头露面……这也是他们眼里的贺敏学。

秘书孙海林回忆："有次与贺老参加上级的运动动员会回来，我写了个传达报告，他却说，不要有自己的意见和什么新鲜观点，只把上级文件照念就是。路线这东西，一会儿右，一会儿左，很危险，要懂得在运动中保护自己。"

历经形形色色运动的贺敏学，看到每场运动几乎都是宁左勿右，许多战友没在枪林弹雨中倒下，却在运动和路线斗争中身名俱毁，这使他对运动有了特别的戒备。政治运动的风向变化，不仅一般领导，就连贺敏学这样的高级干部，也把不了脉。作为贺子珍的胞兄，难免树大招风，因此他在工作和生活中言行谨慎。但他又是个有着坚定信仰的共产党人，甘于把自己的一生奉献给革命，对身边工作人员的爱护，正体现了他的一片苦心。

1959年8月召开的中共八届八中全会，认为彭德怀（国防部部长）、黄克诚（总参谋长）、张闻天（外交部副部长）、周小舟（湖南省委第一书记）犯了"具有反党、反人民、反社会主义性质的右倾机会主义路线的错误"。对他们中的有些同志，尤其是彭德怀，贺敏学是熟悉的，没想到他们竟犯了如此大的错误。虽然这是中央的决定，但他还是有些不解。不料，庐山会议后，福建省委召开扩大会议，有人把省委第二书记、省长江一真和省委书记处书记、常务副省长魏金水深入基层调查大跃进、大炼钢铁中出现的问题，并在龙溪、晋江地区领导干部会议上提出的一些批评意见，当作右倾言论来批判。像往常的政治运动一样，在不断升温的斗争中，与会者的头脑越来越不冷静，经过一阵面对面、"刺刀见红"的批斗之后，江一真、魏金水等被定为"反党集团"，戴上了"右倾机会主义反党分子"的帽子，并撤销了他们的主要职务。福建省委要求全省党员"站稳立场，划清界限，彻底肃清以彭德怀为首的反党集团和以江一真为首的反党集团的影响"。

　　对批斗江一真、魏金水的前后背景，因为贺敏学刚来福建不久，不甚了解情况。江一真、魏金水究竟是什么问题，他也不太清楚。在与江一真的接触中，他感到江一真确有不少缺点。但他认为，即使有缺点错误，也首先应该在省委书记处解决。

　　举国上下此起彼伏的各种运动，可谓"乱花渐欲迷人眼"。贺敏学虽然厌烦这些运动，却无法置身于外，只能提醒自己注意把握，少掺和，谨言慎行，多关注生产和建设。

　　1960年12月，根据上级指示，贺敏学和地方的主要领导干部都参加了福州军区召开的党委会。受军委委托主持会议的省委第一书记兼福州军区党委第一书记、第一政治委员叶飞在会上虽表明"军队有军队的工作，当地党委不能代替包办"，但会议还是控制不住地越了轨。会上，福州军区司令员韩先楚、第二政治委员刘培善对自己固有的缺点作了检讨，与会代表纷纷开火，错误地把他们与"彭黄反党集团"挂上钩，认为他们是"彭黄漏网分子"。

　　在会场上，叶飞把贺敏学叫过来，问他有什么意见。当时贺敏学心里有两句话："一不了解情况，二这样斗争是不是妥当？"后来这个话没有讲，只是说处理问题要冷静一些。福建斗了两个省委书记（江一真、魏金水），现在又斗起军区司令员、政治委员来，火力很猛，贺敏学心里多少也有点发毛，怕言语不慎，把自己变成第五个，而且他对部队的事确实不清楚。后来，他承认自己在韩先楚、刘培

善的问题上,采取自由主义的态度,有个人主义。

产生个人主义并非空穴来风。贺敏学曾说:"我到福建来也做了一些工作,但我说话是不算数的,干脆不说算了,当然有个人主义在里头,但也要分析一下。反正我说话不起作用,何必多此一举,不说为佳。"他也曾表露出自己的无奈:"书记、副省长既然多了,我来这里干什么?"

当时福建省里管工业的,除了他这个副省长,还有三位省委领导。由于四个人的思想很难统一,省委某书记没少批评。如某件事,贺敏学请省委常委、副省长许亚批,许亚要他批,他批后却又被顶回来。贺敏学本来就窝着一肚子气,又被该书记不合理地批了一顿,而且讲话冲人,他忍不住也冒火,当面顶撞起来。贺敏学不是没有魄力,也不是没有政治头脑的人,这样的事碰了几次,知道自己讲话不灵,因此参加会议多是带着耳朵听,久而久之有了一种思想,乐观一点,能忍则忍,不能忍则吞之。

但贺敏学毕竟是一员在战场上冲锋陷阵的战将,敢和冲是他的风格。在一些原则性的大问题上,他照旧表现了无私无畏的战将风采,即使在政治运动的关口,他也敢明辨是非、唱反调,为了保护干部,他甚至不惜把身家性命押上。福建省物资厅厅长戴逸曹要被打成右倾机会主义反党分子,就是因为贺敏学坚决不同意,讲公道话,才免遭厄运的。"文化大革命"后期,贺敏学复出任福建省建设委员会(简称福建省建委)主任,曾任叶飞秘书的黄杰虽然也解放了,但有人不让他回福建省委办公厅工作,而且还明确指出不能让他在党政机关工作。贺敏学得知,马上表示:"省委办公厅不要黄杰,就到我省建委来吧。"虽然黄杰后来在梁灵光身边工作,但对贺敏学的仗义执言,没齿难忘。

对彭柏山,贺敏学也表现了这种情怀。

彭柏山解放战争时任华野第二十四军副政治委员,新中国成立后任上海市委宣传部部长。因为胡风在20世纪30年代曾带他步入文坛,并介绍给鲁迅,新中国成立初胡风给毛泽东上书讨论文艺方针时,还提到彭柏山的好,所以胡风一倒,彭柏山即在1955年被开除党籍,免去党内外一切职务,降级处分,定为"胡风反党集团"成员,工作无着落。

贺敏学得知彭柏山的遭遇后,大发感慨,说这么好的一位同志,竟被说成是反党分子,真是可笑。除了彭柏山,他对另一位在上海受到迫害的战友、时任华东文委委员的赖少其也打抱不平,曾建议叶飞:"彭柏山和赖少其都是新四军的大才子,我们干脆把他们挖过来。"

叶飞心有所动,又觉事情比较难办。就这么踌躇间,赖少其被安徽省委第一书记曾希圣捷足先登,彭柏山则被发配到了兰州大学。

赖少其在安徽担任省委宣传部副部长兼文联主席,受到重用,而彭柏山的处境却日益窘迫。1959年秋,原已被发配到兰州大学中文系任教授的彭柏山,临行前又被塞到青海师范学院做图书管理员。1961年冬天,青海出现严重的大饥荒,各单位开始实行人员精简,彭柏山去留无着。贺敏学牵挂着老战友,想方设法帮助老战友解决工作问题。一天,叶飞告诉他:"彭柏山给我写了一封信,想到福建来工作。"贺敏学马上说:"那好啊,赶快欢迎他来呀!"叶飞表示:"这事我一个人做不了主。"贺敏学说:"你把问题拿到会上来讨论,我第一个表态,反正我们这里多的是战友,有问题大家担着。"

于是,在福建省委常委会上,叶飞把彭柏山给他的信连同其工作问题拿出来讨论,贺敏学首先表态:"我与彭柏山同志共事多年,我了解他,知错能改还是好同志嘛,我们应该欢迎他来福建工作。"

贺敏学话一出口,福州军区副司令员皮定均(原是彭柏山所在第二十四军军长)也马上表态:"彭柏山同志来福建工作,我欢迎。"

如此一来,与会人员大都表示欢迎彭柏山到福建工作。福建省委乃向中央宣传部提出,调彭柏山到厦门大学中文系任教。

彭柏山到厦门后,贺敏学毫不避嫌地去看望他,与他做交心的长谈,鼓励他勇敢面对挫折。

谁知,到1965年,台湾扬言要反攻大陆,福建进入一级战备状态。厦门大学有几个教师知道彭柏山在部队待过,有作战经验,便问他台湾会不会打过来。彭柏山答:"战争不是那么简单,他们不敢。"就是这句话,让他多了个罪状,说他是在"反对中央的精神,和蒋介石唱一个调子,麻痹革命群众的备战思想,破坏战备"。总参谋长罗瑞卿批示:"此人不适合在前线。"11月,待贺敏学知道此事时,彭柏山已被教育部直接调离厦门大学,前往河南农学院工作。两年半后,彭柏山

含冤去世。

贺敏学还对彭柏山突然被调离的事情耿耿于怀,身边就又发生了一件有关政治斗争的大事。由于福建省委主要领导以及军区主要领导间的矛盾一直未得到有效解决,1965年底,中央政治局委员、国务院副总理陈毅和华东局书记处书记魏文伯受中央委托,专门赴闽解决问题。

12月上旬到中旬,贺敏学参加了陈毅坐镇主持的福建省委常委整风会议。此次会议的一项议题是:批评帮助叶飞。陈毅对叶飞的批评作了开场白,说叶飞是侨眷回国,有赤子之心,那些年仗打得好,能独立思考,吃透两头,作出自己的判断,可以独当一面,缺点是易骄傲,别人的意见听不进去,与人沟通较差,这次要把错误摆在桌面上,欠债要还,不然利息越来越多,我们把这个话用到党内斗争上来。陈毅还说:"我也犯过错误,在历史上曾几次反过毛主席,应允许人犯错误,不要抓住不放。"

虽然有人批得过于尖锐,但大多数同志的意见是中肯的。贺敏学认为这样面对面的批评方式来得好,他在发言时说:"我既不是省委常委,也不是委员,今天就作为一般党员讲几句话吧。"

陈毅向贺敏学挥了挥手:"等等,你说什么,你还不是常委呀?"

当初叶飞要贺敏学来闽工作,认为除副省长外,组织部门还应给他安排省委的职务。叶飞的性格,是向来不会对人封官许愿的。组织部门不考虑,他也不好直接讲这个话。谁知,贺敏学一来,就因看不惯省委某要人的阔脸就变、傲慢无礼而得罪了他,这也许是他没有党内职务的原因之一。这位要人调离后,似乎为贺敏学进省委班子扫清了障碍。岂料,随后又发生了一件事。20世纪60年代初,中央戴帽下达要给贺敏学的行政级别调至七级。因工作失策而受过贺敏学批评的省委主管组织人事的书记说,贺敏学以前不是放弃过这机会吗?这次他也是不要的。于是,他自作主张把这机会转赐给了省委某部长。该部长明知不妥,却瞒着贺敏学给自己戴上了行政七级。贺敏学知道这个情况后有点生气:"调级我当然可以不要,但起码也得尊重我呀,为什么不事先跟我通个气、见个面,他倒心安理得!"不料,就是这句话,就把这位大权在握的部长给得罪了。后来,这位部长别有用心地多次在一些场合上说,贺敏学曾几次被捕,历史上有不清之处。那位主管组织人事的书记也作了些附和,这样一来,贺敏学不用说进常委,就是省委委员都进不了。在伍洪祥的眼中:"贺老既讲原则,又讲团结,不同意见他都是面对面地说,不管你是谁,他都敢提意见,提完意见拉倒,从不搞鬼,也没有私心杂念,叶飞和我们都尊重他。但也有的领导心眼小了些,把贺老摆在桌面上的意见当成是拆台,那些政治品德不好的人,更是在背后搞鬼。"谈及贺敏学为何会得罪一些人,原福建省委常委、秘书长王禹的说法是:"贺老组织纪律性强,修养高,不争名夺利,从不斤斤计较,为人又耿直,最看不惯歪门邪道,×××小病大养,而且养病时间特别长,运动一来,整人又冲在前面,贺老批评过他几次,他对贺老当然有意见啦。"

关于职务问题,许多人都认为贺敏学的职务与资历、功绩不相称,有人曾说:"你曾经是'国舅'呀,何不向毛主席说说,请主席或者陈老总出面向有关方面打个招呼。"贺敏学听后,批评了对方,说:"我们共产党人不能这样利用故旧搞关系,我正因为有这个关系,更不应给人产生朝中有人好做官的联想。"

为了班子的团结,今天当着陈毅的面,贺敏学当然不好也没必要倒苦水,因此他没有接陈毅的话,而是开始自己的发言。

他首先指出,叶飞过去认为自己的错误是老毛病,没有深挖,这次检查接触了思想,比以前检查有了进步。随后,他具体谈了叶飞的几个缺点。比如,抓计划不够全面,在处理高征购等问题上不够慎重、冷静。

贺敏学说:"骂人和讽刺挖苦人是他的老毛病。过去在新四军一纵队时,我当他的参谋长,我反对过他。他脑子有了意见以后,你怎么说他都不会听,而且表现得很厌烦。这个问题是他最大的缺点,是他最容易得罪人、最不能团结人的缺点。还有他知道的事情,你给他讲他听而不闻,这样,人家就不会给你谈了,或谈一半或谈三分之一。他有了定见之后,不管开什么会议,他都要自己先讲一通,从计划到方法到措施,他都谈了。你说他没有民主,他又开了会通过的!你说民主嘛,又是他一个人说了算,人家要讲话插不上,最后还是按他的意见作结论。结果就脱离干部,使干部敬而远之,思想连不在一起,讨论问题不能畅所欲言。

"叶飞同志在布置工作时,往往抓住一个问题,其他问题就丢了。我对他提

过两次,你全面工作是怎么抓的?当然,叶飞相信范式人是好的,但全面工作,两个人没有很好地研究。

"在省委会议上,你第一书记一个人讲,我们带着耳朵去听会。

"对干部问题的决定,你班长不过问,你不了解干部情况。如福安地委书记程少康,调西藏工作,不去,犯错误,当然他自己有错误,但事先对他谈过了没有?名单报中央的时候,是不是同他本人谈过话?人家小孩那么多,一去好几年,也是一个问题。"

在一个来小时的发言中,贺敏学对叶飞有批评,有爱护,也有期望,同时也有对自己未能给他以有力的帮助而深深自责:

我认为叶飞在贯彻中央的指示、决定是好的,缺点是没有在常委会、书记处很好研究,大家思想先搞通,订出如何执行的计划,这一点,做得不够。从中央开会回来,很快就传达。有时主席的话不能往下传的,也传了,好的是不打折扣,但有的话只能传达到高级干部的,也往下传了。

我到福建六七年了,我对叶飞的帮助大大地不够,很多常委会我都参加了,决定的问题,我在会议上也同意了,有时表态,有时没有表态,虽然我的水平低,经验也不够,但有的问题也看出来了,没有及时提出来,自由主义,该坚持的没有坚持,有的问题一提出来,人家一驳就不敢坚持。比如去年11月厦门常委会议,对首批社教(社会主义教育)运动的估计,开始说有成绩,以后说基本失败,最后又说全部失败,我认为这样讲不对,但又感到常委都决定了,不要提了。这就表现我这个班员(班子成员)斗争性不强,有个人主义。个人主义,包括思想意识和思想作风的问题。

叶飞同志能不能改?我认为,叶飞只要对自己的错误认识清楚了,是能改的,而且会改得很好……改,靠两方面力量,主观方面是主要的,客观方面要帮助。叶飞检查以后,我们不是敬而远之,而是敬而近之。要接近他,发现他的缺点,要帮助他,他自己也应该积极接近同志,人家反映的意见要分析。有的人你不去接近他,他也会上门反映你所需要的材料,我们这里也有这样的人。叶飞有意打击那个常委,我认为是没有的,但每个常委提出的意见,叶飞同志要很好分析。

批评和自我批评是孪生兄弟,只可惜人们往往一味地严于律人而宽于待己。在此情况下,贺敏学的自我批评就显得特别可贵:

现在我工作管的很少,党对我照顾有余,我自己确实感到非常惭愧。我今年六十一岁,如果党需要我退休,我愿意退休……有时不合理的事情我要冲,你说我这个人会害人,品质坏?不是的,我如果不参加革命,我这个人是不好受的。

我要学习毛选,要认真下去蹲点,扎扎实实地在一个车间或一个大队里,从头到尾蹲他半年,现在是一蹲一走。主席在深山里蹲了六个月,我想,工作问题有几位书记管,我到一个村子里去蹲点,但参加体力劳动是不行了。我这个人毛病又多,如果下去蹲点,又怕人家请示方针政策问题,搞不好帽子一大堆,就糟糕了。我也想做些调查研究工作,帮助省委了解情况,我这个人最容易偏左,但有时也偏右,我对农村工作没有经验,军队离开那么多年了,过去是做学生运动的,现在也不行了。搞基本建设工作,又怕犯高大洋错误,怕搞不好说是忘本……

这次省委常委整风会议开了十多天,虽然与会人员对叶飞提了许多意见,但多数人表示:我们还是希望在叶飞的领导下工作,当然不是在老叶飞的领导下,是在新叶飞的领导下,在逐步改正缺点、错误的叶飞的领导下。

听完这些当面揭批,叶飞深深地感谢大家对他的帮助。他在会上先后做了两次比较系统全面的检讨,与会者大多数表示满意,心情舒畅,认为这是一次真正整风的会议。

陈毅语重心长地对叶飞,同时也对大家说:"举起来千斤重,放下去四两轻,不要什么事情都提高到原则高度。叶飞要重新估价自己,否定自己,是有好

处的。"

陈毅因事要先行离开福建,留下华东局书记处书记魏文伯继续开会。大家为陈毅送行时,合影留念。陈毅爽朗地说:"大家坐好,坐拢一点嘛,把我们这个班子的新面貌照出来。"陈毅这个强调团结的双关语一出口,贺敏学和大家都会心地笑了。

会后,贺敏学来看叶飞,叶飞由衷地说:"这次会议对我的教育和帮助很大,谢谢你和大家直言不讳地指出我的缺点,提出善意的严肃的热情的批评,我从内心感谢大家。还是周总理说得好,要活到老,学到老,改造到老。"

贺敏学鼓励叶飞放下思想包袱,轻装上阵,同时却不无忧虑地说:"君子坦荡荡,你有缺点错误都摆在桌面,不搞阴谋,这点我是相信你的,但我感到奇怪的是,×××对你意见最大,为何在会上一言不发?×××也来个避重就轻,看来事情还没完。"

正如贺敏学所预感的那样,不久,即有人向毛泽东告黑状,说叶飞如何如何没有改造好。毛泽东为此对叶飞提出批评。

贺敏学对告黑状者的行径表示深恶痛绝,对妻子李立英说:"有矛盾、有误会当面不说,背后胡乱告状,这不是正大光明的作风,不利于党的事业。"

李立英是1960年病情好转之时来福建工作的,一来福州便要工作,说没有工作一直休养,不仅恢复不到哪里去,而且让人难受。经她多次请示,组织上考虑到她的实际情况,安排她在离家不远的物资厅上班。

对落下残疾的妻子,贺敏学打心眼里疼爱。在他眼里,李立英是位好党员、好妻子,有人来家里找他谈话,她从不插嘴,也从不干预贺敏学的工作。人家照官场规矩尊称她为大姐,她坚决不接受,说我不能与那些大姐相比,也不能与贺老的老字挂上钩,你们叫我老李或同志最好。

有次李立英病急,贺敏学不得已叫司机开车送她到医院检查,事后主动向事务管理局交了汽油费。李立英赞许丈夫的耿直无私、光明磊落,为了党的事业,她愿意和丈夫一起承担任何风浪。

舍命保叶飞

1962年9月,中共八届十中全会后,国民经济调整工作继续进行,而另一条战线——阶级斗争,也很快提上了日程。贺敏学不得不拿出许多时间和精力,参加在城乡普遍展开以"四清"(清仓、清财、清物、清账)为内容的社会主义教育运动。

贺敏学在实践中感到,"四清"运动对改变干部作风、整顿经济起了一定作用,同时自始至终强调抓生产,把运动与生产相结合,以增产不增产作为衡量运动搞得好坏的标准之一,有利于农业生产,有益于农民生活。但由于运动是在以"阶级斗争为纲"的思想指导下开展的,对阶级斗争形势做了错误的估计,偏差和负面影响越来越严重,不少干部群众受到不应有的打击。有人甚至认为这场运动所造成的问题远远超过了它所解决的问题。由于"四清"运动之车愈发"左"转而没能刹住,一个更大的错误批判浪潮便随之猛烈地掀了起来,并最终成为"文化大革命"爆发的重要原因之一。

对贺敏学来说,"文化大革命"的爆发,真是老革命碰到了新问题。左、右路线搞不清楚,有的人不是盲目乱撞,就是无所适从。贺敏学在静观其变中思索,

1966年5月,贺敏学(前右三)和叶飞(前左六)等福建省领导送别调往文化部工作的福建干部时留影。一个月后,"文化大革命"爆发

在思索中静观其变。

1966年8月,贺敏学参加了叶飞主持的地市委书记以上会议,听取关于八届十一中全会精神的传达。叶飞心情沉重地说:"省委向高校派工作组犯了方向路线错误,这一次大家在劫难逃!"

贺敏学感到奇怪:派工作组不是刘少奇、邓小平的指示吗,怎么现在又说是犯了方向路线错误呢?难道中央出现了两种声音?叶飞一句"在劫难逃",让人感到心惊。

在造反有理的鼓动下,红卫兵掀起了大串联的狂潮,八闽大地难以平静了。红卫兵所到之处,大破四旧,向一切他们认定的牛鬼蛇神开火。8月29日,厦门大学、华侨大学及福州地区红卫兵冲击福建省委机关,逼迫叶飞接见、表态。叶飞没有出来接见,他们就搞静坐、绝食,一直纠缠值班的副省长刘永生等人,还把刘永生拉去晒太阳。

对红卫兵们的这些无理批判和人身攻击,贺敏学大为不满。

由于红卫兵的冲击,加上福建省委内部的裂痕,省委工作陷于瘫痪,省委常委会议时常也不得不听从小将们的摆布。12月3日,福建省委常委不得不接见红卫兵1123行动指挥部代表。红卫兵也不知贺敏学是不是常委,指名要他参加。叶飞担心对贺敏学不利,安排他去开别的会,而带了魏金水、贾久民、许亚、叶松、高磐九、王禹出席。

会见一开始,造反派就问:"省委常委到齐了没有?谁没来?"

叶飞回答:"范式人生病住院,侯振亚身体不好,梁灵光在家主持工作,伍洪祥有工作,其他同志都来了,这次来的最齐。"

造反派追问:"贺敏学来了没有?"

叶飞不好说贺敏学不是常委,而是说:"贺敏学同志在开会。"

几个造反派头头嘀咕了一阵后,生气地对叶飞说:"我们召集你们来就是为你们开常委会。你一直抗拒我们的通令,现在暂休会,你立即打电话,召集常委开会,除了生病有医生证明外,其他的马上来。"

叶飞不同意,造反派便高喊:"罢掉叶飞的官,打倒叶飞……"

这次会见后,叶飞对贺敏学说:"贺老,他们很关心你哟,口口声声要你去开会,来者不善,你得留个心眼。"

看到叶飞疲于应付,身为福建省教育厅厅长的妻子王于畊已受到批判,贺敏学更是关心他一家的安危,叮嘱他注意保护自己。

叶飞轻轻叹了口气,说:"在劫难逃,大不了向贺老托孤。"

真要托孤,那贺敏学确是最合适不过的人。叶飞和贺敏学在战争年代是生死之交,王于畊和李立英也是新四军时熟悉的好友,两家的友谊醇得像窖藏老酒。叶飞不爱串门,贺敏学来福建工作后,叶飞却经常登门看他,有时工作之余下下棋,或打打扑克、麻将。贺敏学特别喜欢小孩,因此叶家孩子们也成了贺家的常客。

众多战友中,叶飞在生活中、在书信里唯一称兄的是钟期光,但他于心也把贺敏学视为兄长。贺敏学是老资格,叶飞是老上级。见叶飞说到托孤的事,贺敏学也叹了口气,转而就福建省委内部的裂痕批评起叶飞来:"第一书记不管干部,不抓干部配备,才有今天班子之间的不合拍。梁灵光、许亚为人正派,跟你干得也好,为何不向中央建议提他们,而要从外面调×××来,还说是老战友,来了怎样,不是老跟你抬杠、唱对台戏?当初陈老总就不同意调他来,你却说了解他,当年曾经同生死,但知不知道人是会变的?再说了,军区里头,刘培善、张翼翔、皮定均都是你了解的、有能力能挑重担的人,从他们中推荐个司令员,有何不可,为何主动向中央建议派别人来?虽然对他们的任命,权在中央,但你至少可以建议嘛。你不主动提出,他们也不会来嘛!你对×××根本不了解,他要来,中央事先也征求你的意见,你可以表态嘛,推掉也不是不可能的,为什么不说话?他来后,跟你合拍过吗?向主席、向中央告的黑状还少吗?现在他们在背后搞你,你在劫难逃,又能怪谁呢,你吃的是自己的亏!"

对省里这位领导,王于畊也是有看法的,因此站在贺敏学这边,说叶飞没有这方面的脑子,既不世故,又纯到天真,简直像外国人。

叶飞的处境愈发不妙,为了预防万一,特地把两箱材料寄放在贺敏学家里,都是些机要文件和工作笔记。后来这些材料又转移到了上海。

叶飞家被抄后,造反派在一些别有用心的人的唆使下,还把他的住处说成是叶公馆,搞了个反修展览馆。本来,叶家没几件够得上"封资修"的东西,他们

却指示造反派将华侨大厦的东西搬来凑数、栽赃。紧接着,造反派将叶飞夫妇强行拉上卡车,戴着高帽,在福州城里游街示众。

当造反派找到贺敏学,要他揭发叶飞的罪行时,贺敏学在劝说无效的情况下,愤然道:"叶飞同志经过革命考验,是位从敌人的枪林弹雨中走过来的老同志,是坚定的马克思主义者,是党的好干部,他几十年来辛勤地为党为人民工作,根本不是修正主义、走资派!"

造反派悻悻而去,丢下一句话:"哼,想不到时至今日,你还敢为叶飞评功摆好!"

原福州市委第一书记、福建省纪委常务书记张传栋后来说:"八二九闹开后,就是贺老、刘老(刘永生)最是大胆地保叶飞,也只有他们敢保,无畏、无私,堪称人杰,表现了一个无产阶级革命家的凛然正气和磊落胸怀!"

叶飞被斗后,孩子们四处躲藏,有的到贺家,有的到外地找叶飞的战友。叶飞长女叶小楠在贺家住了一段时间,贺敏学、李立英给了她慈父慈母般的关怀。有次李立英还带她到邮电局打电报给上海、北京有关领导人,说叶飞被抓了,吃不消了,要求救援。一天,半夜三更,周恩来总理忽然把电话打到贺家。贺敏学在省委值班未回,接电话的是李立英。周恩来探询了一番叶飞的情况,得知叶小楠正在贺家,便直接同叶小楠讲话,告诉她:"我已打电话给福州军区的主要负责人,要他在福建保护叶飞同志的安全,你明天一早可以去九三医院看你爸爸。"

翌日一早还没吃早饭,李立英便叫司机把叶小楠送到九三医院。8时左右,福州军区主要负责人也亲自到了医院,把周恩来的原话讲给叶飞听。叶小楠本以为父亲没事了,可没想到,这位负责人却还是在当天狠狠地斗了叶飞一场。

福建省委、省人委一批领导人先后被抓后,贺敏学到省委值班的次数增多了。

随着运动的不断深入,福州的大街小巷到处贴满了"打倒中国的赫鲁晓夫"、"打倒×××"等大幅标语。贺敏学对"文化大革命"的种种过左做法越来越看不惯,终于按捺不住心中的怒火,愤愤地说:"他们今天说这个是叛徒,那个是走资派;明天说这个是反革命,那个是坏人,简直是无稽之谈,是政治迫害!他们把好人当坏人,还有点良心没有?我看他们比蒋介石还可恶!当年参加革命,我们谁不是提着脑袋干的,哪来这么多叛徒?如果我们的干部队伍中真有这么多坏人,我们怎么能够打败蒋介石的八百万军队,又怎么能够领导全国人民进行社会主义革命和建设,取得成就?"

碰到一些熟悉的同志,贺敏学还说:"现在福建,工厂停产,学校停课,党政机关全瘫痪了,抓了那么多走资派和坏人,搞得人心惶惶,再这样下去,自己非把自己搞垮不可!"

亲属和好心的同志担心隔墙有耳,劝他少说为佳,他大眼一瞪,道:"我怕什么?我什么都不怕!"

贺敏学对待"文化大革命"的态度,决定了一场劫难将不可避免地降临到他的头上。

好心人劝他躲一躲,贺敏学却说:"我没做过亏心事,半夜敲门心不惊,何况要相信群众,他们是会讲道理的。"贺家附近有个街道线面厂,工人们与贺敏学的关系很好,值此非常时期,大家自发保护贺家的安全。有次造反派到贺家门口闹,线面厂工人闻讯,纷纷赶来劝阻,硬是把红卫兵给赶走了。

1967年2月初的一个深夜,一辆华沙牌小汽车和一辆军用大卡车在贺家门前停下,跳下几名持枪的解放军和一群臂戴红袖章的造反派,蜂拥上前,拼命敲打贺家的大门,叫嚷:"快开门,快开门!""不开门我们就砸了!"李立英听到急促的敲门声和喧哗声,知道情况不妙,便问贺敏学怎么办。贺敏学边穿衣服边回答:"来者不善,善者不来!怕什么,要开门就开呗!"

造反派进来后,贺敏学已在厅堂等候了。他从容不迫地说:"你们深更半夜来我家叫门,想干什么?"

握手枪的解放军答:"我们不知道,是奉首长之命,请你去一趟。"

贺敏学追问:"是哪个首长叫你们来的?"

对方答:"大军区×××司令员叫我们来的。"

贺敏学觉得事情明白了,向妻子李立英交代了几句,又对随后出来的小女儿说:"照顾好妈妈。"说完,贺敏学便昂首挺胸地出门,上了小汽车。

贺敏学被带走后,留在他家的几位像干部模样的人以及等得不耐烦的红卫兵,马上在屋里折腾开了。他们把板壁、箱子全撬开,翻箱倒柜,四处寻找,从楼

上到楼下,但没能寻到一件有价值的东西。

领头的人走到李立英面前,厉声逼问:"你们把叶飞的东西藏在什么地方了?"

李立英毫不客气地回答:"叶飞有他自己的家,干嘛要把东西藏在我们家?"

另一个人接着问:"听说叶飞有两个箱子,都是装机密的,藏在你家,一定要照实说,一定要交出来。"

幸好及时把两个箱子转移出去了,李立英心里有底,当场顶撞:"听说归听说,你们有什么依据?不信,你们再从屋檐到地板,通通搜个遍。如藏了,总在屋里,难道能飞不成?"

这伙人嘀咕了一阵后,果然重又开始搜寻,将衣橱里的旧衣服拿出来,在手中抖来抖去。哐啷一声,一个高级烟嘴被抖落在地上。一个红卫兵看见,赶快从地上捡起,企图装进口袋。李立英马上予以制止,这人蛮不讲理,还胡说这肯定是叶飞的东西。

李立英气愤地驳斥:"叶飞有这东西,我们就没有呀?"

领头的人接过烟嘴,嘿嘿干笑两声:"好像还是外国货呢,你倒说说是哪来的?"

李立英感到不讲真话不行,便大声说:"告诉你们,这烟嘴是毛主席亲自送给贺老的,他当成纪念品,一直珍藏起来!"

听说是毛主席送的,造反派面面相觑,俄顷,那领头的人又是两声干笑:"毛主席送的,你们也认识毛主席,净吹牛!"

李立英听他这么一说,心里更有谱了,说:"我这里就有毛主席女儿娇娇的电话,你们要不要问她去。"

对方见李立英说得有板有眼,也不敢胡来了,很不情愿地把烟嘴还给了李立英。这时天已微明,他们见吵闹了半宿,没捞到什么有价值的东西,又怕天亮后,附近线面厂的工人赶来,只好垂头丧气地走了。

除了叶飞装机要文件和工作笔记的两个箱子被贺敏学夫妇秘密转移出去外,家里还有两件宝贝也事先做了妥善处理。一是毛泽东写给贺子珍和贺敏学夫妇的亲笔信,用一个大信封装着。对毛泽东的手书,他们作为珍宝收藏,知道这是政治信,不能落到坏人和江青的手中,因此在抄家前,李立英便用破布包了几层,把信藏在贺敏学一件大衣的夹层里。另一件东西,是毛泽东送给贺敏学的燕窝,两小袋,约有半斤重,是1962年由娇娇带来的。贺敏学收到后,一直舍不得吃,许多老同志的家被抄后,他预感总有一天要落到自己头上,担心燕窝被抄走,便把它转移到部队,交给自己的老部下、原第二十七军第八十一师政治委员、时任福建空军政治委员的罗维道。当时解放军支左,部队不会受冲击,交给罗维道保存最为妥当。直到1968年下半年,政治局势比较平静了,罗维道考虑该是物归原主的时候了,便给贺敏学挂去电话,风趣地说:"老首长,现在风平浪静了,这宝贝也该趁早下肚了吧,说不定什么时候再起风浪,恐怕落进了别人肚里。"贺敏学才叫人把燕窝取回处理掉。

却说这天深夜,载着贺敏学的小车急驶离开市区来到五凤山,在一座小楼房前停靠。当贺敏学走进室内,很快发现叶飞等人也在这里。

叶飞见贺敏学来,主动向他打了招呼:"他们怎么深更半夜还把你弄来?"

贺敏学答:"鬼知道,他们二话没说就把我强行拉到这里来,现还有一大帮子人在我家里搜查,不知立英她们情况如何?"

叶飞安慰他:"既来之则安之,立英有孩子照顾,不会出什么意外的,他们的矛头现在是对准你的,你倒是要多加小心点。"

贺敏学会意地点了点头,坐在一把木椅上,两眼微闭,什么话也没有说……

五凤山在福州郊区,风景优美,是福建省委的招待处,省委、省人委的一些会议时常在这里召开,"文化大革命"开始后,这里变成了所谓"走资派"、"黑线人物"的集中地。被关在里面的所谓"走资派"、"黑线人物"白天学习,晚上写检查,写检举揭发材料,还经常被拉到外面接受革命群众的批斗。

叶飞被打成了福建省头号"走资派",贺敏学也就顺理成章地成了"保皇派",被戴上了"叶飞的黑干将"、"黑参谋长"、"三反"分子等帽子,造反派每次把叶飞弄到外面去批斗,都少不了拉他去陪斗。

一天,下着毛毛雨,贺敏学又同叶飞等人一起,被造反派拉到福州远郊魁岐批斗。批斗会上,造反派见贺敏学坚决不喊"打倒叶飞"的口号,便喝令他低头认罪,他偏不低头。造反派恼羞成怒,几个人上来用手狠命压他的头,贺敏学犟着

一股劲,一次又一次地把头昂起来。那几个造反派无可奈何地嘀咕:"这老家伙也许是练过功的。"他们拿贺敏学没办法,就高呼口号:"打倒贺敏学!""贺敏学低头认罪,才是唯一出路!"

贺敏学也不理睬,从衣兜里掏出几块饼干塞到嘴里咀嚼着。一个红卫兵发现了,从他手里夺过饼干,嚷道:"你们看,贺敏学不但不低头认罪,还吃饼干,养尊处优呢!"

贺敏学冷笑一声,说:"我们这把年纪了,吃块饼干就是养尊处优,你们年轻人还吃不吃饼干?不吃了?那好,跟我们老一代去吃草根啃树皮,过几天艰苦日子,体验一下我们打天下的艰难困苦……"

对方一时语塞,但另一个红卫兵跳出来,疾言厉色说:"贺敏学,你不认罪还嘴硬,是不是有后台?快说!"

贺敏学大声回答:"有呀!我有后台呀,我的后台就是党中央,就是毛主席!你敢拿我怎么样?"

那天,贺敏学驳得那些造反派哑口无言。批斗会一结束,人们纷纷说贺敏学有骨气。

造反派安排贺敏学陪斗,原本是希望他看到叶飞的洋相后,思想和态度能有所转变。没想到他竟是铁骨铮铮,根本没有任何倒戈的迹象。

两天后,叶飞神秘地在福州蒸发了。后来才知,是周恩来指示福州大军区副司令员皮定均,把叶飞安全送到北京保护。叶飞离开福建后,特别牵挂贺敏学的安危,他对周恩来的联络员孙继泰说:"他们把贺老也关起来了,挂牌子特别重。"叶飞虽然脱离了险境,但福建对他的批判并没有结束,当权人物再三发电报给中央,要求揪回叶飞,《福建日报》也连篇累牍地口诛笔伐。贺敏学等一批叶飞的支持者继续遭受迫害和打击。

守得云开见月明

一天,李立英突然接到一个电话,是温泉澡堂一个对贺家友好的老工人打来的,让她带女儿前去洗澡。李立英理解这话里一定有其他意思,便带着小女儿急忙赶去。那老工人做手势使眼色不让她们出声,径直带她们走进一间屋里,里面竟然坐着贺敏学！小女儿惊喜地叫声爸爸一头扑进贺敏学的怀里,看到不过一个多月工夫,丈夫竟消瘦黝黑了许多,李立英不觉流下了伤心的眼泪。

这次会见不过短短的几分钟,贺敏学便被勒令归队,回到了五凤山。

3月间,贺敏学在福州受冲击的消息传到江西永新,乡亲和亲友们可就急了。在他们心目中,贺敏学是多好的一个人啊,怎么也会被打倒呢！他们想知道个究竟,委托贺敏学的表外甥邝仙元和另一位乡亲前往福州探望。邝仙元从李立英那里详细了解了贺敏学被冲击的经过后,说:"我们从家乡来,就是为了探望舅舅。老人家被关押了一个多月了,不知情况怎样？我们一定要见到他才放心。不然,不好向家乡人民交代！"

李立英见他们说得情真意切,就说:"我打个电话试试,看他们是否让你们去见。"

李立英拿起话筒,和对方通上电话后,说:"贺老家来了两位革命群众,要探望贺老。他们是贫农,是革命烈属后代,又是共产党员,他们一定要见贺老才肯回家。你们让见还是不让见？"

对方沉默半晌,回答:"这问题待我们研究一下再答复……"

第三天,一辆黑色轿车在贺敏学家门口停住了。车门打开,贺敏学从后座走下,同时钻出两个解放军战士。

对这次见面,邝仙元曾如是描述:

> 舅舅一见是我,高兴地说:"仙元,你来看我来了？我有什么好看的？你看舅舅不是很好吗？"舅舅边说边拉着我的手走进屋内,同时朝两个解放军点点头说:"你们也进来坐一会儿吧？"
>
> ……两个解放军点点头,想说什么又缩回去了,持枪站在门口。
>
> 舅舅又问我,(与我)同路来的那个人是谁？我回答说:"她是头俚舅妈,回光舅舅的妻子。"他会意地点点头说:"谢谢你们。从江西老家到这里来,千里迢迢,路上又不安全,以后不要来看我了。你看,我不是很好吗？"很显然,他说的最后一句话,声音有些打战。
>
> 我端详了一下舅舅的面容,只见他的头发很长,大约有三个月没

理发，胡子也长得长长的，脸部明显地消瘦了许多，额上平添了几道皱纹。我看到他老人家这副模样，回想起刚才说的最后那两句话，忍不住热泪夺眶而出。

我用手帕擦了下眼泪，关切地问："舅舅，您在那边的情况怎么样啊？听舅妈说，一个月以前的深更半夜把您弄出家门，您什么时候可以回家呢？"

舅舅说："我和叶飞、梁灵光、魏金水等同志被关押在军区五凤山上，每人独居一室，有持枪的解放军站岗，规定外边的人不能随便进去找人。找人要经过他们批准，戒备森严，如临大敌，难道我们革命几十年，现在一下子变成了阶级敌人？真是扯淡！"说到这里，他有些激动起来……

"时间到了，快走吧！"守卫在门前的两个解放军战士突然吼起来。舅舅怀着依依不舍的心情告别了我们。临走时，舅舅关切地说："仙元、头俚，既然来了，就多住几天……"

我紧紧地握着舅舅那双干瘦的手，热泪盈眶："舅舅，您要多保重……"

这段时间，我们在福州舅舅家住了半个多月。李立英舅妈每天都打电话去询问有关情况。但在此期间，有好几天没有人接电话。舅妈心急如焚，眼泪也不由得簌簌地掉下来。我们想劝慰她几句，但话没出口，喉咙像被什么东西堵住，哽咽着说不出话来。

这次和家乡亲友会见后不久，贺敏学又被武装转移到福州西湖边的工人疗养院。此时的疗养院，疗养员悉被赶走，成了修正主义和走资派的集中营。关到这里来的都是厅局级以上干部，其中有梁灵光、许亚、侯振亚、许彧青、马兴元、郑重、王于畊、刘健夫等人，林一心、林修德原已调国务院侨务办公室工作，此时也被揪回关在这里。

疗养院戒备森严，从大门口到每栋楼房，全由解放军战士担负警卫，三步一岗五步一哨，每进一栋屋、一道门都要经过严格盘查。疗养院实行军事管制，规定一人住一屋,不得串门交往,不得随便讲话,晚上不准熄灯睡觉。造反派规定晚上不准关灯,目的是便于从房门上的小窗口监视"走资派"们的一举一动,也防止意外发生。三餐都在集体食堂,吃饭时有专人盯着,制止"走资派"们互相通气。由于疗养院未设室内卫生间,大小便要上公厕,事先必须向哨兵报告,同意了才能去。

贺敏学受如此折磨,苦不堪言。这还罢了,更苦的是几乎每天都要面对三项任务:其一,自我检查,交代问题;其二,揭发叶飞、揭发省委、揭发刘(少奇)邓(小平)陶(铸)的问题;其三,接受造反派批斗。

专案组采用车轮战术审问贺敏学。他们首先揪住他在三年游击战争期间的被捕经历,逼问他是否有过变节行为。贺敏学气愤地说:"这段历史我已如实地向党组织作了交代,党组织也是有鉴定的,你们可以去搞外调!"

专案组又问:"大叛徒龚楚把你抓住后,为什么不杀你?"

贺敏学回答:"龚楚先是想利用我,但我逃跑出来了。"

对方又逼问:"你为什么去联抗?"

贺敏学先是微愣,尔后自豪地说:"抗日呀!"

对方质问:"联抗是国民党,你们国民党也抗日?"

贺敏学白了他们一眼,刚要发火,又想他们都是些少不更事的年轻人,震唬他们一下算了,便说:"联抗不是国民党,那是陈毅首长派我去的。"

对方语带嘲讽地说:"还首长哩,陈毅是'二月逆流'的黑干将。"

贺敏学这才知道北京发生了所谓的"二月逆流"。在2月中旬政治局碰头会和中央军委会议上,陈毅、谭震林等一批老革命家对"文化大革命"的错误做法表示强烈不满,由此被定性为"二月逆流",受到毛泽东的严厉批评。

专案组旋又声色俱厉地说:"你主管全省基本建设时,盲目搞高大洋,这是走资派的一种表现!是叶飞叫你搞的吗?"

当时贺敏学主持搞的所谓的高大洋工程有华侨大厦、福州邮电大楼、五一路拓宽等。这些工程当时在全国还排得上号,为福建尤其是福州争光不少,如今却被指责,贺敏学只感到专案组的无知,他也不做争论,只是语气平稳地说:"要我说,福建的建设高大洋得还不够。"

专案组本想由此套出他对叶飞的检举,见贺敏学在回答中避开了叶飞,干脆明确逼他检举揭发叶飞的问题。贺敏学懒得多说,就是这么一句话:"我没有发现叶飞有什么问题。"

专案组假惺惺地说:"你同叶飞相处这么多年,相互了解,难道不知道叶飞的一点错误,即使不讲错误,讲缺点也可以嘛。"

贺敏学沉思半晌,徐徐而答:"至于叶飞的缺点,我倒是知道点,主要就是脾气不太好嘛。"

专案组吆喝:"贺敏学,你不要死硬,这样对你没好处。"

贺敏学激动而气愤地说:"国民党的牢我坐过,我好好地出来,照样革命。我兢兢业业奋斗了几十年,犯了什么错误?你们让我靠边站,不但不准我工作,还要我白天陪斗,晚上写检查,我究竟犯了哪条王法?今天我坐共产党的牢,我倒要看看你们怎么办?"

专案组对这顽固的老头儿无可奈何,只好把他交给造反派批斗。

开始,贺敏学他们是被分头拉出去批斗的。各厅局开批斗会,都要把分管的福建省委、省人委领导拉出去陪同本单位走资派一起批斗,斗了就是革命派,不斗就是"保皇派"。所以,今天这一派来揪,明天那一派来斗,后天又来一派,轮着转。批斗时人们多是低头,贺敏学却是挺胸,造反派让他低头,他还是昂首。贺敏学分管的厅局不多,由此倒少了许多折腾。但他是这批"走资派"中年龄最大的,战争年月里又曾多次落下伤,这样每次低头弯腰大半天,也弄得他精疲力竭。那些专案组人员却毫无人性地说:"没有给你戴高帽游街、站在街边敲打破脸盆示众,就算不错了。"

叶飞的老警卫员葛金康也被关在疗养院,他回忆说:"当时我关在一楼,贺老关三楼。他知道我和叶司令的关系,放风时碰在一起,总要寻机同我讲讲话,有时即使不讲话,他也会来拉拉手,眼光里总是充满了鼓励的神情。我们这些革命的囚犯得益于贺老最大的好处是,他老说要洗澡,造反派只好把我们全部集中到汤井巷洗澡。"

没日没夜地审问批斗,饱受着人格侮辱和精神煎熬,甚至突如其来的挨打,让贺敏学不堪忍受,他终于病倒了,头晕、咳嗽、发高烧,过去负伤的地方也疼痛难忍。李立英得知消息,心急如焚,她行走不便,又担心自己也被抓走,小女儿无人关照,便委托贺敏学的秘书陈公石去疗养院看望。

陈公石一路受审查进入第三道门,持枪警卫严格盘查后,一个当官模样的人又过来盘问了一番,才准许他进入室内去见贺敏学,规定见面时间不得超过半小时。

自被打成"黑干将"、"走资派"、"保皇派"入狱后,贺敏学的心情特别沉重压抑,精神和肉体都备受折磨,一见秘书前来,触景生情,将近数分钟讲不出话来,接着便是号啕大哭。在陈公石心中,老首长是个坚强的人,英雄有泪不轻弹,可他今儿个却当着自己这个小秘书的面号啕大哭,这里面饱含着多少委屈和伤心呀!陈公石只觉鼻子一酸,哪里还能控制住自己的情感,也跟着抽泣起来。

好半响,贺敏学才止住泪水,关切地问陈公石家里情况怎样。陈公石是1963年初开始接替孙海林给贺敏学当秘书的,时间虽不长,但老人的品性、情操却陶冶了他,心仪至极。贺敏学出事后,他受牵连被关押批斗,至今还没完全恢复自由,本来也有很多委屈想跟老首长倾诉,但见老首长伤心,便没有提及。

贺敏学语气沉重地对陈公石说:"我以前坐过国民党的两次牢,也坐过红军AB团的牢,现在又坐了一次共产党的牢,这肯定不是党的本意,而是受了坏人的蒙蔽,这种状况也肯定不会长久!"他交代陈公石,要妻子李立英和女儿不要为他担心,一定要好好挺过来。

隔了十来天,陈公石又来看望贺敏学,带来了李立英为他熬的鸡汤。当然,还是经三查六问,陈公石才见到贺敏学。

在陈公石被关起来时,福州大军区一要人对他说:"知道为什么关你吗?你至今还不揭发叶飞、贺敏学的事,你很顽固,限你三天内把所知道的贺敏学与叶飞勾结的情况全部揭发出来,揭发叶飞是如何通过贺敏学控制省人委的?你要学马兴元的秘书,他和马兴元划清了界限,毫无保留地做了揭发,不是最早被放出来了吗?"陈公石答:"我不能无中生有。"对方怒不可遏:"你再不揭发,就对你不客气!"

在这期间,贺敏学的前任秘书孙海林也遭受迫害和逼供。孙海林这才深深理解了老首长反对他写文章的良苦用心。"文化大革命"运动,有多少人是被造

反派从报纸中找文章,档案中找讲话稿,被断章取义而挨整的。老首长从不在工作人员面前讲贺子珍和江青,既保了自己,也保了工作人员渡过了"文化大革命"的难关。孙海林在铁路系统工作的妻子何淑萍也受到牵连,回忆往事,她不无感慨地说:"'文化大革命'中,他们诱使我揭发贺老,想通过我们这些所谓的外围,挖出贺老的后台是贺子珍,贺子珍的后台是周总理。当时我被关在学习班,老孙下放,对贺老被关事不清楚。逼供曾让我想到自杀,但从未讲过贺老半句坏话,贺老也没有坏话可讲。我们都相信贺老,自始至终拒绝任何人的利诱和指使。贺老复出后,对我们说,你们夫妻的事我都知道了,你们为我受苦了,我用的秘书没错,连他的老婆都是阿庆嫂!"陈公石也说:"我这个秘书为贺老做些事是理所应当的,可老首长却记在心里,常在老同志面前称我为患难之交、肝胆秘书。"

当然,一场"文化大革命"运动,也让一些人的本质暴露无遗。一对战友夫妇,与贺家来往密切,新中国成立后他们在外地工作,孩子没人管,贺敏学、李立英夫妇便让他们的孩子住在自己家中,一住就是几年。岂料,"文化大革命"一来,对方不仅揭发贺敏学,还整贺家人。特别宽厚待人的贺敏学,也深为对方的行为痛惜。

陈公石被抓后,李立英几经交涉,有关方面才允许贺敏学十几岁的小女儿去疗养院探望父亲,送一点吃的和用的东西。一天,造反派打电话到贺家,说贺敏学畏罪跳楼自杀了,让家人去收尸。李立英悲痛过后,感觉不太对头,急忙催小女儿设法了解真相。小女儿好不容易才见到了爸爸,贺敏学说:"回去告诉妈妈,让她一百个放心,我是共产党员,既没有罪,更不会自杀!我活一天,便要和那些藏在背后操纵红卫兵整人的人斗争一天!"

李立英见贺敏学被关了两个多月后还没出来,不得不向在北京的外甥女李敏求援。李敏得知此情,急忙去找父亲,毛泽东吃了一惊:"什么,他们把你舅舅也关起来了!"他沉吟许久,又缓缓道:"你舅舅是个好同志,当年富田事变时,他为我坐过一次牢,还叫人给我送条子。"毛泽东这次没有出面去保贺敏学。可能由于党内斗争的复杂,他觉得自己不便多说话。但一句"你舅舅是个好同志",说明他对贺敏学的认识是一贯的。

李立英见李敏那头一时没有回音,既担心贺敏学身体受不了,又怕关长了在群众中影响不好,弄不好要涉及毛泽东、贺子珍等,便根据大女儿的意见,写了个反映材料,让她托可靠的人转交周恩来。

八十三天的非人囚禁生活,贺敏学人黑瘦了一大圈,又新添了一身疾病。出狱后,官帽自然是没了。在贺敏学遭牢狱之灾时,造反派对贺家大做调查,包括在上海、江西等地的亲属,统统派人去搞了外调,收集材料,并对贺家亲属大加迫害。贺子珍回国伊始,江青就到处讲她的坏话,最阴毒的一招,莫过于说她是个精神病人。江青早就把贺子珍看作眼中钉肉中刺,只是慑于毛泽东的威严,而不敢过分放肆,但还是对她进行了监视和事实上的软禁,以组织名义将她迁往上海湖南路一处房子,外人探视都必须经过上海市委批准。即使在上海华东医院,护士也得把贺子珍和亲属间的讲话内容原原本本地向上海市委汇报。后来听说毛泽东专门为此发了话,那位护士也很快走人,但这并没有阻止江青另做手脚,企图把贺子珍从历史和现实中一笔勾销。于是,贺子珍这个1926年投身革命的巾帼英豪,竟是个没有任何档案材料的黑户!贺敏学同父异母的兄长贺敏萱,在老家被打成地主,夫妇俩被整得死去活来,含冤死去。

这场迫害在贺敏学出狱后还在进行,而且祸及贺家第二代。贺怡义子刘子毅原是上海铁路局的保卫处处长,作为烈士遗孤,他在新中国成立前就在延安参加了革命,"文化大革命"中批评江青胡作非为,被告密后,江青视他为眼中钉。1968年,刘子毅被江青的爪牙装进麻袋,乱棍打死。长期安于当普通一兵的贺怡的儿子贺麓成,也被当作"白专"典型,列入"五一六"分子的黑名单,遭受审查和折磨。贺敏学的女婿叶启光是叶挺将军最小的儿子,在上海当工程师,被张春桥点名,打成反动分子,批斗得厉害,逼他揭发周恩来。李立英的哥哥也受到迫害,急得要跳黄浦江……

贺敏学回家后处于赋闲状态。身边工作人员调离的调离,下放的下放。秘书陈公石全家被扫地出门,下放邵武农村劳动。贺敏学考虑到农村交通不便,特地把买给外甥上学用的自行车给了他。李立英看他们孩子多,又买了三团毛线,让陈公石妻子织给小孩穿,不要让小孩受冻。面对老首长夫妇的深情厚谊,陈公石夫妇的眼泪哗哗哗直往下流。陈公石后来说:"贺老给的自行车还真起了大作

用,帮了我大忙。我全家到邵武后,我在乡下,爱人在县城,有了自行车,去看她和孩子们来回就方便了许多。"

在工作人员悉被解散后,一位炊事员怀着对老首长的真挚情感,不时还来家里给老首长一家三口烧饭。有时,贺敏学也亲自下厨,还手把手地教小女儿装煤球、炒菜做饭。在战争年代的艰苦环境中有过几次烧饭经历的他,烧饭虽然一团糟,态度却十分认真。一次在给女儿示范如何煎鸡蛋饼时,不慎让鸡蛋饼掉地上了,沾满了煤渣。他向女儿做了个鬼脸,笑笑捡起,吹一吹、拍一拍,就放在嘴里津津有味地吃起来,直把那些无法除去的煤渣咬得嘎吱嘎吱响。这段苦中作乐的人生,深深影响了女儿要自强自立。

贺敏学出狱后,根据福建省革委会主任的安排,有关方面通知他去学习班,然后再行分配工作,还说他是省里最早解放的人之一。贺敏学却不吃这一套,说:"你回去告诉×××,我不去学习班,他认为我能工作的话,就直接让我工作,当个仓库管理员也行!"

贺敏学来硬的,他们也无计可施,便逼他带全家离开福州,迁往建瓯。谁知,贺敏学还是不吃这一套,毫不含糊地顶住了:"等把我的问题讲清楚后再说,我到底是不是'三反'分子,要作个明确结论。"

结论是不好作的。他们又生一计,以部队要住房为由,令贺敏学全家搬出现房。通知一下来,某军队干部就蛮横地闯进贺家,到各个房间查看了一遍,俨然是个户主。贺敏学既不理睬也不阻拦,径自坐在桌前和孩子们玩着扑克牌。来人阴阳怪气地问他何时搬家,贺敏学头也不抬,淡淡地说:"我就不搬,看你们怎么办!"来人甚觉没趣,只好灰溜溜地走了。

事情并没有就此了结,那伙人绝不善罢甘休,又要了一个阴谋:唆使不明真相的学生到贺家揪人。

夏日傍晚,贺敏学和妻子、女儿正在院里吃晚饭,七八个胳膊上戴着红箍箍的中学生忽然闯了进来,叫嚷着让贺敏学跟他们走一趟。贺敏学说:"我不分管教育,你们想干什么?"他们回答要问一下叶飞的事。贺敏学耐心地说:"有关叶飞的事,我已跟部队说过了,没什么好说的了,说了你们这些娃娃也不懂。"这些红色小将毫不客气地说:"你不去也得去!"

贺敏学被学生们架起来就走。小女儿认出他们是同校高年级的学生,大胆跳出来要保护父亲。眼看他们要对女儿动手,贺敏学怕女儿吃亏,急忙说:"我没事的,你照顾好妈妈。"

贺敏学被关进福州一中的一间四楼教室内,晚上就睡在课桌上。福建省委常委、秘书长王禹刚好也被作为叶飞的"黑线人物",暂时羁押于此。两人见面后,在严密的监控中,也不好多说什么,但彼此的眼光里交流着信念。这次关押了不到一个月,因为贺敏学什么也不说,学生们对他没办法,便把他给放了。

转眼到了1969年1月,大中专院校要所谓的知识青年到农村插队落户之声如狂飙从天降落。只在初中读了一年书的小女儿就算毕业了。考虑到父亲正处逆境,懂事的女儿不愿给父亲增添麻烦,便自己报了名。唯一守在身边的女儿也要到顺昌山区下乡插队,李立英颇为痛苦,欲语泪先流。贺敏学虽也万分不舍女儿离开,但他压抑着情感,安慰妻子说:"为了女儿的将来,为了使她能在社会大课堂里学到更多更实用的东西,应该鼓励她走出这一步。"对女儿的决策,他是鼓励的:"你下乡去要好好锻炼,要和农民打成一片,真正体会到劳动人民的情感和智慧,培养吃苦耐劳、自强自立的精神,另外,到农村后,有时间也要多学习功课。"贺敏学还亲自教女儿打背包、整行李。小女儿跟同学们走了,坚持不让父母送。贺敏学开头还说女儿是好样的,待女儿的背影在眼前一消失,他就放声大哭起来。李立英既知丈夫的良苦用心,又深深理解丈夫对女儿那份无以替代的亲情,这时便轮到她来安慰丈夫了。

小女儿下乡后不久,李立英被指令到福建省委招待所学习,在家里陪伴贺敏学,为他排解寂寞的就剩下他喜爱的那条狗了。可有一天,这条狗直挺挺地躺在门外,不知是被哪个坏心眼的人给打死了。亲人走了,秘书下放了,警卫撤了,连狗也被打死了,那些人认为贺敏学是孤家寡人了。岂料,来他家串门的人反倒多了起来,在他家附近的线面厂工人和周围群众自发地担负起他的保卫工作。

不久,林彪以中苏即将开战为由炮制"一号命令"后,福州大军区某领导又动员贺敏学离开福州,到外地疏散。贺敏学义正词严地说:"你怕死你就躲得远一点,我贺敏学不怕死,我不走!"

那些人知道,折磨、整治贺敏学最好的办法之一就是剥夺他的工作权利。贺

20世纪70年代时的贺敏学

敏学尽管渴望参加工作,但他始终不向那些人屈服,不愿用低声下气和妥协来换取职务的安排。在赋闲的日子里,他每天看看书,练练毛笔字,或是和熟人、左邻右舍、大人小孩们打打牌下下棋。

原福建省委副秘书长赵登英在"文化大革命"时作为叶飞的"黑干将",也被剥夺了工作的权利。他不时去看贺敏学,贺敏学对"文化大革命"看不惯,他就叮嘱贺敏学要保重身体,总有拨云见日的那天。贺敏学坚持真理、对党忠诚、对同志友爱的精神,让赵登英很敬佩。有时贺敏学没事干,便问赵登英:"老赵,今天没事干怎么办呢?"赵登英知道他的意思,便和一些同志陪他打一会儿麻将。打完,贺敏学叹叹气说:"老赵,今天我们又浪费时间了。"

林彪九一三事件发生后,贺敏学更迫切地想早日工作。他特地给周恩来写了一封信,说:

> 我自参加党以来,无论在任何情况下,自认为党就是我的家,革命就是我的归宿,没有党就没有我的一切,没有革命工作,我的生活就失去了意义。

在周恩来的过问下,福建方面才答应给贺敏学安排工作,但先得参加学习班。贺敏学起先仍拒绝去,后来,经李立英和一批战友做工作,得知学习班这关非过不可。他从大局出发,才参加了第二批学习班。但因为得罪了当权人物,学习班结束后好长一段时间,他仍处于赋闲状态。

1972年,陈公石从外地回福州,分配在福建省冶金厅办公室工作。他见老首长仍没恢复工作,也不能配秘书、警卫,便主动做起了贺敏学的兼职秘书。贺敏学嗜烟,每月少不了要买六七条香烟,都是中华牌的,除自己抽,起码有一半是与干部群众共享的。当时,福建省委行政处有专供高干的一些用品,买香烟的事多是秘书代劳,直接从贺敏学的工资里扣。"文化大革命"一来,不要说中华烟,就是一般的烟也没有了,陈公石知道首长难熬烟瘾,便想方设法从老百姓那里买些土烟来供他吸。

岁寒,然后知松柏之后凋也。贺敏学在十年浩劫中正表现了这么一种节操。此情也正如宋任穷撰文所指那样,贺敏学在"文化大革命"岁月中,"大义凛然,与林彪、'四人帮'的倒行逆施进行了坚决斗争,表现了一个老共产党员坚持真理、宁折不弯的崇高品格"。

第十章　烈士高风

迎来政治生命的春天

1974年底,八大军区司令员对调,皮定均调任福州大军区司令员。同时,中央又任命廖志高为福建省委第一书记。组织上的调整,给福建的政局带来了新的生机。

1975年1月中旬,贺敏学赴京参加四届全国人大第一次会议。四届全国人大确定的以周恩来、邓小平为领导核心的国务院人选,粉碎了江青一伙的组阁阴谋,使贺敏学一度冷却的热情被重新点燃起来。会后,他还见到了新任交通部部长的老战友叶飞,劫后重逢,都有说不完的话。叶飞告诉贺敏学,他与廖志高比较熟悉,有困难和问题可以找廖志高反映。

贺敏学回到福州后,廖志高亲自前来看他。福建省根据中央指示,要恢复福建省委,廖志高请贺敏学主持恢复工作,并挂帅再当建委主任。贺敏学欣然同意,感到自己虽然已七十有三,身体也大不如前,但还可以为党为人民做些工作,为国家建设作些贡献。他很快就在家里召开了成立福建省建委新班子的会议,尔后赴京参加全国建委系统会议。1975年5月,贺敏学正式受命任福建省建委主任。当时把持工交领导权的是陈佳忠,他原是福建省物资厅的一个副科长,"文化大革命"中靠造反起家,成为福建省直机关造反派的一个头目,后来因追随"四人帮"一伙,当上了福建省革委会副主任、候补中央委员。此人擅长煽风点火,上蹿下跳,而不谙经济管理业务,工交口在他的把持下大闹派性,工作难以开展。贺敏学虽不时受到这伙人的无理指责,但他抱着第二次被打倒的决心,在艰难中开展工作。

1976年9月9日,毛泽东逝世。贺敏学盼望能到北京参加告别仪式,但控制着大局的江青一伙怎么能让他去呢?贺敏学为此颇为恼火,他在深切的悲痛之中,也为党和国家的前途深深忧虑。他想到了毛泽东当年给贺子珍和他们夫妇的信中所言"我身边绝无王明之流",对李立英说:"我看,江青比王明更厉害!"没料一个月后传来"四人帮"被粉碎的消息,贺敏学十分激动,颇有"老夫聊作少年狂"的味道。

"四人帮"倒台后,陈佳忠也作为其爪牙被清查。福建省里还决定严查工交口与陈佳忠有牵涉的干部,一时搞得人人自危。

贺敏学虽然对陈佳忠一伙深恶痛绝,但并不主张搞大扫除运动。福建省建委下辖福建省成套设备局(简称成套局),准备大张旗鼓地搞清查。贺敏学得知后,对伍洪祥的妻子、时任成套局副局长的尹峰说:"这么大的运动怎么清查,要查的话,当初陈佳忠在台上,成套局哪个人没有去找过他,总有千丝万缕的联系嘛。我看除了几个为非作歹、危害事业、民愤极大之人,一般人还是宜粗不宜细。"

在贺敏学的建议下,不光成套局,就是整个建委系统,也采取了宜粗不宜细的做法,保护了一批年轻同志。

春回大地之时,贺子珍又一次来福州看望兄嫂。

1958年贺敏学调福建后不久,贺子珍也离开了上海,迁居南昌。一是因为陈毅已从上海调往北京,上海市的新领导对她显得较为漠然;二是由于朱旦华的丈夫方志纯在江西任副省长,他们和江西方面都能提供照顾。

1960年李立英病情好转入闽工作时,曾设想让大女儿和老母亲也一起到福建来。贺敏学考虑的却是,贺子珍现在虽在江西,但还要经常回上海,如果岳母和大女儿也到福建去,她回上海后怎么办?为了让贺子珍在上海有个温暖安定的家,还是把岳母和大女儿留在上海,有她们陪着、护着,她回上海后才不会感

到寂寞。

贺子珍到江西后，对江西省委的安排表示满意。孰料，1959年和毛泽东庐山相见后，她又一次病倒了。贺敏学心痛不已，特地把贺子珍接到福州调养，不仅买了许多药，还费尽心机从山东等地请来名医为妹妹诊治。他工作忙，便嘱咐妻子李立英陪贺子珍到处走走看看。为了给妹妹解闷，他还请与贺子珍熟悉的永新老乡龙飞虎有空时来看看。龙飞虎的妻子孟瑜是位参加过长征的老红军，与贺子珍有着许多共同语言，她曾讲："贺老是龙飞虎的革命引路人，又是老大哥，他来福州工作后，龙飞虎经常去看他，逢年过节什么的都要给他拜年。贺子珍每次到福州，贺老总要告诉龙飞虎，龙飞虎也总要带我去看她，她也常找龙飞虎回忆井冈山的生活，兴致勃勃地告诉我毛主席睡哪里，井冈山有几道哨口，每一道哨口警戒什么，安排什么人。她对井冈山斗争的情况十分熟悉，有时卡了壳，便问龙飞虎。当时龙飞虎当福州大军区的后勤部部长，工作忙，但隔三岔五晚上都要抽时间跟贺子珍谈。我说你三天两头去，有什么好谈的？他说，经常跟大姐讲讲话，她才高兴，才肯吃饭，才能长精神呢！有次龙飞虎问了句大姐你还记得'包米饭南瓜汤，顿顿吃得精打光'这歌谣吗？贺子珍听完，笑得要命，看她那神情，哪像脑子错乱的人呀！"

贺子珍住福州，女儿娇娇来福州的频率也多了起来。娇娇每次到上海、南昌、福州，几乎都带有毛泽东的亲笔信，而且信的抬头不是"自珍"就是"桂妹"。这是因为贺子珍是中秋桂花飘香的日子出生的，小名就叫桂圆、桂花，取意"蟾宫折桂"、"花好月圆"。可以想象，一声桂妹，足以使贺子珍回到几十年前井冈山苍松翠竹所掩映的柔情中。由此使人想及毛泽东那首《蝶恋花·答李淑一》，"吴刚捧出桂花酒"句中的"桂花"，是不是指贺子珍这支桂花呢？既然杨、柳分别指杨开慧、柳直荀两位烈士，桂也应是用以喻人的。

悲莫悲兮生离别，互相思念而不能相见，是再痛苦不过的事。贺子珍的病，就是这棵扭曲的感情之树的苦果。贺子珍内心的苦楚，也没敢讲给哥哥听，只将苦水吐给嫂子。李立英虽不说什么，但从感情上倒也盼望毛泽东能和贺子珍这位曾同他共同度过了最艰难历史时期的妻子、一起经历了十年峥嵘岁月的老战友见上一面，她曾对贺敏学说："主席为什么不再跟大姐见一面呢？这对他来说是件非常容易的事。"

贺敏学摇摇头,神情严肃地说:"你不要把见面这事看得太简单了,主席是全党全军全国的领袖,有着许多有形无形的障碍,他也要受中央的约束,一举一动都引人注目;再说,一旦江青知道了,即使是见见面,也会大吵大闹,那影响多坏呀!"

李立英细想了想,觉得丈夫说得有道理,心里叹了口气:"领袖的感情要受到多方面的制约,从这一点来说,还不如普通百姓自由呢。"她接着又对丈夫说:"如果解放后,大姐能像当初在哈尔滨、沈阳时那样,用工作来填补感情的空虚,她的病症也许不会发作,或者不至于那么严重。"

贺子珍与兄嫂住在一起,因为有了倾诉的对象,有了亲情的融化,病情渐趋好转。她平时在家喜欢看报,尤其爱看《人民日报》《参考消息》,国外人对中国怎么怎么评价,她都说得清楚。在福州住了一段时间后,她又回到了上海。

1964年,贺敏学赴京参加全国工业会议,回闽前在上海下了车,看望妹妹。据秘书陈公石回忆:"贺子珍精神状态不错。她很好客,见我们来,忙着给我们泡茶,还要我送她一张照片做纪念。贺老很关心她的身体情况。他们坐在一起说了很长时间的话。"在这次谈话中,贺子珍坦言毛泽东不该那样对待彭德怀。贺敏学后来对妻子说:"从这点看,子珍不像有精神病,她的思考是健全的,有独立见解,政治水平不低。"

在破坏性极强的十年浩劫中,李立英曾对贺敏学说:"如果大姐当年不离开毛主席,如果毛主席不和江青结婚,也许我们和全国人民就没有这些灾难了。"贺敏学重重地叹了口气,说:"历史能假如就好了!"

贺子珍在粉碎"四人帮"后的这次福州之行,是多年来兄妹会晤最融洽,也是最欢乐的一次。因为江青下了地狱,再没人敢软禁贺子珍了,贺敏学也得到了全面解放。兄妹互相鼓励,对明天充满了期待。贺子珍对兄嫂说:"'四害'横行的日子终于结束了,这回我真的可能干点工作了。"年近古稀的人了,却还是壮心不已。

贺子珍回上海不久,新的不幸又降临到她的头上。某天上午她一觉醒来,发现左手抬不起来,左腿也不听使唤了。医生诊断为中风,左半身偏瘫了,于是贺

子珍很快就被送进了再熟悉不过的华东医院,从此再也没能站起来。贺敏学在福州得知此情,热泪潸潸,对李立英说:"咳,命运对子珍妹为何如此残酷呢?!"

贺敏学的大女儿在上海,从小带在身边的小女儿自1969年1月下乡后,1971年又参军到武汉,在他身边的只有半残的妻子和年迈的岳母,三人需要有亲人照顾。贺敏学完全有条件也有理由把孩子调到身边工作,但他就是不肯出面。直到粉碎"四人帮"后,李立英向组织打报告,要求按规定调一个子女回来,小女儿才于1977年回到父母身边。

小女儿的回来,让这个家多了活力。而随着拨乱反正脚步的加快,贺敏学也迎来了政治生命的春天,成了福建省人大、政协争抢的人物。1977年12月底,七十三岁的他当选为四届福建省政协副主席,在1978年2月又被推举为第五届全国人大代表。他在北京、福建两地奔波,还要具体负责福建省建委一大摊子,虽然他豪情依旧、廉颇不老,但看到他还像年轻时没日没夜地工作,一些老同志免不了为他的身体担心。与他共事多年、时任福建省国防工办副主任的老红军黄欣就曾对福州大军区司令员皮定均说:"你们还要把贺老头弄在建委,岂不要累死他!"皮定均熟悉并尊敬贺敏学,深有同感,遂向福建省委第一书记、省政协主席廖志高作了反映。廖志高见福建省建委在贺敏学的主持下,已走上正轨,便有意减轻他肩上的重负,于是在1978年11月7日这天,贺敏学卸下所兼任的建委党组书记、主任职务。不久,经中共中央批准,他和原福建省委副书记贾久民担任福建省革委会顾问。

在1978年召开的全国工业学大庆会议上,中央提出"来一个比赛"的口号,要求各省市通过革命友谊竞赛,创造出优异的成绩,迎接党的十一届全国代表大会的召开。搞竞赛,要有对手,福建跟谁竞赛呢?福建省委研究后,选择了农业生产条件与福建相似、资源条件与福建也有许多共同之处的广西壮族自治区。福建与广西结起对子后,除了积极开展经济协作,各个领域也有往来。1978年12月,广西召开自治区成立二十周年纪念大会,福建省派伍洪祥、贺敏学率团出席。

福州大军区副司令员龙飞虎作为八路军桂林办事处代表,也受邀参加。虽然他不在福建代表团里,但他跟随福建代表团一起行动,高兴地说:"又在贺老手下当兵啰。"

贺敏学说:"龙水宝,你是将军,我只是一个老兵。"

龙飞虎忙说:"包括毛主席、周总理在内的党内很多同志都没有授衔,贺老也是其中之一呀!"

伍洪祥见贺敏学以龙水宝相称,便问龙飞虎:"贺老叫你龙水宝,这是你小名吧,为什么改叫龙飞虎呢?"

龙飞虎笑告原因。原来,他由贺敏学批准参加红军上井冈山后,改名龙飞,后又羡慕老虎威风凛凛,便在名字后加了个虎字。

伍洪祥动容道:"这名字改得好,你还真是革命队伍里的一只老虎呀!"

这员虎将的炼成,当初少不了贺敏学的引导。当年在井冈山,繁忙的战斗工作之余,贺敏学经常教他认字学文化,向他灌输革命道理,使他的文化、政治思想水平提高很快,在1929年9月就加入了中国共产党。

对同乡大哥加革命引路人贺敏学,龙飞虎向来毕恭毕敬。在广西与会期间,他还拉妻子孟瑜与贺敏学一起合影留念。

1979年5月,全国政协第五届委员会召开第二次会议,贺敏学被增选为第五届全国政协常委。据说会前,中共中央总书记胡耀邦曾问有关部门,现在参加过井冈山斗争的老同志不多了,还有哪些人?有关部门一个一个报上来,当讲到福建有贺敏学时,胡耀邦说,像贺老这样的人,全国没有几个人了,起码得增补他为全国政协常委嘛。

使贺敏学惊喜的是,贺子珍也被增补为全国政协委员。6月11日的

20世纪70年代贺敏学在桂林

《人民日报》刊登了全国政协第五届二次会议增补缪云台、王光美、贺子珍三名政协委员的消息。当选为全国政协委员的贺子珍,得以第一次踏上三十多年来只能从电影或电视屏幕上看到的北京天安门,瞻仰毛泽东遗容并率女儿娇娇、

1979年7月,贺敏学(左四)参加红四军入闽暨中共闽西一大召开五十周年纪念活动,与老战友们在闽西蛟洋文昌阁前合影

女婿孔令华敬献花篮。

贺敏学在政协会议上成了热门人物,因为他是贺子珍的胞兄,一个原本也很具传奇性的名人。

1979年12月8日,贺敏学出席了中共福建省第三次代表大会,他为党的改革开放政策大声欢呼叫好。在讨论会上,他情真意切地说:"我完全拥护党的改革开放政策,国家要富强,人民要过上幸福安康的生活,都必须大力发展经济,以经济建设为中心。年年搞运动,国家哪能发展,群众生活哪能提高?这样的时代再不能延续下去了!"贺敏学言简意赅却发人深省的发言,引起代表们的共鸣。

在12月13日召开的福建省委第三届一次全会上,贺敏学当选为福建省纪委第四书记。紧接着在年底召开的福建省第五届人大二次会议上,他又当选为福建省人大常委会副主任。为了减少兼职,贺敏学特向福建省政协第四届二次会议提出辞去政协副主席之职(任期原本要到1983年4月)。

因为年龄关系,贺敏学的精力主要放在政协和人大,但对拨乱反正之际的纪检工作,他也倾注了巨大心血。

时任福建省纪委常务书记的张传栋说:"贺老当省纪委第四书记,谁不服呀,他本身就是一生正气、两袖清风的楷模。他有很高的威望,往台上一站,下面一跑,讲话顶用。他虽然不具体管事,但经常和另两位书记刘老(刘永生)、贾老(贾久民)到纪检委坐坐,听取我们的工作汇报,叮嘱我们要做好纪检工作。贺老曾对我说,正人先正己,廉洁奉公,要不人家怎么服你纪检工作。既要敢于同各种违法乱纪的腐败现象作斗争,镇妖除魔,又要善于保护受打击诬陷的好同志,要做到明镜高悬,明辨是非,才能做好纪检工作。"

说起贺敏学的廉洁自律,福建省委原副秘书长赵登英珍藏着一件往事:"80

年代初,我到省人大办公厅任副主任,贺老是省人大常委会副主任,他那时年纪已经很大了,但还是经常去省人大上班,每礼拜一次的主任会议,两个月一次的常委会,他几乎场场不落。后来成立省顾委(全称福建省顾问委员会)筹备组,贺老是筹备小组成员,我是副秘书长。有一年,省顾委筹备小组成员到广东参观,到深圳后我们安排老同志们去与香港一街之隔的中英街看看。为了方便大家买些东西,我设法给大家弄了点港币,分到每人手里不过几十元,但贺老却不要。我说:'贺老,这没有多少,大家都有呢。'为了顾及其他同志,他当时没说话,但参观结束后,他如数把钱归还。我说:'没用也就是你的了。'他却无论如何也不肯通融,说:'随便拿公家的钱,这不是我的风格。'"

贺敏学的前秘书孙海林结束下放后,调到福建省港口办公室(简称港口办)工作。此时,贺敏学和伍洪祥、许亚、梁灵光是港口领导小组成员,孙海林算是他们四人共同的秘书。有天下午,他给贺敏学送去两条鳗鱼,因贺敏学、李立英外出,他便给了保姆。这天,贺敏学回到家中已是深夜,得知此事,立即和李立英坐车将鳗鱼给孙海林送回去。此时,孙海林已睡着了,见老首长夫妇连夜送鱼回来,既吃惊又感动,解释说这是港口办照顾干部的,但贺敏学仍旧表示不能带这个头。后来,这鱼放在公共食堂,煮给职工们吃了。

这件事虽小,却充分体现了贺敏学两袖清风的一面。孙海林颇为感慨地说:"跟贺老一起,你不知道人间还有什么贪字。能跟他共事,是我的福气,在首长身上,我学到了许多高贵的品质。"

福建省建材局老干部马新功回忆说:"贺老复出后,我们这些老部下,到他家里看,没有沙发,家具还是老的,油漆都快掉了。他在家里洗澡,好长一段时间是用汽油桶烧水,再把水倒进澡盆里,简朴得不能再简朴。即使这个东西,也还是我用仓库里的包装箱改装送他的,算是废物利用,他还要给钱呢。我们到他家,都是空手去的,绝对的君子之交。"

贺敏学从不利用职权,搞任人唯亲,培植亲信,编织关系网。对前后几任秘书,他坚持由组织考察培养、任用的原则,没有一个是他开口提拔的。他还教育身边的工作人员淡化官念,说:"一个革命者,不要计较地位的高低,而要多想想如何把工作做好,有没有成绩,对党有没有贡献;对党对人民有贡献就光彩,没

有成绩和贡献,官再大也不光彩。"

贺敏学对身边的工作人员既严格,又关怀备至。每逢节日,尤其是春节,他都要亲自掏钱,在家里办一两桌酒席,把秘书、警卫、司机、厨师、保姆、保健医生和他们的妻小甚至母亲,请到家里来吃团圆饭,感谢他们一年的辛苦服务。席间他亲自敬酒递烟,问长问短,知道谁缺什么后,他记在心上,设法帮助解决,让他们愉快地过个年。这个规矩,多年来一直沿袭下去。

贺敏学不止一次地对身边的工作人员说:"你们在我身边工作,但我们都是平等的,不要有距离。"其实何止平等,对身边的工作人员,他简直是像自己的子女一样爱护。三年困难时期,秘书孙海林的妻子何苏萍又生了孩子,恰逢粮食紧张,贺敏学担心母女营养不良,特地把省里给他特供的蛋票肉票或罐头票什么的,拿来接济她们母女。孙海林的小女儿放在幼儿园里,他们夫妻俩都有工作,李立英怕他们接的晚了,经常都是亲自去接。回忆这段往事,孙海林的妻子何苏萍哽咽着说:"点点滴滴,一叶知秋哪!"珍藏在司机张震爱人张惠云记忆里的,还有更值得珍惜的往事。老首长夫妇不仅促成了她和张震的婚事,张震去世后,李立英还亲自帮助处理后事。

俗话说"侯门深似海",但贺敏学家里往来有百姓,其中不少还是远道而来的江西乡亲。

家乡人来找这位当了大官的老表,大都有一些目的。只要不违反政策,贺敏学都尽量帮助解决。非亲非故找上门来的乡亲越来越多,贺敏学来者不拒,热情接待,家里住不下时就安排住福建省委交际处,但吃饭仍在自家。除了自掏腰包提供吃住,走时还给路费。穷苦乡亲生病无钱医治,找到他后,他也尽量想办法给他们治疗。

贺敏学当副省长,一个月工资有二百七十二元,在当时也算不少了,但因为要照顾那么多乡亲,"富贵不独享,患难愿共当",这样经常弄得他入不敷出。省里知道后,有次专门给予补助,但贺敏学谢绝了。

乡亲们在贺家连住数天不走,贺敏学也没表示丝毫的厌烦,诚恳相待,下班回来还同他们拉家常,说:"江西的米比福建的好吃呀,为什么你们倒到福建来吃?"

有人说:"贺省长,我们指望你介绍工作呢。"

对老乡们的困难,贺敏学能解决的就帮助解决,通常是几十元几百元的给人家,但对介绍工作一事,他却不松口。他说:"我介绍不了工作,你们都到福建来,江西就不要了?江西怎么办啊?目前江西是困难点,但以后会好的。"

三年困难时期,贺敏学也是勒紧裤带,一家人每天喝稀粥充饥,节俭有加,为的是省下一点点口粮接待井冈山的来客。

有次,永新老家的一位亲戚来福州看望贺敏学,临别要他向永新县委、县政府打个招呼,解决其儿子的农转非指标。贺敏学婉转地拒绝了,说:"这事涉及有关政策问题,又是当地政府主管的具体事务,我怎么能去提这个要求。这事无能为力,还请你谅解。"

贺敏学老家有位叔叔的孩子,带着老婆想在伯伯身边混。贺敏学说:"我有的是饭,我吃什么你们也吃什么,你们住多久吃多久我都可以奉陪,我拿我的工资给你们吃,但公私要分明,我不能利用职权为亲属谋私,你们要我介绍工作,这不成,不能给国家增添负担。"

这位亲戚在贺家一住就是数月,直住到无聊,贺敏学还是不开口介绍工作。李立英看不过去了,有次倒说情,要贺敏学介绍他去建筑工地挖土。贺敏学见妻子说情,笑道:"那好哇,我们家的院子不是倒了一堵墙嘛,让他先去干吧。"

这位亲戚开头一天还能一担两担地挑土,两天后便扛不住了,说累得要死。贺敏学趁机说:"乡下劳动累,城里的工作也累,伯伯可看透你了,你不是干这的料,还是回去吧。"

贺敏学以副省长兼省建委主任,手中掌握的劳动岗位有的是,安排一两个岗位简直是举手之劳,但他公私分明,绝不利用手中职权,满足一己私利。

贺敏学喜欢扎根于群众,生活在广大群众中。调福建工作后,他选择福州北后街居民区内的一栋两层砖木结构的楼房居住。这原是解放前国民党一要人的房子,贺敏学在这里一住就是三十年。其间,福建省里管理部门认为堂堂一个副省长,住在居民区内一不安全,二不便于联系和工作,多次建议他搬进专为省领导建的住宅区。为了请他搬家,福建省委第一书记叶飞亲自出面动员,但他就是不同意,说房子差一点、旧一点有什么关系,过去闹革命时,能住上石洞或

晚年贺敏学含饴弄孙

破茅屋还算是特殊照顾呢！我住这里习惯了，周围全是居民，他们都拥护共产党，战争年代我们不正是靠群众才取得胜利的吗，住在群众中才是最安全的，还要什么警卫站岗，真有坏人来，他们还能保护我呢！

后来，不知为何，贺家后面新盖了一个高房子，挡住了贺家的采光。有关部门看到后，要下令将此拆除，却被贺敏学阻止了。

贺敏学住在百姓里头，对周围群众的大事小事样样留心。每天早上起来，或晚饭后与妻子出去散步，逢人总要打招呼，问长问短。他和大伙儿相处得亲亲热热的，说得出哪个孩子是哪家的，知道谁家娶了媳妇嫁了女儿。居民小组的学习活动，或开会讨论什么的，贺敏学知道后，只要有空，必定参加。街道定期要打扫卫生，只要他在家，也会拿起扫帚或铁锹参加。街坊邻里有老人去世了，他知道后也亲自参加追悼会。周围群众几乎没有不认识他的，孩子们则亲切地称他老依伯（福州话，老伯伯之意）。

"文化大革命"结束后，福建省里为省级老干部盖了新住宅，再次请贺敏学搬家，贺敏学照样拒绝了。

对找上家门来的人，从一般干部到普通百姓，贺敏学都一视同仁，耐心地听他们倾诉心声，热情诚恳地帮助他们解决困难。只要有人登门，哪怕他正睡午觉，也要立刻起身会见，不允许家人和工作人员对客人有丝毫的怠慢。他经常告诫子女及身边工作人员："毛主席说得对，我们的干部不论职务高低，都是人民的勤务员，我虽然是高级干部，但永远是人民的勤务员，勤务员就得全心全意为人民服务。"

贺敏学从领导岗位退下来后,家中来人一如既往。来贺家的不管是干部还是普通老百姓,都是空手来的。这是贺敏学定下的规矩。

与赖少其的不解之缘

1982年底,贺敏学在福州会见了新四军战友、时任安徽省政协副主席的赖少其。此时的赖少其,已是名闻海内外的书画艺术大师。

赖少其是带着妻子曾菲一起来福建的。和贺敏学一见面,赖少其就称老大哥,曾菲则称救命恩人。贺敏学却说:"要感谢的是你们,那段时间,你们为我们受罪了!"

1952年,赖少其、曾菲夫妇奉调上海,住淮海中路,恰好与担任华东防空司令员的贺敏学、东海舰队司令员陶勇住得近。贺家居中,赖少其、陶勇两家靠左右。老战友住家相邻,时常往来,关系更为密切。一次,江苏省军区司令员刘先胜到上海,第一天是赖少其请客,花了十元钱,亲自掌勺,请贺敏学、陶勇作陪。第二天大家奔贺家,贺敏学花了二十元钱,饭菜都由李立英母亲做。第三天换在陶勇家吃,陶勇花了三十元钱,从海军调来了厨师做。最后,大家请刘先胜对三次聚餐评判优劣,刘先胜摸着肚皮说:"各有所长,不亦快哉。赖少其是亲自掌勺,果然烧得一手好菜。贺敏学有个会做菜的好岳母,有口福呀。陶勇花钱最多,请的是海军厨师,也难怪菜里总有一种海一般的咸味。"说得大家哈哈大笑起来。

因为是信得过的老熟人了,贺敏学把赖少其、曾菲夫妇介绍给了贺子珍和每年都要来上海的娇娇。他们还在一起跳过舞。贺子珍起初住虹口,贺敏学不时还邀上赖少其、曾菲一同去看望。两年后,贺敏学和妻子李立英奉调西安,贺敏学特地委托赖少其、曾菲照看贺子珍和留在上海的岳母、女儿和侄儿、侄女等。

1956年7月,赖少其因病住华东医院,从住同一医院的贺子珍那里得知,她在医院待遇一般,医院还不让回家,因此心情一直处于压抑之中。想到贺敏学的委托,想到贺子珍曾为革命出生入死,又曾是毛泽东的夫人,理应得到特殊照顾,怎么连回家的起码愿望都不能实现呢,赖少其的心情久久不能平静,觉得自己有责任向上级呼吁。期间适逢上海市召开党代会,作为党代表的赖少其便连

夜给上海市委领导写了一封信，将贺子珍的情况和自己的建议作了反映。不料，赖少其却受到了上海市委书记柯庆施的申斥，并勒令写检查。多年后，赖少其才明白，他这封信触犯的不是柯庆施，而是江青。

随后，赖少其陷入了不断检讨的厄运中。然而，连续几个月的十几次检讨都没有通过。直到后来，连上海市委的部分常委都觉得柯庆施做得太过分了，有人开始公开对赖少其表示同情，柯庆施才同意通过。

赖少其还没从十几次检讨中喘一口气，一桩大祸又降临到妻子曾菲头上，被列为一封匿名诬告信的侦查对象。原来，就在上海市第一届党代会之前，江青忽然收到一封从上海寄来的匿名信，信里揭发了江青在20世纪30年代的历史，并对她进行了直接警告，说，党的七届四中全会已经开过，要开始审查干部了，你的堕落史就要暴露出来了，你不会有好下场的。江青接信后又气又怕，要柯庆施马上查到写匿名信的人，为她申冤。柯庆施立刻动用公安力量，对匿名信事件立案秘密侦查，并责令限期破案。

由于这封匿名信的左下方印有"华东文委"字样，于是，犯罪嫌疑人的范围就划定在华东文委以及上海的文化部门之内。联想到赖少其递交了一封同情贺子珍的意见书，而其妻子曾菲与贺子珍的关系密切，公安部门乃找来曾菲的笔迹对照，发现与匿名信的字迹颇为相似，偏偏赖少其又是华东文委委员，手头用华东文委的办公用品。数条线索归纳在一起，曾菲便成了重点怀疑和审查的对象。

其实，对江青在20世纪30年代的历史，曾菲并不知情。多年后查明，这封匿名信系林伯渠妻子朱明所写。因为贺子珍，也因为这两件事，江青、柯庆施对赖少其、曾菲夫妇的政治迫害不曾停止过。

得知赖少其、曾菲夫妇因为贺家的事在上海出事的消息，贺敏学心里既同情又愤慨，他想通过叶飞调赖少其到福建工作。因为贺敏学在福建当副省长，赖少其、曾菲夫妇最初也想去福建避祸，但安徽省委第一书记曾希圣也想要赖少其，且要得紧，上海一些好心人劝他们赶快离开上海，夫妇俩率全家最终便在安徽落了户。

即使到了安徽，两家仍然联系不断。曾菲在合肥工业大学工作时，1979年曾为学校建设的事,到福州向贺敏学要木材。贺敏学亲自出面联系,福建省林业厅很快就给办好了。

如今两家在福州相聚,不禁感慨万分。正如曾菲所说:"我们和贺老在一起,他像个长辈,我们什么话都敢对他讲,他也跟我们掏心里话。"赖少其得知贺敏学在"文化大革命"中的遭遇和高尚情操后,油生敬意,当即挥毫,在一个精致的画盘上题写:

冷冷铁骨寒,扣之响铿铿。
月下横斜影,风送十里香。

他把这画盘送给贺敏学,赞誉贺敏学为傲立寒风、坚强且送人花香的蜡梅。

福建省委第一书记项南知道贺敏学和赖少其的关系,便请贺敏学代表省里陪赖少其到福建各地走走,画画福建的山河。贺敏学乐此不疲,陪赖少其、曾菲夫妇登福州鼓山,尔后从福州走到漳州,从漳州走到泉州,再到厦门,不觉日历翻到了 1983 年。

在厦门鼓浪屿,贺敏学亲自为赖少其夫妇选了最好的下榻处鼓浪屿白楼。在鼓浪屿,赖少其画遍了当年郑成功操练水师的地方。贺敏学告诉他,当年叶飞指挥第十兵团攻打厦门时,是从鼓浪屿登陆的,曾有数百名战士牺牲在一处高地上,当地群众称此地为英雄山。赖少其听后,心情激动,马上请贺敏学带他去英雄山。看后他感慨地说:"郑成功是要宣传,我们的英雄战士为解放厦门作出的重大牺牲,也应立个碑,向后人交代。"贺敏学频频点头,说:"对,你就来画鼓浪屿的英雄山吧!"

随后,赖少其数次登临山顶,经数日工夫,在一匹六丈的宣纸上创作出《鼓浪屿》。赖少其他的笔下,这是一片粗犷的块状山石,巍巍屹立在浩茫的海边。为隐喻当年英烈为解放祖国洒下的鲜血,他特地在峭壁上加重了红色,又在一块如刀削般的山石上,规整地以他那独特的金农体,挥就一篇《海赋》:

1983 年 1 月 20 日登鼓浪屿日光岩,向东远瞩,汪洋一片,不胜感

慨,因作《海赋》焉。

郑成功,国破家亡,焚青衣,投笔从戎;水操台尚在,海上雄风。三百年后,枪声再起,炮声隆隆;人都道:英雄山,血染山红。我此来,遥望眼,海峡两岸,渔船如梭,海阔天空,微风飘荡;楚语吴音,尽与家乡同。

贺敏学看罢,赞叹有加:"有此艺术瑰宝传世,我们的英雄战士可以含笑九泉了!"

赖少其在大女儿赖晓峰来厦门后,考虑到贺敏学年老体弱,便让女儿陪自己画画。赖少其创作激情勃发,不管刮风下雨都背着画夹外出写生作画,厦门众多的名胜古迹,都通过他的彩笔一一展现出来。他是那么的忘情,有时为了画雨景,没带雨具拿起画夹就往雨里冲,让陪同他的女儿叫苦连天。有天画画时突然涨潮,海水漫过了道路,赖少其父女被阻,幸好有两名海军战士赶来,搀扶他们过去,否则后果不堪设想。赖晓峰无法劝阻父亲,便把情况告诉了贺敏学。贺敏学对赖少其的敬业精神大加赞扬,也叮嘱他不要过累,注意劳逸结合。

贺敏学前后陪了赖少其二十多天,赖少其的回报是给福建留下了大量画作,其中送给福建方面的包括《海上明月》在内的数幅作品,在他逝世后已是无价之宝了。

赖少其一家临走,贺敏学还亲自相送。到了闽粤交界处,他下了车,握着赖少其的手说:"这是两省交界,我再送就得报省委批准了,送君千里,终有一别。你们一路走好。"

贺敏学的情谊,一直留在赖少其一家的心中。

泪别胞妹贺子珍

1984年4月14日,贺敏学、李立英接到大女儿从上海打来的电话,说姑妈贺子珍高烧不退,大便出血。贺敏学心里颇为不安。

贺子珍补选为全国政协委员后,重新获得了政治生命。在她满怀希望向往未来之时,许多烦恼也困扰着她,打乱了她心灵的安宁,激起了她感情上的又一次波动,她的病情出现了反复。

贺敏学对妹妹的病情十分关切,叮嘱大女儿要照料好贺子珍。如今接到电话,贺敏学觉得情况严重,他对李立英说:"我真怕出什么意外。"李立英说:"那我们赶紧去上海吧。"当时贺敏学正受命筹备省顾委,说自己不好随便离开岗位。后来省顾委筹备组说服他去,他才和妻子李立英匆匆赶到上海华东医院。

贺子珍神经衰弱,但脑子还是清醒的,见兄嫂来了,她好半天才吃力地张开干裂的嘴唇:"哥哥、嫂子,我可能不行了。"李立英

贺子珍、李敏、孔东梅合影

赶紧俯下身子,紧握着贺子珍的手强装欢颜道:"大姐,上一次我们来也是这个情况,慢慢会好起来的,不要紧。"

听医生介绍,贺子珍除中风偏瘫外,还有肝炎、糖尿病、肝功能衰竭等多种并发症,所以造成持续高烧数月不退。有两天,贺子珍神智清楚了,大家逐渐放下心来。谁知18日,她的病情突然加重,体温再次升到四十度上下。4月19日17时17分,贺子珍怀着太多的遗憾和难了的心愿,在亲人的泪眼中走完了她一言难尽的坎坷人生,终年七十五岁。

命运给贺子珍以太多的不幸和不公,但她却以自己顽强的生命与之战斗了一生。她的后事怎么办,骨灰安葬在哪里?上海市委某领导人提出要把骨灰摆放在上海龙华烈士陵园,贺敏学提出不同意见:"贺子珍在上海时间是不短,但基本上没工作过,不是上海干部,是中央管的干部,你们这里也没有她的档案;主席本人(遗体)在北京,女儿、女婿也在北京,把她的骨灰放到北京,让她靠近主席,女儿、女婿平常去看也方便;希望放八宝山,至于放哪一室,由中央决定。"

上海市委专电请示中共中央办公厅,中共中央办公厅又请示了邓小平。邓小平最后拍板:"我们中央的领导人都要送花圈,贺子珍的骨灰放八宝山一室。"一室是八宝山革命公墓存放中央领导人骨灰的地方,邓小平的话给贺子珍葬礼的规格定了调子。贺敏学听后,神情有些激动,说:"中央没忘记贺家,小平同志

对贺家是了解的。"

贺子珍的遗体在上海火化后,中央派了一架专机,把她的骨灰运送到北京八宝山革命公墓安放。因为贺敏学悲伤过度,在追悼会上几番痛哭流涕,半天缓不过气来,差点休克过去,最终没有到北京为贺子珍送葬。

4月25日,新华社发表电讯通稿,全国各大报纸均报道了贺子珍逝世的消息。历史给贺子珍的盖棺论定是:"中国共产党优秀党员、长征过来的老干部贺子珍同志,因病医治无效,于1984年4月19日17时17分逝世……贺子珍同志是坚强的共产主义战士,中国共产党优秀党员,她的一生是革命的一生,艰苦奋斗的一生。"贺敏学感到欣慰,对李立英说:"还是少奇同志说得好:'好在历史是人民写的!'"

报纸在发表通稿时,还登了贺子珍的照片。看到报纸后,贺敏学情不自禁地又一次老泪纵横。

贺子珍去世后,海内外想了解她和写传记的人很多,贺敏学是他们必须要访谈的人。贺敏学每和他们谈一次,都要沉浸在缅怀胞妹的情感中。1987年,贺敏学赴京参加全国政协第六届五次会议,期间接受香港记者采访,在短短的二十分钟内,他两次老泪纵横。第一次是回忆革命年代全家族有十多人遇害,第二次是谈及贺子珍的不幸遭遇。

此时贺子珍已去世三年多了,可贺敏学仍沉浸在失去妹妹的哀痛中。

剪不断的故园路慈母情

在常人眼中,革命家戎马倥偬,在血雨腥风中锻就一身铁胆钢魄,大丈夫四海为家,乡土观念淡泊了。其实,他们的心底也同样流淌着一条长流不止的思乡之河。因为故乡珍藏着他们童年和少年时代的回忆,有着他们熟悉的乡情、乡俗和乡音。更重要的是,故乡是指引他们踏上革命征程的起点。

只不过,当贺敏学重新踏上那条别梦依稀、魂牵梦萦的归乡之路时,已是八旬高龄。

李立英和贺敏学结婚后,虽然公公、婆婆已去世多年,但作为江西人的媳妇,她一直想到丈夫的家乡看看。战争年代没有条件,新中国成立后贺敏学又没回江西工作,而且后来忙得不可开交。福建与江西毗邻,李立英主动提及回江西的事,但贺敏学说:"有些事,看了心里难过伤心,过两年再说吧。"李立英也不知道什么事会让丈夫看了难过,也就没有吱声。在福建工作期间,江西省主要领导邵式平和方志纯曾先后写过几封信,邀请贺敏学回家乡看看。他们中一个是贺敏学尊敬的老大哥,一个是与毛贺两家有着特殊关系的朱旦华的丈夫,但贺敏学就是没有答应。李立英倒有些不解了,问:"江西有什么地方对不起你了,人家请你,派专车接你,你也不去?"贺敏学也没有做过多的解释,只是说:"过两年再说,等群众生活过得好些,再回去不是更好,省得一回家老百姓就哭穷。"这一过就不是两年,到后来,林彪发迹,井冈山被说成是林彪的,没有贺家一份功。而后又是十年浩劫,贺敏学既不想回去,也不便回去了。

一直到贺子珍去世,命运的神秘莫测,使贺敏学决定趁身体尚好之际,完成回乡的夙愿。恰逢永新同乡、江西省委书记刘俊秀等人相邀,他便立即上路了,除妻子外,女儿、女婿连同外甥都一起去。他有个特别规定:到江西后,不许声张,一切行动听指挥。他买了香烟等一些东西送给乡亲当见面礼,考虑到永新人因为缺碘而易得大脖子病,还特地买了几十斤含碘高的海带。

贺敏学夫妇带孩子们到江西赣州祭扫父亲墓

贺敏学率家人坐火车到南昌后,因为要沿途参观,而且要到永新、井冈山,江西省委便派了一辆旅行车。虽然贺敏学不让张扬,但他回江西的消息还是不胫而走,一路上都有革命老人和党史、文博部门的人以及记者跟随,求见,或采访,或取证。贺敏学不厌其烦地讲解,同时语重心长地告诉他们:"了解事情要全面,不要断章取义,只取中间一段,事情总是有前因后果的,有时还十分曲折。"

吉安是贺敏学曾经战斗过的地方,也是妹妹贺怡的魂归之处。贺敏学率家人在当年吉安地委书记李立的陪同下,专门到吉安贺怡墓地祭奠,送了花圈,放了鞭炮。贺敏学在贺怡墓前站立良久,一任热泪潸潸而下。从吉安到赣州后,贺

敏学给父亲贺焕文扫了墓。让他欣慰的是，早在1955年，父亲已被人民政府追认为革命烈士，后来又为他迁葬黄土坡，墓地宽敞，墓门立横匾石碑，上刻"革命先烈"四个大字。

贺敏学一行由吉安上了井冈山。

此时的茨坪，已成为井冈山政治、经济、文化和旅游接待中心。位于茨坪中心大道北侧小山冈上的革命烈士纪念塔，和塔前的红军烈士墓浑然一体，庄严肃穆，四周松柏常青。看到络绎不绝的瞻谒者，贺敏学感慨有加："这才是对英烈们的纪念呀！"

继参观完茨坪革命旧址群，贺敏学带着全家人又来到朱德1962年亲笔题写馆名的井冈山革命博物馆。结束参观后，他对工作人员说："博物馆是研究井冈山革命根据地斗争事迹、进行革命传统教育的好课堂，我们一定要利用好这个课堂。"

站在黄洋界保卫战纪念碑前，贺敏学情不自禁地吟哦起毛泽东那脍炙人口的词句："黄洋界上炮声隆，报道敌军宵遁。"对革命事业的忠诚执着，对毛泽东的感情，贺敏学有着比花岗岩更坚固的观念，孩子们为此大发感慨。

使贺敏学惊喜的是，当年井冈山前敌委员会及军械处、公卖处、红军被服厂、教导队、湘赣边防务委员会和红四军军部等旧址，已按原貌修葺一新。他一边参观，一边听讲解，时不时还对讲解中出现的错误作出更正。当时"左"的束缚尚未涤荡清除，贺敏学为此还语重心长叮嘱他们："回顾历史，要实事求是，不能抛开当时的情况。"

贺敏学每到一地，和乡亲们围着方桌坐下，与他们聊家常，仔细询问人民生活和生产情况，鼓励他们除了发展粮食生产外，还要注意发展手工业生产。他说，井冈山到处是毛竹，遍地是箬叶，可以组织起来，多编些雨帽和竹器卖出去。

在井冈山，贺敏学深切怀念已故去半个世纪的好友袁文才和王佐。"文化大革命"期间，他抚养的一位烈士之子曾到井冈山大串联，回福州后，贺敏学便问看到和听到了什么。得知人人称袁文才、王佐是土匪，他愤慨地说："他们不是土匪，是共产党，没有他们，就没有井冈山根据地！"如今身在井冈山，他不胜感慨地对李立英说："1930年2月24日晨，袁文才、王佐同时被错杀于永新县城，倒也应了1926年他们在宁冈茅坪磕头结拜时的盟誓:既是同年生,亦愿同时死。"

贺敏学专门看望了袁文才的妻子谢梅香,向她赠送了礼物。谢梅香住在茅坪,年纪虽大,身体还好,穿着也讲究。她握着贺敏学的手,用本地话不胜感慨地说:"当年你和选三好,可选三死得冤啊,毛主席给他平了反,这些年党和政府对我们家也有照顾,感谢党啊!"她告诉贺敏学,1965年5月,毛泽东重上井冈山,在宾馆特地接见了她和王佐的妻子,一见面毛泽东便紧紧地握住两位老人的手,一如当年那般亲切地称呼她们"王嫂子"、"袁嫂子",向她们表示亲切慰问,并一起合影。

贺敏学动情地说:"选三大哥为创建井冈山革命根据地作出了贡献,我们要永远感谢他,同时,也感谢你相信共产党。"当着谢梅香的面,贺敏学不能多说袁文才,他后来对李立英说:"我怕一讲开,要掉眼泪。"

谢梅香谈兴很浓,回忆了当年井冈山斗争的许多细节,唱了客家山歌,特别说到了贺子珍:"我和子珍好,以前子珍没结婚时我们经常睡在一起呢!"

贺敏学与谢梅香相坐甚久,既缅怀作古半个世纪的同学袁文才,又抚慰他的未亡人。

贺敏学携全家回到永新故里。少小离家老大回,如今,在黄竹岭贺家的宅基地上,已经找不到原来的房屋了,乡亲们已把这里改作稻田,只有那田埂上残存的两堵矮矮的土墙,诉说着当年的悲壮。使贺敏学感慨的除了这两堵残垣,还有田垄边劫后余生的柏树和杉树,当年它们屹立在祖屋门前,曾给他们兄妹带来了多少欢乐和清凉。

贺敏学沿着田埂,和熟悉和不熟悉的老百姓一一握手,嘘寒问暖,分赠礼品,并牵着老百姓的手一起拍照。看到数十年后,黄竹岭原先那条羊肠小道已铺成了公路,村里建成了小学校,电灯有了,广播也通了,贺敏学深感高兴。但比起很多地方来,家乡还是落后贫穷。面对现状,贺敏学说:"解放了这么多年,老百姓还没过上幸福理想的生活,我们共产党人有愧呀!"他也谆谆告诫乡亲们:"我们不能被贫苦打倒,现在国家搞经济建设了,大家要像当年革命那样,拿出热情和勇气来,只要努力,幸福的生活总会到来。以前我离开家乡时,黄竹岭的竹子有碗口那般粗大,但你们现在把竹头都砍了,只砍不种,这怎么行?"

1984年夏,贺敏学(二排左三)返回阔别半个多世纪的家乡——井冈山黄竹岭

依依辞别黄竹岭,贺敏学带一家人直奔永新县城。

又一次走上城南那条窄窄的石子路——南街,来到一座三间门面宽的两层建筑前,贺敏学眼睛一亮,这就是从黄竹岭搬到县城后的家,三兄妹闹革命的源头所在,父母还在这里开设了海天春茶馆。他记得,南街是条热闹的商业街,从早到晚人流不断。他还记得,自家的茶馆里摆着十几张八仙桌,母亲温吐秀提着一把铜壶,笑盈盈地为茶客们添茶续水,父亲贺焕文经管着账目,旁边是一个宽大的灶台,终日炉火通红,上面放着许多把茶壶。

掀开回忆之窗,贺敏学告诉孩子们:"贺家的生活比较宽裕,家中有田地,城里有店铺,吃穿不用愁,我们却还是选择了革命的道路,为此过上背井离乡、流离失所、家破人亡的生活。家族中有十多人惨遭国民党反动派的杀害,这在中外家族惨案中都是罕见的。在一些人看来,是自讨苦吃,但我们的自讨苦吃,是为了让天下百姓能过上幸福的生活。"

舟车劳顿,回乡行程前后有半个多月。一路上,贺敏学所思所想所忆,对孩子们触动颇大,小女婿见贺敏学对革命斗争历史是那么熟悉,便问他为何不肯写个回忆录。贺敏学道:"历史,历史,人死后才写的。"

晚年的贺敏学,故地重游最想去的地方,除了江西老家,便是西北。他在西安工作了近五年,那里有他壮年时洒下的血汗,那里有许多尊敬他也让他难忘的部属。他还想到革命圣地延安看看,寻找一些精神上堪值慰藉的东西,也给魂归此处的母亲扫墓。

一年多后的西北行,李立英因为腿脚不方便,没有跟贺敏学去。倒是老战友、时任福建省政协主席的伍洪祥和他的妻子尹峰,闻讯贺敏学此行,欣然表示做伴,他们想在结婚地延安旧地重游。福建省政协副主席袁改得知消息,也加入进来,顺便回陕西看看。

贺敏学对母亲怀着深切的感情,曾数次悲恸而哭。母亲是在延安去世的,当年还是毛泽东出资请人下葬的,因后来延安遭胡宗南部队轰炸,母亲的骨灰和墓址下落不明。20世纪50年代中期贺敏学在西安工作,原本有条件到延安寻找母亲的骨灰和墓址下落,但诸事缠身,他也不想为此事惊动有关部门,直到1958年受命调离西安前夕,才嘱秘书孙海林代他到延安找寻母亲的骨灰和墓址。孙海林冒雨到延安,按图索骥,但因胡宗南当年轰炸厉害,原先墓地的地形地貌都已改变,无从寻找,只好拍了许多照片回来。

后来,陕西方面派人来福建慰问老同志,得知贺敏学的家事,主动表示要设法寻找。找了一年多,他们回话说,不好找,但把那些革命亡灵都安置好了,还在原中央医院后面为贺母立了个碑。贺敏学的心也就安定下来了。

贺敏学到延安后,在老战友伍洪祥、尹峰夫妇,秘书张广敏等人陪同下,直奔母亲墓地,献上鲜花,喃喃地说:"妈妈,这是我第一次,

1986年9月,贺敏学回延安祭扫母亲墓,以寄托多年的哀思

也是最后一次给您扫墓,您安息吧。"

到西安后,贺敏学轻车熟路地找到了西北工程管理总局、现在成了陕西省建筑工程总公司的办公楼。得知老局长贺敏学回来,在西安的旧部们,纷纷前来看望。贺敏学笑容可掬地叫着部属们的名字,和他们一一握手,还关切地询问谁谁没有来。大家簇拥着老局长,在原西北工程管理总局大门口合影留念。

贺敏学回闽时,老同志们都显得依依不舍,自发前来送行,不少人还流下眼泪。

魂归井冈山

八旬高龄的贺敏学不让当年老廉颇,坚持为国工作。虽然经常咳嗽,痰中还偶带血丝,可他毫不在意,吃点药后又去参加各种会议,为改革开放出谋划策。厦门是全国最早的四个经济特区之一,他寄予厚望,曾对厦门市委第一书记陆自奋说:"老陆你们好好干,放手大胆地用好中央给的'特殊政策、灵活措施',早

1987年,贺敏学(前排左二)赴京参加全国政协会议期间,和老战友彭德清(前排左一,交通部原部长)、卢胜(前排左三,福州大军区副司令员)等合影

日杀开一条血路，把经济搞上去，不要怕别人议论，我们这些老家伙给你撑腰！"

1987年，全国政协在北京召开会议。贺敏学因身体不好，大家都劝他别去。他却发了脾气，说就是进八宝山我也要去，这个会一定要参加。就在会议中途，他肺部疼痛，发高烧，被送进医院，病情稍有好转即回福建。

得知自己得了癌症，贺敏学也并没有多少思想负担。"人生自古谁无死？"这是逆转不了的自然规律，他显得乐观、豁达，还情真意切地对妻子和孩子们说："我希望趁着脑子还不糊涂，为国家和福建的经济腾飞多出些力，再做点事，希望你们不要阻拦我，否则让我躺在床上不动，即使多活几年又有什么意思。"

福建省委、省政府对贺敏学的病情十分关心，组成专门医疗小组精心治疗。

虽然医生报过病危，贺敏学却又奇迹般地从鬼门关抽身出来。

如同病重的周恩来进手术室前，要中央澄清江青一伙借当年伍豪事件大肆诬陷他的问题一样，大病初愈感到去日无多的贺敏学，最放不下的事情之一，是关于自己所谓的历史不清问题。8月间，他从伍洪祥那里得知时任中央书记处书记、全国人大常委会副委员长的陈丕显回到了福建，马上提出要见他。

陈丕显亲切接见了这位三年游击战争时期的老战友和他的妻子。贺敏学一见面就说："阿丕，有人讲我有历史问题，长期怀疑我的历史，却又不让我看组织结论，这问题搞不清楚，我死不瞑目！"

贺敏学点及的两人都是福建省委的前主要领导，陈丕显见贺敏学带病谈问题，而且语气很重，吃惊道："他们讲你究竟哪一段有问题？"

贺敏学生气地说："还不是说我在赣南时被捕过，龚楚没有杀我！"

陈丕显听后，说："这个问题不是已经搞清楚了嘛！我当时是负责南雄这块的，你出来后，找到了我，又找过项英，组织上对你进行了审核考察，清楚你的历史，对你也是信任的，他们怎么冒出这个事情来？！"

一旁的伍洪祥知道贺敏学解放后，特别是来福建后所受的各种委屈，对陈丕显说："丕显同志当初作个正式结论就好了，还差点让它成了无头案。"

陈丕显为这两位福建省委前领导人对贺敏学瞎猜测乱怀疑之行为心头有气，也为当初自己在贺敏学出狱后没把结论作彻底而满怀内疚之情，他向贺敏学受到冤枉表示深深的歉意。

陈丕显清楚表态后,贺敏学始知这两位党内同志这些年来对自己背后搞的鬼,他极其气愤地对妻子李立英讲:"他们先死我不送花圈,我先死,也绝对不给他们发讣告,不要他们的花圈!"

这年的中秋节,贺敏学在温泉宾馆度过了最后一个生日。福建省委给他送来了寿桃和蛋糕,许多老同志纷纷前来到宾馆庆贺,陈丕显在伍洪祥、尹峰夫妇的陪同下,也到宾馆看望。

1988年春节,贺敏学坚持参加了福建省委在梅峰宾馆召开的团拜会,因未穿大衣,不慎感冒,随后又病倒了。3月6日,全国政协第六届全国委员会常务委员会召开第十七次会议,贺敏学因病重未能出席,还专门交代家人要替他请假。在这次会上,作为特邀人士,贺敏学当选为第七届全国政协委员。接到通知后,他气喘吁吁地说:"谢谢组织和大家的信任,但我已不能工作了,还是把名额让给别人吧。"

贺敏学生病后,女儿、女婿自不用说,贺怡的孩子们也一个个赶到福州探望舅父。在他们的心目中,母亲去世后,舅舅就是世界上最亲的人。

新中国成立初期,贺敏学在上海,和贺子珍一起抚养贺怡的孩子。他对妹妹的孩子视同己出,既充满慈爱,又十分严格,谆谆教育孩子们:第一,不要打父辈的牌子,在别人面前,不要讲自己是什么人的孩子,要像普通人家的孩子一样吃苦耐劳;第二,我们贺家都是革命军人、革命干部,缺的是专家、教授,现在国家建设需要知识分子,你们要努力学习科学文化知识。这些话,对孩子们确立毕生的志向,起到了决定性的作用。

贺怡的一个儿子知道自己的身世后,要舅舅、姨妈带他去见毛泽东。贺子珍开口便骂:"傻孩子,你读你的书,管什么事呢!你一个小萝卜头,不被江青害死,才怪呢!"贺敏学也对他和孩子们说:"你姓贺,不姓毛,你们不比娇娇,她是主席的亲生女儿呢!"

贺敏学、贺子珍千方百计要为妹妹和毛泽覃保留香火。把道理给贺怡的几个孩子讲透后,他们也就释然了,以后即使在填写的各种登记表上,他们都把这层关系隐去,尽量不让人知道身世。

1956年,贺怡的长子大学毕业后,以优异的成绩考取了当时最难考的留苏研究生，组织上连衣服、皮箱都给他买好了，派他到北京外国语学院留苏预备部学俄语，之后却因中苏关系变化而未能出国读书。他对此颇有情绪，贺敏学专门找他谈了大半天话，做通了他的工作，他很乐意地接受了国家的分配，到国防部第五研究院工作。走出了毛泽东家族光环的他，一直默默地奋战在国防科研战线。

大外甥大学毕业走上国防科研工作后，贺敏学备感欣慰，旋又把贺怡的小儿子接到福州上高中。在此前，为了治好小外甥的肺病，贺敏学花了不少钱。可以说，贺怡的三个孩子都能大学毕业，与贺敏学的培养是分不开的。贺敏学爱孩子，但从不利用手中的权力为他们谋私利、搞特权。他常对亲属子女说："你们不要以为我是高级干部或者你们的爸爸妈妈是高级干部、革命烈士，就可以有所依赖，如果你们不好好读书，光要我凭职权安排工作，我是不搞那一套的。"事实果真如此：他的大女儿1968年上海交通大学毕业后，由组织分配在上海沪东造船厂工作，大女婿叶启光大学毕业后由组织安排在国务院第七机械工业部工作；外甥和外甥女也都是大学毕业后听从组织安排工作的。在这个问题上，他从不插手过问，也不向老上级、老战友或老部下打招呼、拉关系。

对贺子珍的女儿娇娇，贺敏学有时表现得简直有点溺爱。贺子珍住上海时，娇娇几乎每年寒假都要来和妈妈、舅舅住上一段时间。娇娇每来上海，中央警卫局都要派人跟随保卫，搞得她很烦。娇娇最开心的日子是跟着舅舅和表弟、表妹们一起玩，还到外面吃各种各样的东西。舅舅知道她爱看小人书和书画，还经常投其所好地带她到赖少其家里，让她玩个痛快。娇娇每回到上海来，舅舅都不忘给她买衣服。

贺敏学喜爱孩子，但为了让贺子珍有亲人陪伴，不至过于寂寞，便把长女长期留在上海，夫妻俩带在身边的只有小女儿，从上海带到西安，再到福建。

贺敏学对孩子有时虽也溺爱，但在平时学习和品行上的要求却一向严格。小女儿对此记忆尤其深："父亲从不允许我们打父母和姑姑的旗号，总是叮嘱我们要和群众的孩子打成一片。记得上小学时，为了避免学校因我是省长的女儿而有特殊照顾，他特地让我在家长姓名一栏只填妈妈的名字。夏天上学，我也和周围的小朋友一样打着赤脚，放学时遇到父亲的汽车，也从不让坐，都是和同学

们一起走路回家的。"

正是这份严格,贺敏学才会同意守在身边唯一的女儿到山区插队。在山区里挑过大粪的小女儿,正是在生活中和逆境里得到了锻炼,养成了自强不息的性格,后来参了军,靠着自己的本事考上了外国语学院,参加工作后奋发有为,成为福建省外贸系统的一名领导。

贺敏学生活简朴,一身行头不过是布鞋、中山装,连那件大衣也是旧得不能再旧了,但对抚养烈士子女却从不吝啬。一位烈士之子,在贺家生活了多年,与贺敏学的小女儿产生了感情,后来结为夫妻。

外甥曾这般评说贺敏学:"舅舅为人慷慨大方,家里经常养着几个其他同志的儿女,家乡来的人络绎不绝,他的全部工资放在裤子的后口袋里,往往半个月就用光了,他一生是'富贵不独享,患难愿共当'。"

自打贺敏学重病缠身后,在前来探望他的人群中,除了亲人,不乏他抚养过或关照过的孩子。贺敏学为见到孩子们而高兴,同时叮嘱他们不要为了前来看他而耽误了工作。就连在福州工作的小女儿,也受父命坚守在工作岗位上,只能在每天晚上和星期天来父亲病床前尽孝。2月28日早上,从北京赶来的外甥,向舅舅谈起了自己去年的井冈山之旅——看到了姨妈贺子珍的塑像,看了舅舅在井冈山的革命史料展览。贺敏学静静地听着,当外甥谈到袁文才、王佐时,躺在床上的他忽然举起了双拳,说:"袁文才很相信我,听我的,所以我和袁文才在一起。王佐会武打,我从小学过武打,他打不过我。"

谈到贺家一门中有十多位亲人为革命献身,贺敏学情不自禁地流下了眼泪,对外甥说:"你们好好地为国家作贡献,加强学习,钻研业务,不要做半瓶子水的人,你们工作有成绩,为死去的亲人争气,我就死而瞑目了!"

外甥看到舅舅虽有些低烧,但精神还算饱满,尤其是刚才那个举拳动作,使他充满了期待,盼望舅舅能重新站起来。

在最后的岁月里,贺敏学依然关心着国计民生。移住福州鼓山疗养院后,他还接受了南京军区《陈毅传》传记组的采访。逝世前一个月,又接受了上海《建工报》记者的采访,谈了新中国成立初期上海的建设情况。上海《建工报》的记者代表上海建筑界,向这位"开创上海建筑业的元老"赠送了"老骥伏枥,志在千里"

的字轴,表达了上海建筑工人对他的深切思念和问候。

1988年4月26日,在亲人们的守候中,贺敏学在医院安详地闭上了眼睛,终年八十四岁。

当福建省委把贺敏学的悼词电传给中央组织部时,中央组织部根据中央领导人的指示,特地加了"无产阶级革命家"这个称谓。

5月8日上午,福建省委、省政府在西湖宾馆礼堂为贺敏学举行隆重的追悼会。其中,开国上将、全国人大常委会副委员长叶飞的挽联最是引人注目,其云：

上井冈赴疆场初显英雄本色
逢浩劫处逆境更见烈士高风

贺敏学生前七次负伤,腰部有颗子弹一辈子也没取出。他逝世后,李立英向福建省委提出：贺敏学遗体火化后,要将嵌在他身上的那颗子弹留给孩子们保存。福建省委对此很重视,特别要求火化后仔细寻找,但未能找到,估计是和贺敏学的遗体一同熔化了。

1989年4月26日,按照贺敏学的生前意愿,他的骨灰在妻子李立英等亲属的护送下,安放在庄严、肃穆、雄伟的井冈山革命烈士陵园。

贺敏学,这位井冈山的儿子,化作一缕青烟回来了,化成一抔泥土回来了！巍巍井冈山张开双臂,把儿子拥在宽厚、坚实的怀中,清清山泉是他流出的泪水。

后记

  凡事皆有缘起。

  1989年的春天,我在《福建党史月刊》上读到贺敏学逝世的报道和一组纪念文章,让我提早知道了这位昔日的"国舅"及其传奇。

  机缘巧合,1996年,我因写作《寻找毛泽东丢失的女儿》一书,由贺敏学所认外甥女杨月花搭桥,踏入昔时"侯门",认识贺老的夫人李立英。后受李阿姨重托,撰写贺老的传记,终与之结下了不解之缘。

  注重史实,坚持科学的分析方法和求真务实的立传态度,在弄清史事本末的基础上作出自己的判断,借此评述传主的历史功绩和应有地位,是我写作传记遵循的原则。在写作贺老的传记时,我发现他的一生充满许多谜。他是个曾被毛泽东称赞为"三个第一"(武装暴动第一、上井冈第一、渡长江第一)的"好人",也是新中国成立以来绝无仅有的以副省长之职列名"无产阶级革命家"的党史人物。长期以来,他的处境却不免尴尬:他曾叱咤疆场,却与将军衔失之交臂,各种战史和志书难得一见其名;当许多部属和战友位高权重时,他的官职却越来越不起眼;由于他对自己的经历不事张扬,很多事情随着他的离去而成不解之谜。

  贺敏学在创建井冈山革命根据地时的作用和贡献,不是被大家忽略,就是莫衷一是。现在公布的以毛泽东为首的中共湘赣边第一届特别委员会(井冈山根据地的领导机构)委员名单中遗漏了贺敏学,他在此后的不少任职,也都被忽略掉。新中国之初,他脱下军装,转入地方工作,带领十万建筑大军,为大上海的城市建设,为大西北的国家"一五"计划数十项工程建设,为福建前线的工交战线建设,作出了不可磨灭的贡献。这些弥足珍贵的史实,大都无从在党史教材里读到。

面对资料匮乏、许多知情人已撒手人寰的情况,我从语焉不详的档案里寻找蛛丝马迹,并东奔西走,采访贺老亲属和部属、故旧,掌握了许多珍贵的第一手资料。在贺老长女贺小平的陪同下,还前往贺家祖地、井冈山等实地考察,并从贺老外甥贺春生手中得到了他写于延安整风时期的"自传"等独家资料。

我在写作的数年间还先后采访了彭冲、伍洪祥、梁灵光、王禹、林一心、左英、赵登英、黄欣、尹峰、曾菲、孟瑜、张传栋、程科、李敏、孙海林、陈公石、周剑霞、叶小楠、刘红、葛金康、李干城、马新功、袁肇义、黄永平、龙剑辉、尹纬斌等人。这些曾给过我许多鼓励和帮助的采访对象,不管是健在者还是已然辞世者,都值得我牢记。一本传记作品的问世,实非一人之功。

2004年贺老百年诞辰,此书以《毛泽东称赞的"好人"——贺敏学传奇》为名,因故加署"何印名"之名,由人民出版社出版。这次应山西人民出版社之邀,对全书做了修订。

贺敏学次女贺汪洋提供了部分照片,福建省革命历史纪念馆提供了传主的部分遗物照,在此一并感谢。

最后,感谢给力的山西人民出版社和责任编辑吕绘元女士!

2011年12月28日凌晨
福州苦乐斋